HEYNE BÜCHER

Christina Zacker

Mondphasen

Der Einfluß des Mondes auf den Lebensrhythmus der Frau

Originalausgabe

WILHELM HEYNE VERLAG
MÜNCHEN

HEYNE-RATGEBER
08/5047

Umwelthinweis:
Dieses Buch wurde auf chlor- und säurefreiem Papier gedruckt.

Printed in Germany 1996
Umschlaggestaltung: Atelier Atelier Adolf Bachmann, Reischach
Umschlagillustration:
Bavaria Bildagentur/TCL/Peter Stettwayer, Gauting
Satz: Layer, Ostfildern
Druck und Bindung: Ebner, Ulm

ISBN 3-453-09373-9

Inhalt

Vorwort

Es war, als hätt der Himmel
Die Erde still geküßt,
Daß sie im Blütenschimmer
Von ihm nun träumen müßt.

Die Luft ging durch die Felder,
Die Ähren wogten sacht,
Es rauschten leis die Wälder,
So sternklar war die Nacht.

Und meine Seele spannte
Weit ihre Flügel aus,
Flog durch die stillen Lande,
Als flöge sie nach Haus.
(Joseph von Eichendorff)

Jeder von uns kennt die Faszination, die der Mond auf uns hat: Ganz gleich, ob er voll und rund und prächtig am klaren Himmel steht, ob er sich hinter Wolkenbänken versteckt, ob er uns nur seine schmale Sichel zeigt: Immer übt der Erdtrabant einen geheimnisvollen Zauber auf uns aus. Kaum jemand kann sich dem entziehen: Unzählige Dichter haben ihn besungen; für Astronomen war er für Jahrtausende ein ungelöstes Rätsel; für Astrologen ist der Mond mit seinen Kräften noch heute bestimmend für jeden Menschen.

Fasziniert hat den Menschen der Mond schon seit Anbeginn unserer Geschichte: sein Wandel im Laufe eines Monats, seine Erscheinung, sein sanftes Licht in der Nacht im Gegensatz zum strahlend hellen Tageslicht, das uns die Sonne schenkt.

Nach und nach erkannten die Menschen, daß der Mond mehr ist als nur ein Gestirn am Himmel: Man schrieb ihm göttliche Attribute zu – war er doch der einzige »Stern«, der sichtbar jeden Monat aufs neue seine Gestalt wandelte. Und so begann der Mensch den Mond zu beobachten, nach und nach auch die anderen Gestirne, die er am nächtlichen Himmel erblickte. Bald war klar: Der Mond und seine Kräfte wirkten auf die Erde und damit auch auf den Menschen und sein ganz alltägliches Leben. Ganz gleich, ob als Bauer oder als Arzt, als Hebamme oder als Bader – immer schienen die Kräfte des Mondes das Gelingen der jeweiligen Arbeit zu beeinflussen.

Bestimmte Kräuter und Pflanzen hatten mehr Heilkräfte, wenn sie zu Zeiten geerntet wurden, an denen der Mond in einer bestimmten Phase stand. Aussaat und Ernte wurden mit dem Mond abgestimmt, denn je nachdem, in welcher Phase er stand, gab es gute und reichhaltige Ernte – oder Mißernte. Das Wetter wurde von Mond genauso bestimmt wie Gesundheit und Krankheit, genauso wie Schönheit und Haushalt. Bis vor wenigen Jahrhunderten galt dieses Wissen um die Kraft des Mondes viel; erst als die Wissenschaft immer mehr erforschte, als immer bessere Techniken dem Menschen mehr zu helfen schienen, geriet es in Vergessenheit. Glücklicherweise nicht gänzlich: Manche der alten Überlieferungen hatten Bestand bis in unsere Tage hinein.

In den letzten Jahren und Jahrzehnten entsinnt man sich wieder der Überlieferungen, merkt man, daß an den Bauernweisheiten und Mondregeln unserer Vorfahren mehr dran ist als nur Aberglauben.

In diesem Buch finden Sie alle wichtigen Lebensbereiche, auf die der Mond wirkt. Anhand von Tabellen können Sie selbst nachschlagen, in welchem Zeichen der Mond stand, als Sie geboren wurden: ein wichtiges Detail, damit Sie wissen, wie der Mond auf Sie und Ihr Leben einwirkt. Außerdem finden Sie Tabellen zu den astrologisch wichtigen Bereichen, die den Mond betreffen. Und wer Freude an Magie und Geschichten hat, wird ebenfalls auf seine Kosten kommen: Mond und Magie sind unzertrennlich. Deshalb finden Sie in diesem Buch auch viel Wissenswertes um Mondlegenden, um Zaubersprüche und Hexenkunst.

Der Mond und seine Magie

Mondbeglänzte Zaubernacht
Die den Sinn gefangen hält,
Wundervolle Märchenwelt
Steig auf in alter Pracht!
(Ludwig Tieck, 1773–1853)

Natürlich kann man den Mond ganz nüchtern und nur in astronomischen Zahlen sehen. Dann sähe sein »Steckbrief« so aus:

- Durchmesser: 3476 Kilometer (= 27 Prozent des Erddurchmessers)
- Umfang: 10 930 Kilometer
- Mittlere Entfernung zur Erde: 382 176 Kilometer
- Größte Entfernung zur Erde (Apogäum): 404 336 Kilometer
- Kleinste Entfernung zur Erde (Perigäum): 354 340 Kilometer
- Oberflächentemperatur: zwischen +130 °C bei Tag und –153 °C bei Nacht
- Oberflächengravitation: 1,62 m^2 (= 16,5 Prozent der Erdgravitation)
- Mittlere Umlaufgeschwindigkeit: 3680 km/h
- Siderischer Monat: 27 Tage, 7 Stunden, 43 Minuten, 11,5 Sekunden (das ist die Zeit, die der Mond braucht, um seine Erdumrundung zu vollenden)

- Synodischer Monat: 29 Tage, 12 Stunden, 44 Minuten, 2,9 Sekunden (das ist der Zeitabstand zwischen zwei Neumonden)
- Umlaufrichtung: entgegen dem Uhrzeigersinn
- Volumen: 2,04 Prozent des Erdvolumens
- Dichte: 3,34mal dichter als Wasser
- Erste Mondlandung: am 21. Juli 1969 um 3:56 MEZ, »Apollo 11«
- Erster Mensch auf dem Mond: Neil A. Armstrong

Niemand, der die Mondlandung am Fernsehapparat miterlebt hat, wird die Worte des ersten Menschen auf dem Mond vergessen: »Dies ist ein kleiner Schritt für Menschen, aber ein gewaltiger Sprung für die Menschheit.«

Ein jahrtausendealter Traum ist am 21. Juli 1969 in Erfüllung gegangen: Menschen betraten zum ersten Mal den Mond. Schon vor unserer Zeitrechnung, nämlich im Jahre 165 v. Chr., hat sich Lukian von Samos eine Fahrt zum Mond ausgemalt. Und durch die vielen Jahrhunderte bis 1969 hat es immer wieder Ideen und Pläne gegeben, wie man den Mond erreichen könnte ...

Märchen und Mythen

In allen Völkern dieser Welt, zu allen Zeiten war der Erdbegleiter Mond von Sagen umwoben. Man hielt ihn für den Sitz der Götter, ja sogar selbst für einen Gott – oder meist: eine Göttin. Legenden erzählen von der Entstehung des Universums und unserer Erde. Die natürliche Ordnung des Weltalls, vor allem natürlich Sonne und Mond, der jeweilige Auf- und Untergang, findet sich in den Mythen der Völker wieder. Auch volkstümliche Sagen erzählten – von Generation zu Generation weitergegeben –, wie es zur Entstehung der Welt kam. Der Mond spielte dabei jeweils eine wichtige Rolle, auch in den vielen unvergessenen Märchen und Kinderliedern.

Märchen und Mythen vom Mond haben oft viel mit Magie zu tun; mit den uralten Überlieferungen von Göttersagen, mit Sitten und Gebräuchen, die sich schon seit der Urzeit entwickelt haben und die bis heute erzählt werden.

Die Sprache verrät die Kraft des Mondes

Die alten Ägypter haben den Mond »Mutter des Universums« genannt. Das berichtet uns der griechische Philosoph und Historiker Plutarch (45–125 n. Chr.). Denn der »Mond besitzt das Licht, das feucht und schwanger macht und die Zeugung lebender Wesen und die Befruchtung der Pflanzen fördert«. In den meisten Sprachen ist der Mond ja weiblich, und genauso war es im mythologischen Zusammenhang: Es gab die Mondgöttin, nur selten einen männlichen Mondgott.

Im alten Babylon war der Mond wichtiger als die Sonne; orientalische Religionen haben dies fortgeführt: Der Nachtplanet Mond galt als verehrungswürdiger als der Tagesplanet Sonne. Viele Naturvölker haben den Mond und sein Licht als wichtiger empfunden als den Schein der Sonne – für sie war Tageslicht nämlich nicht unbedingt dasselbe wie Sonnenlicht. Selbst in der Bibel heißt es: »Gott begann das Licht Tag zu nennen, die Finsternis aber nannte er Nacht« (Genesis 1, 5) ... »Und Gott ging daran, die zwei großen Lichter zu machen, das größere zur Beherrschung des Tages und das geringere zur Beherrschung der Nacht« (Genesis 1, 16). Das »Licht« des Tages wurde also am ersten Tag vor Sonne und Mond am vierten Tag erschaffen.

Die Sprache vieler Stämme und Völker zeigt uns heute noch, wie sehr der Mond und seine göttlichen Kräfte geschätzt wurden: Beim Volk der Ashanti gab es für alle Gottheiten nur ein einziges Wort: *boshun* – »Mondin«. In der baskischen Sprache waren die Bezeichnungen für Gottheit und Mond identisch; die Sioux-Indianer nannten den Mond »die alte Frau, die niemals stirbt«; in Eritrea hatten alle Herrscher den Namen der Göttin »Mond«; der gälische Name des Mondes, *gealach*, kam von Gala oder Galata – das ist die Mondmutter der gälischen und gallischen Stämme. Britannien wurde ganz allgemein *Albion*, »milchweiße Mondgöttin«, genannt. Das Stammwort für Mond und *mood*, dem englischen Wort für Seele oder Verstand, war im indogermanischen *manas, mana* oder *men* begründet: Die Ableitung Manie bedeutete ursprünglich »ekstatische Offenbarung«; ebenso ist es mit dem englischen Wort *lunacy*, einem Ausdruck der Besessenheit vom Geiste Lunas, der Mondgöttin. Mondsüchtig (engl. *moon-touched* oder *moon-struck*) zu sein, galt nicht als negativ, sondern bezeichnete jemanden, der »von der Göttin erwählt« war. Bei den Griechen bedeutet *menos* sowohl Mond wie auch Macht. Und der eingangs zitierte Plutarch überliefert uns, daß die Römer die Wirkungen des Mondes denen von Vernunft und Weisheit gleichsetzten, die Kräfte der Sonne dagegen denen von Körperkraft und Gewalt.

Die Mondgöttin als Schöpferin allen Lebens – und als Zerstörerin

In Skandinavien war *Luonnotar* (Luna, die Mondin) die Schöpferin; sie brütete über dem Meer und brachte schließlich das Weltei, den Himmel und die Erde hervor. Die Mondgöttin schuf die Zeit, mit all ihren Kreisläufen von Schöpfung, Wachstum, Verfall und Zerstörung. Alte Kalender (darüber im nächsten Kapitel mehr) beruhten auf den Phasen des Mondes – und dies auf der ganzen Welt: im europäischen Raum genauso wie im Orient, in Asien und Indien, in Südamerika. Die mexikanische Mondgöttin *Mictecacihuatl* war die Mutter aller Wesen. Sie war aber auch die Zerstörerin und Verschlingerin der Toten – ähnlich wie Kali im Hinduismus.

In fast allen Religionen gab es Mondgottheiten

- A, auch Sirdu oder Sirrida nannten die Chaldäer die Göttin des Mondes. Sie wurde als Scheibe mit acht Strahlen dargestellt.
- Annit ist eine nordbabylonische Mondgöttin, die später von Ishtar verdrängt wurde. Ihr Zeichen war ebenfalls die achtstrahlige Scheibe.
- Artemis ist die Mondgöttin der Griechen und außerdem die der Amazonen. Man huldigte ihr in jeder Vollmondnacht.
- Artimpasa hieß die Mondgöttin der Skythen.
- Britomaris war ursprünglich die Mondgöttin von Kreta, die später von den griechischen Erobern als Führerin der Seefahrer übernommen wurde.
- Candi nennen die Hindu das weibliche Gegenstück zum (männlichen) Chandra. Sie regiert monatlich abwechselnd mit dem alten Mondgebieter Chandra.
- Ch'ang O war eine chinesische Mondgöttin. Die Legende sagt, sie habe ihrem Mann, einem berühmten Bogenschützen, eine magische Pille geraubt. Vor seinem Zorn floh sie als Kröte auf den Mond – noch heute kann man sie in den dunklen Bereichen des Mondes als dreibeinige Kröte erkennen.
- Chonsu ist ein ägyptischer Mondgott, der Sohn des Luftgottes Amun und der Muttergöttin Muts. Durch den Ein-

fluß Chonsus werden die Frauen schwanger und vermehren die Zahl ihrer Kinder.

- Dae-Soon heißt die Mondgöttin in Korea.
- Diana ist die römische Mondgöttin, die bei den Griechen Artemis hieß. Sie zeigt sich oft auf dem Mond reitend.
- Gwaten ist die japanische Mondgöttin der Buddhisten.
- Hekate ist ebenfalls eine griechische Mondgottheit. Sie erscheint des Nachts und wird von Hunden begleitet. Man opferte ihr in allen Vollmondnächten. Sie gilt – als Herrscherin über Geister, Gespenster, Höllenkreaturen und die Untoten – als Urmutter aller Hexerei.
- Hinia heißt die polynesische Mondgöttin.
- Huitaca ist die Mondgöttin der kolumbianischen Indianer. Man stellte sie als Eule dar – und sie war der Geist der Freude und des Vergnügens.
- Ishtar war die mächtige Mondgöttin in Babylon. Wenn sie in die Unterwelt reiste, um ihren toten Geliebten zu suchen, mußte sie ihre Kleider ablegen – der Mond verdunkelte sich. Wenn sie zurückkehrte und sich wieder bekleidete, begann der Mond wieder zu scheinen.
- Isis ist die Mondgöttin des alten Ägyptens. Sie verkörperte sowohl Mond wie auch Sonne.
- Ix Chel, die Mondgöttin der Mayas, lag im ewigen Streit mit der Sonne – obwohl die beiden eigentlich Liebende waren. Im Streit befahl die Sonne Ix Chel, den Himmel zu verlassen – deshalb war sie tagsüber niemals zu sehen.
- Juno, die römische Göttin des Mondes und des Himmels, wurde vor allem in Neumondnächten verehrt.
- Mah ist die persische Mondgöttin, in deren Licht alle Pflanzen wachsen.
- Mama Quilla, die Mondgöttin der Inkas, schützt vor allem die verheirateten Frauen. Man bildete sie als silberne Scheibe mit weiblichen Merkmalen ab. Bei einer Mondfinsternis, glaubte man im Inkareich, würde die Göttin von einem himmlischen Jaguar verschlungen.

- Mawa ist eine afrikanische Mondgöttin, die zusammen mit ihrem Bruder Lisa über den Himmel herrscht.
- Selene ist die griechische Göttin des Vollmondes. Geflügelt, mit einer halbmondförmigen Krone, fährt sie in einem Wagen, der von zwei Schimmeln gezogen wird.
- Sin, ein Mondgott der Assyrer, Babylonier und Sumerer, ist der Sohn des Sturmgottes Enlil. Er ist ein alter Mann und fährt Nacht für Nacht in einer Barke, einem schimmernden Halbmond, über den Himmel. Sin ist der Feind aller Bösewichte, die sich im Dunkel der Nacht verbergen.
- Soma ist ein Hindu-Mondgott. Er gebietet auch über die Sterne und Pflanzen.
- Thot heißt der wichtigste Mondgott Ägyptens. Man verehrte ihn in Gestalt eines Ibis. Er ist nicht nur für den Mond »zuständig«, sondern auch der Gott der Zeit; er hat die Schrift erfunden, schreibt das Urteil über die Toten und gilt als »Herz und Zunge des großen Sonnengottes«. Als Gott der Weisheit und der Magie lenkt er Kunst und Wissenschaft. Die Griechen »übernahmen« Thot als ihren eigenen Gott Hermes.
- Tlazolteotl ist eine aztekische Liebesgöttin, die eng mit dem Mond zusammenhängt. Sie verschafft Wollust und Begehren – vor allem in verbotenen Liebesbeziehungen.
- Tsuki-Yomi heißt ein japanischer Mondgott der Shintu-Religion. Er verwaltet die Zeit: *Tsuki* bedeutet Mond, und *Yomi* bedeutet »Zähler der Monate«.
- Ursula (auch Horsel, Orsel) war eine slawische Mondgöttin, die später – vom Christentum übernommen – zur Heiligen gemacht wurde.
- Zirna war eine etruskische Mondgöttin, die mit einem Halbmond um den Hals dargestellt wird.

Auf dem Mond lebten die Seligen weiter

Für die Griechen waren die elysischen Felder, die Heimat der seligen Toten, auf dem Mond angesiedelt. Die Schuhe römischer Senatoren waren deshalb auch mit halbmondförmigem Elfenbein verziert: Das sollte darauf hinweisen, daß sie nach dem Tode den Mond bewohnen würden. Die römische Religion lehrte, daß die Seelen der Rechtschaffenen im Monde geläutert werden.

Wer wohnt im Mond?

»Es war einmal ein Mann, der ging sonntags in den Wald, um Holz zu sammeln. Als er mühsam mit seiner Last nach Hause ging, traf er einen Fremden, der gerade auf dem Weg zur Kirche war. »Weißt du nicht, daß am Sonntag alle Arbeit ruhen muß?« fragt dieser den Reisigsammler. Der aber lachte nur: »Ob Sonntag oder Montag, das ist mir alles eins!« – »Dann sollst du dein Bündel bis in alle Ewigkeit tragen. Wie du dem Sonntag Ehre erweist, soll für dich immer Mond-Tag am Himmel herrschen!« zürnte der Fremde und verschwand. Und so fand sich der Holzsammler mit seinem Reisigbündel im Mond wieder, wo er bis heute zu sehen ist.«

Dieses Kindermärchen vom Mann im Mond gibt es in vielen Ländern. In der unregelmäßigen Oberfläche des Mondes, in seinen Gebirgen und Meeren, glaubte man vielerlei Figuren zu entdecken. Der Mann im Mond, der dorthin verbannt wurde, ist nur eine davon.

- In China lebt im Mond ein alter Mann, der die Ehen aller Sterblichen arrangieren soll. Diese schwere Aufgabe bewältigt er mittels eines seidenen Bandes, das die Paare verbindet. Es reißt so lange nicht, wie ein Menschenleben andauert.

- Die frühen Christen glaubten, im Mond würde Judas leben: Er wurde für seinen Verrat an Christus dorthin verbannt.
- Im Judentum ist Jakob der Mann im Mond. Oder Isaak, der das Holz, für seine eigene Opferung auf den Berg Moriah schleppt. Oder auch Kain, der Dornen auf seinem Rücken trägt.
- In Nordeuropa soll ein Mann auf dem Mond leben, der ihm aus einem Eimer mit Teer dunkle Flecken verpaßt.
- In Malaysia sitzt ein buckliger Mann im Mond, der eine Angel hält.
- Andere Völker kannten die Frau im Mond: In einem deutschen Märchen wurde sie dafür bestraft, daß sie am heiligen Sonntag Butter machte.
- Auf Samoa glaubt man im Mond Sina und ihr Kind zu erkennen: Sie forderte den Mond auf, ihrem hungernden Kind ein Stück von sich zu essen zu geben. Voller Wut stürzte der Mond auf die Erde und nahm Sina samt Kind mit sich.
- Manche Indianer in der USA erkennen im Mond eine Frau, die sich über einen Kochtopf beugt. Neben ihr steht ein kleiner Hund.
- Auf der neuseeländischen Insel Magaia heißt die Frau im Mond Ina; sie webt ein Tuch aus weißen Wolken und läßt es am Himmel segeln.
- Die Maori glauben, die Frau im Mond war eine Greisin, die ständig schimpfte und nörgelte. Deshalb packte sie der Mond eines Abends und nahm sie mit sich.
- Die Irokesen haben eine ganz besondere Mondlegende: Die Schatten im Mond stellen danach eine Frau dar, die auf den Mond verbannt wurde, weil sie beklagte, daß sie nicht wisse, wann das Ende der Welt kommen werde. Nun muß sie zusammen mit ihrer Katze dort sitzen und weben. Einmal im Monat legt sie ihre Arbeit beiseite, um ihr Essen in einem Kessel umzurühren.Genau dann zerstört die Katze

die Webarbeit der Frau – und so muß sie jeden Monat aufs neue damit beginnen. Bis zum Ende aller Zeiten muß die Frau im Mond an ihrer Webarbeit sitzen – erst dann wird sie erlöst.

- Neben vielen anderen volkstümlichen Legenden rund um den Mond gibt es noch eine verbreitete Erklärung für die Flecken auf unserem Himmelsbegleiter: Sie stellen einen Hasen dar. Den Hasen im Mond kennt man in Afrika genauso wie in Tibet, Mexiko und im Orient. Wahrscheinlich ist dies in Indien entstanden. Dort gelten die Mondflecken als Symbol des Mondgottes Chandra.
- In China ist der Mond das Symbol eines Hasen, der Reis im Mörser zerstampft.
- Eine uralte Geschichte stammt aus Mexiko: Danach waren Sonne und Mond anfangs gleich hell. Den Göttern gefiel dies jedoch nicht. Und so warf einer einen Hasen in den Mond. Die dunklen Flecken, die dabei entstanden, machten den Mondschein auf ewig dunkler.
- Buddha soll sich – in einen Hasen verwandelt – zum Opfer dargebracht haben. Aus Dankbarkeit an diese Selbstlosigkeit wurde ein Bild davon in den Mond gemalt.
- Eine Kröte im Mond kennen nicht nur die Chinesen (siehe weiter oben: Ch'ang O), sondern auch Inselvölker im nordwestlichen Pazifik: Danach verliebte sich ein Wolf in eine kleine Kröte. Er bat den Mond, besonders hell zu scheinen, damit er sie jagen könne. Voller Angst jedoch sprang die Kröte in den Mond und blieb dort.
- Bei vielen Indianervölkern Nordamerikas ist der Frosch im Mond ebenfalls bekannt: Manchmal wurde er vom Mond verschluckt. Oder er beschützt dort sitzend Sonne und Mond davor, von einem Bären verschlungen zu werden.

Der Mond und die Hexen

Hexen sind keine Erfindung des finsteren Mittelalters: Es hat sie zu allen Zeiten und überall auf der Welt gegeben. Ihnen wurde immer schon nachgesagt, daß sie Macht über Dämonen hatten, daß sie mit geheimnisvollen Kräften auf Mensch und Tier, auf Pflanzen und sogar auf Himmel und Erde einwirken konnten. Mit bestimmten Zaubersprüchen beschworen Hexen Unheil oder Heil herauf, bannten böse Geister, brachten in Not und Krankheit Hilfe und Heilung. Bis in unsere Zeit hinein sind Frauen die einzigen, die sich mit der Geburtshilfe bestens auskennen: Hebammen haben heute noch einen besonderen Status auch in einer modernen Klinik. Ihr altes Wissen – seit Urzeiten überliefert – ersetzt manchmal in unserer technisch so aufgeklärten Zeit das ärztliche Wissen der Männer ...

Bis ins 15. Jahrhundert hinein waren die Zaubersprüche und Beschwörungen der weisen Frauen beinahe die einzige Quelle praktischer Medizin. Männer befaßten sich nicht damit: Denn Krankheit galt als »dämonische Besessenheit« – und das einzige offiziell zulässige Heilmittel dagegen war der Exorzismus.

Auch in vorchristlicher Zeit lag die Heilkunst meist in der Hand von Frauen – vor allem in Skandinavien und in Gallien. Männliche Ärzte waren sogar viel später noch einzig und allein den Reichen vorbehalten. Die Armen – also der weitaus größte Teil der Bevölkerung – gingen zur »Dorfhexe«. Und diese Dorfhexe war meist eine weise Frau, die aus der Überlieferung von Generationen nicht nur Heilkünste, sondern auch so manchen magischen Spruch, so manche Zauberkraft ihr eigen nannte.

Nicht erst nach dem Untergang der alten, matriarchalischen Religionen wurden Frauen eng in Zusammenhang mit den dunklen Kräften des Mondes gebracht: Ihr Menstruationszyklus richtet sich ja am uralten Mondkalender aus; sie sind von Natur aus mehr dem Gefühl, der Intuition hingegeben – seit alters her die Urkräfte des Mondes. Die Frau als Mutter, aber auch als sexuelle Urkraft wurde vor allem später im Christentum an den Rand der Religion gedrängt. Nur im kleinsten Kreis gaben Frauen alte Überlieferungen, Rezepte und Heilmittel weiter: Sicher mit ein Grund, warum sie den männlichen Priestern des Christentums, aber auch früheren, patriarchalischen Religionen nicht so ganz geheuer waren. Dabei mußten die Hexen von Anfang an nicht magische Kräfte bemühen, wenn sie den Menschen helfen wollten. Genaue Beobachtung der Natur, Überlieferungen über die Heilkräfte von Pflanzen und Kräutern, aber auch das Wissen um ihre Gifte reichten völlig aus und machten die Hexen unentbehrlich in jedem Dorf. Daß nach altem Brauch der Mond dabei eine wichtige Rolle spielte, ist klar: Denn die Mondin als Urmutter allen Seins war auch in christlicher Zeit noch der wichtigste überirdische Helfer der weisen Frauen.

Mond und Magie

Mit Magie und Zauberkunst wurde der Mond schon immer verbunden: Denn der Mond ist der Regent der Nacht – jener Zeit also, in der die Hexen umgehen. Viele Gestalten des Dunklen sind unheimlich, können mit dem Verstand nicht erfaßt werden. Geister und Vampire tauchen nur in der Nacht auf. Bei Vollmond verwandeln sich harmlose Menschen plötzlich in wilde, menschenzerreissende Werwölfe.

Hexenversammlungen finden stets in Vollmondnächten statt: Dann ist die Kraft des Mondes am größten, überträgt sie sich am besten. Besonders gut ist es selbstverständlich, wenn die großen Hexensabbate auch noch auf einen Vollmond fallen. Aus Urzeiten überliefert, finden diese acht Feste immer zum selben Zeitpunkt statt:

- das Julfest zur Wintersonnenwende vom 20. bis 23. Dezember
- Candlemas oder das Fest der Brigid in der Nacht vom 1. auf den 2. Februar. Brigid war die Göttin der Dichtkunst, der Schmiedekunst und der Heilkunst
- das Ostara-Ritual zur Tagundnachtgleiche im Frühling, vom 20. bis 23. März
- Beltane – das Maifest in der Walpurgisnacht am 30. April
- Litha oder Grian-Stad – die Sommersonnenwende vom 20. bis 23. Juni
- Lugnasad – das Schnitterfest in der Nacht des 1. August
- Mabon – die Tagundnachtgleiche vom 20. bis 23. September
- Samhain oder Halloween von 31. Oktober auf 1. November. An diesem Tag feiern die Hexen Neujahr.

Als besonders »großer Sabbat« gelten Beltane, Halloween und Candlemas. An allen Sabbaten tanzen die Hexen entgegen dem Uhrzeigersinn – und damit im Lauf des Mondes – ums Feuer. Sie tragen Masken, springen über die Flammen, halten Opfermahlzeiten ab und beten Bäume, Quellen und heilige Steine an. Die Kräfte des Mondes verstärken in diesen Nächten auch die Kraft der einzelnen Hexen.

Magische Kunst einst und jetzt

Im alten Griechenland war man der festen Überzeugung, daß die gefürchteten Hexen von Thessaloniki ihre Macht vom Mond bezogen.

Ein gefürchteter Zauber war »Diabole«: die Verleumdung eines Feindes an den Mond. Man berichtete dem Mond von allen Missetaten des persönlichen Widersachers und flehte dann um Bestrafung. Das soll so gut geklappt haben, daß der römische Kaiser Hadrian seinem Hofmagier Pachrates einen besonders hohen Lohn zahlte ...

In unserer westlichen Kultur hat sich die Mondmagie in zwei Richtungen entwickelt: zum einen in die festen, starren Zeremonien der Magie, zum anderen in die Planetenmagie, bei der man im Fall des Mondes mit »seinen« Metallen und Steinen arbeitet.

- Bei der Planetenmagie schreibt man dem Mond Liebe, Frieden, Ruhe, Fruchtbarkeit, Heilung und Schlaf zu. Seine Farben sind Weiß, Silber und alle Pastelltöne. Sein Tag ist der Montag, seine Jahreszeit der Herbst, sein astrologisches Zeichen der Krebs. Das magische Mondgerät ist der Kelch – und die Kelche entsprechen ihm auch im Tarot. In der Musik wird ihm die Note B zugeschrieben, seine Pflanzen sind jene, die weiße Blüten haben, und solche, die in der Nacht blühen; seine Düfte sind Sandelholz, Myrrhe und Rosenwasser, seine Edelsteine Aquamarin, Beryll, Mondstein, Selenit, Quarz und Kristall. All dieses Wissen und die entsprechenden Gegenstände werden eingesetzt, um den Mond zu veranlassen, seine Kräfte dem Magier zu schenken.
- Die zeremonielle Magie dagegen hält sich peinlich genau an bestimmte Rituale: Der Magier verfährt dabei nach seit dem Altertum fest vorgeschriebenen Abläufen, um einen Zauber zu bewirken oder Geister und Naturgewalten zu beschwören. Die Einflüsse der Planeten wurden dabei natürlich ebenfalls berücksichtigt. In Zauberbüchern, die zum Teil sehr alt sind, ist der Ablauf der magischen Handlungen genau festgehalten. Diese »Grimoarien« (ursprünglich aus dem französischen *grammaire*) genannten Magiebücher waren vom 17. bis 19. Jahrhun-

dert besonders beliebt. Eines der ältesten ist der »Schlüssel Salomos«; es wird dem biblischen König Salomon zugeschrieben. Bei den mittelalterlichen Okkultisten wurde Salomon sehr verehrt: wegen seiner Weisheit und weil ihm von Gott das Wissen und die Fähigkeit verliehen worden sein soll, ganze Armeen von Dämonen zu befehligen. Magische Zeichen bezeichnet man oft als »Siegel Salomos«: etwa das Pentagramm, der sogenannte Drudenfuß oder fünfzackige Stern, auch einfacher Blutstrich genannt. Er war das Zeichen der Venus und galt als Symbol für Hexen und Magier, die durch ihr Wissen den Weg zu einem glücklichen Dasein gefunden zu haben glaubten. Der Fünfstern symbolisierte die Gestalt des Menschen. Das Hexagramm (der sechszackige Stern) gilt ebenfalls als Salomonsiegel: Es sind die miteinander verbundenen Dreiecke des Männlichen und des Weiblichen, aber auch die der vier alchemistischen Zeichen für Feuer, Wasser, Luft und Erde. Das Hexagramm schützt vor bösen Mächten.

Faustregel für die Hexenkunst des Mondes

Heute gewinnt die alte Hexenkunst wieder neue Anhänger – und auch die »neuen Hexen« beziehen sich auf den Mond und seine Kräfte. Die Magie der Zaubersprüche hängt von den Mondphasen ab:

- Bei zunehmenden Mond und natürlich bei Vollmond geht es um Wachstum und Wohlbefinden. »Weiße Magie« wird vor allem jetzt bewirkt.
- Bei abnehmendem Mond handelt es sich um Bannsprüche und Schadenszauber. Die »schwarze Magie« wird jetzt ausgenutzt.

Die Neumondnacht selbst ist für Zauber jeder Art tabu: Denn Sonne und Mond stehen zu diesem Zeitpunkt im selben Haus; man kann also nie ganz sicher sein, ob ein Zauberspruch nicht in sein Gegenteil umschlägt ...

Wichtig für Mondmagie ist selbstverständlich auch, in welchem Tierkreiszeichen der Mond steht (der Tabelle im folgenden Kapitel können Sie dies entnehmen). Jedes Mondzeichen hat danach seine ganz besondere Bedeutung:

- Mond im Widder steht für Schutz und Mut;
- Mond im Stier für Frieden, Wachstum und Geld;
- Mond im Zwilling für Weissagungen und Wünsche;
- Mond im Krebs für Liebe, Familie und Gefühle;
- Mond im Löwen für Sex und Leidenschaft;
- Mond in der Jungfrau für Heilung;
- Mond in der Waage für Partnerschaft, Beziehungen und Heirat;
- Mond im Skorpion für Verteidigung, Mut und Exorzismus;
- Mond im Schützen für Reisen;
- Mond im Steinbock für Verbannungen und Bannung von bösem Zauber;
- Mond im Wassermann für Mysterien und Geheimnisse und
- Mond in den Fischen für Bewußtseinserweiterung, Träume und Magie.

Zahlenmagie

Die Sieben gilt als Zahl des Mondes: Alle sieben Tage ändert er seine Gestalt. Der Mondgott war im altorientalischen Babylon die oberste Gottheit – und die Magie der Zahlen stammt zum größten Teil aus jener Zeit. In der Astrologie kannte man damals auch sieben Planeten (Sonne, Mond, Merkur, Mars, Venus, Jupiter und Saturn), die auf Erde und Menschen Einfluß hatten. Zu den sieben Planeten gehörten sieben Himmelssphären.

Der babylonische Kalender wurde zur Zeit Hammurabis im 19. Jahrhundert vor unserer Zeitrechnung eingeführt. Er beruht auf den Mondphasen, und nach ihm sind jeweils der siebte, 14., 21. und 28. Tag jeden Monats Unglückstage, an denen man bestimmte Arbeiten vermeiden mußte.

Die Dreizehn ist – ob als Glücks- oder Unglückszahl – ebenfalls mit dem Mond verbunden. Geht man nach dem Mondkalender, so kennen wir 13 Monate. Die Chinesen fügten alle paar Jahre in das Mondjahr einen 13. Monat ein, um wieder mit dem Sonnenjahr gleichzugehen. Dieser 13. Monat wurde »Herr der Bedrängnis« genannt; auch in Babylon hatte man für die überschreitende 13 ein eigenes Haus im Horoskop: Man nannte es »Rabe« – ebenfalls ein Unglück bringendes Symbol.

Zu den wichtigen Mondzahlen gehört auch die Vierzehn. Denn: Vierzehn Tage verhelfen dem werdenden Mond zu seiner Herrschaft. Im Islam ist dies noch heute deutlich zu erkennen. Hier gilt die 14 als heilige Zahl: Einer der Namen Mohammeds, *Taha*, hat den Zahlenwert 14 und deutet darauf hin, daß der Prophet einst strahlend wie der volle Mond in der Dunkelheit der Welt erschien.

Die Fünfzehn nennt man auch die »kleine Mondzahl«. Sie ist der Höhepunkt der Mondmacht. Früher kannte man das Maß »Mandel« für 15 Stück – abgeleitet von *mande*, was einen Monatsteil bezeichnet, nämlich den halben Mond. Ishtar, die mächtige Mondgöttin Babylons, hatte 15 Priester, und die Stadt dieser Göttin, das alte Ninive, besaß 15 Stadttore.

Die 27 gilt ebenfalls als magische Mondzahl: Im Idealfall, also bei klarem Himmel, ist der Mond 27 Tage lang sichtbar – die Nächte des Neumonds bleiben ausgespart. Im Altägyptischen kannte man ein Brettspiel mit 30 Feldern. Wer das 27. Feld – es hieß »Wasser« – erreichte, hatte verloren: sicher eine ursprüngliche Erinnerung an die Nacht des Dunkelmonds.

Selbstverständlich rechnet man auch die 28 zu den magischen Mondzahlen: Die vier Phasen des Mondes sind nach 28 Tagen vollkommen, der Mond ist danach durch 28 Sterngruppen gewandert.

360 hängt ebenfalls mit Mondmagie zusammen: Die magische Mondzahl 27 (siehe oben) verhält sich zur Sonnenzahl 360 wie 1 : 13,333. Durch Jahrhunderte war dies genau das Wertverhältnis zwischen dem Sonnenmetall Gold und dem Mondmetall Silber.

Aberglauben rund um den Mond

- Bär und Schnecke sind »Mondtiere«. Denn ebenso wie der Mond ziehen sie sich periodisch von der Welt zurück.
- Hunde werden mit dem Mond in Verbindung gebracht, weil sie oftmals Gefährten von Göttern des Mondes oder der Unterwelt sind.
- Auch der Stier ist ein Fruchtbarkeitssymbol des Mondes: Seine Hörner ähneln der Mondsichel.
- Die Schlange gilt ebenfalls als Mondwesen: Die Inkas verbanden sie mit Fruchtbarkeit und Erneuerung.
- Wenn eine Frau im Mondlicht schläft, wird sie dadurch schwanger.

- Perlen sind »Tränen des Mondes«: Eine Frau, die Perlen trägt, stellt eine Verbindung zur Fruchtbarkeit des Mondes her.
- Eine Hochzeit bei zunehmendem Mond verheißt Glück und Wohlstand. Wer seine Ehe bei Vollmond schließt, am besten sogar an einem Juni-Vollmond, wird sicher niemals unglücklich werden.
- Ein Raubüberfall am dritten Tag des Neumonds schlägt gewiß fehl.
- Bei einer Mondfinsternis darf man keinen Handel treiben: Er wird immer von Unglück und Mißgeschick begleitet sein.
- Ein beflecktes Tischtuch sollte man in einer hellen Mondnacht ins Freie hängen: Es wird durch das Mondlicht wieder rein.
- Kleidung, die man zum erstenmal bei Vollmond wäscht, wird nicht lange halten.
- Wer beim Schein des Mondes ein Kleid näht, der näht sein Sterbekleid.
- Gut für jedes Fest ist der Vollmond: Nach einem alten Zigeunerglauben ist jeder am nächsten Morgen frisch und fühlt sich wie neugeboren, der die Vollmondnacht durchfeiert.
- Wer bei Vollmond um Mitternacht neunmal einen Hexenring umkreist, kann den Gesprächen der Feen lauschen. (Hexenringe sind Pilze im Wald oder auf Wiesen, die im Kreis gewachsen sind.)
- Wenn ein Mann bei Vollmond im Freien schläft, wird ihn entweder ein Werwolf angreifen, oder er selbst wird sich in einen Werwolf verwandeln.
- Wer den Neumond über die rechte Schulter anblickt, wird Glück haben. Schaut man dagegen über die linke Schulter nach dem Dunkelmond, wird man fürderhin Pech haben.
- Glück bringt es, den Neumond mit Gold- oder Silbermünzen in der Tasche zu betrachten. Pech hat jedoch der, der kein Geld bei sich trägt.

- Durch Neumond verursachtes Pech kann man abwenden, wenn man eine Münze im Mondlicht aus der Tasche zieht und auf beiden Seiten bespuckt.
- Bei Neumond sollte man Silbermünzen in der Hosentasche reiben – dann vermehren sie sich.
- Wer seine Taschen umwendet, daß alles Geld herausfällt, und die Strahlen des zunehmenden Mondes darauf scheinen läßt, wird keinen Geldmangel leiden.
- Ein Wunsch geht in Erfüllung, wenn man sich auf weichen Erdengrund stellt, eine Münze wendet und sich dreimal um sich selber dreht.
- Glück und Wohlstand im ganzen Jahr hat, wer am ersten Tag des ersten Neumondes im neuen Jahr die Hand in die Tasche steckt, die Augen schließt und die kleinste Silbermünze, die man in der Tasche findet, mit der Oberseite nach unten dreht.
- Wer eine Schürze im Angesicht des Neumonds wendet, hat den ganzen Monat hindurch Glück.
- Ein Geschenk erhält, wer eine Schürze dreimal im Angesicht des Neumondes wendet. Noch vor dem nächsten Neumond wird das Geschenk eintreffen.
- Wer eine Taube und einen Neumond im selben Augenblick sieht, sollte diesen Vers aufsagen: »Heller Mond, Himmelgruß / strahlt so hell und wunderbar. / Hebe deinen rechten Fuß, / drunter findest du ein Haar.« Zieht man nun den rechten Schuh aus, findet man darin ein Haar des zukünftigen Ehepartners.

Was ist eigentlich ein Mondkalender?

»Wieviel Monate hat das Jahr?«
»Es sind dreizehn, sage ich.«
(englisches Rätsellied)

Dreizehn? Aus diesem alten Kinder-Rätsellied zeigt sich uns heute etwas Widersprüchliches. In unserem christlichen Kulturkreis kennen wir ja nur zwölf Monate – nach unserem Kalender, der sich nach der Sonne richtet.

Dreizehn Monate im Mondkalender

Der Mondkalender jedoch kennt 13 Monate: jeweils 28 Tage, jeweils vier Wochen also, die mit dem Zyklus des Mondes übereinstimmen. So kam man auf dieselbe Anzahl von Tagen im Jahr wie mit dem Sonnenkalender.

Nicht nur in alter Zeit, sondern bis heute jedoch werden zwei Kalender benutzt: der offizielle Sonnenkalender und der inoffizielle Kalender der Bauern, der nach dem Mond und dem Menstruationsrhythmus der Frau »geht«.

Unsere Woche geht noch nach dem Mond

Unsere Wochen mit sieben Tagen richten sich immer noch nach diesem uralten Kalender, sie sind immer noch lunar. Sie passen deshalb nicht mehr genau in unser Sonnenjahr. (Deshalb verschieben sich die Wochentage auch in jedem Jahr, und in den sogenannten Schaltjahren, die es alle vier Jahre gibt, findet sogar eine Zwei-Tages-Verschiebung gegenüber dem Vorjahr statt.). Dreizehn Mondmonate nach der alten Zeitrechnung ergeben 364 Tage im Jahr (13 x 28), mit einem Extratag, um auf 365 zu kommen. Daher kommt übrigens auch die Redensart »auf Jahr und Tag«, die Sie sicher aus Kinderliedern und Märchen, aus Zaubersprüchen oder alten Balladen kennen.

Große Kulturen verwenden heute noch den Mondkalender

Im Islam und im Judentum, aber auch bei Völkern, die hauptsächlich vom Ackerbau leben, gibt es noch heute den Mondkalender. Das islamische Jahr wird auf der Basis von Mondperioden berechnet. Deshalb verschiebt sich bei den Moslems z. B. jedes Jahr das Neujahrsfest auf ein immer früheres Datum, ebenso wie der Fastenmonat Ramadan. Ähnlich ist es im hebräischen Kalender: Auch seine Grundlage ist die Mondbahnberechnung. Um dies auf den Sonnenkalender abzustimmen, gibt es jeweils alle 19 Jahre ein Schaltjahr, in das man einen ganzen Monat mehr eingefügt hat. Und für viele Nomadenstämme gilt: Sie kennen ausschließlich den Mondkalender und richten ihr Leben danach aus.

Frauen haben den Kalender erfunden

Das Bewußtsein eines Kalenders entwickelte sich – da sind sich die Forscher heute einig – wohl zuerst bei den Frauen:

Sie führten sozusagen »Tagebuch«, um ihre Regel festzuhalten. In China kannten die Frauen schon vor mehr als 3000 Jahren einen Mondkalender, genau wie die Mayas in Mittelamerika. Die Übereinstimmung mit dem Zyklus des Mondes war ihnen bald klar. So ist es ganz natürlich, daß der Mond und sein Weg über den Himmel Grundlage zu jeglichem Kalender überhaupt wurden. Die älteste indogermanische Sprachwurzel, die sich auf den Himmel und seine Gestirne bezieht, heißt *me* – und sie bezeichnet den Mond. Im Sanskrit kennt man *mami* – »ich messe«. Sprachforscher wissen: Alle Wörter mit der Bedeutung Mond in den indoeuropäischen Sprachen gehen auf diese Sprachwurzeln zurück. Mondgötter haben immer die Zeit regiert. Im alten Ägypten war es Thot, bei den Griechen verehrte man Ariadne und Artemis, bei den Römern Selene und Diana ...

Aus uralter Zeit

Aus prähistorischer Zeit (bis zu 40 000 Jahren vor unserer Zeitrechnung) hat man Mondkalender gefunden – auf Steine oder in Knochen geritzt zeigten sie an, wann Voll- oder Neumond war. Das gleiche gilt für Höhlenzeichnungen in Spanien, auf denen man die Mondphasen sogar genauestens erkennen kann – ein deutliches Zeichen dafür, wie wichtig für die Menschen damals der Mond und seine Einwirkung auf ihr Leben war. Vor allem dann, als die Zeit der Jäger und Sammler langsam zu Ende ging und Viehzucht und Ackerbau die Menschen seßhaft werden ließen, wurde es unerläßlich, die Zeiten für Saat und Ernte kennenzulernen und aufzuzeichnen, damit nachfolgende Generationen vom Wissen der Alten profitieren konnten.

Natürliches Meßinstrument unserer Ahnen

Der Mond ist unseren Vorfahren wohl ein natürliches Meßinstrument gewesen: Alle 28 Tage durchlief die glänzende Scheibe am Himmel einen bestimmten Zyklus. Sie änderte ihr Aussehen, verschwand sogar ganz und erstand dann wiederum aufs neue. Nach der Zeiteinheit von Tag und Nacht (und damit Sonnenaufgang und -untergang) ist dies die zweite große Zeiteinteilung der Menschheit gewesen. Und die hat sich auf das gesamte Leben der Menschheit ausgewirkt – das zeigt sich heute noch in unserer Sprache und in vielen unserer Gewohnheiten. Vieles stammt aus archaischer Zeit und wurde von den zahlreichen Religionen übernommen. So hängt unser heutiger Sonntag (bei den Juden der Sabbat von Freitagabend bis Samstagabend, im Islam der Freitag), der siebte Tag von Moses' Schöpfungsgeschichte, der Tag, an dem Gott ruhte, wahrscheinlich mit den Mondphasen zusammen: In der alten Zeit galt jeweils der siebte Tag einer Mondphase als tabu, als Unglückstag. An diesen Tagen gingen der Mond und seine Göttin ja in eine andere Phase über, und er durfte dabei nicht durch nichtiges Wirken der Menschen gestört werden.

In vielen Sprachen ist der Mond weiblich

Auch an der Sprache kann man erkennen, daß der weibliche Zyklus und die Erfassung der Zeit eng zusammenhängen: Das Wort Menstruation leitet sich vom lateinischen »mensis« (= Monat) ab. Im Gälischen waren die Wörter für Kalender und Menstruation sogar gleichlautend: *miosach* und *miosachan*. Im Latinum, dem Vorläufer des römischen Weltreiches, hießen die Neumondwochen *kalenden*, auch unser Montag kommt sicher von Mond. Noch deutlicher ist dies in den Sprachen unserer europäischen Nachbarn: Der Mond heißt im Französischen *la lune* und der Montag *lundi*, im Italienischen ist der Mond *la luna*, der Montag *lunedi*. Interessant übrigens daß hier wie in vielen anderen Ländern der Mond weiblich ist – »die Mondin« als große, lebensbestimmende Göttin hat hier sprachlich überlebt.

Die neue Zeit begann mit dem Nil-Kalender

Die meisten Mondkalender gibt es heute nicht mehr. Im Alltagsleben verwendet man weltweit den Sonnenkalender. Den ersten übrigens haben die Ägypter erfunden, und er hing mit den Überschwemmungen und Trockenzeiten der Hauptlebensader des Landes, dem Nil, zusammen. Das Niljahr stimmte nicht mehr mit dem Mond überein, ergab aber zwölf Monate mit jeweils 30 Tagen, und die »fehlenden« zum Sonnenjahr – fünf Tage – wurden einfach am Ende drangehängt. Dieser Kalender funktionierte so gut, daß Julius Cäsar ihn für Rom, das Römische Reich und damit die gesamte Welt übernahm. Künftig fing das Jahr also immer am 1. Januar an – und diese Regelung hatte (und hat!) immerhin über eineinhalb Jahrtausende Gültigkeit.

Ein Papst führte das Schaltjahr ein

Auch der Julianische Kalender jedoch war nicht ganz exakt: Das Niljahr war nämlich elf Minuten zu lang. Das schien anfangs nicht wichtig. Im Laufe der Jahrhunderte jedoch summierten sich diese elf Minuten zu Stunden und Tagen. Die einschneidenden Punkte des »echten« Sonnenjahres stimmten nicht mehr mit dem herrschenden Kalender überein. Und so entschied Papst Gregor XIII., den Kalender endlich den tatsächlichen Gegebenheiten anzupassen: Auf den 4. Oktober 1582 folgte der 15. Oktober. Gleichzeitig führte Gregor XIII. künftig ein Schaltjahr ein, bei dem wir heute noch statt 365 Tage 366 haben. Dieses Schaltjahr fällt nur dann aus, wenn ein Jahrhundert vollendet wird – und dies auch dann nicht, wenn die neue Jahreszahl durch 400 teilbar ist. Das Schaltjahr 2000 wird also ein »echtes« Schaltjahr mit einem 29. Februar sein, weil die Zahl 2000 durch 400 teilbar ist. Im Jahre 1900 war das anders: Da gab es keinen zusätzlichen Tag im Februar.

Der Rhythmus des Mondes

Jeder von uns kennt der Zyklus des Mondes und hat schon mal die volle Scheibe bewundert, wenn sie ihr sanftes Licht vom tiefschwarzen Himmel schickte. Als Kinder haben wir uns vielleicht gewundert, warum der Mond plötzlich immer weniger wurde, bis er nur noch eine schmale Sichel war und schließlich ganz vom Firmament verschwand. Unseren Vorfahren ist es nicht anders ergangen. Nur: Sie verbanden damit das Mysterium des Lebens überhaupt. Die Phasen des Mondes waren für unsere Ahnen ein Symbol für den ewigen Kreislauf:

- Zeugung und Geburt zeigte die schmale zunehmende Mondsichel an;
- das Wachstum der zunehmende Mond bis zum Vollmond;
- Siechen und Sterben symbolisierte der abnehmende Mond bis zum Neumond.
- Den Tod selbst stellten die drei Nächte des Neumonds dar,
- die Wiedergeburt symbolisiert die wieder auftauchende schmale Sichel des zunehmenden Mondes.

Die Kunde von der Sternen

Die Sumerer erkannten etwa 4000 Jahre vor unserer Zeit, daß die reine Beobachtung der Jahreszeiten und der Mondkalender nicht ausreichten, um im Ackerbau bestmögliche Ergebnisse zu erzielen. Sie brauchten genauere Zeitangaben. So entstand die Sternenkunde – die Astrologie. Für fast 2000 Jahre bestand kein Unterschied zwischen Astrologie und Astronomie: Beides war die Wissenschaft von den Sternen. Die Sumerer entwickelten ein ausgeklügeltes System für den Sternenhimmel: Sie entdeckten z. B. die Fixsterne und faßten die einzelnen Sterne zu Sternbildern zusammen.

Insgesamt 48 Sternbilder waren damals bekannt. Sie wurden durch die Bahn der Sonne, den Wendekreis des Krebses und den des Steinbocks gegliedert. Die Sterne waren für die Sumerer aber lediglich Orientierungspunkte. Sie erkannten nicht, daß sie auch das Geschehen auf der Erde beeinflussen.

Der Weg des Mondes durch die Sternbilder war für die Sumerer ebenfalls noch ohne Bedeutung. Sie erkannten allerdings die einzelnen Planeten (Merkur, Venus, Mars, Jupiter und Saturn) und auch, daß diese »Wandersterne« unterschiedliche Bahnen beschritten. Jeder dieser Sterne – sowie Sonne und Mond – bekam schließlich einzelne Bereiche zugeordnet, die sich aus ihrer stetigen oder unstetigen Bahn, aus ihrer schnellen oder langsamen Umkreisung der Erde (so glaubte man damals zumindest), aus ihrer Farbe, aus ihrem Funkeln ergaben.

Sonne und Mond durchlaufen zwölf Tierkreiszeichen

Im alten Babylon hatte man beobachtet, daß die beiden wichtigsten »Sterne« am Himmel, nämlich Sonne und Mond, regelmäßig alle zwölf Tierkreiszeichen (griech.: *Zodiakus*) durchwanderten.

Diese Zeichen wurden in zwölf »Häuser« von je 30 Grad unterteilt, jedes Haus wurde nach dem Fixstern benannt, der sich in der Nähe oder in diesem Haus befand. Den Astrologen in Babylon fiel auf, daß bestimmte Ereignisse sich häuften, wenn Sonne, Mond oder einer der damals bekannten fünf Planeten durch bestimmte Häuser wanderte.

Diese Grundlagen der Astrologie wurden ein halbes Jahrtausend vor unserer Zeitrechnung zum erstenmal festgeschrieben, und bis heute hat sich daran nicht sehr viel geändert.

Einem Unbekannten verdanken wir das Horoskop

Ursprünglich sind die Tierkreiszeichen also als Zeitmesser entstanden.

Leider weiß man nicht, wer auf die Idee kam, den einzelnen Zeichen Charaktere und Persönlichkeit zuzuordnen. Bekannt ist nur: Etwa um 400 v. Chr. wurde das erste persönliche Horoskop erstellt. Das Wort *horaskopos* bedeutet wörtlich »Stundenseher«.

Für die Astrologen gilt nach wie vor die geozentrische Weltsicht wie zu den alten Zeiten: Alles dreht sich um die Erde. Deshalb ordnet man auch Sonne und Mond den Planeten zu. Der griechische Mathematiker und Astrologe Ptolemäus hat im zweiten Jahrhundert unserer Zeit dieses geozentrische Weltbild entworfen. Er erkannte richtigerweise, daß der Mond sich um die Erde dreht, glaubte aber fälschlicherweise, daß dasselbe für die Sonne gelte. Bis zur Mitte des 16. Jahrhunderts wußte man es nicht besser – bis zu dem Zeitpunkt, als Kopernikus (1473–1543) entdeckte, daß sich die Erde um die Sonne dreht.

Für die Astrologie hat das übrigens keine Bedeutung. Sie geht immer von den entsprechenden Abschnitten des Himmels aus – und natürlich davon, daß Universum und Erde eine Einheit bilden, es also Wechselwirkungen gibt, die sich auch auf das Leben jedes einzelnen von uns auswirken.

Die einzelnen Planeten

- Die Sonne galt als beständigster »Planet«: Sie steht für Macht, Selbstdarstellung, Individualität.
- Der Mond beherrscht unsere Gefühle und symbolisiert Beeinflußbarkeit, Veränderlichkeit, Empfindsamkeit, Sympathie.
- Merkur ist der Planet des Verstandes, der Kommunikation, Intelligenz, Urteilskraft.
- Venus symbolisiert Anziehungskraft, Einheit, Schönheit, Wertbestimmung.
- Mars, der Planet des Krieges, steht für Aktivität, Energie, Selbstverwirklichung, Unternehmungsgeist.
- Jupiter als Herrscher aller Planeten symbolisiert Erweiterung, Optimismus, Voraussicht, aber auch den glücklichen Zufall.
- Saturn ist der Planet der Hindernisse. Ihm werden Beschränkung, Eingrenzung, Disziplin zugeordnet.

Später kamen noch weitere Planeten hinzu:

- Uranus, der das Symbol für drastische Veränderung, für Unabhängigkeit, Erfindungsgeist und Originalität ist;
- Neptun als Planet der Illusion, der für das Loslassen von Materiellem steht, und
- Pluto als Planet der Veränderung, der Wiedergeburt, Säuberung, Erneuerung und Entschlossenheit.

Wo stand der Mond bei Ihrer Geburt?

Normalerweise weiß jeder Mensch, in welchem Tierkreiszeichen die Sonne bei seiner Geburt stand. Die Sonne – das wissen wir – ist zwar der Mittelpunkt unserer Existenz. Sie wechselt etwa alle vier Wochen ihr Zeichen. Genauso wichtig für ein fundiertes Horoskop ist daher das Wissen, in welchem Zeichen die anderen Planeten zum Zeitpunkt unserer Geburt standen.

Der Mond als erdnächster Planet spielt dabei eine entscheidende Rolle: Er wechselt alle zwei bis zweieinhalb Tage in ein anderes Tierkreiszeichen. Er zeigt an, wie Sie ganz instinktiv auf bestimmte Situationen reagieren. Ob Sie spontan sind oder eher nachdenklich, ob Sie auf Menschen zugehen oder sich eher einigeln.

Eine Erklärung der astrologischen Symbole finden Sie auf Seite 205.

1935

Tag	Januar Mond im	Februar Mond im	März Mond im	April Mond im	Mai Mond im	Juni Mond im
1	♏	♑	♑	♓	♈	♊
2	♏ ab 05.27 ♐	♑ ab 19.26 ♒	♑ ab 06.16 ♒	♓ ab 16.32 ♈	♈ ab 03.10 ♉	♊ ab 21.44 ♋
3	♐	♒	♒	♈	♉	♋
4	♐ ab 07.44 ♑	♒ ab 18.47 ♓	♒ ab 06.13 ♓	♈ ab 17.18 ♉	♉ ab 06.26 ♊	♋
5	♑	♓	♓	♉	♊	♌ ab 07.20 ♌
6	♑ ab 08.04 ♒	♓ ab 18.49 ♈	♓ ab 05.41 ♈	♉ ab 20.36 ♊	♊ ab 12.51 ♋	♌
7	♒	♈	♈	♊	♋	♌ ab 19.26 ♍
8	♒ ab 08.18 ♓	♈ ab 21.23 ♉	♈ ab 06.43 ♉	♊	♋ ab 22.55 ♌	♍
9	♓	♉	♉	♊ ab 03.49 ♋	♌	♍
10	♓ ab 10.03 ♈	♉	♉ ab 11.12 ♊	♋	♌	♍ ab 08.00 ♎
11	♈	♉ ab 03.36 ♊	♊	♋ ab 14.52 ♌	♌ ab 11.26 ♍	♎
12	♈ ab 14.25 ♉	♊	♊ ab 19.52 ♋	♌	♍	♎ ab 18.36 ♏
13	♉	♊ ab 13.24 ♋	♋	♌	♍ ab 23.48 ♎	♏
14	♉ ab 21.43 ♊	♋	♋	♌ ab 03.47 ♍	♎	♏
15	♊	♋	♋ ab 07.48 ♌	♍	♎	♍ ab 01.57 ♐
16	♊	♋ ab 01.35 ♌	♌	♍ ab 16.01 ♎	♎ ab 09.55 ♏	♐
17	♊ ab 07.38 ♋	♌	♌ ab 20.52 ♍	♎	♏	♐ ab 06.21 ♑
18	♋	♌ ab 14.33 ♍	♍	♎	♏ ab 17.13 ♐	♑
19	♋ ab 19.27 ♌	♍	♍	♎ ab 02.10 ♏	♐	♑ ab 08.56 ♒
20	♌	♍	♍ ab 09.08 ♎	♏	♐ ab 22.21 ♑	♒
21	♌	♍ ab 03.03 ♎	♎	♏ ab 10.06 ♐	♑	♒ ab 10.56 ♓
22	♌ ab 08.20 ♍	♎	♎ ab 19.45 ♏	♐	♑	♓
23	♍	♎ ab 14.05 ♏	♏	♐ ab 16.14 ♑	♑ ab 02.09 ♒	♓ ab 13.21 ♈
24	♍ ab 21.00 ♎	♏	♏	♑	♒	♈
25	♎	♏ ab 22.41 ♐	♍ ab 04.24 ♐	♑ ab 20.44 ♒	♒ ab 05.14 ♓	♈ ab 16.54 ♉
26	♎	♐	♐	♒	♓	♉
27	♎ ab 07.46 ♏	♐	♐ ab 10.49 ♑	♒ ab 23.40 ♓	♓ ab 07.59 ♈	♉ ab 22.07 ♊
28	♏	♐ ab 04.05 ♑	♑	♓	♈	♊
29	♏ ab 15.11 ♐		♑ ab 14.42 ♒	♓	♈ ab 10.59 ♉	♊
30	♐		♒	♓ ab 01.27 ♈	♉	♊ ab 05.27 ♋
31	♐ ab 18.48 ♑		♒ ab 16.15 ♓		♉ ab 15.11 ♊	

Tag	Juli Mond im	August Mond im	September Mond im	Oktober Mond im	November Mond im	Dezember Mond im
1	♋	♌ ab 10.07 ♍	♎	♏	♑	♒
2	♋ ab 15.13 ♌	♍	♎ ab 17.22 ♏	♏ ab 07.41 ♐	♑	♒ ab 15.03 ♓
3	♌	♍ ab 22.55 ♎	♏	♐	♑ ab 05.39 ♒	♓
4	♌	♎	♏	♐ ab 18.03 ♑	♒	♓ ab 17.53 ♈
5	♌ ab 03.09 ♍	♎	♏ ab 03.49 ♐	♑	♒ ab 09.21 ♓	♈
6	♍	♎ ab 10.57 ♏	♐	♑ ab 23.21 ♒	♓	♈ ab 20.04 ♉
7	♍ ab 15.53 ♎	♏	♐ ab 11.08 ♑	♒	♓ ab 10.54 ♈	♉
8	♎	♏ ab 20.25 ♐	♑	♒	♈	♉ ab 22.37 ♊
9	♎	♐	♑ ab 14.44 ♒	♒ ab 01.27 ♓	♈ ab 11.29 ♉	♊
10	♌ ab 03.15 ♏	♐	♒	♓	♉	♊
11	♏	♐ ab 02.10 ♑	♒ ab 15.15 ♓	♓ ab 01.21 ♈	♉ ab 12.53 ♊	♊ ab 02.54 ♋
12	♏ ab 11.28 ♐	♑	♓	♈	♊	♋
13	♐	♑ ab 04.22 ♒	♓ ab 14.21 ♈	♈ ab 00.54 ♉	♊ ab 16.57 ♋	♋ ab 10.07 ♌
14	♐ ab 16.03 ♑	♒	♈	♉	♋	♌
15	♑	♒ ab 04.19 ♓	♈ ab 14.11 ♉	♉ ab 02.18 ♊	♋	♌ ab 20.33 ♍
16	♑ ab 17.54 ♒	♓	♉	♊	♋ ab 00.51 ♌	♍
17	♒	♓ ab 03.55 ♈	♉ ab 16.48 ♊	♊ ab 07.21 ♋	♌	♍
18	♒ ab 18.31 ♓	♈	♊	♋	♌ ab 12.11 ♍	♍ ab 08.59 ♎
19	♓	♈ ab 05.08 ♉	♊ ab 23.27 ♋	♋ ab 16.36 ♌	♍	♎
20	♓ ab 19.33 ♈	♉	♋	♌	♍	♎ ab 21.03 ♏
21	♈	♉ ab 09.26 ♊	♋	♌	♍ ab 00.53 ♎	♏
22	♈ ab 22.21 ♉	♊	♋ ab 09.50 ♌	♌ ab 04.45 ♍	♎	♏
23	♉	♊ ab 17.17 ♋	♌	♍	♎ ab 12.36 ♏	♏ ab 06.45 ♐
24	♉	♋	♌ ab 22.19 ♍	♍ ab 17.32 ♎	♏	♐
25	♉ ab 03.42 ♊	♋	♍	♎	♏ ab 22.09 ♐	♐ ab 13.28 ♑
26	♊	♋ ab 04.01 ♌	♍	♎	♐	♑
27	♊ ab 11.44 ♋	♌	♍ ab 11.06 ♎	♎ ab 05.15 ♏	♐	♑ ab 17.46 ♒
28	♋	♌ ab 16.21 ♍	♎	♏	♐ ab 05.29 ♑	♒
29	♋ ab 22.04 ♌	♍	♎ ab 23.06 ♏	♏ ab 15.18 ♐	♑	♒ ab 20.42 ♓
30	♌	♍	♏	♐	♑ ab 11.00 ♒	♓
31	♌	♍ ab 05.08 ♎		♐ ab 23.31 ♑	♒	♓ ab 23.16 ♈

1936

Tag	Januar Mond im	Februar Mond im	März Mond im	April Mond im	Mai Mond im	Juni Mond im
1	♈	♉ ab 11.39 ♊	♊ ab 23.26 ♋	♌	♍	♎ ab 15.12 ♏
2	♈	♊	♋	♌	♍ ab 19.43 ♎	♏
3	♈ ab 02.11 ♉	♊ ab 17.58 ♋	♋	♌ ab 01.08 ♍	♎	♏
4	♉	♋	♋ ab 08.21 ♌	♍	♎	♍ ab 02.38 ♐
5	♉ ab 06.04 ♊	♋	♌	♍ ab 13.31 ♎	♎ ab 08.17 ♏	♐
6	♊	♋ ab 02.26 ♌	♌ ab 19.18 ♍	♎	♏	♐ ab 12.03 ♑
7	♊ ab 11.29 ♋	♌	♍	♎	♏ ab 19.54 ♐	♑
8	♋	♌ ab 12.48 ♍	♍	♎ ab 02.05 ♏	♐	♑ ab 19.18 ♒
9	♋ ab 19.02 ♌	♍	♍ ab 07.26 ♎	♏	♐	♒
10	♌	♍	♎	♏ ab 14.03 ♐	♐ ab 05.57 ♑	♒
11	♌	♍ ab 00.46 ♎	♎ ab 20.04 ♏	♐	♑	♒ ab 00.27 ♓
12	♌ ab 05.05 ♍	♎	♏	♐	♑ ab 13.48 ♒	♓
13	♍	♎ ab 13.25 ♏	♏	♐ ab 00.23 ♑	♒	♓ ab 03.47 ♈
14	♍ ab 17.11 ♎	♏	♏ ab 08.06 ♐	♑	♒ ab 18.53 ♓	♈
15	♎	♏	♐	♑ ab 07.49 ♒	♓	♈ ab 05.49 ♉
16	♎	♏ ab 00.57 ♐	♐ ab 17.52 ♑	♒	♓ ab 21.14 ♈	♉
17	♎ ab 05.39 ♏	♐	♑	♒ ab 11.38 ♓	♈	♉ ab 07.30 ♊
18	♏	♐ ab 09.21 ♑	♑ ab 23.52 ♒	♓	♈ ab 21.48 ♉	♊
19	♏ ab 16.12 ♐	♑	♒	♓ ab 12.21 ♈	♉	♊ ab 10.09 ♋
20	♐	♑ ab 13.47 ♒	♒	♈	♉ ab 22.12 ♊	♋
21	♐ ab 23.19 ♑	♒	♒ ab 01.59 ♓	♈ ab 11.37 ♉	♊	♋ ab 15.06 ♌
22	♑	♒ ab 14.56 ♓	♓	♉	♊	♌
23	♑	♓	♓ ab 01.32 ♈	♉ ab 11.38 ♊	♊ ab 00.20 ♋	♌ ab 23.16 ♍
24	♌ ab 03.03 ♒	♓ ab 14.35 ♈	♈	♊	♋	♍
25	♒	♈	♈ ab 00.38 ♉	♊ ab 14.23 ♋	♋ ab 05.42 ♌	♍
26	♒ ab 04.35 ♓	♈ ab 14.51 ♉	♉	♋	♌	♍ ab 10.24 ♎
27	♓	♉	♉ ab 01.32 ♊	♋ ab 21.04 ♌	♌ ab 14.48 ♍	♎
28	♓ ab 05.36 ♈	♉ ab 17.30 ♊	♊	♌	♍	♎ ab 22.53 ♏
29	♈	♊	♊ ab 05.52 ♋	♌	♍	♏
30	♈ ab 07.38 ♉		♋	♌ ab 07.22 ♍	♍ ab 02.39 ♎	♏
31	♉		♋ ab 14.04 ♌		♎	

Tag	Juli Mond im	August Mond im	September Mond im	Oktober Mond im	November Mond im	Dezember Mond im
1	♏ ab 10.27 ♐	♑	♓	♈	♊	♋
2	♐	♑ ab 10.26 ♒	♓ ab 23.43 ♈	♈ ab 09.25 ♉	♊ ab 21.01 ♋	♋ ab 10.44 ♌
3	♐ ab 19.34 ♑	♒	♈	♉	♋	♌
4	♑	♒ ab 13.36 ♓	♈	♉ ab 09.37 ♊	♋	♌ ab 17.31 ♍
5	♑	♓	♈ ab 00.04 ♉	♊	♋ ab 01.37 ♌	♍
6	♑ ab 01.57 ♒	♓ ab 15.22 ♈	♉	♊ ab 12.29 ♋	♌	♍
7	♒	♈	♉ ab 01.55 ♊	♋	♌ ab 10.00 ♍	♍ ab 03.56 ♎
8	♒ ab 06.11 ♓	♈ ab 17.12 ♉	♊	♋ ab 18.45 ♌	♍	♎
9	♓	♉	♊ ab 06.16 ♋	♌	♍ ab 21.15 ♎	♎ ab 16.28 ♏
10	♓ ab 07.10 ♈	♉ ab 20.12 ♊	♋	♌	♎	♏
11	♈	♊	♋ ab 13.13 ♌	♌ ab 04.02 ♍	♎	♏
12	♈ ab 11.46 ♉	♊	♌	♍	♎ ab 09.52 ♏	♏ ab 05.07 ♐
13	♉	♊ ab 00.52 ♋	♌ ab 22.20 ♍	♍ ab 15.19 ♎	♏	♐
14	♉ ab 14.39 ♊	♋	♍	♎	♏ ab 22.34 ♐	♐ ab 16.26 ♑
15	♊	♋ ab 07.20 ♌	♍	♎	♐	♑
16	♊ ab 18.28 ♋	♌	♍ ab 09.13 ♎	♎ ab 03.47 ♏	♐	♑
17	♋	♌ ab 15.45 ♍	♎	♏	♐ ab 10.21 ♑	♑ ab 01.43 ♒
18	♋ ab 23.58 ♌	♍	♎ ab 21.33 ♏	♏ ab 16.38 ♐	♑	♒
19	♌	♍	♏	♐	♑ ab 20.11 ♒	♒ ab 08.44 ♓
20	♌	♍ ab 02.17 ♎	♏	♐	♒	♓
21	♌ ab 07.54 ♍	♎	♏ ab 10.25 ♐	♐ ab 04.38 ♑	♒	♓ ab 13.27 ♈
22	♍	♎ ab 14.36 ♏	♐	♑	♒ ab 03.04 ♓	♈
23	♍ ab 18.31 ♎	♏	♐ ab 21.53 ♑	♑ ab 14.00 ♒	♓	♈ ab 16.06 ♉
24	♎	♏	♑	♒	♓ ab 06.37 ♈	♉
25	♎	♏ ab 03.10 ♐	♑	♒ ab 19.28 ♓	♈	♉ ab 17.25 ♊
26	♎ ab 06.54 ♏	♐	♑ ab 05.53 ♒	♓	♈ ab 07.29 ♉	♊
27	♏	♐ ab 13.35 ♑	♒	♓ ab 21.10 ♈	♉	♊ ab 18.37 ♋
28	♏ ab 18.56 ♐	♑	♒ ab 09.39 ♓	♈	♉ ab 07.12 ♊	♋
29	♐	♑ ab 20.13 ♒	♓	♈ ab 20.34 ♉	♊	♋ ab 21.14♌
30	♐	♒	♓ ab 10.10 ♈	♉	♊ ab 07.40 ♋	♌
31	♐ ab 04.24 ♑	♒ ab 23.06 ♓		♉ ab 19.50 ♊		♌

1937

Tag	Januar Mond im	Februar Mond im	März Mond im	April Mond im	Mai Mond im	Juni Mond im
1	♌ ab 02.46 ♍	♎	♎ ab 16.23 ♏	♐	♑	♒ ab 09.58 ♓
2	♍	♎ ab 08.11 ♏	♏	♐	♑ ab 19.09 ♒	♓
3	♍ ab 11.55 ♎	♏	♏	♐ ab 01.17 ♑	♒	♓ ab 15.22 ♈
4	♎	♏ ab 20.59 ♐	♏ ab 05.08 ♐	♑	♒	♈
5	♎ ab 23.58 ♏	♐	♐	♑ ab 11.39 ♒	♒ ab 02.57 ♓	♈ ab 17.36 ♉
6	♏	♐	♐ ab 17.23 ♑	♒	♓	♉
7	♏	♐ ab 08.34 ♑	♑	♒ ab 18.00 ♓	♓ ab 06.48 ♈	♉ ab 17.46 ♊
8	♏ ab 12.43 ♐	♑	♑	♓	♈	♊
9	♐	♑ ab 17.00 ♒	♑ ab 02.36 ♒	♓ ab 20.29 ♈	♈ ab 07.32 ♉	♊ ab 17.32 ♋
10	♐ ab 23.54 ♑	♒	♒	♈	♉	♋
11	♑	♒ ab 22.10 ♓	♒ ab 07.50 ♓	♈ ab 20.40 ♉	♉ ab 06.57 ♊	♋ ab 18.45 ♌
12	♑	♓	♓	♉	♊	♌
13	♑ ab 08.25 ♒	♓	♓ ab 10.00 ♈	♉ ab 20.35 ♊	♊ ab 07.00 ♋	♌ ab 23.01 ♍
14	♒	♓ ab 01.12 ♈	♈	♊	♋	♍
15	♒ ab 14.29 ♓	♈	♈ ab 10.54 ♉	♊ ab 22.03 ♋	♋ ab 09.28 ♌	♍
16	♓	♈ ab 03.35 ♉	♉	♋	♌	♍ ab 07.08 ♎
17	♓ ab 18.49 ♈	♉	♉ ab 12.19 ♊	♋	♌ ab 15.19 ♍	♎
18	♈	♉ ab 06.23 ♊	♊	♋ ab 02.12 ♌	♍	♎ ab 18.31 ♏
19	♈ ab 22.07 ♉	♊	♊ ab 15.25 ♋	♌	♍	♏
20	♉	♊ ab 10.04 ♋	♋	♌ ab 07.16 ♍	♍ ab 00.35 ♎	♏
21	♉	♋	♋ ab 20.36 ♌	♍	♎	♏ ab 07.26 ♐
22	♉ ab 00.54 ♊	♋ ab 14.51 ♌	♌	♍ ab 18.51 ♎	♎ ab 12.18 ♏	♐
23	♊	♌	♌	♎	♏	♐ ab 19.58 ♑
24	♊ ab 03.38 ♋	♌ ab 21.05 ♍	♌ ab 03.44 ♍	♎	♏	♑
25	♋	♍	♍	♎ ab 06.21 ♏	♏ ab 01.10 ♐	♑
26	♋ ab 07.08 ♌	♍	♍ ab 12.47 ♎	♏	♐	♑ ab 06.54 ♒
27	♌	♍ ab 05.27 ♎	♎	♏ ab 19.06 ♐	♐ ab 13.54 ♑	♒
28	♌ ab 12.31 ♍	♎	♎ ab 23.51 ♏	♐	♑	♒ ab 15.37 ♓
29	♍		♏	♐	♑	♓
30	♍ ab 20.50 ♎		♏	♐ ab 07.57 ♑	♑ ab 01.13 ♒	♓ ab 21.51 ♈
31	♎		♏ ab 12.33 ♐		♒	

Tag	Juli Mond im	August Mond im	September Mond im	Oktober Mond im	November Mond im	Dezember Mond im
1	♈	♉ ab 10.29 ♊	♋ ab 22.21 ♌	♌ ab 09.29 ♍	♎	♏
2	♈	♊	♌	♍	♎ ab 08.49 ♏	♏ ab 03.06 ♐
3	♈ ab 01.35 ♉	♊ ab 12.34 ♋	♌	♍ ab 16.32 ♎	♏	♐
4	♉	♋	♌ ab 02.35 ♍	♎	♏ ab 20.46 ♐	♐ ab 16.06 ♑
5	♉ ab 03.16 ♊	♋ ab 14.36 ♌	♍	♎	♐	♑
6	♊	♌	♍ ab 08.48 ♎	♎ ab 01.55 ♏	♐	♑
7	♊ ab 03.54 ♋	♌ ab 17.54 ♍	♎	♏	♐ ab 09.50 ♑	♑ ab 04.41 ♒
8	♋	♍	♎ ab 18.00 ♏	♏ ab 13.44 ♐	♑	♒
9	♋ ab 04.59 ♌	♍ ab 23.59 ♎	♏	♐	♑ ab 22.19 ♒	♒ ab 15.22 ♓
10	♌	♎	♏	♐	♒	♓
11	♌ ab 08.16 ♍	♎	♏ ab 05.59 ♐	♐ ab 02.47 ♑	♒	♓ ab 22.55 ♈
12	♍	♎ ab 07.37 ♏	♐	♑	♒ ab 08.08 ♓	♈
13	♍ ab 15.04 ♎	♏	♐ ab 18.52 ♑	♑ ab 14.38 ♒	♓	♈
14	♎	♏ ab 21.59 ♐	♑	♒	♓ ab 14.00 ♈	♈ ab 02.50 ♉
15	♎	♐	♑	♒ ab 23.04 ♓	♈	♉
16	♎ ab 01.36 ♏	♐	♑ ab 05.51 ♒	♓	♈ ab 16.12 ♉	♉ ab 03.43 ♊
17	♏	♐ ab 10.38 ♑	♒	♓	♉	♊
18	♏ ab 14.20 ♐	♑	♒ ab 13.19 ♓	♓ ab 03.33 ♈	♉ ab 16.10 ♊	♊ ab 03.03 ♋
19	♐	♑ ab 21.05 ♒	♓	♈	♊	♋
20	♐	♒	♓ ab 17.31 ♈	♈ ab 05.10 ♉	♊ ab 15.48 ♋	♋ ab 02.49 ♌
21	♐ ab 02.51 ♑	♒	♈	♉	♋	♌
22	♑	♒ ab 04.29 ♓	♈ ab 19.50 ♉	♉ ab 05.40 ♊	♋ ab 16.55 ♌	♌ ab 04.57 ♍
23	♑ ab 13.20 ♒	♓	♉	♊	♌	♍
24	♒	♓ ab 07.24 ♈	♉ ab 21.46 ♊	♊ ab 06.47 ♋	♌ ab 20.56 ♍	♍ ab 10.53 ♎
25	♒ ab 21.21 ♓	♈	♊	♋	♍	♎
26	♓	♈ ab 12.57 ♉	♊	♋ ab 09.43 ♌	♍	♎ ab 20.45 ♏
27	♓	♉	♊ ab 00.25 ♋	♌	♍ ab 04.22 ♎	♏
28	♓ ab 03.16 ♈	♉ ab 16.02 ♊	♋	♌ ab 15.02 ♍	♎	♏
29	♈	♊	♋ ab 04.14 ♌	♍	♎ ab 14.46 ♏	♏ ab 07.12 ♐
30	♈ ab 07.32 ♉	♊ ab 19.04 ♋	♌	♍ ab 22.47 ♎	♏	♐
31	♉	♋		♎		♐ ab 22.17 ♑

1938

Tag	Januar Mond im	Februar Mond im	März Mond im	April Mond im	Mai Mond im	Juni Mond im
1	♑	♒	♒ ab 10.14 ♓	♈	♉ ab 16.45 ♊	♋
2	♑	♒ ab 02.59 ♓	♓	♈ ab 05.43 ♉	♊	♋ ab 03.09 ♌
3	♑ ab 10.32 ♒	♓	♓ ab 17.17 ♈	♉	♊ ab 17.51 ♋	♌
4	♒	♓ ab 10.55 ♈	♈	♉ ab 08.34 ♊	♋	♌ ab 05.22 ♍
5	♒ ab 21.07 ♓	♈	♈ ab 22.30 ♉	♊	♋ ab 19.42 ♌	♍
6	♓	♈ ab 16.59 ♉	♉	♊ ab 11.06 ♋	♌	♍ ab 10.36 ♎
7	♓	♉	♉	♋	♌ ab 23.17 ♍	♎
8	♓ ab 05.29 ♈	♉ ab 21.08 ♊	♉ ab 02.34 ♊	♋ ab 14.05 ♌	♍	♎ ab 19.01 ♏
9	♈	♊	♊	♌	♍	♏
10	♈ ab 11.06 ♉	♊ ab 23.26 ♋	♊ ab 05.46 ♋	♌ ab 17.51 ♍	♍ ab 05.06 ♎	♏
11	♉	♋	♋	♍	♎	♏ ab 05.58 ♐
12	♉ ab 13.50 ♊	♋	♋ ab 08.23 ♌	♍ ab 23.02 ♎	♎ ab 13.16 ♏	♐
13	♊	♋ ab 00.34 ♌	♌	♎	♏	♐ ab 18.21 ♑
14	♊ ab 14.22 ♋	♌	♌ ab 11.06 ♍	♎	♏ ab 23.41 ♐	♑
15	♋	♌ ab 01.57 ♍	♍	♎ ab 06.21 ♏	♐	♑
16	♋ ab 14.10 ♌	♍	♍ ab 15.08 ♎	♏	♐	♑ ab 07.08 ♒
17	♌	♍ ab 05.28 ♎	♎	♏ ab 16.20 ♐	♐ ab 11.51 ♑	♒
18	♌ ab 15.13 ♍	♎	♎ ab 21.54 ♏	♐	♑	♒ ab 19.03 ♓
19	♍	♎ ab 12.37 ♏	♏	♐	♑	♓
20	♍ ab 19.28 ♎	♏	♏	♐ ab 04.32 ♑	♑ ab 00.38 ♒	♓
21	♎	♏ ab 23.34 ♐	♏ ab 08.01 ♐	♑	♒	♓ ab 04.40 ♈
22	♎	♐	♐	♑ ab 17.11 ♒	♒ ab 12.09 ♓	♈
23	♎ ab 03.55 ♏	♐	♐ ab 20.32 ♑	♒	♓	♈ ab 10.50 ♉
24	♏	♐ ab 12.28 ♑	♑	♒	♓ ab 20.36 ♈	♉
25	♏ ab 15.52 ♐	♑	♑	♒ ab 03.54 ♓	♈	♉ ab 13.25 ♊
26	♐	♑	♒ ab 08.56 ♒	♓	♈	♊
27	♐	♑ ab 00.36 ♒	♒	♓ ab 11.09 ♈	♈ ab 01.17 ♉	♊ ab 13.27 ♋
28	♐ ab 04.58 ♑	♒	♒ ab 18.52 ♓	♈	♉	♋
29	♑		♓	♈ ab 15.02 ♉	♉ ab 02.52 ♊	♋ ab 12.46 ♌
30	♑ ab 17.00 ♒		♓	♉	♊	♌
31	♒		♓ ab 01.34 ♈		♊ ab 02.53 ♋	

Tag	Juli Mond im	August Mond im	September Mond im	Oktober Mond im	November Mond im	Dezember Mond im
1	♌ ab 13.24 ♍	♎	♏ ab 01.28 ♐	♑	♒	♓
2	♍	♎ ab 07.50 ♏	♐	♑	♒ ab 06.09 ♓	♓ ab 01.03 ♈
3	♍ ab 17.09 ♎	♏	♐ ab 13.30 ♑	♑ ab 09.58 ♒	♓	♈
4	♎	♏ ab 18.02 ♐	♑	♒	♓ ab 15.35 ♈	♈ ab 08.01 ♉
5	♎	♐	♑	♒ ab 21.27 ♓	♈	♉
6	♎ ab 00.49 ♏	♐	♑ ab 02.11 ♒	♓	♈ ab 21.41 ♉	♉ ab 11.19 ♊
7	♏	♐ ab 06.34 ♑	♒	♓	♉	♊
8	♏ ab 11.46 ♐	♑	♒ ab 13.29 ♓	♓ ab 06.23 ♈	♉	♊ ab 12.08 ♋
9	♐	♑ ab 19.15 ♒	♓	♈	♉ ab 01.04 ♊	♋
10	♐	♒	♓ ab 22.41 ♈	♈ ab 12.43 ♉	♊	♋ ab 12.18 ♌
11	♐ ab 00.22 ♑	♒	♈	♉	♊ ab 03.00 ♋	♌
12	♑	♒ ab 06.45 ♓	♈	♉ ab 17.11 ♊	♋	♌ ab 13.38 ♍
13	♑ ab 13.06 ♒	♓	♈ ab 05.54 ♉	♊	♋ ab 04.50 ♌	♍
14	♒	♓ ab 16.35 ♈	♉	♊ ab 20.31 ♋	♌	♍ ab 16.28 ♎
15	♒	♈	♉ ab 11.23 ♊	♋	♌ ab 07.38 ♍	♎
16	♒ ab 00.56 ♓	♈	♊	♋ ab 23.20 ♌	♍	♎
17	♓	♈ ab 00.26 ♉	♊ ab 15.10 ♋	♌	♍ ab 12.04 ♎	♎ ab 00.13 ♏
18	♓ ab 11.03 ♈	♉	♋	♌	♎	♏
19	♈	♉ ab 05.51 ♊	♋ ab 17.26 ♌	♌ ab 02.09 ♍	♎ ab 18.26 ♏	♏ ab 09.31 ♐
20	♈ ab 18.31 ♉	♊	♌	♍	♏	♐
21	♉	♊ ab 08.40 ♋	♌ ab 19.01 ♍	♍ ab 05.43 ♎	♏	♐ ab 20.39 ♑
22	♉ ab 22.43 ♊	♋	♍	♎	♏ ab 02.57 ♐	♑
23	♊	♋ ab 07.27 ♌	♍ ab 21.19 ♎	♎ ab 11.00 ♏	♐	♑
24	♊ ab 23.55 ♋	♌	♎	♏	♐ ab 13.38 ♑	♑ ab 08.59 ♒
25	♋	♌ ab 07.43 ♍	♎	♏ ab 18.54 ♐	♑	♒
26	♋ ab 23.26 ♌	♍	♎ ab 01.57 ♏	♐	♑	♒ ab 21.41 ♓
27	♌	♍ ab 11.26 ♎	♏	♐	♑ ab 01.59 ♒	♓
28	♌ ab 23.17 ♍	♎	♏ ab 10.02 ♐	♐ ab 05.39 ♑	♒	♓
29	♍	♎ ab 16.26 ♏	♐	♑	♒ ab 14.30 ♓	♓ ab 09.15 ♈
30	♍	♏	♐ ab 21.21 ♑	♑ ab 18.09 ♒	♓	♈
31	♍ ab 01.35 ♎	♏		♒		♈ ab 17.48 ♉

1939

Tag	Januar Mond im	Februar Mond im	März Mond im	April Mond im	Mai Mond im	Juni Mond im
1	♉	♊ ab 10.22 ♋	♋	♌ ab 05.39 ♍	♎	♏ ab 08.15 ♐
2	♉ ab 22.20 ♊	♋	♋ ab 20.30 ♌	♍	♎ ab 18.36 ♏	♐
3	♊	♋ ab 10.06 ♌	♌	♍ ab 06.49 ♎	♏	♐ ab 16.50 ♑
4	♊ ab 23.20 ♋	♌	♌ ab 20.17 ♍	♎	♏	♑
5	♋	♌ ab 09.03 ♍	♍	♎ ab 09.22 ♏	♏ ab 00.11 ♐	♑
6	♋ ab 22.32 ♌	♍	♍ ab 20.26 ♎	♏	♐	♑ ab 03.41 ♒
7	♌	♍ ab 09.30 ♎	♎	♏ ab 14.48 ♐	♐ ab 08.34 ♑	♒
8	♌ ab 22.08 ♍	♎	♎ ab 23.00 ♏	♐	♑	♒ ab 16.05 ♓
9	♍	♎ ab 13.22 ♏	♏	♐ ab 23.47 ♑	♑ ab 19.41 ♒	♓
10	♍	♏	♏	♑	♒	♓
11	♍ ab 00.11 ♎	♏ ab 21.24 ♐	♏ ab 05.23 ♐	♑	♒	♓ ab 04.11 ♈
12	♎	♐	♐	♑ ab 11.34 ♒	♒ ab 08.10 ♓	♈
13	♎ ab 05.54 ♏	♐	♐ ab 15.36 ♑	♒	♓	♈ ab 13.43 ♉
14	♏	♐ ab 08.42 ♑	♑	♒	♓ ab 19.41 ♈	♉
15	♏ ab 15.10 ♐	♑	♑	♒ ab 00.05 ♓	♈	♉ ab 19.33 ♊
16	♐	♑ ab 22.22 ♒	♑ ab 04.02 ♒	♓	♈	♊
17	♐	♒	♒	♓ ab 11.14 ♈	♈ ab 04.28 ♉	♊ ab 22.07 ♋
18	♐ ab 02.44 ♑	♒	♒ ab 16.32 ♓	♈	♉	♋
19	♑	♒ ab 09.52 ♓	♓	♈ ab 19.57 ♉	♉ ab 10.07 ♊	♋ ab 22.58 ♌
20	♑ ab 15.15 ♒	♓	♓	♉	♊	♌
21	♒	♓ ab 21.24 ♈	♓ ab 03.41 ♈	♉	♊ ab 13.23 ♋	♌ ab 23.57 ♍
22	♒	♈	♈	♉ ab 02.17 ♊	♋	♍
23	♒ ab 03.51 ♓	♈	♈ ab 12.59 ♉	♊	♋ ab 15.34 ♌	♍
24	♓	♈ ab 07.19 ♉	♉	♊ ab 06.44 ♋	♌	♍ ab 02.31 ♎
25	♓ ab 15.42 ♈	♉	♉ ab 20.15 ♊	♋	♌ ab 17.51 ♍	♎
26	♈	♉ ab 14.48 ♊	♊	♋ ab 09.55 ♌	♍	♎ ab 07.25 ♏
27	♈	♊	♊	♌	♍ ab 21.06 ♎	♏
28	♈ ab 01.29 ♉	♊ ab 19.07 ♋	♊ ab 01.20 ♋	♌ ab 12.27 ♍	♎	♏ ab 14.39 ♐
29	♉		♋	♍	♎	♐
30	♉ ab 07.50 ♊		♋ ab 04.15 ♌	♍ ab 15.02 ♎	♎ ab 01.48 ♏	♐ ab 23.54 ♑
31	♊		♌		♏	

Tag	Juli Mond im	August Mond im	September Mond im	Oktober Mond im	November Mond im	Dezember Mond im
1	♑	♒	♓ ab 00.15 ♈	♉	♊ ab 14.42 ♋	♋ ab 00.34 ♌
2	♑	♒ ab 05.42 ♓	♈	♉	♋	♌
3	♑ ab 10.54 ♒	♓	♈ ab 11.48 ♉	♉ ab 02.38 ♊	♋ ab 19.02 ♌	♌ ab 03.23 ♍
4	♒	♓ ab 18.23 ♈	♉	♊	♌	♍
5	♒ ab 23.18 ♓	♈	♉ ab 21.02 ♊	♊ ab 09.17 ♋	♌ ab 21.57 ♍	♍ ab 06.23 ♎
6	♓	♈	♊	♋	♍	♎
7	♓	♈ ab 05.48 ♉	♊	♋ ab 13.10 ♌	♍	♎ ab 09.57 ♏
8	♓ ab 11.50 ♈	♉	♊ ab 02.52 ♋	♌	♍ ab 00.03 ♎	♏
9	♈	♉ ab 14.06 ♊	♋	♌ ab 14.46 ♍	♎	♏ ab 14.33 ♐
10	♈ ab 22.27 ♉	♊	♋ ab 05.12 ♌	♍	♎ ab 02.14 ♏	♐
11	♉	♊ ab 18.21 ♋	♌	♍ ab 15.16 ♎	♏	♐ ab 20.51 ♑
12	♉	♋	♌ ab 05.10 ♍	♎	♏ ab 05.42 ♐	♑
13	♉ ab 05.21 ♊	♋ ab 19.10 ♌	♍	♎ ab 16.19 ♏	♐	♑
14	♊	♌	♍ ab 04.39 ♎	♏	♐ ab 11.42 ♑	♑ ab 05.43 ♒
15	♊ ab 08.16 ♋	♌ ab 18.19 ♍	♎	♏ ab 19.36 ♐	♑	♒
16	♋	♍	♎ ab 05.44 ♏	♐	♑ ab 21.01 ♒	♒ ab 17.14 ♓
17	♋ ab 08.31 ♌	♍ ab 18.04 ♎	♏	♐	♒	♓
18	♌	♎	♏ ab 10.22 ♐	♐ ab 02.22 ♑	♒	♓
19	♌ ab 08.08 ♍	♎ ab 20.20 ♏	♐	♑	♒ ab 09.00 ♓	♓ ab 06.03 ♈
20	♍	♏	♐ ab 18.11 ♑	♑ ab 12.40 ♒	♓	♈
21	♍ ab 09.11 ♎	♏	♑	♒	♓ ab 21.36 ♈	♈ ab 17.32 ♉
22	♎	♏ ab 02.14 ♐	♑	♒	♈	♉
23	♎ ab 13.04 ♏	♐	♑ ab 05.24 ♒	♒ ab 01.06 ♓	♈	♉
24	♏	♐ ab 11.34 ♑	♒	♓	♈ ab 08.23 ♉	♉ ab 01.37 ♊
25	♏ ab 20.10 ♐	♑	♒ ab 18.00 ♓	♓ ab 13.28 ♈	♉	♊
26	♐	♑ ab 23.09 ♒	♓	♈	♉ ab 16.09 ♊	♊ ab 06.03 ♋
27	♐	♒	♓	♈	♊	♋
28	♐ ab 05.51 ♑	♒	♓ ab 06.22 ♈	♈ ab 00.09 ♉	♊ ab 21.12 ♋	♋ ab 08.05 ♌
29	♑	♒ ab 11.43 ♓	♈	♉	♋	♌
30	♑ ab 17.15 ♒	♓	♈ ab 17.29 ♉	♉ ab 08.31 ♊	♋	♌ ab 09.29♍
31	♒	♓		♊		♍

1940

Tag	Januar Mond im	Februar Mond im	März Mond im	April Mond im	Mai Mond im	Juni Mond im
1	♍ ab 11.44 ♎	♏	♐	♑ ab 09.14 ♒	♒ ab 03.56 ♓	♈
2	♎	♏ ab 02.36 ♐	♐ ab 16.03 ♑	♒	♓	♈ ab 12.44 ♉
3	♎ ab 15.36 ♏	♐	♑	♒ ab 21.11 ♓	♓ ab 16.52 ♈	♉
4	♏	♐ ab 10.27 ♑	♑	♓	♈	♉ ab 22.50 ♊
5	♏ ab 21.13 ♐	♑	♑ ab 02.08 ♒	♓	♈	♊
6	♐	♑ ab 20.22 ♒	♒	♓ ab 10.10 ♈	♈ ab 05.13 ♉	♊
7	♐	♒	♒ ab 14.08 ♓	♈	♉	♊ ab 06.02 ♋
8	♐ ab 04.30 ♑	♒	♓	♈ ab 22.39 ♉	♉ ab 15.34 ♊	♋
9	♑	♒ ab 07.59 ♓	♓	♉	♊	♋ ab 11.01 ♌
10	♑ ab 13.42 ♒	♓	♓ ab 03.01 ♈	♉	♊ ab 23.34 ♋	♌
11	♒	♓ ab 20.50 ♈	♈	♉ ab 09.33 ♊	♋	♌ ab 14.41 ♍
12	♒	♈	♈ ab 15.45 ♉	♊	♋	♍
13	♒ ab 01.03 ♓	♈	♉	♊ ab 18.04 ♋	♋ ab 05.23 ♌	♍ ab 17.44 ♎
14	♓	♈ ab 09.36 ♉	♉	♋	♌	♎
15	♓ ab 13.56 ♈	♉	♉ ab 02.53 ♊	♋ ab 23.44 ♌	♌ ab 09.18 ♍	♎ ab 20.32 ♏
16	♈	♉ ab 20.10 ♊	♊	♌	♍	♏
17	♈	♊	♊ ab 10.57 ♋	♌	♍ ab 11.41 ♎	♏ ab 23.34 ♐
18	♈ ab 02.16 ♉	♊	♋	♌ ab 02.35 ♍	♎	♐
19	♉	♊ ab 02.47 ♋	♋ ab 15.15 ♌	♍	♎ ab 13.12 ♏	♐
20	♉ ab 11.32 ♊	♋	♌	♍ ab 03.23 ♎	♏	♐ ab 03.45 ♑
21	♊	♋ ab 05.19 ♌	♌ ab 16.21 ♍	♎	♏ ab 15.00 ♐	♑
22	♊ ab 16.35 ♋	♌	♍	♎ ab 03.33 ♏	♐	♑ ab 10.15 ♒
23	♋	♌ ab 05.12 ♍	♍ ab 15.48 ♎	♏	♐ ab 18.35 ♑	♒
24	♋ ab 18.11 ♌	♍	♎	♏ ab 04.49 ♐	♑	♒ ab 19.56 ♓
25	♌	♍ ab 04.29 ♎	♎ ab 15.34 ♏	♐	♑	♓
26	♌ ab 18.12 ♍	♎	♏	♐ ab 08.50 ♑	♑ ab 01.19 ♒	♓
27	♍	♎ ab 05.14 ♏	♏ ab 17.31 ♐	♑	♒	♓ ab 08.13 ♈
28	♍ ab 18.43 ♎	♏	♐	♑ ab 16.39 ♒	♒ ab 11.39 ♓	♈
29	♎	♏ ab 08.55 ♐	♐ ab 23.00 ♑	♒	♓	♈ ab 20.53 ♉
30	♎ ab 21.18 ♏		♑	♒	♓	♉
31	♏		♑		♓ ab 00.19 ♈	

Tag	Juli Mond im	August Mond im	September Mond im	Oktober Mond im	November Mond im	Dezember Mond im
1	♉	♋	♌ ab 14.57 ♍	♍ ab 01.47 ♎	♏ ab 12.21 ♐	♐ ab 00.51 ♑
2	♉ ab 07.16 ♊	♋	♍	♎	♐	♑
3	♊	♋ ab 03.20 ♌	♍ ab 14.54 ♎	♎ ab 01.12 ♏	♐ ab 14.23 ♑	♑ ab 05.13 ♒
4	♊ ab 14.11 ♋	♌	♎	♏	♑	♒
5	♋	♌ ab 04.51 ♍	♎ ab 15.17 ♏	♏ ab 01.54 ♐	♑ ab 20.04 ♒	♒ ab 13.36 ♓
6	♋ ab 18.12 ♌	♍	♏	♐	♒	♓
7	♌	♍ ab 05.50 ♎	♏ ab 17.36 ♐	♐ ab 05.29 ♑	♒	♓
8	♌ ab 20.45 ♍	♎	♐	♑	♒ ab 05.46 ♓	♓ ab 01.27 ♈
9	♍	♎ ab 07.46 ♏	♐ ab 22.46 ♑	♑ ab 12.44 ♒	♓	♈
10	♍ ab 23.07 ♎	♏	♑	♒	♓ ab 18.13 ♈	♈ ab 14.28 ♉
11	♎	♏ ab 11.29 ♐	♑	♒ ab 23.18 ♓	♈	♉
12	♎	♐	♑ ab 06.52 ♒	♓	♈	♉
13	♎ ab 02.07 ♏	♐ ab 17.15 ♑	♒	♓	♈ ab 07.13 ♉	♉ ab 02.08 ♊
14	♏	♑	♒ ab 17.26 ♓	♓ ab 11.50 ♈	♉	♊
15	♏ ab 06.05 ♐	♑	♓	♈	♉ ab 19.01 ♊	♊ ab 11.20 ♋
16	♐	♑ ab 01.08 ♒	♓	♈	♊	♋
17	♐ ab 11.18 ♑	♒	♓ ab 05.43 ♈	♈ ab 00.50 ♉	♊	♋ ab 18.17 ♌
18	♑	♒ ab 11.10 ♓	♈	♉	♊ ab 04.53 ♋	♌
19	♑ ab 18.22 ♒	♓	♈ ab 18.46 ♉	♉ ab 13.00 ♊	♋	♌ ab 23.35 ♍
20	♒	♓ ab 23.14 ♈	♉	♊	♋ ab 12.39 ♌	♍
21	♒	♈	♉	♊ ab 23.18 ♋	♌	♍
22	♒ ab 03.59 ♓	♈	♉ ab 07.06 ♊	♋	♌ ab 18.11 ♍	♍ ab 03.37 ♎
23	♓	♈ ab 12.17 ♉	♊	♋	♍	♎
24	♓ ab 16.02 ♈	♉	♊ ab 16.58 ♋	♋ ab 06.51 ♌	♍ ab 21.25 ♎	♎ ab 06.30 ♏
25	♈	♉	♋	♌	♎	♏
26	♈	♉ ab 00.13 ♊	♋ ab 23.09 ♌	♌ ab 11.10 ♍	♎ ab 22.45 ♏	♏ ab 08.37 ♐
27	♈ ab 03.57 ♉	♊	♌	♍	♏	♐
28	♉	♊ ab 08.54 ♋	♌	♍ ab 12.37 ♎	♏ ab 23.19 ♐	♐ ab 10.59 ♑
29	♉ ab 16.04 ♊	♋	♌ ab 01.42 ♍	♎	♐	♑
30	♊	♋ ab 13.32 ♌	♍	♎ ab 12.25 ♏	♐	♑ ab 15.09 ♒
31	♊ ab 23.32 ♋	♌		♏		♒

1941

Tag	Januar Mond im	Februar Mond im	März Mond im	April Mond im	Mai Mond im	Juni Mond im
1	♒ ab 22.35 ♓	♈	♈	♉ ab 10.07 ♊	♊ ab 03.56 ♋	♌
2	♓	♈	♈ ab 14.24 ♉	♊	♋	♌ ab 02.39 ♍
3	♓	♈ ab 06.41 ♉	♉	♊ ab 21.44 ♋	♋ ab 13.34 ♌	♍
4	♓ ab 09.35 ♈	♉	♉	♋	♌	♍ ab 07.17 ♎
5	♈	♉ ab 19.10 ♊	♉ ab 03.12 ♊	♋	♌ ab 20.06 ♍	♎
6	♈ ab 22.29 ♉	♊	♊	♋ ab 06.26 ♌	♍	♎ ab 09.14 ♏
7	♉	♊	♊ ab 14.04 ♋	♌	♍ ab 23.12 ♎	♏
8	♉	♊ ab 04.58 ♋	♋	♌ ab 11.21 ♍	♎	♏ ab 09.24 ♐
9	♉ ab 10.27 ♊	♋	♋ ab 21.19 ♌	♍	♎ ab 23.34 ♏	♐
10	♊	♋ ab 11.08 ♌	♌	♍ ab 12.55 ♎	♏	♐ ab 09.32 ♑
11	♊ ab 19.34 ♋	♌	♌	♎	♏ ab 22.50 ♐	♑
12	♋	♌ ab 14.21 ♍	♉ ab 00.52 ♍	♎ ab 12.32 ♏	♐	♑ ab 11.42 ♒
13	♉	♍	♍	♏	♐ ab 23.04 ♑	♒
14	♋ ab 01.40 ♌	♍ ab 16.08 ♎	♍ ab 01.52 ♎	♏ ab 12.08 ♐	♑	♒ ab 17.34 ♓
15	♌	♎	♎	♐	♑	♓
16	♌ ab 05.46 ♍	♎ ab 17.53 ♏	♎ ab 02.03 ♏	♐ ab 13.39 ♑	♑ ab 02.15 ♒	♓
17	♍	♏	♏	♑	♒	♓ ab 03.31 ♈
18	♍ ab 09.00 ♎	♏ ab 20.37 ♐	♏ ab 03.08 ♐	♑ ab 18.31 ♒	♒ ab 09.34 ♓	♈
19	♎	♐	♐	♒	♓	♈ ab 16.03 ♉
20	♎ ab 12.04 ♏	♐	♐ ab 06.25 ♑	♒	♓ ab 20.34 ♈	♉
21	♏	♐ ab 00.54 ♑	♑	♒ ab 03.07 ♓	♈	♉
22	♏ ab 15.17 ♐	♑	♑ ab 12.34 ♒	♓	♈	♉ ab 04.45 ♊
23	♐	♑ ab 07.02 ♒	♒	♓ ab 14.35 ♈	♈ ab 09.27 ♉	♊
24	♐ ab 19.01 ♑	♒	♒ ab 21.30 ♓	♈	♉	♊ ab 15.51 ♋
25	♑	♒ ab 15.19 ♓	♓	♈	♉ ab 22.10 ♊	♋
26	♑	♓	♓	♈ ab 03.23 ♉	♊	♋
27	♑ ab 00.06 ♒	♓	♓ ab 08.40 ♈	♉	♊	♋ ab 00.55 ♌
28	♒	♓ ab 01.55 ♈	♈	♉ ab 16.11 ♊	♊ ab 09.37 ♋	♌
29	♒ ab 07.35 ♓		♈ ab 21.14 ♉	♊	♋	♌ ab 08.03 ♍
30	♓		♉	♊	♋ ab 19.16 ♌	♍
31	♓ ab 18.02 ♈		♉		♌	

Tag	Juli Mond im	August Mond im	September Mond im	Oktober Mond im	November Mond im	Dezember Mond im
1	♍ ab 13.17 ♎	♏	♑	♒	♈	♉
2	♎	♏ ab 00.50 ♐	♑ ab 13.39 ♒	♒ ab 02.18 ♓	♈	♉
3	♎ ab 16.34 ♏	♐	♒	♓	♈ ab 05.19 ♉	♊
4	♏	♐ ab 03.17 ♑	♒ ab 19.52 ♓	♓ ab 11.38 ♈	♉	♊
5	♏ ab 18.14 ♐	♑	♓	♈	♉ ab 17.53 ♊	♊ ab 12.22 ♋
6	♐	♑ ab 06.32 ♒	♓	♈ ab 22.52 ♉	♊	♋
7	♐ ab 19.21 ♑	♒	♓ ab 04.29 ♈	♉	♊	♋ ab 23.43 ♌
8	♑	♒ ab 11.51 ♓	♈	♉	♊ ab 06.26 ♋	♌
9	♑ ab 21.36 ♒	♓	♈ ab 15.32 ♉	♉ ab 11.23 ♊	♋	♌
10	♒	♓ ab 20.13 ♈	♉	♊	♋ ab 17.49 ♌	♌ ab 09.13 ♍
11	♒	♈	♉	♊ ab 23.53 ♋	♌	♍
12	♒ ab 02.42 ♓	♈	♉ ab 04.06 ♊	♋	♌	♍ ab 15.46 ♎
13	♓	♈ ab 07.32 ♉	♊	♋	♌ ab 02.29 ♍	♎
14	♓ ab 11.35 ♈	♉	♊ ab 16.09 ♋	♋ ab 10.29 ♌	♍	♎ ab 18.52 ♏
15	♈	♉ ab 20.10 ♊	♋	♌	♍ ab 07.22 ♎	♏
16	♈ ab 23.30 ♉	♊	♋	♌ ab 17.36 ♍	♎	♏ ab 19.10 ♐
17	♉	♊	♋ ab 01.36 ♌	♍	♎ ab 08.40 ♏	♐
18	♉	♊ ab 07.38 ♋	♌	♍ ab 18.54 ♎	♏	♐ ab 18.27 ♑
19	♉ ab 12.10 ♊	♋	♌ ab 07.29 ♍	♎	♏ ab 07.54 ♐	♑
20	♊	♋ ab 16.16 ♌	♍	♎ ab 21.26 ♏	♐	♑ ab 18.54 ♒
21	♊ ab 23.15 ♋	♌	♍ ab 10.18 ♎	♏	♐ ab 07.12 ♑	♒
22	♋	♌ ab 21.53 ♍	♎	♏ ab 21.01 ♐	♑	♒ ab 22.33 ♓
23	♋	♍	♎ ab 11.24 ♏	♐	♑ ab 08.47 ♒	♓
24	♋ ab 07.48 ♌	♍	♏	♐ ab 21.40 ♑	♒	♓
25	♌	♍ ab 01.22 ♎	♏ ab 12.25 ♐	♑	♒ ab 14.09 ♓	♓ ab 06.24 ♈
26	♌ ab 14.04 ♍	♎	♐	♑	♓	♈
27	♍	♎ ab 03.49 ♏	♐ ab 14.45 ♑	♑ ab 01.03 ♒	♓ ab 23.27 ♈	♈ ab 17.43 ♉
28	♍ ab 18.41 ♎	♏	♑	♒	♈	♉
29	♎	♏ ab 06.13 ♐	♑ ab 19.17 ♒	♒ ab 07.51 ♓	♈	♉
30	♎ ab 22.09 ♏	♐	♒	♓	♈ ab 11.19 ♉	♉ ab 06.27 ♊
31	♏	♐ ab 09.18 ♑		♓ ab 17.38 ♈		♊

1942

Tag	Januar Mond im	Februar Mond im	März Mond im	April Mond im	Mai Mond im	Juni Mond im
1	♊ ab 18.42 ♋	♌	♌	♎	♏	♑
2	♋	♌ ab 20.58 ♍	♌ ab 05.06 ♍	♎ ab 21.55 ♏	♏ ab 08.03 ♐	♑ ab 18.00 ♒
3	♋	♍	♍	♏	♐	♒
4	♋ ab 05.33 ♌	♍	♍ ab 10.23 ♎	♏ ab 23.05 ♐	♐ ab 08.05 ♑	♒ ab 21.14 ♓
5	♌	♍ ab 03.18 ♎	♎	♐	♑	♓
6	♌ ab 14.43 ♍	♎	♎ ab 13.50 ♏	♐	♑ ab 09.56 ♒	♓
7	♍	♎ ab 07.56 ♏	♏	♐ ab 00.42 ♑	♒	♓ ab 04.11 ♈
8	♍ ab 21.49 ♎	♏	♏ ab 16.28 ♐	♑	♒ ab 14.44 ♓	♈
9	♎	♏ ab 11.07 ♐	♐	♑ ab 03.57 ♒	♓	♈ ab 14.16 ♉
10	♎	♐	♐ ab 19.09 ♑	♒	♓ ab 22.32 ♈	♉
11	♎ ab 02.25 ♏	♐ ab 13.19 ♑	♑	♒ ab 09.20 ♓	♈	♉
12	♏	♑	♑ ab 22.31 ♒	♓	♈	♉ ab 02.12 ♊
13	♏ ab 04.32 ♐	♑ ab 15.28 ♒	♒	♓ ab 16.49 ♈	♈ ab 08.37 ♉	♊
14	♐	♒	♒	♈	♉	♊ ab 14.50 ♋
15	♐ ab 05.07 ♑	♒ ab 18.51 ♓	♒ ab 03.09 ♓	♈	♉ ab 20.15 ♊	♋
16	♑	♓	♓	♈ ab 02.18 ♉	♊	♋
17	♑ ab 05.53 ♒	♓	♓ ab 09.41 ♈	♉	♊	♋ ab 03.20 ♌
18	♒	♓ ab 00.47 ♈	♈	♉	♊ ab 08.49 ♋	♌
19	♒ ab 08.43 ♓	♈	♈ ab 18.39 ♉	♉ ab 13.37 ♊	♋	♌ ab 14.34 ♍
20	♓	♈ ab 09.58 ♉	♉	♊	♋ ab 21.22 ♌	♍
21	♓ ab 15.08 ♈	♉	♉	♊ ab 02.10 ♋	♌	♍ ab 23.05 ♎
22	♈	♉ ab 21.48 ♊	♉ ab 06.01 ♊	♋	♌	♎
23	♈	♊	♊	♋ ab 14.22 ♌	♌ ab 08.08 ♍	♎
24	♈ ab 01.19 ♉	♊	♊ ab 18.33 ♋	♌	♍	♎ ab 03.51 ♏
25	♉	♊ ab 10.16 ♋	♋	♌	♍ ab 15.22 ♎	♏
26	♉ ab 13.44 ♊	♋	♋	♌ ab 00.03 ♍	♎	♏ ab 05.09 ♐
27	♊	♋ ab 21.06 ♌	♋ ab 06.05 ♌	♍	♎ ab 18.32 ♏	♐
28	♊	♌	♌	♍ ab 05.50 ♎	♏	♐ ab 04.30 ♑
29	♊ ab 02.04 ♋		♌ ab 14.37 ♍	♎	♏ ab 18.39 ♐	♑
30	♋		♍	♎ ab 07.59 ♏	♐	♑ ab 04.01 ♒
31	♋ ab 12.37 ♌		♍ ab 19.37 ♎		♐ ab 17.44 ♑	

Tag	Juli Mond im	August Mond im	September Mond im	Oktober Mond im	November Mond im	Dezember Mond im
1	♒	♈	♉ ab 22.41 ♊	♊ ab 19.03 ♋	♌	♍
2	♒ ab 05.46 ♓	♈	♊	♋	♌	♍ ab 19.56 ♎
3	♓	♈ ab 03.48 ♉	♊	♋	♌ ab 02.19 ♍	♎
4	♓ ab 11.11 ♈	♉	♊ ab 11.01 ♋	♋ ab 07.36 ♌	♍	♎
5	♈	♉ ab 14.55 ♊	♋	♌	♍ ab 10.22 ♎	♎ ab 01.07 ♏
6	♈ ab 20.23 ♉	♊	♋ ab 23.16 ♌	♌ ab 18.14 ♍	♎	♏
7	♉	♊	♌	♍	♎ ab 14.27 ♏	♏ ab 02.34 ♐
8	♉	♊ ab 03.31 ♋	♌	♍	♏	♐
9	♉ ab 08.10 ♊	♋	♌ ab 09.31 ♍	♍ ab 01.33 ♎	♏ ab 15.47 ♐	♐ ab 02.07 ♑
10	♊	♋ ab 15.40 ♌	♍	♎	♐	♑
11	♊ ab 20.52 ♋	♌	♍ ab 17.05 ♎	♎ ab 05.47 ♏	♐ ab 16.18 ♑	♑ ab 01.57 ♒
12	♋	♌	♎	♏	♑	♒
13	♋	♌ ab 02.09 ♍	♎ ab 22.19 ♏	♏ ab 08.11 ♐	♑ ab 17.49 ♒	♒ ab 03.56 ♓
14	♋ ab 09.08 ♌	♍	♏	♐	♒	♓
15	♌	♍ ab 08.31 ♎	♏	♐ ab 10.14 ♑	♒ ab 21.28 ♓	♓ ab 07.05 ♈
16	♌ ab 20.09 ♍	♎	♏ ab 01.58 ♐	♑	♓	♈
17	♍	♎ ab 16.38 ♏	♐	♑ ab 13.01 ♒	♓	♈ ab 17.17 ♉
18	♍	♏	♐ ab 04.48 ♑	♒	♓ ab 03.31 ♈	♉
19	♍ ab 05.02 ♎	♏ ab 20.35 ♐	♑	♒ ab 17.05 ♓	♈	♉
20	♎	♐	♑ ab 07.27 ♒	♓	♈ ab 11.38 ♉	♉ ab 03.46 ♊
21	♎ ab 11.02 ♏	♐ ab 22.47 ♑	♒	♓ ab 22.37 ♈	♉	♊
22	♏	♑	♒ ab 10.34 ♓	♈	♉ ab 21.35 ♊	♊ ab 15.46 ♋
23	♏ ab 13.58 ♐	♑	♓	♈	♊	♋
24	♐	♑ ab 00.07 ♒	♓ ab 14.57 ♈	♈ ab 05.52 ♉	♊	♋
25	♐ ab 14.38 ♑	♒	♈	♉	♊ ab 09.17 ♋	♋ ab 04.36 ♌
26	♑	♒ ab 01.56 ♓	♈ ab 21.35 ♉	♉ ab 15.19 ♊	♋	♌
27	♑ ab 14.37 ♒	♓	♉	♊	♋ ab 22.10 ♌	♌ ab 17.11 ♍
28	♒	♓ ab 05.39 ♈	♉	♊	♌	♍
29	♒ ab 15.49 ♓	♈	♉ ab 07.05 ♊	♊ ab 03.00 ♋	♌	♍
30	♓	♈ ab 12.29 ♉	♊	♋	♌ ab 10.30 ♍	♍ ab 03.45 ♎
31	♓ ab 19.56 ♈	♉		♋ ab 15.49 ♌		♎

1943

Tag	Januar	Februar	März	April	Mai	Juni
	Mond im	Mond im	Mond im	Mond im	Mond im	Mond im
1	♎ ab 10.40 ♏	♐	♐ ab 08.19 ♑	♒ ab 20.27 ♓	♓ ab 06.40 ♈	♉
2	♏	♐ ab 00.16 ♑	♑	♓	♈	♉ ab 02.30 ♊
3	♏ ab 13.34 ♐	♑	♑ ab 09.57 ♒	♓ ab 23.18 ♈	♈ ab 11.57 ♉	♊
4	♐	♑ ab 00.11 ♒	♒	♈	♉	♋ ab 12.46 ♋
5	♐ ab 13.35 ♑	♒	♒ ab 10.55 ♓	♈	♉ ab 19.16 ♊	♋
6	♑	♒ ab 00.08 ♓	♓	♈ ab 03.38 ♉	♊	♌
7	♑ ab 12.42 ♒	♓	♓ ab 12.42 ♈	♉	♊	♋ ab 01.03 ♌
8	♒	♓ ab 02.01 ♈	♈	♉ ab 10.42 ♊	♊ ab 05.17 ♋	♌
9	♒ ab 13.03 ♓	♈	♈ ab 16.54 ♉	♊	♋	♍ ab 14.04 ♍
10	♓	♈ ab 07.18 ♉	♉	♊ ab 21.03 ♋	♋ ab 17.39 ♌	♍
11	♓ ab 16.21 ♈	♉	♉	♋	♌	♍
12	♈	♉ ab 16.25 ♊	♉ ab 00.39 ♊	♋	♌	♎ ab 01.22 ♎
13	♈ ab 23.22 ♉	♊	♊	♋ ab 09.40 ♌	♌ ab 06.22 ♍	♎
14	♉	♊	♊ ab 11.51 ♋	♌	♍	♏ ab 08.59 ♏
15	♉	♊ ab 04.25 ♋	♋	♌ ab 21.59 ♍	♍ ab 16.45 ♎	♏
16	♉ ab 09.39 ♊	♋	♋	♍	♎	♐ ab 12.36 ♐
17	♊	♋ ab 17.19 ♌	♋ ab 00.41 ♌	♍	♎ ab 23.20 ♏	♐
18	♊ ab 21.54 ♋	♌	♌	♍ ab 07.41 ♎	♏	♑ ab 13.30 ♑
19	♋	♌	♌ ab 12.43 ♍	♎	♏	♑
20	♋	♌ ab 05.20 ♍	♍	♎ ab 14.04 ♏	♏ ab 02.33 ♐	♒ ab 13.34 ♒
21	♋ ab 10.44 ♌	♍	♍ ab 22.21 ♎	♏	♐	♒
22	♌	♍ ab 15.30 ♎	♎	♏ ab 17.57 ♐	♐ ab 04.00 ♑	♓ ab 14.37 ♓
23	♌ ab 23.03 ♍	♎	♎	♐	♑	♓
24	♍	♎ ab 23.25 ♏	♎ ab 05.23 ♏	♐ ab 20.40 ♑	♑ ab 05.23 ♒	♈ ab 17.53 ♈
25	♍	♏	♏	♑	♒	♈
26	♍ ab 09.47 ♎	♏	♏ ab 10.24 ♐	♑ ab 23.21 ♒	♒ ab 07.58 ♓	♉ ab 23.52 ♉
27	♎	♏ ab 04.59 ♐	♐	♒	♓	♉
28	♎ ab 17.51 ♏	♐	♐ ab 14.05 ♑	♒	♓ ab 12.17 ♈	♊
29	♏		♑	♒ ab 02.36 ♓	♈	♉ ab 08.27 ♊
30	♏ ab 22.34 ♐		♑ ab 17.57 ♒	♓	♈ ab 18.25 ♉	♊
31	♐		♒		♉	

Tag	Juli	August	September	Oktober	November	Dezember
	Mond im	Mond im	Mond im	Mond im	Mond im	Mond im
1	♊ ab 19.14 ♋	♌	♍ ab 20.34 ♎	♎ ab 12.05 ♏	♐	♑ ab 14.02 ♒
2	♋	♌	♎	♏	♐ ab 04.37 ♑	♒
3	♋	♌ ab 02.46 ♍	♎	♏ ab 19.03 ♐	♑	♒ ab 16.36 ♓
4	♋ ab 07.40 ♌	♍	♎ ab 06.21 ♏	♐	♑ ab 08.10 ♒	♓
5	♌	♍ ab 14.52 ♎	♏	♐ ab 23.11 ♑	♒	♓ ab 20.00 ♈
6	♌ ab 20.45 ♍	♎	♏ ab 13.39 ♐	♑	♒ ab 11.16 ♓	♈
7	♍	♎	♐	♑	♓	♈
8	♍	♎ ab 00.40 ♏	♐ ab 18.14 ♑	♑ ab 02.40 ♒	♓ ab 14.11 ♈	♈ ab 00.30 ♉
9	♍ ab 08.45 ♎	♏	♑	♒	♈	♉
10	♎	♏ ab 07.09 ♐	♑ ab 20.18 ♒	♒ ab 04.45 ♓	♈ ab 17.33 ♉	♉ ab 06.33 ♊
11	♎ ab 17.41 ♏	♐	♒	♓	♉	♊
12	♏	♐ ab 10.10 ♑	♒ ab 20.47 ♓	♓ ab 06.12 ♈	♉ ab 22.32 ♊	♊ ab 14.47 ♋
13	♏ ab 22.37 ♐	♑	♓	♈	♊	♋
14	♐	♑ ab 10.37 ♒	♓ ab 21.09 ♈	♈ ab 08.26 ♉	♊	♋
15	♐	♒	♈	♉	♊ ab 06.23 ♋	♋ ab 01.37 ♌
16	♐ ab 00.07 ♑	♒ ab 10.07 ♓	♈ ab 23.15 ♉	♉ ab 13.07 ♊	♋	♌
17	♑ ab 23.46 ♒	♓	♉	♊	♋ ab 17.28 ♌	♌ ab 14.23 ♍
18	♒	♓ ab 10.33 ♈	♉	♊ ab 21.28 ♋	♌	♍
19	♒ ab 23.31 ♓	♈	♉ ab 04.43 ♊	♋	♌	♍
20	♓	♈ ab 13.40 ♉	♊	♋	♌ ab 06.22 ♍	♍ ab 02.56 ♎
21	♓	♉	♊ ab 14.11 ♋	♋ ab 09.13 ♌	♍	♎
22	♓ ab 01.09 ♈	♉ ab 20.35 ♊	♋	♌	♍ ab 18.19 ♎	♎ ab 12.46 ♏
23	♈	♊	♋	♌ ab 22.10 ♍	♎	♏
24	♈ ab 05.53 ♉	♊	♋ ab 02.34 ♌	♍	♎	♏ ab 18.44 ♐
25	♉	♊ ab 07.07 ♋	♌	♍	♎ ab 03.09 ♏	♐
26	♉ ab 14.04 ♊	♋	♍ ab 15.31 ♍	♍ ab 09.38 ♎	♏	♐ ab 21.24 ♑
27	♊	♋ ab 19.50 ♌	♍	♎	♏ ab 08.35 ♐	♑
28	♊	♌	♍	♎ ab 18.15 ♏	♐	♑ ab 22.21 ♒
29	♊ ab 01.04 ♋	♌	♍ ab 02.57 ♎	♏	♐ ab 11.43 ♑	♒
30	♋	♌ ab 08.47 ♍	♎	♏	♑	♒ ab 23.17 ♓
31	♋ ab 13.43 ♌	♍		♏ ab 00.15 ♐		♓

1944

	Januar	Februar	März	April	Mai	Juni
Tag	Mond im	Mond im	Mond im	Mond im	Mond im	Mond im
1	♓	♉	♉ ab 01.06 ♊	♋	♌	♎
2	♓ ab 01.34 ♈	♉ ab 18.18 ♊	♊	♋ ab 03.54 ♌	♌ ab 01.05 ♍	♎
3	♈	♊	♊ ab 09.38 ♋	♌	♍	♎ ab 08.32 ♏
4	♈ ab 05.59 ♉	♊	♋	♌ ab 17.49 ♍	♍ ab 13.40 ♎	♏
5	♉	♊ ab 03.40 ♋	♋ ab 21.20 ♌	♍	♎	♏ ab 16.28 ♐
6	♉ ab 12.45 ♊	♋	♌	♍	♎	♐
7	♊	♋ ab 15.20 ♌	♌	♍ ab 06.22 ♎	♎ ab 00.18 ♏	♐ ab 21.41 ♑
8	♊ ab 21.48 ♋	♌	♌ ab 10.19 ♍	♎	♏	♑
9	♋	♌	♍	♎ ab 17.12 ♏	♏ ab 08.27 ♐	♑
10	♋	♌ ab 04.08 ♍	♍ ab 22.55 ♎	♏	♐	♑ ab 01.13 ♒
11	♋ ab 08.58 ♌	♍	♎	♏	♐ ab 14.33 ♑	♒
12	♌	♍ ab 16.55 ♎	♎	♏ ab 02.03 ♐	♑	♒ ab 03.59 ♓
13	♌ ab 21.39 ♍	♎	♎ ab 10.12 ♏	♐	♑ ab 19.10 ♒	♓
14	♍	♎	♏	♐ ab 08.56 ♑	♒	♓ ab 06.41 ♈
15	♍	♎ ab 04.24 ♏	♏ ab 19.31 ♐	♑	♒ ab 22.35 ♓	♈
16	♍ ab 10.29 ♎	♏	♐	♑ ab 13.46 ♒	♓	♈ ab 09.52 ♉
17	♎	♏ ab 13.15 ♐	♐	♒	♓	♉
18	♎ ab 21.28 ♏	♐	♐ ab 02.14 ♑	♒ ab 16.28 ♓	♓ ab 01.04 ♈	♉ ab 14.11 ♊
19	♏	♐ ab 18.33 ♑	♑	♓	♈	♊
20	♏	♑	♑ ab 05.55 ♒	♓ ab 17.36 ♈	♈ ab 03.16 ♉	♊ ab 20.29 ♋
21	♏ ab 04.54 ♐	♑ ab 20.27 ♒	♒	♈	♉	♋
22	♐	♒	♒ ab 06.59 ♓	♈ ab 18.29 ♉	♉ ab 06.27 ♊	♋
23	♐ ab 08.27 ♑	♒ ab 20.09 ♓	♓	♉	♊	♋ ab 05.26 ♌
24	♑	♓	♓ ab 06.42 ♈	♉ ab 20.59 ♊	♊ ab 12.04 ♋	♌
25	♑ ab 09.10 ♒	♓ ab 19.31 ♈	♈	♊	♋	♌ ab 16.58 ♍
26	♒	♈	♈ ab 07.01 ♉	♊	♋ ab 21.05 ♌	♍
27	♒ ab 08.48 ♓	♈ ab 20.36 ♉	♉	♊ ab 02.49 ♋	♌	♍
28	♓	♉	♉ ab 09.59 ♊	♋	♌	♍ ab 05.40 ♎
29	♓ ab 09.15 ♈	♉	♊	♋ ab 12.36 ♌	♌ ab 08.59 ♍	♎
30	♈		♊ ab 17.00 ♋	♌	♍	♎ ab 17.11 ♏
31	♈ ab 12.07 ♉		♋		♍ ab 21.38 ♎	

	Juli	August	September	Oktober	November	Dezember
Tag	Mond im	Mond im	Mond im	Mond im	Mond im	Mond im
1	♏	♐ ab 16.43 ♑	♒	♓ ab 16.30 ♈	♉	♊ ab 16.17 ♋
2	♏	♑	♒ ab 06.15 ♓	♈	♉ ab 02.29 ♊	♋
3	♏ ab 01.39 ♐	♑ ab 19.11 ♒	♓	♈ ab 14.46 ♉	♊	♋ ab 22.53 ♌
4	♐	♒	♓ ab 05.27 ♈	♉	♊ ab 06.05 ♋	♌
5	♐ ab 06.42 ♑	♒ ab 19.35 ♓	♈	♉ ab 16.00 ♊	♋	♌
6	♑	♓	♈ ab 05.29 ♉	♊	♋ ab 13.45 ♌	♌ ab 09.04 ♍
7	♑ ab 09.14 ♒	♓ ab 19.44 ♈	♉	♊ ab 20.57 ♋	♌	♍
8	♒	♈	♉ ab 08.14 ♊	♋	♌	♍ ab 21.29 ♎
9	♒ ab 10.39 ♓	♈ ab 21.20 ♉	♊	♋	♌ ab 00.59 ♍	♎
10	♓	♉	♊ ab 14.47 ♋	♋ ab 06.04 ♌	♍	♎
11	♓ ab 12.19 ♈	♉	♋	♌	♍ ab 13.45 ♎	♎ ab 09.42 ♏
12	♈	♉ ab 01.39 ♊	♋	♌ ab 18.05 ♍	♎	♏
13	♈ ab 15.17 ♉	♊	♋ ab 00.51 ♌	♍	♎	♏ ab 19.51 ♐
14	♉	♊ ab 09.04 ♋	♌	♍	♎ ab 01.48 ♏	♐
15	♉ ab 20.12 ♊	♋	♌ ab 13.01 ♍	♍ ab 06.56 ♎	♏	♐
16	♊	♋ ab 19.08 ♌	♍	♎	♏ ab 12.02 ♐	♐ ab 03.22 ♑
17	♊	♌	♍	♎ ab 19.04 ♏	♐	♑
18	♊ ab 03.22 ♋	♌	♍ ab 01.48 ♎	♏	♐ ab 20.20 ♑	♑ ab 08.44 ♒
19	♋	♌ ab 07.01 ♍	♎	♏	♑	♒
20	♋ ab 12.51 ♌	♍	♎ ab 14.11 ♏	♏ ab 05.50 ♐	♑	♒ ab 12.40 ♓
21	♌	♍ ab 19.46 ♎	♏	♐	♑ ab 02.47 ♒	♓
22	♌	♎	♏	♐ ab 14.49 ♑	♒	♓ ab 15.43 ♈
23	♌ ab 00.25 ♍	♎	♏ ab 01.17 ♐	♑	♒ ab 07.19 ♓	♈
24	♍	♎ ab 08.13 ♏	♐	♑ ab 21.19 ♒	♓	♈ ab 18.25 ♉
25	♍ ab 13.08 ♎	♏	♐ ab 09.56 ♑	♒	♓ ab 09.57 ♈	♉
26	♎	♏ ab 18.52 ♐	♑	♒	♈	♉ ab 21.26 ♊
27	♎	♐	♑ ab 15.10 ♒	♒ ab 00.54 ♓	♈ ab 11.23 ♉	♊
28	♎ ab 01.17 ♏	♐	♒	♓	♉	♊
29	♏	♐ ab 02.13 ♑	♒ ab 16.58 ♓	♓ ab 01.54 ♈	♉ ab 12.55 ♊	♊ ab 01.44 ♋
30	♏ ab 10.50 ♐	♑	♓	♈	♊	♋
31	♐	♑ ab 05.45 ♒		♈ ab 01.45 ♉		♋ ab 08.20 ♌

1945

Tag	Januar Mond im	Februar Mond im	März Mond im	April Mond im	Mai Mond im	Juni Mond im
1	♌	♍ ab 13.46 ♎	♎	♏	♐ ab 21.40 ♑	♒
2	♌ ab 17.49 ♍	♎	♎	♏ ab 05.06 ♐	♑	♒ ab 17.26 ♓
3	♍	♎	♎ ab 07.33 ♏	♐	♑	♓
4	♍	♎ ab 02.23 ♏	♏	♐ ab 15.52 ♑	♑ ab 06.06 ♒	♓ ab 20.51 ♈
5	♍ ab 05.44 ♎	♏	♏ ab 21.45 ♐	♑	♒	♈
6	♎	♏ ab 13.58 ♐	♐	♑ ab 23.29 ♒	♒ ab 11.21 ♓	♈ ab 22.24 ♉
7	♎ ab 18.13 ♏	♐	♐	♒	♓	♉
8	♏	♐ ab 22.30 ♑	♐ ab 07.38 ♑	♒	♓ ab 13.25 ♈	♉ ab 23.15 ♊
9	♏	♑	♑	♒ ab 03.11 ♓	♈	♊
10	♏ ab 04.56 ♐	♑	♑ ab 13.40 ♒	♓	♈ ab 13.25 ♉	♊
11	♐	♑ ab 03.12 ♒	♒	♓ ab 03.36 ♈	♉	♊ ab 01.02 ♋
12	♐ ab 12.28 ♑	♒	♒ ab 15.50 ♓	♈	♉ ab 13.12 ♊	♋
13	♑	♒ ab 04.53 ♓	♓	♈ ab 02.40 ♉	♊	♋ ab 05.20 ♌
14	♑ ab 16.57 ♒	♓	♓ ab 15.33 ♈	♉	♊ ab 14.51 ♋	♌
15	♒	♓ ab 05.13 ♈	♈	♉ ab 02.31 ♊	♋	♌ ab 13.08 ♍
16	♒ ab 19.28 ♓	♈	♈ ab 14.55 ♉	♊	♋ ab 19.57 ♌	♍
17	♓	♈ ab 06.05 ♉	♉	♊ ab 05.14 ♋	♌	♍
18	♓ ab 21.21 ♈	♉	♉ ab 16.05 ♊	♋	♌	♍ ab 00.07 ♎
19	♈	♉ ab 09.01 ♊	♊	♋ ab 11.52 ♌	♌ ab 04.56 ♍	♎
20	♈ ab 23.48 ♉	♊	♊ ab 20.32 ♋	♌	♍	♎ ab 12.36 ♏
21	♉	♊ ab 14.43 ♋	♋	♌ ab 22.04 ♍	♍ ab 16.43 ♎	♏
22	♉	♋	♋	♍	♎	♏
23	♉ ab 03.35 ♊	♋ ab 22.59 ♌	♋ ab 04.32 ♌	♍	♎	♏ ab 00.28 ♐
24	♊	♌	♌	♍ ab 08.15 ♎	♎ ab 05.21 ♏	♐
25	♊ ab 07.05 ♋	♌	♌ ab 15.11 ♍	♎	♏	♐ ab 10.15 ♑
26	♋	♌ ab 07.14 ♍	♍	♎ ab 22.53 ♏	♏ ab 17.12 ♐	♑
27	♋ ab 16.33 ♌	♍	♍	♏	♐	♑ ab 17.37 ♒
28	♌	♍ ab 20.57 ♎	♍ ab 03.15 ♎	♏	♐	♒
29	♌		♎	♏ ab 08.56 ♐	♐ ab 03.25 ♑	♒ ab 22.52 ♓
30	♌ ab 02.09 ♍		♎ ab 15.50 ♏	♐	♑	♓
31	♍		♏		♑ ab 11.35 ♒	

Tag	Juli Mond im	August Mond im	September Mond im	Oktober Mond im	November Mond im	Dezember Mond im
1	♓	♉	♋	♌	♍ ab 11.08 ♎	♎ ab 05.43 ♏
2	♓ ab 02.30 ♈	♉ ab 13.24 ♊	♋	♌ ab 18.34 ♍	♎	♏
3	♈	♊	♋ ab 05.20 ♌	♍	♎ ab 23.30 ♏	♏ ab 18.30 ♐
4	♈ ab 05.05 ♉	♊ ab 17.23 ♋	♌	♍	♏	♐
5	♉	♋	♌ ab 13.37 ♍	♍ ab 05.17 ♎	♏	♐
6	♉ ab 07.20 ♊	♋ ab 22.53 ♌	♍	♎	♏ ab 12.19 ♐	♐ ab 06.24 ♑
7	♊	♌	♍ ab 23.49 ♎	♎ ab 17.24 ♏	♐	♑
8	♊ ab 10.11 ♋	♌	♎	♏	♐	♑ ab 16.35 ♒
9	♋	♌ ab 06.24 ♍	♎	♏	♐ ab 00.36 ♑	♒
10	♋ ab 14.44 ♌	♍	♎ ab 11.48 ♏	♏ ab 06.18 ♐	♑	♒
11	♌	♍ ab 16.21 ♎	♏	♐	♑ ab 10.59 ♒	♒ ab 00.21 ♓
12	♌ ab 21.58 ♍	♎	♏	♐ ab 18.33 ♑	♒	♓
13	♍	♎	♏ ab 00.38 ♐	♑	♒ ab 18.05 ♓	♓ ab 05.16 ♈
14	♍	♎ ab 04.25 ♏	♐	♑	♓	♈
15	♍ ab 08.13 ♎	♏	♐ ab 12.12 ♑	♑ ab 04.07 ♒	♓ ab 21.25 ♈	♈ ab 07.30 ♉
16	♎	♏ ab 16.56 ♐	♑	♒	♈	♉
17	♎ ab 20.29 ♏	♐	♑ ab 19.20 ♒	♒ ab 09.34 ♓	♈ ab 21.48 ♉	♉ ab 08.03 ♊
18	♏	♐	♒	♓	♉	♊
19	♏	♐ ab 03.31 ♑	♒ ab 23.19 ♓	♓ ab 11.09 ♈	♉ ab 21.03 ♊	♊ ab 08.28 ♋
20	♏ ab 08.36 ♐	♑	♓	♈	♊	♋
21	♐	♑ ab 08.33 ♒	♓	♈ ab 10.31 ♉	♊ ab 21.14 ♋	♋ ab 10.31 ♌
22	♐ ab 18.29 ♑	♒	♓ ab 00.11 ♈	♉	♋	♌
23	♑	♒ ab 14.05 ♓	♈ ab 23.54 ♉	♉ ab 09.50 ♊	♋	♌ ab 15.44 ♍
24	♑	♓	♉	♊	♋ ab 00.12 ♌	♍
25	♑ ab 01.17 ♒	♓ ab 15.30 ♈	♉	♊ ab 11.11 ♋	♌	♍
26	♒	♈	♉ ab 00.32 ♊	♋	♌ ab 07.00 ♍	♍ ab 00.45 ♎
27	♒ ab 05.27 ♓	♈ ab 16.34 ♉	♊	♋ ab 15.56 ♌	♍	♎
28	♓	♉	♊ ab 03.39 ♋	♌	♍ ab 17.19 ♎	♎ ab 12.43 ♏
29	♓ ab 08.08 ♈	♉ ab 18.47 ♊	♋	♌	♎	♏
30	♈	♊	♋ ab 09.47 ♌	♌ ab 00.12 ♍	♎	♏
31	♈ ab 10.29 ♉	♊ ab 23.00 ♋		♍		♏ ab 01.33 ♐

1946

Tag	Januar Mond im	Februar Mond im	März Mond im	April Mond im	Mai Mond im	Juni Mond im
1	♐	♑ ab 06.24 ♒	♒	♓ ab 10.17 ♈	♉	♊ ab 08.29 ♋
2	♐ ab 13.11 ♑	♒	♒ ab 21.25 ♓	♈	♉ ab 22.04 ♊	♋
3	♑	♒ ab 12.33 ♓	♓	♈ ab 10.57 ♉	♊	♋ ab 09.40 ♌
4	♑ ab 22.38 ♒	♓	♓	♉	♊ ab 22.23 ♋	♌
5	♒	♓ ab 16.38 ♈	♓ ab 00.24 ♈	♉ ab 11.25 ♊	♋	♌ ab 13.57 ♍
6	♒	♈	♈	♊	♋	♍
7	♓ ab 05.47 ♓	♈ ab 19.47 ♉	♈ ab 02.09 ♉	♊ ab 13.21 ♋	♋ ab 01.05 ♌	♍ ab 21.57 ♎
8	♓	♉	♉	♋	♌	♎
9	♓ ab 10.56 ♈	♉ ab 22.46 ♊	♉ ab 04.12 ♊	♋ ab 17.38 ♌	♌ ab 06.58 ♍	♎
10	♈	♊	♊	♌	♍	♎ ab 09.05 ♏
11	♈ ab 14.26 ♉	♊	♊ ab 07.29 ♋	♌	♍ ab 15.54 ♎	♏
12	♉	♊ ab 01.59 ♋	♋	♌ ab 00.21 ♍	♎	♏ ab 21.51 ♐
13	♉ ab 16.43 ♊	♋	♋ ab 12.15 ♌	♍	♎	♐
14	♊	♋ ab 05.51 ♌	♌	♍ ab 10.14 ♎	♎ ab 03.09 ♏	♐
15	♊ ab 18.33 ♋	♌	♌ ab 18.33 ♍	♎	♏	♐ ab 10.40 ♑
16	♋	♌ ab 11.03 ♍	♍	♎ ab 21.04 ♏	♐ ab 15.46 ♐	♑
17	♋ ab 21.04 ♌	♍	♍	♏	♐	♑ ab 22.16 ♒
18	♌	♍ ab 18.36 ♎	♍ ab 02.41 ♎	♏	♐	♒
19	♌	♎	♎	♏ ab 09.30 ♐	♐ ab 04.42 ♑	♒
20	♌ ab 01.41 ♍	♎	♎ ab 13.05 ♏	♐	♑	♓ ab 07.43 ♓
21	♍	♎ ab 05.05 ♏	♏	♐ ab 22.29 ♑	♑ ab 16.32 ♒	♓
22	♍ ab 09.32 ♎	♏	♏	♑	♒	♓ ab 14.20 ♈
23	♎	♏ ab 17.41 ♐	♏ ab 01.31 ♐	♑	♒	♈
24	♎ ab 20.40 ♏	♐	♐	♑ ab 09.57 ♒	♒ ab 01.39 ♓	♈ ab 17.56 ♉
25	♏	♐	♐ ab 14.18 ♑	♒	♓	♉
26	♏	♐ ab 06.02 ♑	♑	♒ ab 17.55 ♓	♓ ab 07.05 ♈	♉ ab 19.08 ♊
27	♏ ab 09.28 ♐	♑	♑	♓	♈	♊
28	♐	♑ ab 15.35 ♒	♑ ab 00.51 ♒	♓ ab 21.46 ♈	♈ ab 09.04 ♉	♊ ab 19.11 ♋
29	♐ ab 21.18 ♑		♒	♈	♉	♋
30	♑		♒ ab 07.26 ♓	♈ ab 22.31 ♉	♉ ab 08.55 ♊	♋ ab 19.48 ♌
31	♑		♓		♊	

Tag	Juli Mond im	August Mond im	September Mond im	Oktober Mond im	November Mond im	Dezember Mond im
1	♌	♍ ab 14.05 ♎	♏	♐	♑ ab 11.37 ♒	♒ ab 05.30 ♓
2	♌ ab 22.45 ♍	♎	♏ ab 19.32 ♐	♐ ab 16.30 ♑	♒	♓
3	♍	♎ ab 23.23 ♏	♐	♑	♒ ab 21.32 ♓	♓ ab 13.06 ♈
4	♍	♏	♐	♑	♓	♈
5	♍ ab 05.21 ♎	♏	♐ ab 08.24 ♑	♑ ab 04.28 ♒	♓	♈ ab 16.49 ♉
6	♎	♏ ab 11.37 ♐	♑	♒	♓ ab 03.28 ♈	♉
7	♎ ab 15.42 ♏	♐	♑ ab 19.42 ♒	♒ ab 12.09 ♓	♈	♉ ab 17.30 ♊
8	♏	♐	♒	♓	♈ ab 05.49 ♉	♊
9	♏	♐ ab 00.24 ♑	♒	♓ ab 17.05 ♈	♉	♊ ab 16.50 ♋
10	♏ ab 04.21 ♐	♑	♒ ab 03.46 ♓	♈	♉ ab 06.08 ♊	♋
11	♐	♑ ab 11.24 ♒	♓	♈ ab 19.21 ♉	♊	♋ ab 16.47 ♌
12	♐ ab 17.06 ♑	♒	♓ ab 08.49 ♈	♉	♊ ab 06.16 ♋	♌
13	♑	♒ ab 19.41 ♓	♈	♉ ab 20.37 ♊	♋	♌ ab 19.09 ♍
14	♑	♓	♈ ab 12.04 ♉	♊	♋ ab 07.53 ♌	♍
15	♑ ab 04.17 ♒	♓	♉	♊ ab 22.23 ♋	♌	♍
16	♒	♓ ab 01.37 ♈	♉ ab 14.46 ♊	♋	♌ ab 12.05 ♍	♍ ab 01.06 ♎
17	♒ ab 13.16 ♓	♈	♊	♋	♍	♎
18	♓	♈ ab 06.00 ♉	♊ ab 17.42 ♋	♋ ab 01.35 ♌	♍ ab 19.13 ♎	♎ ab 10.43 ♏
19	♓ ab 19.59 ♈	♉	♋	♌	♎	♏
20	♈	♉ ab 09.23 ♊	♋ ab 21.13 ♌	♌ ab 06.36 ♍	♎	♏ ab 22.49 ♐
21	♈	♊	♌	♍	♎ ab 04.58 ♏	♐
22	♈ ab 00.36 ♉	♊ ab 12.07 ♋	♌	♍ ab 13.34 ♎	♏	♐
23	♉	♋	♌ ab 01.38 ♍	♎	♏ ab 16.44 ♐	♐ ab 11.51 ♑
24	♉ ab 03.19 ♊	♋ ab 14.38 ♌	♍	♎ ab 22.41 ♏	♐	♑
25	♊	♌	♍ ab 07.40 ♎	♏	♐	♑
26	♊ ab 04.44 ♋	♌ ab 17.54 ♍	♎	♏	♐ ab 05.40 ♑	♑ ab 00.30 ♒
27	♋	♍	♎ ab 16.13 ♏	♏ ab 10.04 ♐	♑	♒
28	♋ ab 05.58 ♌	♍ ab 23.15 ♎	♏	♐	♑ ab 18.30 ♒	♒ ab 11.44 ♓
29	♌	♎	♏	♐ ab 23.00 ♑	♒	♓
30	♌ ab 08.33 ♍	♎	♏ ab 03.33 ♐	♑	♒	♓ ab 20.31 ♈
31	♍	♎ ab 07.50 ♏		♑		♈

1947

Tag	Januar Mond im	Februar Mond im	März Mond im	April Mond im	Mai Mond im	Juni Mond im
1	♈	♊	♊ ab 21.59 ♋	♌	♍ ab 21.24 ♎	♏
2	♈ ab 02.06 ♉	♊ ab 14.39 ♋	♋	♌ ab 09.31 ♍	♎	♏ ab 21.45 ♐
3	♉	♋	♋	♍	♎	♐
4	♉ ab 04.26 ♊	♋ ab 15.02 ♌	♌	♍ ab 13.40 ♎	♎ ab 04.36 ♏	♐
5	♊	♌	♌	♎	♏	♐ ab 09.52 ♑
6	♊ ab 04.28 ♋	♌ ab 15.42 ♍	♌ ab 01.47 ♍	♎ ab 20.57 ♏	♏ ab 14.10 ♐	♑
7	♋	♍	♍	♏	♐	♑ ab 22.38 ♒
8	♋ ab 03.54 ♌	♍ ab 18.40 ♎	♍ ab 04.51 ♎	♏	♐	♒
9	♌	♎	♎	♏ ab 06.13 ♐	♐ ab 01.55 ♑	♒
10	♌ ab 04.45 ♍	♎	♎ ab 10.51 ♏	♐	♑	♑ ab 10.47 ♓
11	♍	♎ ab 01.29 ♏	♏	♐ ab 18.09 ♑	♑ ab 15.41 ♒	♓
12	♍ ab 08.54 ♎	♏	♏ ab 20.34 ♐	♑	♒	♓ ab 20.34 ♈
13	♎	♏ ab 12.16 ♐	♐	♑	♒	♈
14	♎ ab 17.16 ♏	♐	♐	♑ ab 06.52 ♒	♒ ab 03.21 ♓	♈
15	♏	♐	♐ ab 09.01 ♑	♒	♓	♈ ab 02.46 ♉
16	♏	♐ ab 01.12 ♑	♑	♒ ab 17.48 ♓	♓ ab 11.57 ♈	♉
17	♏ ab 05.03 ♐	♑	♑ ab 21.36 ♒	♓	♈	♉ ab 05.22 ♊
18	♐	♑ ab 13.39 ♒	♒	♓	♈ ab 16.52 ♉	♊
19	♐ ab 18.11 ♑	♒	♒	♓ ab 01.26 ♈	♉	♊ ab 05.33 ♋
20	♑	♒ ab 23.58 ♓	♒ ab 07.58 ♓	♈	♉ ab 18.52 ♊	♋
21	♑	♓	♓	♈ ab 05.56 ♉	♊	♋ ab 05.07 ♌
22	♑ ab 06.37 ♒	♓	♓ ab 15.23 ♈	♉	♊ ab 19.27 ♋	♌
23	♒	♊ ab 07.58 ♈	♈	♉ ab 08.28 ♊	♋	♌ ab 06.02 ♍
24	♒ ab 17.23 ♓	♈	♈ ab 20.29 ♉	♊	♋ ab 20.18 ♌	♍
25	♓	♈ ab 14.08 ♉	♉	♊ ab 10.23 ♋	♌	♍ ab 09.52 ♎
26	♓	♉	♉	♋	♌ ab 22.50 ♍	♎
27	♎ ab 02.11 ♈	♉ ab 18.47 ♊	♉ ab 01.16 ♊	♋ ab 12.44 ♌	♍	♎ ab 17.17 ♏
28	♈	♊	♊	♌	♍	♏
29	♈ ab 08.46 ♉		♊ ab 03.26 ♋	♌ ab 16.15 ♍	♍ ab 03.54 ♎	♏
30	♉		♋	♍	♎	♏ ab 02.46 ♐
31	♉ ab 12.52 ♊		♋ ab 06.22 ♌		♎ ab 11.43 ♏	

Tag	Juli Mond im	August Mond im	September Mond im	Oktober Mond im	November Mond im	Dezember Mond im
1	♐	♑ ab 09.50 ♒	♓	♈	♊	♋
2	♐ ab 15.03 ♑	♒	♓ ab 14.03♈	♈ ab 04.16 ♉	♊ ab 18.32 ♋	♋ ab 03.30 ♌
3	♑	♒ ab 21.49 ♓	♈	♉	♋	♌
4	♑	♓	♈ ab 22.11 ♉	♉ ab 09.44 ♊	♋ ab 21.04 ♌	♌ ab 05.24 ♍
5	♑ ab 03.50 ♒	♓	♉	♊	♌	♍
6	♒	♓ ab 08.20 ♈	♉	♊ ab 12.47 ♋	♌ ab 23.55 ♍	♍ ab 09.14 ♎
7	♒ ab 16.03 ♓	♈	♉ ab 04.19 ♊	♋	♍	♎
8	♓	♈ ab 16.44 ♉	♊	♋ ab 15.42 ♌	♍	♎ ab 15.25 ♏
9	♓	♉	♊ ab 08.12 ♋	♌	♍ ab 03.43 ♎	♏
10	♓ ab 02.35 ♈	♉ ab 22.18 ♊	♋	♌ ab 17.57 ♍	♎	♏ ab 23.50 ♐
11	♈	♊	♋ ab 10.03 ♌	♍	♎ ab 07.03 ♏	♐
12	♈ ab 10.12 ♉	♊	♌	♍ ab 20.32 ♎	♏	♐
13	♉	♊ ab 00.50 ♋	♌ ab 10.51 ♍	♎	♏ ab 16.34 ♐	♐ ab 10.14 ♑
14	♉ ab 14.17 ♊	♋	♍	♎	♐	♑
15	♊	♋ ab 01.07 ♌	♍ ab 12.17 ♎	♎ ab 00.46 ♏	♐	♑ ab 22.16 ♒
16	♊ ab 15.15 ♋	♌	♎	♏	♐ ab 02.37 ♑	♒
17	♋	♌ ab 00.49 ♍	♎ ab 16.11 ♏	♏ ab 07.53 ♐	♑	♒
18	♋ ab 14.35 ♌	♍	♏	♐	♑ ab 14.45 ♒	♒ ab 10.59 ♓
19	♌	♍ ab 02.04 ♎	♏ ab 23.50 ♐	♐ ab 18.14 ♑	♒	♓
20	♌ ab 14.19 ♍	♎	♐	♑	♒	♓ ab 22.37 ♈
21	♍	♎ ab 06.45 ♏	♐	♑	♒ ab 03.17 ♓	♈
22	♍ ab 16.34 ♎	♏	♐ ab 10.58 ♑	♑ ab 06.39 ♒	♓	♈
23	♎	♏ ab 15.35 ♐	♑	♒	♓ ab 13.54 ♈	♈ ab 07.12 ♉
24	♎ ab 22.41 ♏	♐	♑ ab 23.38 ♒	♒ ab 18.46 ♓	♈	♉
25	♏	♐	♒	♓	♈ ab 21.06 ♉	♉ ab 11.47 ♊
26	♏	♐ ab 03.31 ♑	♒	♓	♉	♊
27	♏ ab 08.41 ♐	♑	♒ ab 11.25 ♓	♓ ab 04.31 ♈	♉	♊ ab 13.03 ♋
28	♐	♑ ab 16.18 ♒	♓	♈	♉ ab 00.56 ♊	♋
29	♐ ab 21.02 ♑	♒	♓ ab 20.59 ♈	♈ ab 11.16 ♉	♊	♋ ab 12.42 ♌
30	♑	♒	♈	♉	♊ ab 02.31 ♋	♌
31	♑	♒ ab 04.04 ♓		♉ ab 15.36 ♊		♌ ab 12.47 ♍

1948

Tag	Januar Mond im	Februar Mond im	März Mond im	April Mond im	Mai Mond im	Juni Mond im
1	♍	♎ ab 03.28 ♏	♏ ab 18.42 ♐	♑	♒	♓ ab 17.55 ♈
2	♍ ab 15.10 ♎	♏	♐	♑	♒ ab 21.44 ♓	♈
3	♎	♏ ab 11.26 ♐	♐	♑ ab 00.19 ♒	♓	♈
4	♎ ab 20.51 ♏	♐	♐ ab 04.51 ♑	♒	♓	♈ ab 03.44 ♉
5	♏	♐ ab 22.30 ♑	♑	♒ ab 12.56 ♓	♓ ab 09.29 ♈	♉
6	♏	♑	♑ ab 17.15 ♒	♓	♈	♉ ab 10.07 ♊
7	♏ ab 05.41 ♐	♑	♒	♓	♈ ab 18.48 ♉	♊
8	♐	♑ ab 10.59 ♒	♒	♓ ab 00.29 ♈	♉	♊ ab 13.29 ♋
9	♐ ab 16.41 ♑	♒	♒ ab 05.54 ♓	♈	♉	♋
10	♑	♒ ab 23.37 ♓	♓	♈ ab 07.59 ♉	♉ ab 01.20 ♊	♋ ab 15.12 ♌
11	♑	♓	♓ ab 17.33 ♈	♉	♊	♌
12	♑ ab 04.54 ♒	♓	♈	♉ ab 17.20 ♊	♊ ab 05.39 ♋	♌ ab 16.49 ♍
13	♒	♓ ab 11.38 ♈	♈	♊	♋	♍
14	♒ ab 17.36 ♓	♈	♈ ab 03.41 ♉	♊ ab 22.42 ♋	♋ ab 08.39 ♌	♍ ab 19.34 ♎
15	♓	♈ ab 22.09 ♉	♉	♋	♌	♎
16	♓	♉	♉ ab 11.46 ♊	♋	♌ ab 11.15 ♍	♎
17	♓ ab 05.44 ♈	♉	♊	♋ ab 02.16 ♌	♍	♎ ab 00.04 ♏
18	♈	♉ ab 05.56 ♊	♊ ab 17.14 ♋	♌	♍ ab 14.07 ♎	♏
19	♈ ab 15.43 ♉	♊	♋	♌ ab 05.31 ♍	♎	♏ ab 06.29 ♐
20	♉	♊ ab 10.09 ♋	♋ ab 19.58 ♌	♍	♎ ab 17.56 ♏	♐
21	♉ ab 22.02 ♊	♋	♌	♍ ab 07.17 ♎	♏	♐ ab 14.51 ♑
22	♊	♋ ab 11.07 ♌	♌ ab 20.43 ♍	♎	♏ ab 23.22 ♐	♑
23	♊	♌	♍	♎ ab 09.50 ♏	♐	♑
24	♊ ab 00.24 ♋	♌ ab 10.23 ♍	♍ ab 21.02 ♎	♏	♐	♑ ab 01.16 ♒
25	♋	♍	♎	♏ ab 14.32 ♐	♐ ab 07.08 ♑	♒
26	♌	♍ ab 10.06 ♎	♎ ab 22.50 ♏	♐	♑	♒ ab 13.24 ♓
27	♌ ab 22.56 ♍	♎	♏	♐ ab 22.22 ♑	♑ ab 17.31 ♒	♓
28	♍	♎ ab 12.24 ♏	♏	♑	♒	♓
29	♍ ab 23.30 ♎	♏	♏ ab 03.47 ♐	♑	♒	♓ ab 01.56♈
30	♎		♐	♑ ab 09.16 ♒	♒ ab 05.46 ♓	♈
31	♎		♐ ab 12.34 ♑		♓	

Tag	Juli Mond im	August Mond im	September Mond im	Oktober Mond im	November Mond im	Dezember Mond im
1	♈ ab 12.40 ♉	♊	♌	♍	♏	♐
2	♉	♊ ab 09.21 ♋	♌ ab 20.21 ♍	♍ ab 06.30 ♎	♏ ab 19.11 ♐	♐ ab 10.17 ♑
3	♉ ab 19.48 ♊	♋	♍	♎	♐	♑
4	♊	♋ ab 10.14 ♌	♍ ab 19.36 ♎	♎ ab 05.59 ♏	♐	♑ ab 18.32 ♒
5	♊ ab 23.07 ♋	♌	♎	♏	♐ ab 00.40 ♑	♒
6	♋	♌ ab 09.33 ♍	♎ ab 20.35 ♏	♏ ab 08.55 ♐	♑	♒
7	♋ ab 23.53 ♌	♍	♏	♐	♑ ab 09.42 ♒	♒ ab 05.46 ♓
8	♌	♍ ab 09.30 ♎	♏	♐ ab 15.31 ♑	♒	♓
9	♌	♎	♏ ab 00.52 ♐	♑	♒ ab 21.34 ♓	♓ ab 18.30 ♈
10	♑ ab 00.04 ♍	♎ ab 11.57 ♏	♐	♑	♓	♈
11	♍	♏	♐ ab 08.57 ♑	♑ ab 01.43 ♒	♓	♈
12	♍ ab 01.31 ♎	♏ ab 17.50 ♐	♑	♒	♓ ab 10.13 ♈	♈ ab 06.09 ♉
13	♎	♐	♑ ab 19.59 ♒	♒ ab 14.04 ♓	♈	♉
14	♎ ab 05.28 ♏	♐	♒	♓	♈ ab 21.24 ♉	♉ ab 14.44 ♊
15	♏	♐ ab 02.52 ♑	♒	♓	♉	♊
16	♏ ab 12.11 ♐	♑	♒ ab 08.27 ♓	♓ ab 02.37 ♈	♉	♊ ab 20.01 ♋
17	♐	♑ ab 14.03 ♒	♓	♈	♉ ab 06.02 ♊	♋
18	♐ ab 21.14 ♑	♒	♓ ab 21.02 ♈	♈ ab 13.54 ♉	♊	♋ ab 23.03 ♌
19	♑	♒	♈	♉	♊ ab 12.12 ♋	♌
20	♑	♒ ab 02.23 ♓	♈	♉ ab 23.15 ♊	♋	♌
21	♑ ab 08.03 ♒	♓	♈ ab 08.46 ♉	♊	♋ ab 16.33 ♌	♌ ab 01.19 ♍
22	♒	♓ ab 15.06 ♈	♉	♊	♌	♍
23	♒ ab 20.13 ♓	♈	♉ ab 18.40 ♊	♊ ab 06.22 ♋	♌ ab 19.49 ♍	♍ ab 04.00 ♎
24	♓	♈	♊	♋	♍	♎
25	♓	♈ ab 03.04 ♉	♊	♋ ab 11.10 ♌	♍ ab 22.33 ♎	♎ ab 07.39 ♏
26	♓ ab 08.58 ♈	♉	♊ ab 01.46 ♋	♌	♎	♏
27	♈	♉ ab 12.40 ♊	♋	♌ ab 13.54 ♍	♎	♏ ab 12.29 ♐
28	♈ ab 20.34 ♉	♊	♋ ab 05.35 ♌	♍	♎ ab 01.19 ♏	♐
29	♉	♊ ab 18.34 ♋	♌	♍ ab 15.16 ♎	♏	♐ ab 18.47 ♑
30	♉	♋	♌ ab 06.41 ♍	♎	♏ ab 04.52 ♐	♑
31	♉ ab 05.02 ♊	♋ ab 20.42 ♌		♎ ab 16.32 ♏		♑

1949

Tag	Januar Mond im	Februar Mond im	März Mond im	April Mond im	Mai Mond im	Juni Mond im
1	♑ ab 03.08 ♒	♓	♓ ab 16.36 ♈	♉	♊	♋ ab 02.36 ♌
2	♒	♓ ab 10.05 ♈	♈	♉ ab 23.03 ♊	♊ ab 14.44 ♋	♌
3	♒ ab 13.59 ♓	♈	♈	♊	♋	♌ ab 06.54 ♍
4	♓	♈ ab 22.57 ♉	♈ ab 05.33 ♉	♊	♋ ab 21.12 ♌	♍
5	♓	♉	♉	♊ ab 08.10 ♋	♌	♍ ab 09.58 ♎
6	♓ ab 02.41 ♈	♉	♉ ab 17.06 ♊	♋	♌	♎
7	♈	♉ ab 09.41 ♊	♊	♋ ab 14.00 ♌	♌ ab 01.12 ♍	♎ ab 12.14 ♏
8	♈ ab 15.03 ♉	♊	♊	♌	♍	♏
9	♉	♊ ab 16.23 ♋	♊ ab 01.22 ♋	♌ ab 16.32 ♍	♍ ab 03.07 ♎	♏ ab 14.24 ♐
10	♉	♋	♋	♍	♎	♐
11	♉ ab 00.31 ♊	♋ ab 19.01 ♌	♋ ab 05.34 ♌	♍ ab 17.48 ♎	♎ ab 03.54 ♏	♐ ab 17.40 ♑
12	♊	♌	♌	♎	♏	♑
13	♊ ab 05.57 ♋	♌ ab 19.06 ♍	♌ ab 06.24 ♍	♎ ab 07.28 ♏	♏ ab 04.57 ♐	♑ ab 23.27 ♒
14	♋	♍	♍	♏	♐	♒
15	♋ ab 08.08 ♌	♍ ab 18.44 ♎	♍ ab 05.40 ♎	♏ ab 18.24 ♐	♐ ab 07.57 ♑	♒
16	♌	♎	♎	♐	♑	♒ ab 08.39 ♓
17	♌ ab 08.52 ♍	♎ ab 19.53 ♏	♎ ab 05.26 ♏	♐ ab 22.16 ♑	♑ ab 14.19 ♒	♓
18	♍	♏	♏	♑	♒	♓ ab 20.45 ♈
19	♍ ab 10.03 ♎	♏ ab 23.50 ♐	♏ ab 07.31 ♐	♑	♒	♈
20	♎	♐	♐	♑ ab 06.00 ♒	♒ ab 00.26 ♓	♈
21	♎ ab 13.00 ♏	♐	♐ ab 13.05 ♑	♒	♓	♈ ab 09.31 ♉
22	♏	♐ ab 06.51 ♑	♑	♒ ab 17.08 ♓	♓ ab 13.02 ♈	♉
23	♏ ab 18.09 ♐	♑	♑ ab 22.11 ♒	♓	♈	♉ ab 20.20 ♊
24	♐	♑ ab 16.26 ♒	♒	♓	♈	♊
25	♐	♒	♒	♓ ab 06.01 ♈	♈ ab 01.42 ♉	♊
26	♐ ab 01.22 ♑	♒	♒ ab 09.50 ♓	♈	♉	♊ ab 04.02 ♋
27	♑	♒ ab 03.54 ♓	♓	♈ ab 18.41 ♉	♉ ab 12.27 ♊	♋
28	♑ ab 10.27 ♒	♓	♓ ab 22.42 ♈	♉	♊	♋ ab 09.01 ♌
29	♒		♈	♉	♊ ab 20.39 ♋	♌
30	♒ ab 21.27 ♓		♈	♉ ab 05.48 ♊	♋	♌ ab 12.27 ♍
31	♓		♈ ab 11.30 ♉		♋	

Tag	Juli Mond im	August Mond im	September Mond im	Oktober Mond im	November Mond im	Dezember Mond im
1	♍	♏	♐ ab 14.05 ♑	♑ ab 03.14 ♒	♓	♈
2	♍ ab 15.22 ♎	♏	♑	♒	♓ ab 06.35 ♈	♈ ab 02.22 ♉
3	♎	♏ ab 03.25 ♐	♑ ab 21.37 ♒	♒ ab 12.20 ♓	♈	♉
4	♎ ab 18.22 ♏	♐	♒	♓	♈ ab 19.37 ♉	♉ ab 14.29 ♊
5	♏	♐ ab 08.36 ♑	♒	♓	♉	♊
6	♏ ab 21.45 ♐	♑	♒ ab 07.27 ♓	♓ ab 00.28 ♈	♉	♊
7	♐	♑ ab 15.34 ♒	♓	♈	♉ ab 07.55 ♊	♊ ab 00.32 ♋
8	♐	♒	♓ ab 19.14 ♈	♈ ab 13.27 ♉	♊	♋
9	♐ ab 02.03 ♑	♒	♈	♉	♊ ab 18.35 ♋	♋ ab 08.28 ♌
10	♑	♒ ab 00.46 ♓	♈	♉	♋	♌
11	♑ ab 08.09 ♒	♓	♈ ab 08.13 ♉	♉ ab 02.03 ♊	♋	♌ ab 14.32 ♍
12	♒	♓ ab 12.20 ♈	♉	♊	♋ ab 03.01 ♌	♍
13	♒ ab 17.02 ♓	♈	♉ ab 20.47 ♊	♊ ab 12.51 ♋	♌	♍ ab 18.45 ♎
14	♓	♈	♊	♋	♌ ab 08.43 ♍	♎
15	♓	♈ ab 01.18 ♉	♊	♋ ab 20.35 ♌	♍	♎ ab 21.14 ♏
16	♓ ab 04.43 ♈	♉	♊ ab 06.52 ♋	♌	♍ ab 11.36 ♎	♏
17	♈	♉ ab 13.23 ♊	♋	♌	♎	♏ ab 22.32 ♐
18	♈ ab 17.36 ♉	♊	♋ ab 13.05 ♌	♌ ab 00.43 ♍	♎ ab 12.19 ♏	♐
19	♉	♊ ab 22.15 ♋	♌	♍	♏	♐
20	♉	♋	♌ ab 15.34 ♍	♍ ab 01.48 ♎	♏ ab 12.16 ♐	♑
21	♉ ab 04.58 ♊	♋	♍	♎	♐	♑
22	♊	♋ ab 03.06 ♌	♍ ab 15.42 ♎	♎ ab 01.19 ♏	♐ ab 13.20 ♑	♑ ab 03.25 ♒
23	♊ ab 12.52 ♋	♌	♎	♏	♑	♒
24	♋	♌ ab 04.56 ♍	♎ ab 15.21 ♏	♏ ab 01.08 ♐	♑ ab 17.25 ♒	♒ ab 10.20 ♓
25	♋ ab 17.19 ♌	♍	♏	♐	♒	♓
26	♌	♍ ab 05.25 ♎	♏ ab 16.22 ♐	♐ ab 03.11 ♑	♒	♓ ab 21.05 ♈
27	♌ ab 19.36 ♍	♎	♐	♑	♒ ab 01.36 ♓	♈
28	♍	♎ ab 06.20 ♏	♐ ab 20.07 ♑	♑ ab 08.51 ♒	♓	♈
29	♍ ab 21.20 ♎	♏	♑	♒	♓ ab 13.18 ♈	♈ ab 07.58 ♉
30	♎	♏ ab 09.01 ♐	♑	♒ ab 18.22 ♓	♈	♉
31	♎ ab 23.44 ♏	♐		♓		♉ ab 22.13 ♊

1950

Tag	Januar Mond im	Februar Mond im	März Mond im	April Mond im	Mai Mond im	Juni Mond im
1	♊	♋ ab 23.34 ♌	♋ ab 09.31 ♌	♍	♎ ab 12.38 ♏	♐ ab 22.27 ♑
2	♊	♌	♌	♍ ab 01.41 ♎	♏	♑
3	♊ ab 07.57 ♋	♌	♌ ab 13.25 ♍	♎	♏ ab 11.51 ♐	♑
4	♋	♌ ab 03.37 ♍	♍	♎ ab 01.36 ♏	♐	♑ ab 00.18 ♒
5	♋ ab 14.58 ♌	♍	♍ ab 15.01 ♎	♏	♐ ab 12.08 ♑	♒
6	♌	♍ ab 06.19 ♎	♎	♏ ab 01.37 ♐	♑	♒ ab 05.58 ♓
7	♌ ab 20.06 ♍	♎	♎ ab 15.56 ♏	♐	♑ ab 15.22 ♒	♓
8	♍	♎ ab 08.51 ♏	♏	♐ ab 03.30 ♑	♒	♓ ab 15.44 ♈
9	♍	♏	♏ ab 17.38 ♐	♑	♒ ab 22.34 ♓	♈
10	♍ ab 00.09 ♎	♏ ab 11.52 ♐	♐	♑ ab 08.25 ♒	♓	♈
11	♎	♐	♐ ab 21.07 ♑	♒	♓	♈ ab 04.13 ♉
12	♎ ab 03.28 ♏	♐ ab 15.45 ♑	♑	♒ ab 16.38 ♓	♓ ab 09.18 ♈	♉
13	♏	♑	♑	♓	♈	♉ ab 17.05 ♊
14	♏ ab 06.16 ♐	♑ ab 20.58 ♒	♑ ab 02.53 ♒	♓	♈ ab 21.59 ♉	♊
15	♐	♒	♒	♓ ab 03.32 ♈	♉	♊
16	♐ ab 09.07 ♑	♒	♒ ab 11.00 ♓	♈	♉	♊ ab 04.45 ♋
17	♑	♒ ab 04.11 ♓	♓	♈ ab 16.00 ♉	♉ ab 10.53 ♊	♋
18	♑ ab 13.07 ♒	♓	♓ ab 21.21 ♈	♉	♊	♋ ab 14.38 ♌
19	♒	♓ ab 14.01 ♈	♈	♉	♊ ab 22.51 ♋	♌
20	♒ ab 19.42 ♓	♈	♈	♉ ab 04.55 ♊	♋	♌ ab 22.32 ♍
21	♓	♈	♈ ab 09.33 ♉	♊	♋	♍
22	♓	♈ ab 02.12 ♉	♉	♊ ab 17.02 ♋	♋ ab 09.07 ♌	♍
23	♓ ab 05.38 ♈	♉	♉ ab 22.28 ♊	♋	♌	♍ ab 04.10 ♎
24	♈	♉ ab 15.03 ♊	♊	♋	♌ ab 16.51 ♍	♎
25	♈ ab 18.08 ♉	♊	♊	♋ ab 02.58 ♌	♍	♎ ab 07.19 ♏
26	♉	♊	♊ ab 10.17 ♋	♌	♍ ab 21.26 ♎	♏
27	♉	♊ ab 02.03 ♋	♋	♌ ab 09.30 ♍	♎	♏ ab 08.26 ♐
28	♉ ab 06.43 ♊	♋	♋ ab 19.05 ♌	♍	♎ ab 23.01 ♏	♐
29	♊		♌	♍ ab 12.25 ♎	♏	♐ ab 08.49 ♑
30	♊ ab 16.50 ♋		♌	♎	♏ ab 22.44 ♐	♑
31	♋		♌ ab 00.01 ♍		♐	

Tag	Juli Mond im	August Mond im	September Mond im	Oktober Mond im	November Mond im	Dezember Mond im
1	♑ ab 10.20 ♒	♓	♈ ab 03.19 ♉	♊	♋	♌ ab 22.54 ♍
2	♒	♓ ab 08.03 ♈	♉	♊	♋ ab 06.38 ♌	♍
3	♒ ab 14.52 ♓	♈	♉ ab 15.46 ♊	♊ ab 12.00 ♋	♌	♍
4	♓	♈ ab 19.06 ♉	♊	♋	♌ ab 15.21 ♍	♍ ab 05.29 ♎
5	♓ ab 23.25 ♈	♉	♊	♋ ab 22.40 ♌	♍	♎
6	♈	♉	♊ ab 03.54 ♋	♌	♍ ab 20.11 ♎	♎ ab 08.20 ♏
7	♈	♉ ab 07.44 ♊	♋	♌	♎	♏
8	♈ ab 11.14 ♉	♊	♋ ab 13.34 ♌	♌ ab 05.54 ♍	♎ ab 21.29 ♏	♏ ab 08.17 ♐
9	♉	♊ ab 19.27 ♋	♌	♍	♏	♐
10	♉	♋	♌ ab 19.55 ♍	♍ ab 09.29 ♎	♏ ab 20.52 ♐	♐ ab 07.17 ♑
11	♉ ab 00.02 ♊	♋	♍	♎	♐	♑
12	♊	♋ ab 04.37 ♌	♍ ab 23.28 ♎	♎ ab 10.31 ♏	♐ ab 20.26 ♑	♑ ab 07.35 ♒
13	♊ ab 11.34 ♋	♌	♎	♏	♑	♒
14	♋	♌ ab 11.04 ♍	♎	♏ ab 10.44 ♐	♑ ab 22.15 ♒	♒ ab 11.11 ♓
15	♋ ab 20.53 ♌	♍	♎ ab 01.27 ♏	♐	♒	♓
16	♌	♍ ab 15.31 ♎	♏	♐ ab 11.56 ♑	♒	♓ ab 18.59 ♈
17	♌	♎	♏ ab 03.13 ♐	♑	♒ ab 03.39 ♓	♈
18	♌ ab 04.06 ♍	♎ ab 18.49 ♏	♐	♑ ab 15.27 ♒	♓	♈
19	♍	♏	♐ ab 05.49 ♑	♒	♓ ab 12.40 ♈	♈ ab 06.10 ♉
20	♍ ab 09.34 ♎	♏ ab 21.36 ♐	♑	♒ ab 21.53 ♓	♈	♉
21	♎	♐	♑ ab 10.00 ♒	♓	♈	♉ ab 18.50 ♊
22	♎ ab 13.27 ♏	♐	♒	♓	♈ ab 00.08 ♉	♊
23	♏	♐ ab 00.23 ♑	♒ ab 16.10 ♓	♓ ab 06.59 ♈	♉	♊
24	♏ ab 15.56 ♐	♑	♓	♈	♉ ab 12.39 ♊	♊ ab 07.18 ♋
25	♐	♑ ab 03.53 ♒	♓	♈ ab 18.03 ♉	♊	♋
26	♐ ab 17.40 ♑	♒	♓ ab 00.32 ♈	♉	♊	♋ ab 18.46 ♌
27	♑	♒ ab 09.02 ♓	♈	♉	♊ ab 01.14 ♋	♌
28	♑ ab 19.56 ♒	♓	♈ ab 11.09 ♉	♉ ab 06.23 ♊	♋	♌
29	♒	♓ ab 16.45 ♈	♉	♊	♋ ab 13.02 ♌	♌ ab 04.42 ♍
30	♒	♈	♉ ab 23.27 ♊	♊ ab 19.04 ♋	♌	♍
31	♒ ab 00.19 ♓	♈		♋		♍ ab 12.20 ♎

1951

Tag	Januar Mond im	Februar Mond im	März Mond im	April Mond im	Mai Mond im	Juni Mond im
1	♎	♏ ab 02.17 ♐	♐	♒	♓	♈ ab 03.34 ♉
2	♎ ab 16.58 ♏	♐	♐ ab 10.30 ♑	♒ ab 23.45 ♓	♓ ab 12.27 ♈	♉
3	♏	♐ ab 03.53 ♑	♑	♓	♈	♉ ab 15.03 ♊
4	♏ ab 18.39 ♐	♑	♑ ab 13.11 ♒	♓	♈ ab 21.47 ♉	♊
5	♐	♑ ab 05.04 ♒	♒	♓ ab 06.16 ♈	♉	♊
6	♐ ab 18.32 ♑	♒	♒ ab 16.46 ♓	♈	♉	♊ ab 03.32 ♋
7	♑	♒ ab 07.29 ♓	♓	♈ ab 14.53 ♉	♉ ab 08.51 ♊	♋
8	♑ ab 18.36 ♒	♓	♓ ab 22.16 ♈	♉	♊	♋ ab 16.12 ♌
9	♒	♓ ab 12.43 ♈	♈	♉	♊ ab 21.13 ♋	♌
10	♒ ab 20.56 ♓	♈	♈	♉ ab 01.41 ♊	♋	♌
11	♓	♈ ab 21.34 ♉	♈ ab 06.33 ♉	♊	♋	♌ ab 03.47 ♍
12	♓	♉	♉	♊ ab 14.05 ♋	♋ ab 09.50 ♌	♍
13	♓ ab 03.06 ♈	♉	♉ ab 17.36 ♊	♋	♌	♍ ab 12.31 ♎
14	♈	♉ ab 07.29 ♊	♊	♋	♌ ab 20.44 ♍	♎
15	♈ ab 13.11 ♉	♊	♊	♋ ab 02.18 ♌	♍	♎ ab 17.17 ♏
16	♉	♊ ab 21.52 ♋	♊ ab 06.06 ♋	♌	♍	♏
17	♉	♋	♋	♌ ab 12.07 ♍	♍ ab 04.06 ♎	♏ ab 18.27 ♐
18	♉ ab 01.36 ♊	♋	♋ ab 17.45 ♌	♍	♎	♐
19	♊	♋ ab 09.01 ♌	♌	♍ ab 18.14 ♎	♎ ab 07.24 ♏	♐ ab 17.38 ♑
20	♊ ab 14.06 ♋	♌	♌	♎	♏	♑
21	♋	♌ ab 17.43 ♍	♌ ab 02.39 ♍	♎ ab 20.55 ♏	♏ ab 07.44 ♐	♑ ab 17.04 ♒
22	♋	♍	♍	♏	♐	♒
23	♋ ab 01.12 ♌	♍	♍ ab 08.21 ♎	♏ ab 21.40 ♐	♐ ab 07.08 ♑	♒ ab 18.50 ♓
24	♌	♍ ab 00.01 ♎	♎	♐	♑	♓
25	♌ ab 10.26 ♍	♎	♎ ab 11.36 ♏	♐ ab 22.20 ♑	♑ ab 07.42 ♒	♓
26	♍	♎ ab 04.21 ♏	♏	♑	♒	♓ ab 00.14 ♈
27	♍ ab 17.46 ♎	♏	♏ ab 13.41 ♐	♑	♒ ab 11.06 ♓	♈
28	♎	♏ ab 07.50 ♐	♐	♑ ab 00.23 ♒	♓	♈ ab 09.18 ♉
29	♎ ab 23.04 ♏		♐ ab 15.51 ♑	♒	♓ ab 17.54 ♈	♉
30	♏		♑	♒ ab 05.14 ♓	♈	♉ ab 20.52 ♊
31	♏		♑ ab 19.03 ♒		♈	

Tag	Juli Mond im	August Mond im	September Mond im	Oktober Mond im	November Mond im	Dezember Mond im
1	♊	♋	♍	♎	♏ ab 06.20 ♐	♑
2	♊	♋ ab 04.06 ♌	♍	♎ ab 19.24 ♏	♐	♑ ab 16.45 ♒
3	♊ ab 09.28 ♋	♌	♍ ab 06.32 ♎	♏	♐ ab 07.40 ♑	♒
4	♋	♌ ab 15.19 ♍	♎	♏ ab 22.49 ♐	♑	♒ ab 19.06 ♓
5	♋ ab 22.01 ♌	♍	♎ ab 12.49 ♏	♐	♑ ab 09.43 ♒	♓
6	♌	♍	♏	♐	♒	♓
7	♋	♍ ab 00.35 ♎	♏ ab 17.12 ♐	♐ ab 01.30 ♑	♒ ab 13.23 ♓	♓ ab 00.18 ♈
8	♌ ab 09.36 ♍	♎	♐	♑	♓	♈
9	♍	♎ ab 07.24 ♏	♐ ab 20.07 ♑	♑ ab 04.19 ♒	♓ ab 18.53 ♈	♈ ab 08.05 ♉
10	♍ ab 19.05 ♎	♏	♑	♒	♈	♉
11	♎	♏ ab 11.31 ♐	♑ ab 22.12 ♒	♒ ab 07.47 ♓	♈	♉ ab 17.54 ♊
12	♎	♐	♒	♓	♈ ab 02.08 ♉	♊
13	♎ ab 01.19 ♏	♐ ab 13.19 ♑	♒	♓ ab 12.20 ♈	♉	♊
14	♏	♑	♒ ab 00.22 ♓	♈	♉ ab 11.16 ♊	♊ ab 05.23 ♋
15	♏ ab 04.03 ♐	♑ ab 13.53 ♒	♓	♈ ab 18.37 ♉	♊	♋
16	♐	♒	♓ ab 03.48 ♈	♉	♊ ab 22.28 ♋	♋ ab 18.05 ♌
17	♐ ab 04.15 ♑	♒ ab 14.53 ♓	♈	♉	♋	♌
18	♑	♓	♈ ab 09.42 ♉	♉ ab 03.22 ♊	♋	♌
19	♑ ab 03.42 ♒	♓ ab 17.59 ♈	♉	♊	♋ ab 11.12 ♌	♌ ab 06.53 ♍
20	♒	♈	♉ ab 18.47 ♊	♊ ab 14.43 ♋	♌	♍
21	♒ ab 04.29 ♓	♈	♊	♋	♌ ab 23.36 ♍	♍ ab 17.41 ♎
22	♓	♈ ab 00.27 ♉	♊	♋	♍	♎
23	♓ ab 08.22 ♈	♉	♊ ab 06.35 ♋	♋ ab 03.25 ♌	♍	♎
24	♈	♉ ab 10.28 ♊	♋	♌	♍ ab 09.09 ♎	♎ ab 00.39 ♏
25	♈ ab 16.07 ♉	♊	♋ ab 19.08 ♌	♌ ab 15.02 ♍	♎	♏
26	♉	♊ ab 22.45 ♋	♌	♍	♎ ab 14.32 ♏	♏ ab 03.27 ♐
27	♉	♋	♌	♍ ab 23.26 ♎	♏	♐
28	♉ ab 03.06 ♊	♋	♌ ab 06.06 ♍	♎	♏ ab 16.20 ♐	♐ ab 03.24 ♑
29	♊	♋ ab 11.10 ♌	♍	♎	♐	♑
30	♊ ab 15.43 ♋	♌	♍ ab 14.09 ♎	♎ ab 04.10 ♏	♐ ab 16.23 ♑	♑ ab 02.36 ♒
31	♋	♌ ab 22.00 ♍		♏		♒

1952

Tag	Januar Mond im	Februar Mond im	März Mond im	April Mond im	Mai Mond im	Juni Mond im
1	♒ ab 03.11 ♓	♈ ab 20.51 ♉	♉	♊ ab 08.39 ♋	♋ ab 05.13 ♌	♍
2	♓	♉	♉ ab 13.37 ♊	♋	♌	♍ ab 13.26 ♎
3	♓ ab 06.42 ♈	♉	♊	♋ ab 21.10 ♌	♌ ab 17.58 ♍	♎
4	♈	♉ ab 05.55 ♊	♊	♌	♍	♎ ab 21.20 ♏
5	♈ ab 13.44 ♉	♊	♊ ab 00.41 ♋	♌	♍	♏
6	♉	♊ ab 17.44 ♋	♋	♌ ab 09.41 ♍	♍ ab 04.39 ♎	♏
7	♉ ab 23.43 ♊	♋	♋ ab 13.31 ♌	♍	♎	♍ ab 01.21 ♐
8	♊	♋	♌	♍ ab 19.56 ♎	♎ ab 11.49 ♏	♐
9	♊	♋ ab 06.36 ♌	♌	♎	♏	♐ ab 02.47 ♑
10	♊ ab 11.35 ♋	♌	♌ ab 01.52 ♍	♎	♏ ab 15.51 ♐	♑
11	♋	♌ ab 19.02 ♍	♍	♎ ab 03.14 ♏	♐	♑ ab 03.27 ♒
12	♋	♍	♍ ab 12.17 ♎	♏	♐ ab 18.09 ♑	♒
13	♋ ab 00.20 ♌	♍	♎	♏ ab 08.08 ♐	♑	♒ ab 05.01 ♓
14	♌	♍ ab 06.01 ♎	♎ ab 20.21 ♏	♐	♑ ab 20.15 ♒	♓
15	♌ ab 13.01 ♍	♎	♏	♐ ab 11.42 ♑	♒	♓ ab 08.29 ♈
16	♍	♎ ab 14.45 ♏	♏	♑	♒ ab 23.06 ♓	♈
17	♍	♏	♏ ab 02.16 ♐	♑ ab 14.44 ♒	♓	♈ ab 14.11 ♉
18	♍ ab 00.20 ♎	♏ ab 20.43 ♐	♐	♒	♓	♉
19	♎	♐	♐ ab 06.20 ♑	♒ ab 17.41 ♓	♓ ab 03.07 ♈	♉ ab 22.04 ♊
20	♎ ab 08.44 ♏	♐ ab 23.50 ♑	♑	♓	♈	♊
21	♏	♑	♑ ab 08.55 ♒	♓ ab 20.57 ♈	♈ ab 08.30 ♉	♊
22	♏ ab 13.22 ♐	♑	♒	♈	♉	♊ ab 08.04 ♋
23	♐	♑ ab 00.49 ♒	♒ ab 10.39 ♓	♈	♉ ab 15.38 ♊	♋
24	♐ ab 14.39 ♑	♒	♓	♈ ab 01.15 ♉	♊	♋ ab 20.03 ♌
25	♑	♒ ab 01.01 ♓	♓ ab 12.34 ♈	♉	♊	♌
26	♑ ab 14.07 ♒	♓	♈	♉ ab 07.41 ♊	ab c01.06 ♋	♌
27	♒	♓ ab 02.12 ♈	♈ ab 16.06 ♉	♊	♋	♌ ab 09.07 ♍
28	♒ ab 13.46 ♓	♈	♉	♊ ab 17.06 ♋	♋ ab 13.00 ♌	♍
29	♓	♈ ab 06.02 ♉	♉ ab 22.36 ♊	♋	♌	♍ ab 21.19 ♎
30	♓ ab 15.38 ♈		♊	♋	♌	♎
31	♈		♊		♌ ab 01.57 ♍	

Tag	Juli Mond im	August Mond im	September Mond im	Oktober Mond im	November Mond im	Dezember Mond im
1	♎	♐	♑ ab 10.03 ♒	♓	♈ ab 07.59 ♉	♊
2	♎ ab 06.26 ♏	♐ ab 23.28 ♑	♒	♓ ab 20.34 ♈	♉	♊
3	♏	♑	♒ ab 10.00 ♓	♈	♉ ab 12.02 ♊	♊ ab 04.09 ♋
4	♏ ab 11.27 ♐	♑ ab 23.41 ♒	♓	♈ ab 22.06 ♉	♊	♋
5	♐	♒	♓ ab 09.58 ♈	♉	♊ ab 19.13 ♋	♋ ab 14.23 ♌
6	♐ ab 13.03 ♑	♒ ab 23.05 ♓	♈	♉	♋	♌
7	♑	♓	♈ ab 11.48 ♉	♉ ab 02.15 ♊	♋	♌
8	♑ ab 12.55 ♒	♓ ab 23.34 ♈	♉	♊	♋ ab 05.57 ♌	♌ ab 02.58 ♍
9	♒	♈	♉ ab 17.06 ♊	♊ ab 10.16 ♋	♌	♍
10	♒ ab 13.00 ♓	♈	♊	♋	♌ ab 18.47 ♍	♍ ab 15.36 ♎
11	♓	♈ ab 02.46 ♉	♊	♋ ab 21.51 ♌	♍	♎
12	♓ ab 14.56 ♈	♉	♊ ab 02.24 ♋	♌	♍	♎
13	♈	♉ ab 09.37 ♊	♋	♌	♍ ab 06.58 ♎	♎ ab 01.39 ♏
14	♈ ab 19.46 ♉	♊	♋ ab 14.39 ♌	♌ ab 10.51 ♍	♎	♏
15	♉	♊ ab 19.53 ♋	♌	♍	♎ ab 16.19 ♏	♏ ab 08.00 ♐
16	♉	♋	♌	♍ ab 22.45 ♎	♏	♐
17	♉ ab 03.38 ♊	♋	♌ ab 03.42 ♍	♎	♏ ab 22.34 ♐	♐ ab 11.18 ♑
18	♊	♋ ab 08.19 ♌	♍	♎	♐	♑
19	♊ ab 14.05 ♋	♌	♍ ab 15.42 ♎	♎ ab 08.10 ♏	♐	♑ ab 13.03 ♒
20	♋	♌ ab 21.23 ♍	♎	♏	♐ ab 02.41 ♑	♒
21	♋	♍	♎	♏ ab 15.12 ♐	♑	♒ ab 14.46 ♓
22	♋ ab 02.21 ♌	♍	♌ ab 01.44 ♏	♐	♑ ab 05.52 ♒	♓
23	♌	♍ ab 09.42 ♎	♏	♐ ab 20.29 ♑	♒	♓ ab 17.30 ♈
24	♌ ab 15.25 ♍	♎	♏ ab 09.33 ♐	♑	♒ ab 08.55 ♓	♈
25	♍	♎ ab 20.11 ♏	♐	♑	♓	♈ ab 21.46 ♉
26	♍	♏	♐ ab 15.06 ♑	♑ ab 00.28 ♒	♓ ab 12.10 ♈	♉
27	♍ ab 03.54 ♎	♏	♑	♒	♈	♉
28	♎	♏ ab 03.54 ♐	♑ ab 18.25 ♒	♒ ab 03.23 ♓	♈ ab 15.55 ♉	♉ ab 03.48 ♊
29	♎ ab 14.05 ♏	♐	♒	♓	♉	♊
30	♏	♐ ab 08.24 ♑	♒ ab 19.53 ♓	♓ ab 05.35 ♈	♉ ab 20.53 ♊	♊ ab 11.54 ♋
31	♏ ab 20.38 ♐	♑		♈		♋

1953

	Januar	Februar	März	April	Mai	Juni
Tag	Mond im	Mond im	Mond im	Mond im	Mond im	Mond im
1	♋ ab 22.18 ♌	♍	♍	♎ ab 06.20 ♏	♐	♑ ab 15.46 ♒
2	♌	♍	♍ ab 12.41 ♎	♏	♐	♒
3	♌	♍ ab 06.32 ♎	♎	♏ ab 15.59 ♐	♐ ab 04.55 ♑	♒ ab 19.12 ♓
4	♌ ab 10.41 ♍	♎	♎	♐	♑	♓
5	♍	♎ ab 18.21 ♏	♎ ab 00.31 ♏	♐ ab 23.29 ♑	♑ ab 10.13 ♒	♓ ab 22.02 ♈
6	♍ ab 23.37 ♎	♏	♏	♑	♒	♈
7	♎	♏	♏ ab 10.20 ♐	♑	♒ ab 13.47 ♓	♈
8	♎	♏ ab 03.21 ♐	♐	♑ ab 04.28 ♒	♓	♈ ab 00.42 ♉
9	♎ ab 10.44 ♏	♐	♐ ab 17.10 ♑	♒	♓ ab 15.49 ♈	♉
10	♏	♐ ab 08.32 ♑	♑	♒ ab 06.50 ♓	♈	♉ ab 04.03 ♊
11	♏ ab 18.15 ♐	♑	♑ ab 20.38 ♒	♓	♈ ab 17.12 ♉	♊
12	♐	♑ ab 10.17 ♒	♒	♓ ab 07.19 ♈	♉	♊ ab 09.18 ♋
13	♐ ab 21.55 ♑	♒	♒ ab 21.17 ♓	♈	♉ ab 19.27 ♊	♋
14	♑	♒ ab 09.58 ♓	♓	♈ ab 07.32 ♉	♊	♋ ab 17.28 ♌
15	♑ ab 22.58 ♒	♓	♓ ab 20.39 ♈	♉	♊	♌
16	♒	♓ ab 09.31 ♈	♈	♉ ab 09.27 ♊	♊ ab 00.17 ♋	♌
17	♒ ab 23.07 ♓	♈	♈ ab 20.45 ♉	♊	♋	♌ ab 04.37 ♍
18	♓	♈ ab 10.51 ♉	♉	♊ ab 14.53 ♋	♋ ab 08.47 ♌	♍
19	♓	♉	♉ ab 23.35 ♊	♋	♌	♍ ab 17.17 ♎
20	♓ ab 00.09 ♈	♉ ab 15.27 ♊	♊	♋	♌ ab 20.31 ♍	♎
21	♈	♊	♊	♋ ab 00.27 ♌	♍	♎
22	♈ ab 03.21 ♉	♊ ab 23.48 ♋	♊ ab 06.30 ♋	♌	♍	♎ ab 04.58 ♏
23	♉	♋	♋	♌ ab 12.53 ♍	♍ ab 09.16 ♎	♏
24	♉ ab 09.21 ♊	♋	♋ ab 17.15 ♌	♍	♎	♏ ab 13.48 ♐
25	♊	♋ ab 11.06 ♌	♌	♍	♎ ab 20.33 ♏	♐
26	♊ ab 18.07 ♋	♌	♌	♍ ab 01.41 ♎	♏	♐ ab 19.29 ♑
27	♋	♌ ab 23.51 ♍	♌ ab 06.04 ♍	♎	♏	♑
28	♋	♍	♍	♎ ab 12.52 ♏	♏ ab 05.09 ♐	♑ ab 22.52 ♒
29	♋ ab 05.06 ♌		♍ ab 18.52 ♎	♏	♐	♒
30	♌		♎	♏ ab 21.53 ♐	♐ ab 11.17 ♑	♒
31	♌ ab 17.36 ♍		♎		♑	

	Juli	August	September	Oktober	November	Dezember
Tag	Mond im	Mond im	Mond im	Mond im	Mond im	Mond im
1	♒ ab 01.09 ♓	♈ ab 11.57 ♉	♊	♋ ab 19.54 ♌	♍	♎
2	♓	♉	♊ ab 04.30 ♋	♌	♍	♎ ab 22.31 ♏
3	♓ ab 03.24 ♈	♉ ab 16.11 ♊	♋	♌	♍ ab 02.51 ♎	♏
4	♈	♊	♋ ab 14.05 ♌	♌ ab 07.41 ♍	♎	♏
5	♈ ab 06.24 ♉	♊ ab 23.00 ♋	♌	♍	♎ ab 15.12 ♏	♏ ab 09.09 ♐
6	♉	♋	♌	♍ ab 20.28 ♎	♏	♐
7	♉ ab 10.43 ♊	♋	♌ ab 01.48 ♍	♎	♏	♐ ab 17.33 ♑
8	♊	♋ ab 08.16 ♌	♍	♎	♏ ab 02.07 ♐	♑
9	♊ ab 16.55 ♋	♌	♍ ab 14.28 ♎	♎ ab 08.57 ♏	♐	♑
10	♋	♌ ab 19.34 ♍	♎	♏	♐ ab 11.19 ♑	♒
11	♋	♍	♎	♏ ab 20.20 ♐	♑	♒
12	♋ ab 01.28 ♌	♍	♎ ab 03.06 ♏	♐	♑ ab 18.31 ♒	♒ ab 04.47 ♓
13	♌	♍ ab 08.09 ♎	♏	♐	♒	♓
14	♌ ab 12.29 ♍	♎	♏ ab 14.32 ♐	♐ ab 05.52 ♑	♒ ab 23.18 ♓	♓ ab 08.07 ♈
15	♍	♎ ab 20.44 ♏	♐	♑	♓	♈
16	♍	♏	♐ ab 23.21 ♑	♑ ab 12.35 ♒	♓	♈ ab 10.23 ♉
17	♍ ab 01.04 ♎	♏	♑	♒	♓ ab 01.36 ♈	♉
18	♎	♏ ab 07.30 ♐	♑	♒ ab 15.56 ♓	♈	♉ ab 12.28 ♊
19	♎ ab 13.17 ♏	♐	♑ ab 04.30 ♒	♓	♈ ab 02.15 ♉	♊
20	♏	♐ ab 14.53 ♑	♒	♓ ab 16.27 ♈	♉	♊ ab 15.40 ♋
21	♏ ab 22.59 ♐	♑	♒ ab 06.07 ♓	♈	♉ ab 02.55 ♊	♋
22	♐	♑ ab 18.29 ♒	♓	♈ ab 15.47 ♉	♊	♋ ab 21.23 ♌
23	♐	♒	♓ ab 05.31 ♈	♉	♊ ab 05.32 ♋	♌
24	♐ ab 05.07 ♑	♒ ab 19.12 ♓	♈	♉ ab 16.05 ♊	♋	♌
25	♑	♓	♈ ab 04.45 ♉	♊	♋ ab 11.41 ♌	♌ ab 06.24 ♍
26	♑ ab 08.03 ♒	♓ ab 18.46 ♈	♉	♊ ab 19.24 ♋	♌	♍
27	♒	♈	♉ ab 06.01 ♊	♋	♌ ab 21.41 ♍	♍ ab 18.11 ♎
28	♒ ab 09.07 ♓	♈ ab 19.11 ♉	♊	♋	♍	♎
29	♓	♉	♊ ab 10.57 ♋	♋ ab 02.55 ♌	♍	♎
30	♓ ab 09.56 ♈	♉ ab 22.07 ♊	♋	♌	♍ ab 10.06 ♎	♎ ab 06.43♏
31	♈	♊		♌ ab 14.05 ♍		♏

1954

	Januar	Februar	März	April	Mai	Juni
Tag	Mond im	Mond im	Mond im	Mond im	Mond im	Mond im
1	♏ ab 17.40 ♐	♑	♑	♓	♈	♊
2	♐	♑ ab 16.38 ♒	♑ ab 03.07 ♒	♓ ab 16.40 ♈	♈ ab 02.43 ♉	♊ ab 13.46 ♋
3	♐	♒	♒	♈	♉	♋
4	♐ ab 01.46 ♑	♒ ab 19.04 ♓	♒ ab 05.33 ♓	♈ ab 15.43 ♉	♉ ab 02.07 ♊	♋ ab 17.35 ♌
5	♑	♓	♓	♉	♊	♌
6	♑ ab 07.10 ♒	♓ ab 20.15 ♈	♓ ab 05.41 ♈	♉ ab 15.40 ♊	♊ ab 03.30 ♋	♌
7	♒	♈	♈	♊	♋	♌ ab 01.07 ♍
8	♒ ab 10.43 ♓	♈ ab 21.47 ♉	♈ ab 05.33 ♉	♊ ab 18.29 ♋	♋ ab 08.29 ♌	♍
9	♓	♉	♉	♋	♌	♍ ab 11.59 ♎
10	♓ ab 13.27 ♈	♉	♉ ab 07.07 ♊	♋	♌ ab 17.23 ♍	♎
11	♈	♉ ab 00.55 ♊	♊	♋ ab 01.06 ♌	♍	♎
12	♈ ab 16.10♉	♊	♊ ab 11.38 ♋	♌	♍	♎ ab 00.30 ♏
13	♉	♊ ab 06.10 ♋	♋	♌ ab 11.03 ♍	♍ ab 05.04 ♎	♏
14	♉ ab 19.30 ♊	♋	♋ ab 19.17 ♌	♍	♎	♏ ab 12.38 ♐
15	♊	♋ ab 13.36 ♌	♌	♍ ab 22.58 ♎	♎ ab 17.42 ♏	♐
16	♊	♌	♌	♎	♏	♐ ab 23.06 ♑
17	♊ ab 00.01 ♋	♌ ab 23.01 ♍	♌ ab 05.22 ♍	♎	♏	♑
18	♋	♍	♍	♎ ab 11.33 ♏	♏ ab 05.54 ♐	♑
19	♋ ab 06.25 ♌	♍	♍ ab 16.58 ♎	♏	♐	♑ ab 07.26 ♒
20	♌	♍ ab 10.15 ♎	♎	♏ ab 23.55 ♐	♐ ab 16.49 ♑	♒
21	♌ ab 15.14 ♍	♎	♎	♐	♑	♒ ab 13.37 ♓
22	♍	♎ ab 22.44 ♏	♎ ab 05.27 ♏	♐	♑	♓
23	♍	♏	♏	♐ ab 11.12 ♑	♑ ab 01.49 ♒	♓ ab 17.44 ♈
24	♍ ab 02.30 ♎	♏	♏ ab 17.57 ♐	♑	♒	♈
25	♎	♏ ab 11.01 ♐	♐	♑ ab 20.03 ♒	♒ ab 08.09 ♓	♈ ab 20.09 ♉
26	♎ ab 15.04 ♏	♐	♐	♒	♓	♉
27	♏	♐ ab 20.58 ♑	♐ ab 04.56 ♑	♒	♓ ab 11.32 ♈	♉ ab 21.42 ♊
28	♏	♑	♑	♒ ab 01.22 ♓	♈	♊
29	♏ ab 02.43 ♐		♑ ab 12.38 ♒	♓	♈ ab 12.34 ♉	♊ ab 23.36 ♋
30	♐		♒	♓ ab 03.09 ♈	♉	♋
31	♐ ab 11.27 ♑		♒ ab 16.17 ♓		♉ ab 12.41 ♊	

	Juli	August	September	Oktober	November	Dezember
Tag	Mond im	Mond im	Mond im	Mond im	Mond im	Mond im
1	♋	♍	♎ ab 23.49 ♏	♏ ab 19.42 ♐	♑	♒
2	♋ ab 03.17 ♌	♍	♏	♐	♑	♒ ab 15.39 ♓
3	♌	♍ ab 04.14 ♎	♏	♐	♑ ab 01.23 ♒	♓
4	♌ ab 09.56 ♍	♎	♏ ab 12.33 ♐	♐ ab 08.05 ♑	♒	♓ ab 20.35 ♈
5	♍	♎ ab 16.03 ♏	♐	♑	♒ ab 08.35 ♓	♈
6	♍ ab 19.54 ♎	♏	♐	♑ ab 17.46 ♒	♓	♈ ab 22.23 ♉
7	♎	♏	♐ ab 00.10 ♑	♒	♓ ab 11.43 ♈	♉
8	♎	♏ ab 04.33 ♐	♑	♒ ab 23.17 ♓	♈	♉ ab 22.17 ♊
9	♎ ab 08.04 ♏	♐	♑ ab 08.31 ♒	♓	♈ ab 11.49 ♉	♊
10	♏	♐ ab 15.21 ♑	♒	♓	♉	♊ ab 22.07 ♋
11	♏ ab 20.19 ♐	♑	♒ ab 12.55 ♓	♓ ab 00.59 ♈	♉ ab 10.51 ♊	♋
12	♐	♑ ab 22.55 ♒	♓	♈	♊	♋ ab 23.49 ♌
13	♐	♒	♓ ab 14.23 ♈	♈ ab 00.32 ♉	♊ ab 11.00 ♋	♌
14	♐ ab 06.40 ♑	♒	♈	♉	♋	♌
15	♑	♒ ab 03.17 ♓	♈ ab 14.45 ♉	♉ ab 00.10 ♊	♋ ab 14.03 ♌	♌ ab 04.54 ♍
16	♑ ab 14.20 ♒	♓	♉	♊	♌	♍
17	♒	♓ ab 05.38 ♈	♉ ab 15.55 ♊	♊ ab 01.50 ♋	♌ ab 20.53 ♍	♍ ab 13.52 ♎
18	♒ ab 19.33 ♓	♈	♊	♋	♍	♎
19	♓	♈ ab 07.26 ♉	♊ ab 19.13 ♋	♋ ab 06.41 ♌	♍	♎
20	♓ ab 23.06 ♈	♉	♋	♌	♍ ab 07.03 ♎	♎ ab 01.44 ♏
21	♈	♉ ab 09.57 ♊	♋	♌ ab 14.45 ♍	♎	♏
22	♈	♊	♋ ab 01.04 ♌	♍	♎ ab 19.13 ♏	♏ ab 14.35 ♐
23	♈ ab 01.53 ♉	♊ ab 13.50 ♋	♌	♍	♏	♐
24	♉	♋	♌ ab 09.11 ♍	♍ ab 01.12 ♎	♏	♐
25	♉ ab 04.31 ♊	♋ ab 19.23 ♌	♍	♎	♏ ab 08.02 ♐	♐ ab 02.41 ♑
26	♊	♌	♍ ab 19.11 ♎	♎ ab 13.11 ♏	♐	♑
27	♊ ab 07.42 ♋	♌	♎	♏	♐ ab 20.24 ♑	♑ ab 13.01 ♒
28	♋	♌ ab 02.44 ♍	♎	♏	♑	♒
29	♋ ab 12.11 ♌	♍	♎ ab 06.52 ♏	♏ ab 01.59 ♐	♑	♒ ab 21.10♓
30	♌	♍ ab 12.12 ♎	♏	♐	♑ ab 07.20 ♒	♓
31	♌ ab 18.50 ♍	♎		♐ ab 14.37 ♑		♓

1955

Tag	Januar Mond im	Februar Mond im	März Mond im	April Mond im	Mai Mond im	Juni Mond im
1	♓ ab 02.57 ♈	♉ ab 15.03 ♊	♊	♋ ab 09.21 ♌	♍	♎ ab 21.54 ♏
2	♈	♊	♊ ab 23.40 ♋	♌	♍	♏
3	♈ ab 06.25 ♉	♊ ab 17.37 ♋	♋	♌ ab 15.31 ♍	♍ ab 05.26 ♎	♏
4	♉	♋	♋	♍	♎	♏ ab 10.24 ♐
5	♉ ab 08.05 ♊	♋ ab 20.29 ♌	♋ ab 03..49 ♌	♍ ab 23.34 ♎	♎ ab 16.04 ♏	♐
6	♊	♌	♌	♎	♏	♐ ab 23.21 ♑
7	♊ ab 09.01 ♋	♌	♌ ab 09.09 ♍	♎	♍	♑
8	♋	♌ ab 00.43 ♍	♍	♎ ab 09.38 ♏	♏ ab 04.19 ♐	♑
9	♋ ab 10.42 ♌	♍	♍ ab 16.20 ♎	♏	♐	♑ ab 11.30 ♒
10	♌	♍ ab 07.34 ♎	♎	♏ ab 21.42 ♐	♐ ab 17.19 ♑	♒
11	♌ ab 14.43 ♍	♎	♎	♐	♑	♒ ab 21.32 ♓
12	♍	♎ ab 17.39 ♏	♎ ab 02.05 ♏	♐	♑	♓
13	♍ ab 22.15 ♎	♏	♏	♐ ab 10.41 ♑	♑ ab 05.30 ♒	♓
14	♎	♏	♏ ab 14.14 ♐	♑	♒	♓ ab 04.24 ♈
15	♎	♏ ab 06.08 ♐	♐	♑ ab 22.20 ♒	♒ ab 14.54 ♓	♈
16	♎ ab 09.15 ♏	♐	♐	♒	♓	♈ ab 07.50 ♉
17	♏	♐ ab 18.35 ♑	♐ ab 03.02 ♑	♒	♓ ab 20.21 ♈	♉
18	♏ ab 22.02 ♐	♑	♑	♒ ab 06.29 ♓	♈	♉ ab 08.37 ♊
19	♐	♑	♑ ab 13.47 ♒	♓	♈ ab 22.12 ♉	♊
20	♐	♑ ab 04.33 ♒	♒	♓ ab 10.30 ♈	♉	♊ ab 08.16 ♋
21	♐ ab 10.10 ♑	♒	♒ ab 20.45 ♓	♈	♉ ab 21.57 ♊	♋
22	♑	♒ ab 11.10 ♓	♓	♈ ab 11.30 ♉	♊	♋ ab 08.37 ♌
23	♑ ab 19.59 ♒	♓	♓	♉	♊ ab 21.33 ♋	♌
24	♒	♓ ab 15.06 ♈	♓ ab 00.10 ♈	♉ ab 11.24 ♊	♋	♌ ab 11.27 ♍
25	♒	♈	♈	♊	♋ ab 22.53 ♌	♍
26	♒ ab 03.11 ♓	♈ ab 17.47 ♉	♈ ab 01.32 ♉	♊ ab 12.09 ♋	♌	♍ ab 17.56 ♎
27	♓	♉	♉	♋	♋	♎
28	♓ ab 08.20 ♈	♉ ab 20.24 ♊	♉ ab 02.42 ♊	♋ ab 15.09 ♌	♌ ab 03.16 ♍	♎
29	♈		♊	♌	♍	♎ ab 04.05 ♏
30	♈ ab 12.06 ♉		♊ ab 05.06 ♋	♌ ab 20.58 ♍	♍ ab 11.08 ♎	♏
31	♉		♋		♎	

Tag	Juli Mond im	August Mond im	September Mond im	Oktober Mond im	November Mond im	Dezember Mond im
1	♏ ab 16.34 ♐	♑	♒ ab 16.23 ♓	♓ ab 06.47 ♈	♉ ab 20.23 ♊	♊ ab 06.47 ♋
2	♐	♑ ab 23.52 ♒	♓	♈	♊	♋
3	♐	♒	♓ ab 22.24 ♈	♈ ab 09.52 ♉	♊ ab 21.12 ♋	♋ ab 07.08 ♌
4	♐ ab 05.30 ♑	♒	♈	♉	♋	♌
5	♑	♒ ab 09.04 ♓	♈	♉ ab 12.00 ♊	♋ ab 23.20 ♌	♌ ab 09.50 ♍
6	♑ ab 17.19 ♒	♓	♈ ab 02.37 ♉	♊	♌	♍
7	♒	♓ ab 16.00 ♈	♉	♊ ab 14.23 ♋	♌	♍ ab 15.49 ♎
8	♒	♈	♉ ab 05.59 ♊	♋	♌ ab 03.37 ♍	♎
9	♒ ab 03.09 ♓	♈ ab 21.03 ♉	♊	♋ ab 17.42 ♌	♍	♎
10	♓	♉	♊ ab 09.01 ♋	♌	♍ ab 10.16 ♎	♎ ab 01.00 ♏
11	♓ ab 10.33 ♈	♉	♋	♌ ab 22.12 ♍	♎	♏
12	♈	♉ ab 00.34 ♊	♋ ab 12.02 ♌	♍	♎ ab 19.13 ♏	♏ ab 12.34 ♐
13	♈ ab 15.21 ♉	♊	♌	♍	♏	♐
14	♉	♊ ab 02.51 ♋	♌ ab 15.34 ♍	♍ ab 04.14 ♎	♏	♐
15	♉ ab 17.43 ♊	♋	♍	♎	♏ ab 06.17 ♐	♐ ab 01.24 ♑
16	♊	♋ ab 04.34 ♌	♍ ab 20.36 ♎	♎ ab 12.24 ♏	♐	♑
17	♊ ab 18.30 ♋	♌	♎	♏	♐ ab 18.59 ♑	♑ ab 14.20 ♒
18	♋	♌ ab 06.58 ♍	♎	♏ ab 23.08 ♐	♑	♒
19	♋ ab 19.04 ♌	♍	♎ ab 04.19 ♏	♐	♑	♒
20	♌	♍ ab 11.34 ♎	♏	♐	♑ ab 07.59 ♒	♒ ab 02.02 ♓
21	♌ ab 21.07 ♍	♎	♏ ab 15.12 ♐	♐ ab 11.52 ♑	♒	♓
22	♍	♎ ab 19.38 ♏	♐	♑	♒ ab 19.11 ♓	♓ ab 11.06 ♈
23	♍	♏	♐	♑	♓	♈
24	♍ ab 02.16 ♎	♏	♐ ab 04.01 ♑	♑ ab 00.33 ♒	♓	♈ ab 16.33 ♉
25	♎	♏ ab 07.04 ♐	♑	♒	♓ ab 02.48 ♈	♉
26	♎ ab 11.19 ♏	♐	♑ ab 16.08 ♒	♒ ab 10.38 ♓	♈	♉ ab 18.33 ♊
27	♏	♐ ab 19.57 ♑	♒	♓	♈ ab 06.27 ♉	♊
28	♏ ab 23.24 ♐	♑	♒	♓ ab 16.46 ♈	♉	♊ ab 18.18 ♋
29	♐	♑	♐ ab 01.13 ♓	♈	♉ ab 07.11 ♊	♋
30	♐	♑ ab 07.36 ♒	♓	♈ ab 19.30 ♉	♊	♋ ab 17.37 ♌
31	♐ ab 12.19 ♑	♒		♉		♌

1956

	Januar	Februar	März	April	Mai	Juni
Tag	Mond im	Mond im	Mond im	Mond im	Mond im	Mond im
1	♌ ab 18.31 ♍	♎	♏	♐	♑	♓
2	♍	♎ ab 14.34 ♏	♏	♐ ab 05.38 ♑	♑ ab 02.28 ♒	♓
3	♍ ab 22.44 ♎	♏	♏ ab 0910 ♐	♑	♒	♓ ab 08.05 ♈
4	♎	♏	♐	♑ ab 18.25 ♒	♒ ab 14.16 ♓	♈
5	♎	♏ ab 01.13 ♐	♐ ab 21.33 ♑	♒	♓	♈ ab 14.22 ♉
6	♎ ab 07.00 ♏	♐	♑	♒	♓ ab 23.06 ♈	♉
7	♏	♐ ab 14.09 ♑	♑	♒ ab 05.38 ♓	♈	♉ ab 17.10 ♊
8	♏ ab 18.33 ♐	♑	♑ ab 10.20 ♒	♓	♈	♊
9	♐	♑	♒	♓ ab 13.47 ♈	♈ ab 04.24 ♉	♊ ab 17.42 ♋
10	♐	♑ ab 02.52 ♒	♒ ab 21.12 ♓	♈	♉	♋
11	♐ ab 07.34 ♑	♒	♓	♈ ab 19.04 ♉	♉ ab 07.01 ♊	♋ ab 17.45 ♌
12	♑	♒ ab 13.52 ♓	♓	♉	♊	♌
13	♑ ab 20.20 ♒	♓	♓ ab 05.27 ♈	♉ ab 22.31 ♊	♊ ab 08.21 ♋	♌ ab 19.04 ♍
14	♒	♓ ab 22.49 ♈	♈	♊	♋	♍
15	♒	♈	♈ ab 11.32 ♉	♊	♋ ab 09.52 ♌	♍ ab 22.59 ♎
16	♒ ab 07.48 ♓	♈	♉	♊ ab 01.15 ♋	♌	♎
17	♓	♈ ab 05.49 ♉	♉ ab 16.12 ♊	♋	♌ ab 12.40 ♍	♎
18	♓ ab 17.18 ♈	♉	♊	♋ ab 04.01 ♌	♍	♎ ab 06.03 ♏
19	♈	♉ ab 10.51 ♊	♊ ab 19.48 ♋	♌	♍ ab 17.26 ♎	♏
20	♈	♊	♋	♌ ab 07.17 ♍	♎	♏ ab 15.56 ♐
21	♈ ab 00.12 ♉	♊ ab 13.50 ♋	♋ ab 22.31 ♌	♍	♎	♐
22	♉	♋	♌	♍ ab 11.37 ♎	♎ ab 00.27 ♏	♐
23	♉ ab 04.06 ♊	♋ ab 15.11 ♌	♌	♎	♏	♐ ab 03.43 ♑
24	♊	♌	♌ ab 00.53 ♍	♎ ab 17.45 ♏	♏ ab 09.47 ♐	♑
25	♊ ab 05.20 ♋	♌ ab 16.05 ♍	♍	♏	♐	♑ ab 16.26 ♒
26	♋	♍	♍ ab 04.00 ♎	♏	♐ ab 21.12 ♑	♒
27	♋ ab 05.07 ♌	♍ ab 18.21 ♎	♎	♏ ab 02.26 ♐	♑	♒
28	♌	♎	♎ ab 09.19 ♏	♐	♑	♒ ab 04.55 ♓
29	♌ ab 05.18 ♍	♎ ab 23.45 ♏	♏	♐ ab 13.45 ♑	♑ ab 09.52 ♒	♓
30	♍		♏ ab 17.56 ♐	♑	♒	♓ ab 15.43 ♈
31	♍ ab 07.56 ♎		♐		♒ ab 22.10 ♓	

	Juli	August	September	Oktober	November	Dezember
Tag	Mond im	Mond im	Mond im	Mond im	Mond im	Mond im
1	♈	♉ ab 12.16 ♊	♋	♌ ab 09.25 ♍	♎ ab 23.25 ♏	♏ ab 13.59 ♐
2	♈ ab 23.26 ♉	♊	♋ ab 00.14 ♌	♍	♏	♐
3	♉	♊ ab 14.33 ♋	♌	♍ ab 11.02 ♎	♏	♐ ab 23.36 ♑
4	♉	♋	♌ ab 00.21 ♍	♎	♏ ab 05.57 ♐	♑
5	♉ ab 03.26 ♊	♋ ab 14.27 ♌	♍	♎ ab 14.19 ♏	♐	♑
6	♊	♌	♍ ab 01.05 ♎	♏	♐ ab 15.24 ♑	♑ ab 11.17 ♒
7	♊ ab 04.20 ♋	♌ ab 13.50 ♍	♎	♏ ab 20.46 ♐	♑	♒
8	♋	♍	♎ ab 04.27 ♏	♐	♑	♒ ab 23.57 ♓
9	♋ ab 03.42 ♌	♍ ab 14.51 ♎	♏	♐	♑ ab 03.20 ♒	♓
10	♌	♎	♏ ab 11.46 ♐	♐ ab 06.48 ♑	♒	♓
11	♌ ab 03.35 ♍	♎ ab 19.21 ♏	♐	♑	♒ ab 15.51 ♓	♓ ab 11.37 ♈
12	♍	♏	♐ ab 22.46 ♑	♑ ab 19.10 ♒	♓	♈
13	♍ ab 05.55 ♎	♏	♑	♒	♓	♈ ab 20.16 ♉
14	♎	♏ ab 04.00 ♐	♑	♒	♓ ab 02.37 ♈	♉
15	♎ ab 11.57 ♏	♐	♑ ab 11.28 ♒	♒ ab 07.25 ♓	♈	♉
16	♏	♐ ab 15.48 ♑	♒	♓	♈ ab 10.13 ♉	♉ ab 01.07 ♊
17	♏ ab 21.38 ♐	♑	♒ ab 23.34 ♓	♓ ab 17.36 ♈	♉	♊
18	♐	♑	♓	♈	♉ ab 14.45 ♊	♊ ab 02.52 ♋
19	♐	♑ ab 04.38 ♒	♓	♈	♊	♋
20	♐ ab 09.41 ♑	♒	♓ ab 09.48 ♈	♈ ab 01.08 ♉	♊ ab 17.18 ♋	♋ ab 03.12 ♌
21	♑	♒ ab 16.48 ♓	♈	♉	♋	♌
22	♑ ab 22.29 ♒	♓	♈ ab 18.01 ♉	♉ ab 06.29 ♊	♋ ab 19.10 ♌	♌ ab 03.56 ♍
23	♒	♓	♉	♊	♌	♍
24	♒	♓ ab 03.30 ♈	♉	♊ ab 10.24 ♋	♌ ab 21.32 ♍	♍ ab 06.39 ♎
25	♒ ab 10.51 ♓	♈	♉ ab 00.25 ♊	♋	♍	♎
26	♓	♈ ab 12.24 ♉	♊	♋ ab 13.27 ♌	♍	♎ ab 12.09 ♏
27	♓ ab 21.54 ♈	♉	♊ ab 05.00 ♋	♌	♍ ab 01.11 ♎	♏
28	♈	♉ ab 19.00 ♊	♋	♌ ab 16.10 ♍	♎	♏ ab 20.20 ♐
29	♈	♊	♋ ab 07.49 ♌	♍	♎ ab 06.35 ♏	♐
30	♈ ab 06.41 ♉	♊ ab 22.52 ♋	♌	♍ ab 19.10 ♎	♏	♐
31	♉	♋		♎		♐ ab 06.37 ♑

1957

	Januar	Februar	März	April	Mai	Juni
Tag	Mond im	Mond im	Mond im	Mond im	Mond im	Mond im
1	♑	♒ ab 13.21 ♓	♓	♈	♉ ab 14.47 ♊	♋
2	♑ ab 18.25 ♒	♓	♓	♈ ab 00.11 ♉	♊	♋ ab 05.46 ♌
3	♒	♓	♓ ab 07.31 ♈	♉	♊ ab 20.09 ♋	♌
4	♒	♓ ab 01.42 ♈	♈	♉ ab 08.31 ♊	♋	♌ ab 08.00 ♍
5	♒ ab 07.05 ♓	♈	♈ ab 18.21 ♉	♊	♋ ab 23.54 ♌	♍
6	♓	♈ ab 12.38 ♉	♉	♊ ab 14.38 ♋	♌	♍ ab 10.46 ♎
7	♓ ab 19.23 ♈	♉	♉	♋	♌	♎
8	♈	♉ ab 20.35 ♊	♉ ab 03.04 ♊	♋ ab 18.25 ♌	♌ ab 02.37 ♍	♎ ab 14.41 ♏
9	♈	♊	♊	♌	♍	♏
10	♈ ab 05.27 ♉	♊	♊ ab 08.45 ♋	♌ ab 20.13 ♍	♍ ab 04.58 ♎	♏ ab 20.10 ♐
11	♉	♊ ab 00.39 ♋	♋	♍	♎	♐
12	♉ ab 11.44 ♊	♋	♋ ab 11.12 ♌	♍ ab 21.09 ♎	♎ ab 07.49 ♏	♐
13	♊	♋ ab 01.19 ♌	♌	♎	♏	♐ ab 03.37 ♑
14	♊ ab 14.06 ♋	♌	♌ ab 11.20 ♍	♎ ab 22.46 ♏	♏ ab 12.14 ♐	♑
15	♋	♌ ab 00.17 ♍	♍	♏	♐	♑ ab 13.24 ♒
16	♋ ab 13.51 ♌	♍ ab 23.50 ♎	♍ ab 10.59 ♎	♏	♐ ab 19.14 ♑	♒
17	♌	♎	♎	♏ ab 02.43 ♐	♑	♒
18	♌ ab 13.04 ♍	♎	♎ ab 12.15 ♏	♐	♑	♒ ab 01.15 ♓
19	♍	♎ ab 02.06 ♏	♏	♐ ab 10.09 ♑	♑ ab 05.13 ♒	♓
20	♍ ab 13.55 ♎	♏	♏ ab 16.54 ♐	♑	♒	♓ ab 13.46 ♈
21	♎	♏ ab 08.23 ♐	♐	♑ ab 20.54 ♒	♒ ab 17.21 ♓	♈
22	♎ ab 18.03 ♏	♐	♐	♒	♓	♈
23	♏	♐ ab 18.27 ♑	♐ ab 01.35 ♑	♒	♓	♈ ab 00.39 ♉
24	♏	♑	♑	♒ ab 09.23 ♓	♓ ab 05.34 ♈	♉
25	♏ ab 01.52 ♐	♑	♑ ab 13.18 ♒	♓	♈	♉ ab 08.07 ♊
26	♐	♑ ab 06.43 ♒	♒	♓ ab 21.22 ♈	♈ ab 15.43 ♉	♊
27	♐ ab 12.33 ♑	♒	♒	♈	♉	♊ ab 12.01 ♋
28	♑	♒ ab 19.25 ♓	♒ ab 02.00 ♓	♈	♉ ab 22.47 ♊	♋
29	♑		♓	♈ ab 07.18 ♉	♊	♋ ab 13.31 ♌
30	♑ ab 00.42 ♒		♓ ab 13.55 ♈	♉	♊	♌
31	♒		♈		♊ ab 03.06 ♋	

	Juli	August	September	Oktober	November	Dezember
Tag	Mond im	Mond im	Mond im	Mond im	Mond im	Mond im
1	♌ ab 14.24 ♍	♎	♐	♑	♒ ab 10.19 ♓	♓ ab 06.57 ♈
2	♍	♎ ab 02.01 ♏	♐ ab 22.06 ♑	♑ ab 15.04 ♒	♓	♈
3	♍ ab 16.17 ♎	♏	♑	♒	♓ ab 23.00 ♈	♈ ab 18.48 ♉
4	♎	♏ ab 07.48 ♐	♑	♒	♈	♉
5	♎ ab 20.10 ♏	♐	♑ ab 08.50 ♒	♒ ab 03.18 ♓	♈	♉
6	♏	♐ ab 16.24 ♑	♒	♓	♈ ab 10.38 ♉	♉ ab 04.01 ♊
7	♏	♑	♒ ab 21.04 ♓	♓ ab 15.57 ♈	♉	♊
8	♏ ab 02.21 ♐	♑	♓	♈	♉ ab 20.09 ♊	♊ ab 10.16 ♋
9	♐	♑ ab 03.02 ♒	♓	♈	♊	♋
10	♐ ab 10.35 ♑	♒	♓ ab 09.45 ♈	♈ ab 03.48 ♉	♊	♋ ab 14.24 ♌
11	♑	♒ ab 15.02 ♓	♈	♉	♊ ab 03.24 ♋	♌
12	♑ ab 20.43 ♒	♓	♈ ab 21.56 ♉	♉ ab 14.01 ♊	♋	♌ ab 17.29 ♍
13	♒	♓	♉	♊	♋ ab 08.37 ♌	♍
14	♒	♓ ab 03.48 ♈	♉	♊ ab 21.55 ♋	♌	♍ ab 20.23 ♎
15	♒ ab 08.33 ♓	♈	♉ ab 08.27 ♊	♋	♌ ab 12.07 ♍	♎
16	♓	♈ ab 16.01 ♉	♊	♋	♍	♎ ab 23.36 ♏
17	♓ ab 21.15 ♈	♉	♊ ab 15.50 ♋	♋ ab 03.00 ♌	♍ ab 14.26 ♎	♏
18	♈	♉	♋	♌	♎	♏
19	♈	♉ ab 01.52 ♊	♋ ab 19.31 ♌	♌ ab 05.24 ♍	♎ ab 16.18 ♏	♏ ab 03.31 ♐
20	♈ ab 08.58 ♉	♊	♌	♍	♏	♐
21	♉	♊ ab 07.49 ♋	♌ ab 20.12 ♍	♍ ab 06.04 ♎	♏ ab 18.52 ♐	♐ ab 08.47 ♑
22	♉ ab 17.34 ♊	♋	♍	♎	♐	♑
23	♊	♋ ab 09.51 ♌	♍ ab 19.33 ♎	♎ ab 06.31 ♏	♐ ab 23.30 ♑	♑ ab 16.19 ♒
24	♊ ab 22.05 ♋	♌	♎	♏	♑	♒
25	♋	♌ ab 09.26 ♍	♎ ab 19.41 ♏	♏ ab 08.34 ♐	♑	♒
26	♋ ab 23.17 ♌	♍	♏	♐	♑ ab 07.17 ♒	♒ ab 02.41 ♓
27	♌	♍ ab 08.42 ♎	♏ ab 22.28 ♐	♐ ab 13.41 ♑	♒	♓
28	♌ ab 23.00 ♍	♎	♐	♑	♒ ab 18.16 ♓	♓ ab 15.13 ♈
29	♍	♎ ab 09.48 ♏	♐	♑ ab 22.33 ♒	♓	♈
30	♍ ab 23.20 ♎	♏	♐ ab 05.00 ♑	♒	♓	♈
31	♎	♏ ab 14.08 ♐		♒		♈ ab 03.38 ♉

1958

Tag	Januar Mond im	Februar Mond im	März Mond im	April Mond im	Mai Mond im	Juni Mond im
1	♉	♊ ab 05.41 ♋	♋	♌ ab 07.01 ♍	♎	♏ ab 03.54 ♏
2	♉ ab 13.22 ♊	♋	♋ ab 19.27 ♌	♍	♎ ab 17.15 ♎	♐
3	♊	♋ ab 08.38 ♌	♌	♍ ab 06.54 ♎	♏	♐ ab 06.23 ♐
4	♊ ab 19.22 ♋	♌	♌ ab 20.15 ♍	♎	♏ ab 17.44 ♏	♑
5	♋	♌ ab 09.11 ♍	♍	♎ ab 06.17 ♏	♐	♑ ab 11.34 ♑
6	♋ ab 22.22 ♌	♍	♍ ab 19.36 ♎	♏	♐ ab 20.21 ♐	♒
7	♌	♍ ab 09.24 ♎	♎	♏ ab 07.07 ♐	♑	♒ ab 20.24 ♒
8	♌ ab 23.59 ♍	♎	♎ ab 19.35 ♏	♐	♑	♓
9	♍	♎ ab 11.04 ♏	♏	♐ ab 11.01 ♑	♑ ab 02.30 ♑	♓
10	♍	♏	♏ ab 21.57 ♐	♑	♒	♓ ab 08.21 ♈
11	♍ ab 01.52 ♎	♏ ab 15.12 ♐	♐	♑ ab 18.42 ♒	♒ ab 12.27 ♒	♈
12	♎	♐	♐	♒	♓	♈ ab 21.13 ♉
13	♎ ab 05.03 ♏	♐ ab 21.56 ♑	♐ ab 03.37 ♑	♒	♓	♉
14	♏	♑	♑	♒ ab 05.39 ♓	♓ ab 00.58 ♓	♉
15	♏ ab 09.50 ♐	♑	♑ ab 12.28 ♒	♓	♈	♉ ab 08.31 ♊
16	♐	♑ ab 06.52 ♒	♒	♓ ab 18.23 ♈	♈ ab 13.50 ♈	♊
17	♐ ab 16.13 ♑	♒	♒ ab 23.42 ♓	♈	♉	♊ ab 17.04 ♋
18	♑	♒ ab 17.40 ♓	♓	♈	♉	♋
19	♑	♓	♓	♈ ab 07.17 ♉	♉ ab 01.14 ♉	♋ ab 23.04 ♌
20	♑ ab 00.23 ♒	♓	♓ ab 12.17 ♈	♉	♊	♌
21	♒	♓ ab 06.02 ♈	♈	♉ ab 19.03 ♊	♊ ab 10.23 ♊	♌
22	♒ ab 10.42 ♓	♈	♈	♊	♋	♌ ab 03.23 ♍
23	♓	♈ ab 19.05 ♉	♈ ab 01.16 ♉	♊	♋ ab 17.15 ♋	♍
24	♓ ab 23.03 ♈	♉	♉	♊ ab 04.47 ♋	♌	♍ ab 06.43 ♎
25	♈	♉	♉ ab 13.20 ♊	♋	♌ ab 22.00 ♌	♎
26	♈	♉ ab 06.53 ♊	♊	♋ ab 11.44 ♌	♍	♎ ab 09.31 ♏
27	♈ ab 11.57 ♉	♊	♊ ab 22.53 ♋	♌	♍	♏
28	♉	♊ ab 15.17 ♋	♋	♌ ab 15.41 ♍	♍ ab 00.56 ♍	♏ ab 12.12 ♐
29	♉ ab 22.48 ♊		♋	♍	♎	♐
30	♊		♋ ab 04.46 ♌	♍ ab 17.07 ♎	♎ ab 02.34 ♎	♐ ab 15.33 ♑
31	♊		♌		♏	

Tag	Juli Mond im	August Mond im	September Mond im	Oktober Mond im	November Mond im	Dezember Mond im
1	♑	♒ ab 13.12 ♓	♈	♉	♊ ab 09.09 ♋	♌
2	♑ ab 20.45 ♒	♓	♈ ab 20.24 ♉	♉ ab 15.51 ♊	♋	♌
3	♒	♓	♉	♊	♋ ab 18.08 ♌	♌ ab 06.18 ♍
4	♒	♓ ab 00.15 ♈	♉	♊	♌	♍
5	♒ ab 04.57 ♓	♈	♉ ab 09.07 ♊	♊ ab 03.01 ♋	♌ ab 23.46 ♍	♍ ab 10.31 ♎
6	♓	♈ ab 13.05 ♉	♊	♋	♍	♎
7	♓ ab 16.18 ♈	♉	♊ ab 19.23 ♋	♋ ab 10.51 ♌	♍	♎ ab 12.29 ♏
8	♈	♉	♋	♌	♍ ab 02.17 ♎	♏
9	♈	♉ ab 01.17 ♊	♋	♌ ab 14.50 ♍	♎	♏ ab 13.02 ♐
10	♈ ab 05.10 ♉	♊	♋ ab 01.42 ♌	♍	♎ ab 02.30 ♏	♐
11	♉	♊ ab 10.26 ♋	♌	♍ ab 15.44 ♎	♏	♐ ab 13.47 ♑
12	♉ ab 16.47 ♊	♋	♌ ab 04.20 ♍	♎	♏ ab 02.03 ♐	♑
13	♊	♋ ab 15.44 ♌	♍	♎ ab 15.12 ♏	♐	♑ ab 16.38 ♒
14	♊	♌	♍ ab 04.45 ♎	♏	♐ ab 02.55 ♑	♒
15	♊ ab 01.16 ♋	♌ ab 18.07 ♍	♎	♏ ab 15.09 ♐	♑	♒ ab 23.12 ♓
16	♋	♍	♎ ab 04.50 ♏	♐	♑ ab 06.53 ♒	♓
17	♋ ab 06.31 ♌	♍ ab 19.17 ♎	♏	♐ ab 17.23 ♑	♒	♓
18	♌	♎	♏ ab 06.17 ♐	♑	♒ ab 14.57 ♓	♓ ab 09.46 ♈
19	♌ ab 09.42 ♍	♎ ab 20.50 ♏	♐	♑ ab 23.04 ♒	♓	♈
20	♍	♏	♐ ab 10.13 ♑	♒	♓	♈ ab 22.38 ♉
21	♍ ab 12.12 ♎	♏ ab 23.48 ♐	♑	♒	♓ ab 02.29 ♈	♉
22	♎	♐	♑ ab 17.04 ♒	♒ ab 08.20 ♓	♈	♉
23	♎ ab 14.58 ♏	♐	♒	♓	♈ ab 15.31 ♉	♉ ab 11.09 ♊
24	♏	♐ ab 04.39 ♑	♒	♓ ab 20.11 ♈	♉	♊
25	♏ ab 18.26 ♐	♑	♒ ab 02.34 ♓	♈	♉	♊ ab 21.33 ♋
26	♐	♑ ab 11.28 ♒	♓	♈	♉ ab 04.01 ♊	♋
27	♐ ab 22.53 ♑	♒	♓ ab 14.08 ♈	♈ ab 09.08 ♉	♊	♋
28	♑	♒ ab 20.25 ♓	♈	♉	♊ ab 14.52 ♋	♋ ab 05.34 ♌
29	♑	♓	♈	♉ ab 21.50 ♊	♋	♌
30	♑ ab 04.53 ♒	♓	♈ ab 02.58 ♉	♊	♋ ab 23.41 ♌	♌ ab 11.41 ♍
31	♒	♓ ab 07.36 ♈		♊		♍

1959

Tag	Januar Mond im	Februar Mond im	März Mond im	April Mond im	Mai Mond im	Juni Mond im
1	♍ ab 16.22 ♎	♏	♏ ab 09.33 ♐	♑ ab 23.42 ♒	♒ ab 12.59 ♓	♈
2	♎	♏ ab 04.11 ♐	♐	♒	♓	♈ ab 17.37 ♉
3	♎ ab 19.42 ♏	♐	♐ ab 13.06 ♑	♒	♓ ab 23.19 ♈	♉
4	♏	♐ ab 07.29 ♑	♑	♒ ab 07.23 ♓	♈	♉
5	♏ ab 21.56 ♐	♑	♑ ab 18.17 ♒	♓	♈	♉ ab 06.36 ♊
6	♐	♑ ab 11.41 ♒	♒	♓ ab 17.33 ♈	♈ ab 11.39 ♉	♊
7	♐ ab 23.50 ♑	♒	♒	♈	♉	♊ ab 18.44 ♋
8	♑	♒ ab 17.51 ♓	♒ ab 01.26 ♓	♈	♉	♋
9	♑	♓	♓	♈ ab 05.32 ♉	♉ ab 00.35 ♊	♋
10	♑ ab 02.52 ♒	♓	♓ ab 10.54 ♈	♉	♊	♋ ab 05.19 ♌
11	♒	♓ ab 02.55 ♈	♈	♉ ab 18.25 ♊	♊ ab 12.57 ♋	♌
12	♒ ab 08.40 ♓	♈	♈ ab 22.37 ♉	♊	♋	♌ ab 13.51 ♍
13	♓	♈ ab 14.48 ♉	♉	♊	♋ ab 23.41 ♌	♍
14	♓ ab 18.10 ♈	♉	♉	♊ ab 06.48 ♋	♌	♍ ab 19.42 ♎
15	♈	♉	♉ ab 11.31 ♊	♋	♌	♎
16	♈	♉ ab 03.40 ♊	♊	♋ ab 16.55 ♌	♌ ab 07.38 ♍	♎ ab 22.39 ♏
17	♈ ab 06.33 ♉	♊	♊ ab 23.28 ♋	♌	♍	♏
18	♉	♊ ab 14.51 ♋	♋	♌ ab 23.28 ♍	♍ ab 12.07 ♎	♏ ab 23.15 ♐
19	♉ ab 19.16 ♊	♋	♋	♍	♎	♐
20	♊	♋ ab 22.38 ♌	♋ ab 08.23 ♌	♍	♎ ab 13.25 ♏	♐ ab 23.02 ♑
21	♊	♌	♌	♍ ab 02.19 ♎	♏	♑
22	♊ ab 05.47 ♋	♌	♌ ab 13.28 ♍	♎	♏ ab 12.51 ♐	♑
23	♋	♌ ab 03.06 ♍	♍	♎ ab 02.34 ♏	♐	♑ ab 00.01 ♒
24	♋ ab 13.14 ♌	♍	♍ ab 15.27 ♎	♏	♐ ab 12.24 ♑	♒
25	♌	♍ ab 05.29 ♎	♎	♏ ab 01.59 ♐	♑	♒ ab 04.10 ♓
26	♌ ab 18.14 ♍	♎	♎ ab 15.54 ♏	♐	♑ ab 14.10♒	♓
27	♍	♎ ab 07.15 ♏	♏	♐ ab 02.33 ♑	♒	♓ ab 12.28 ♈
28	♍ ab 21.55 ♎	♏	♏ ab 16.32 ♐	♑	♒ ab 19.43 ♓	♈
29	♎		♐	♑ ab 05.56 ♒	♓	♈
30	♎		♐ ab 18.49 ♑	♒	♓	♈ ab 00.11 ♉
31	♎ ab 01.06 ♏		♑		♓ ab 05.19 ♈	

Tag	Juli Mond im	August Mond im	September Mond im	Oktober Mond im	November Mond im	Dezember Mond im
1	♉	♊ ab 08.24 ♋	♌	♍ ab 23.09 ♎	♏	♐ ab 21.11 ♑
2	♉ ab 13.06 ♊	♋	♌ ab 09.31 ♍	♎	♏ ab 11.02 ♐	♑
3	♊	♋ ab 18.10 ♌	♍	♎	♐	♑ ab 21.35 ♒
4	♊	♌	♍ ab 13.57 ♎	♎ ab 00.54 ♏	♐ ab 11.05 ♑	♒
5	♊ ab 01.04 ♋	♌	♎	♏	♑	♒
6	♋	♌ ab 01.30 ♍	♎ ab 16.53 ♏	♏ ab 01.55 ♐	♑ ab 13.14 ♒	♒ ab 01.17 ♓
7	♋ ab 11.08 ♌	♍	♏	♐	♒	♓
8	♌	♍ ab 06.57 ♎	♏ ab 19.21 ♐	♐ ab 03.39 ♑	♒ ab 18.36 ♓	♓ ab 09.00 ♈
9	♌ ab 19.16 ♍	♎	♐	♑	♓	♈
10	♍	♎ ab 11.00 ♏	♐ ab 22.05 ♑	♑ ab 07.13 ♒	♓	♈ ab 19.58 ♉
11	♍	♏	♑	♒	♓ ab 03.10 ♈	♉
12	♍ ab 01.27 ♎	♏ ab 13.59 ♐	♑	♒ ab 13.06 ♓	♈	♉
13	♎	♐	♑ ab 01.44 ♒	♓	♈ ab 14.05 ♉	♉ ab 08.25 ♊
14	♎ ab 05.34 ♏	♐ ab 16.19 ♑	♒	♓ ab 21.20 ♈	♉	♊
15	♏	♑	♒ ab 06.54 ♓	♈	♉	♊ ab 21.01 ♋
16	♏ ab 07.42 ♐	♑ ab 18.54 ♒	♓	♈	♉ ab 02.17 ♊	♋
17	♐	♒	♓ ab 14.17 ♈	♈ ab 07.40 ♉	♊	♋
18	♐ ab 08.42 ♑	♒ ab 23.00 ♓	♈	♉	♊ ab 14.57 ♋	♋ ab 08.58 ♌
19	♑	♓	♈	♉ ab 19.40 ♊	♋	♌
20	♑ ab 10.05 ♒	♓	♈ ab 00.13 ♉	♊	♋	♌ ab 19.30 ♍
21	♒	♓ ab 05.52 ♈	♉	♊	♋ ab 03.04 ♌	♍
22	♒ ab 13.41 ♓	♈	♉ ab 12.16 ♊	♊ ab 08.23 ♋	♌	♍
23	♓	♈ ab 15.59 ♉	♊	♋	♌ ab 13.08 ♍	♍ ab 03.29 ♎
24	♓ ab 20.54 ♈	♉	♊	♋ ab 20.04 ♌	♍	♎
25	♈	♉	♊ ab 00.50 ♋	♌	♍ ab 19.42 ♎	♎ ab 08.01 ♏
26	♈	♉ ab 04.19 ♊	♋	♌	♎	♏
27	♈ ab 07.44 ♉	♊	♋ ab 11.37 ♌	♌ ab 04.49 ♍	♎ ab 22.22 ♏	♏ ab 09.16 ♐
28	♉	♊ ab 16.34 ♋	♌	♍	♏	♐
29	♉ ab 20.24 ♊	♋	♌ ab 19.04 ♍	♍ ab 09.42 ♎	♏ ab 22.12 ♐	♐ ab 08.38 ♑
30	♊	♋	♍	♎	♐	♑
31	♊	♋ ab 02.34 ♌		♎ ab 11.14 ♏		♑ ab 08.15 ♒

1960

Tag	Januar Mond im	Februar Mond im	März Mond im	April Mond im	Mai Mond im	Juni Mond im
1	♒	♓ ab 01.40 ♈	♈ ab 19.19 ♉	♊	♋	♌ ab 17.38 ♍
2	♒ ab 10.19 ♓	♈	♉	♊	♋ ab 22.59 ♌	♍
3	♓	♈ ab 10.17 ♉	♉	♊ ab 02.46 ♋	♌	♍
4	♓ ab 16.22 ♈	♉	♉ ab 06.08 ♊	♋	♌	♍ ab 02.32 ♎
5	♈	♉ ab 21.59 ♊	♊	♋ ab 15.01 ♌	♌ ab 09.59 ♍	♎
6	♈	♊	♊ ab 18.37 ♋	♌	♍	♎ ab 07.20 ♏
7	♈ ab 02.23 ♉	♊	♋	♌	♍ ab 17.31 ♎	♏
8	♉	♊ ab 10.38 ♋	♋	♋ ab 01.02 ♍	♎	♏ ab 08.31 ♐
9	♉ ab 14.46 ♊	♋	♋ ab 06.25 ♌	♍	♎ ab 21.07 ♏	♐
10	♊	♋ ab 22.09 ♌	♌	♍ ab 07.36 ♎	♏	♐ ab 07.48 ♑
11	♊	♌	♌ ab 15.48 ♍	♎	♏ ab 21.56 ♐	♑
12	♊ ab 03.24 ♋	♌	♍	♎ ab 11.02 ♏	♐	♑ ab 07.23 ♒
13	♋	♌ ab 07.35 ♍	♍ ab 22.20 ♎	♏	♐ ab 21.51 ♑	♒
14	♋ ab 15.00 ♌	♍	♎	♏ ab 12.38 ♐	♑	♒ ab 09.18 ♓
15	♌	♍ ab 14.56 ♎	♎	♐	♑ ab 22.52 ♒	♓
16	♌	♎	♎ ab 02.38 ♏	♐ ab 14.01 ♑	♒	♓ ab 14.43 ♈
17	♌ ab 01.04 ♍	♎ ab 20.24 ♏	♏	♑	♒	♈
18	♍	♏	♏ ab 05.38 ♐	♑ ab 16.32 ♒	♒ ab 02.24 ♓	♈ ab 23.34 ♉
19	♍ ab 09.15 ♎	♏	♐	♒	♓	♉
20	♎	♏ ab 00.12 ♐	♐ ab 08.15 ♑	♒ ab 20.56 ♓	♓ ab 08.56 ♈	♉
21	♎ ab 15.00 ♏	♐	♑	♓	♈	♉ ab 10.46 ♊
22	♏	♐ ab 02.40 ♑	♑ ab 11.10 ♒	♓	♈ ab 18.00 ♉	♊
23	♏ ab 18.03 ♐	♑	♒	♓ ab 03.23 ♈	♉	♊ ab 23.10 ♋
24	♐	♑ ab 04.33 ♒	♒ ab 15.02 ♓	♈	♉	♋
25	♐ ab 19.00 ♑	♒	♓	♈ ab 11.51 ♉	♉ ab 04.55 ♊	♋
26	♑	♒ ab 07.04 ♓	♓ ab 20.30 ♈	♉	♊	♋ ab 11.52 ♌
27	♑ ab 19.19 ♒	♓	♈	♉ ab 22.17 ♊	♊ ab 17.07 ♋	♌
28	♒	♓ ab 11.38 ♈	♈	♊	♋	♌ ab 23.53 ♍
29	♒ ab 20.57 ♓	♈	♈ ab 04.14 ♉	♊	♋	♍
30	♓		♉	♊ ab 10.23 ♋	♋ ab 05.51 ♌	♍
31	♓		♉ ab 14.32 ♊		♌	

Tag	Juli Mond im	August Mond im	September Mond im	Oktober Mond im	November Mond im	Dezember Mond im
1	♍ ab 09.47 ♎	♏	♑	♒ ab 23.15 ♓	♈	♉
2	♎	♏ ab 03.05 ♐	♑ ab 13.36 ♒	♓	♈ ab 16.28 ♉	♉ ab 08.01 ♊
3	♎ ab 16.09 ♏	♐	♒	♓	♉	♊
4	♏	♐ ab 04.26 ♑	♒ ab 14.51 ♓	♓ ab 02.47 ♈	♉	♊ ab 18.53 ♋
5	♏ ab 18.43 ♐	♑	♓	♈	♉ ab 00.45 ♊	♋
6	♐	♑ ab 04.21 ♒	♓ ab 17.26 ♈	♈ ab 08.09 ♉	♊	♋
7	♐ ab 18.35 ♑	♒	♈	♉	♊ ab 11.26 ♋	♋ ab 07.22 ♌
8	♑	♒ ab 04.43 ♓	♈ ab 22.45 ♉	♉ ab 16.17 ♊	♋	♌
9	♑ ab 17.43 ♒	♓	♉	♊	♋	♌ ab 20.14 ♍
10	♒	♓ ab 07.22 ♈	♉	♊	♌	♍
11	♒ ab 18.19 ♓	♈	♉ ab 07.32 ♊	♊ ab 03.19 ♋	♌	♍
12	♓	♈ ab 13.36 ♉	♊	♋	♌ ab 12.24 ♍	♍ ab 07.11 ♎
13	♓ ab 22.07 ♈	♉	♊ ab 19.11 ♋	♋ ab 15.55 ♌	♍	♎
14	♈	♉ ab 23.30 ♊	♋	♌	♍ ab 22.08 ♎	♎ ab 14.14 ♏
15	♈	♊	♋	♌	♎	♏
16	♈ ab 05.49 ♉	♊	♋ ab 07.47 ♌	♌ ab 03.41 ♍	♎	♏ ab 17.07 ♐
17	♉	♊ ab 11.43 ♋	♌	♍	♎ ab 03.54 ♏	♐
18	♉ ab 16.41 ♊	♋	♌ ab 19.07 ♍	♍ ab 12.33 ♎	♏	♐ ab 17.17 ♑
19	♊	♋	♍	♎	♏ ab 06.17 ♐	♑
20	♊	♋ ab 00.18 ♌	♍	♎ ab 18.06 ♏	♐	♑ ab 16.49 ♒
21	♊ ab 05.09 ♋	♌	♍ ab 03.59 ♎	♏	♐ ab 07.03 ♑	♒
22	♋	♌ ab 11.42 ♍	♎	♏ ab 21.16 ♐	♑	♒ ab 17.48 ♓
23	♋ ab 17.46 ♌	♍	♎ ab 10.18 ♏	♐	♑ ab 08.05 ♒	♓
24	♌	♍ ab 21.20 ♎	♏	♐ ab 23.29 ♑	♒	♓ ab 21.35 ♈
25	♌	♎	♏ ab 14.42 ♐	♑	♒ ab 10.50 ♓	♈
26	♌ ab 05.32 ♍	♎	♐	♑	♓	♈
27	♍	♎ ab 04.24 ♏	♐ ab 17.54 ♑	♑ ab 01.58 ♒	♓ ab 15.51 ♈	♈ ab 04.31 ♉
28	♍ ab 15.34 ♎	♏	♑	♒	♈	♉
29	♎	♏ ab 09.20 ♐	♑ ab 20.33 ♒	♒ ab 05.27 ♓	♈ ab 23.00 ♉	♉ ab 14.02 ♊
30	♎ ab 22.55 ♏	♐	♒	♓	♉	♊
31	♏	♐ ab 12.09 ♑		♓ ab 10.12 ♈		♊

1961

	Januar	Februar	März	April	Mai	Juni
Tag	Mond im	Mond im	Mond im	Mond im	Mond im	Mond im
1	♊ ab 01.22 ♋	♌	♌ ab 15.12 ♍	♎	♏	♑
2	♋	♌ ab 08.49 ♍	♍	♎ ab 17.37 ♏	♏ ab 06.25 ♐	♑ ab 18.45 ♒
3	♋ ab 13.54 ♌	♍	♍	♏	♐	♒
4	♌	♍ ab 20.28 ♎	♍ ab 02.22 ♎	♏ ab 23.34 ♐	♐ ab 09.40 ♑	♒ ab 20.51 ♓
5	♌	♎	♎	♐	♑	♓
6	♌ ab 02.49 ♍	♎	♎ ab 11.24 ♏	♐	♑ ab 12.24 ♒	♓
7	♍	♎ ab 05.51 ♏	♏	♐ ab 03.52 ♑	♒	♓ ab 00.24 ♈
8	♍ ab 14.32 ♎	♏	♏ ab 18.04 ♐	♑	♒ ab 15.23 ♓	♈
9	♎	♏ ab 12.02 ♐	♐	♑ ab 07.03 ♒	♓	♈ ab 05.38 ♉
10	♎ ab 23.09 ♏	♐	♐ ab 22.19 ♑	♒	♓ ab 18.56 ♈	♉
11	♏	♐ ab 14.51 ♑	♑	♒ ab 09.32 ♓	♈	♉ ab 12.41 ♊
12	♏	♑	♑	♓	♈ ab 23.26 ♉	♊
13	♏ ab 03.41 ♐	♑ ab 15.15 ♒	♑ ab 00.29 ♒	♓ ab 11.56 ♈	♉	♊ ab 21.50 ♋
14	♐	♒	♒	♈	♉	♋
15	♐ ab 04.42 ♑	♒ ab 14.53 ♓	♒ ab 01.27 ♓	♈ ab 15.17 ♉	♉ ab 05.35 ♊	♋
16	♑	♓	♓	♉	♊	♋ ab 09.16 ♌
17	♑ ab 03.56 ♒	♓ ab 15.41 ♈	♓ ab 02.33 ♈	♉ ab 20.55 ♊	♊ ab 14.17 ♋	♌
18	♒	♈	♈	♊	♋	♌ ab 22.12 ♍
19	♒ ab 03.32 ♓	♈ ab 19.22 ♉	♈ ab 05.26 ♉	♊	♋	♍
20	♓	♉	♉	♊ ab 05.50 ♋	♋ ab 01.45 ♌	♍
21	♓ ab 05.27 ♈	♉	♉ ab 11.33 ♊	♋	♌	♍ ab 10.32 ♎
22	♈	♉ ab 02.52 ♊	♊	♋ ab 17.43 ♌	♌ ab 14.39 ♍	♎
23	♈ ab 10.52 ♉	♊	♊ ab 21.23 ♋	♌	♍	♎ ab 19.51 ♏
24	♉	♊ ab 13.49 ♋	♋	♌	♍	♏
25	♉ ab 19.50 ♊	♋	♋	♌ ab 06.31 ♍	♍ ab 02.18 ♎	♏
26	♊	♋	♋ ab 09.49 ♌	♍	♎	♏ ab 01.06 ♐
27	♊	♋ ab 02.35 ♌	♌	♍ ab 17.35 ♎	♎ ab 10.35 ♏	♐
28	♊ ab 07.22 ♋	♌	♌ ab 22.30 ♍	♎	♏	♐ ab 03.00 ♑
29	♋		♍	♎	♏ ab 15.11 ♐	♑
30	♋ ab 20.06 ♌		♍	♎ ab 01.27 ♏	♐	♑ ab 03.18 ♒
31	♌		♍ ab 09.22 ♎		♐ ab 17.21 ♑	

	Juli	August	September	Oktober	November	Dezember
Tag	Mond im	Mond im	Mond im	Mond im	Mond im	Mond im
1	♒	♈	♉ ab 06.53 ♊	♋	♌	♍
2	♒ ab 03.53 ♓	♈ ab 17.19 ♉	♊	♋	♌ ab 07.18 ♍	♍ ab 04.08 ♎
3	♓	♉	♊ ab 16.01 ♋	♋ ab 10.44 ♌	♍	♎
4	♓ ab 06.12 ♈	♉	♋	♌	♍ ab 19.43 ♎	♎ ab 14.30 ♏
5	♈	♉ ab 00.04 ♊	♋	♌ ab 23.46 ♍	♎	♏
6	♈ ab 11.02 ♉	♊	♋ ab 04.01 ♌	♍	♎	♏ ab 21.25 ♐
7	♉	♊ ab 09.57 ♋	♌	♍	♎ ab 05.41 ♏	♐
8	♉ ab 18.28 ♊	♋	♌ ab 17.05 ♍	♍ ab 12.04 ♎	♏	♐
9	♊	♋ ab 22.00 ♌	♍	♎	♏ ab 12.51 ♐	♐ ab 01.31 ♑
10	♊	♌	♍	♎ ab 22.20 ♏	♐	♑
11	♊ ab 04.13 ♋	♌	♍ ab 05.34 ♎	♏	♐ ab 18.00 ♑	♑ ab 04.12 ♒
12	♋	♌ ab 11.01 ♍	♎	♏	♑	♒
13	♋ ab 15.57 ♌	♍	♎ ab 16.23 ♏	♍ ab 06.21 ♐	♑ ab 22.00 ♒	♒ ab 06.42 ♓
14	♌	♍ ab 23.44 ♎	♏	♐	♒	♓
15	♌	♎	♏	♐ ab 12.24 ♑	♒	♓ ab 09.45 ♈
16	♌ ab 04.55 ♍	♎	♏ ab 00.55 ♐	♑	♒ ab 01.19 ♓	♈
17	♍	♎ ab 10.45 ♏	♐	♑ ab 16.37 ♒	♓	♈ ab 13.39 ♉
18	♍ ab 17.39 ♎	♏	♐ ab 06.42 ♑	♒	♓ ab 04.11 ♈	♉
19	♎	♏ ab 18.44 ♐	♑	♒ ab 19.10 ♓	♈	♉ ab 18.48 ♊
20	♎	♐	♑ ab 09.44 ♒	♓	♈ ab 07.03 ♉	♊
21	♎ ab 04.05 ♏	♐ ab 23.08 ♑	♒	♓ ab 20.36 ♈	♉	♊
22	♏	♑	♒ ab 10.36 ♓	♈	♉ ab 10.59 ♊	♊ ab 01.50 ♋
23	♏ ab 10.42 ♐	♑	♓	♈ ab 22.07 ♉	♊	♋
24	♐	♑ ab 00.26 ♒	♓ ab 10.40 ♈	♉	♊ ab 17.21 ♋	♋ ab 11.26 ♌
25	♐ ab 13.29 ♑	♒	♈	♉	♋	♌
26	♑	♒ ab 00.03 ♓	♈ ab 11.42 ♉	♉ ab 01.25 ♊	♋	♌ ab 23.30 ♍
27	♑ ab 13.42 ♒	♓ ab 23.49 ♈	♉	♊	♋ ab 03.02 ♌	♍
28	♒	♈	♉ ab 15.32 ♊	♊ ab 08.03 ♋	♌	♍
29	♒ ab 13.13 ♓	♈	♊	♋	♌ ab 15.26 ♍	♍ ab 12.27 ♎
30	♓	♈ ab 01.37 ♉	♊ ab 23.20 ♋	♋ ab 18.30 ♌	♍	♎
31	♓ ab 13.56 ♈	♉		♌		♎ ab 23.42 ♏

1962

Tag	Januar Mond im	Februar Mond im	März Mond im	April Mond im	Mai Mond im	Juni Mond im
1	♏	♐ ab 22.10 ♑	♐ ab 07.39 ♑	♒ ab 21.43 ♓	♓ ab 07.12 ♈	♉ ab 18.41 ♊
2	♏	♑	♑	♓	♈	♊
3	♏ ab 07.24 ♐	♑ ab 23.57 ♒	♑ ab 10.52 ♒	♓ ab 21.42 ♈	♈ ab 07.50 ♉	♊ ab 22.57 ♋
4	♐	♒	♒	♈	♉	♋
5	♐ ab 11.24 ♑	♒ ab 23.53 ♓	♒ ab 11.17 ♓	♈ ab 21.26 ♉	♉ ab 09.17 ♊	♋
6	♑	♓	♓	♉	♊	♋ ab 06.24 ♌
7	♑ ab 13.00 ♒	♓ ab 23.51 ♈	♓ ab 10.32 ♈	♉	♊ ab 13.28 ♋	♌
8	♒	♈	♈	♉ ab 23.00 ♊	♋	♌ ab 17.13 ♍
9	♒ ab 13.54 ♓	♈	♈ ab 10.40 ♉	♊	♋ ab 21.36 ♌	♍
10	♓	♈ ab 01.35 ♉	♉	♊ ab 04.12 ♋	♌	♍
11	♓ ab 15.34 ♈	♉	♉ ab 13.36 ♊	♋	♌	♍ ab 05.51 ♎
12	♈	♉ ab 06.19 ♊	♊	♋ ab 13.37 ♌	♌ ab 09.12 ♍	♎
13	♈ ab 19.02 ♉	♊	♊ ab 20.26 ♋	♌	♍	♎ ab 17.45 ♏
14	♉	♊ ab 14.20 ♋	♋	♌	♍ ab 22.03 ♎	♏
15	♉	♋	♋	♌ ab 01.57 ♍	♎	♏
16	♉ ab 00.42 ♊	♋	♋ ab 06.56 ♌	♍	♎	♏ ab 03.04 ♐
17	♊	♋ ab 01.04 ♌	♌	♍ ab 14.54 ♎	♎ ab 09.43 ♏	♐
18	♊ ab 08.40 ♋	♌	♌ ab 19.33 ♍	♎	♏	♐ ab 09.30 ♑
19	♋	♌ ab 13.27 ♍	♍	♎	♏ ab 19.03 ♐	♑
20	♋ ab 18.50 ♌	♍	♍	♎ ab 02.37 ♏	♐	♑ ab 13.49 ♒
21	♌	♍	♍ ab 08.29 ♎	♏	♐	♒
22	♌	♍ ab 02.22 ♎	♎	♏ ab 12.27 ♐	♐ ab 02.09 ♑	♒ ab 16.59 ♓
23	♌ ab 06.54 ♍	♎	♎ ab 20.29 ♏	♐	♑	♓
24	♍	♎ ab 14.37 ♏	♏	♐ ab 20.20 ♑	♑ ab 07.31 ♒	♓ ab 19.43 ♈
25	♍ ab 19.52 ♎	♏	♏	♑	♒	♈
26	♎	♏	♏ ab 06.49 ♐	♑	♒ ab 11.30 ♓	♈ ab 22.35 ♉
27	♎	♏ ab 00.47 ♐	♐	♑ ab 02.08 ♒	♓	♉
28	♎ ab 07.55 ♏	♐	♐ ab 14.46 ♑	♒	♓ ab 14.15 ♈	♉
29	♏		♑	♒ ab 05.40 ♓	♈	♉ ab 02.10 ♊
30	♏ ab 17.00 ♐		♑ ab 19.44 ♒	♓	♈ ab 16.17 ♉	♊
31	♐		♒		♉	

Tag	Juli Mond im	August Mond im	September Mond im	Oktober Mond im	November Mond im	Dezember Mond im
1	♊ ab 07.19 ♋	♌	♍ ab 04.01 ♎	♏	♐	♑ ab 15.26 ♒
2	♋	♌ ab 08.58 ♍	♎	♏	♐ ab 02.18 ♑	♒
3	♋ ab 14.56 ♌	♍	♎ ab 16.47 ♏	♏ ab 10.40 ♐	♑	♒ ab 20.54 ♓
4	♌	♍ ab 21.18 ♎	♏	♐	♑ ab 10.03 ♒	♓
5	♌	♎	♏	♐ ab 20.35 ♑	♒	♓
6	♌ ab 01.23 ♍	♎	♍ ab 04.27 ♐	♑	♒ ab 14.53 ♓	♓ ab 00.18 ♈
7	♍	♎ ab 09.56 ♏	♐	♑	♓	♈
8	♍ ab 13.48 ♎	♏	♐ ab 13.20 ♑	♑ ab 03.22 ♒	♓ ab 16.46 ♈	♈ ab 02.00 ♉
9	♎	♏ ab 20.49 ♐	♑	♒	♈	♉
10	♎	♐	♑ ab 18.27 ♒	♒ ab 06.29 ♓	♈ ab 16.45 ♉	♉ ab 03.08 ♊
11	♎ ab 02.06 ♏	♐	♒	♓	♉	♊
12	♏	♐ ab 04.18 ♑	♒ ab 20.02 ♓	♓ ab 06.41 ♈	♉ ab 16.44 ♊	♊ ab 05.22 ♋
13	♏ ab 12.01 ♐	♑	♓	♈	♊	♋
14	♐	♑ ab 08.08 ♒	♓ ab 19.33 ♈	♈ ab 05.44 ♉	♊ ab 18.49 ♋	♋ ab 10.21 ♌
15	♐ ab 18.32 ♑	♒	♈	♉	♋	♌
16	♑	♒ ab 09.17 ♓	♈ ab 19.01 ♉	♉ ab 05.51 ♊	♋	♌ ab 19.00 ♍
17	♑ ab 22.08 ♒	♓	♉	♊	♋ ab 00.40 ♌	♍
18	♒	♓ ab 09.26 ♈	♉ ab 20.29 ♊	♊ ab 09.05 ♋	♌	♍
19	♒	♈	♊	♋	♌ ab 10.34 ♍	♍ ab 06.42 ♎
20	♒ ab 00.01 ♓	♈ ab 10.20 ♉	♊	♋ ab 16.31 ♌	♍	♎
21	♓	♉	♊ ab 01.26 ♋	♌	♍ ab 22.58 ♎	♎ ab 19.18 ♏
22	♓ ab 01.34 ♈	♉ ab 13.28 ♊	♋	♌	♎	♏
23	♈	♊	♋ ab 10.07 ♌	♌ ab 03.32 ♍	♎	♏
24	♈ ab 03.57 ♉	♊ ab 19.34 ♋	♌	♍	♎ ab 11.34 ♏	♏ ab 06.33 ♐
25	♉	♋	♌ ab 21.31 ♍	♍ ab 16.14 ♎	♏	♐
26	♉ ab 07.57 ♊	♋	♍	♎	♏ ab 22.44 ♐	♐ ab 15.19 ♑
27	♊	♋ ab 04.30 ♌	♍	♎	♐	♑
28	♊ ab 14.01 ♋	♌	♍ ab 10.08 ♎	♎ ab 04.49 ♏	♐	♑ ab 21.43 ♒
29	♋	♌ ab 15.36 ♍	♎	♏	♐ ab 08.01 ♑	♒
30	♋ ab 22.21 ♌	♍	♎ ab 22.49 ♏	♏ ab 16.20 ♐	♑	♒
31	♌	♍		♐		♒ ab 02.21 ♓

1963

Tag	Januar Mond im	Februar Mond im	März Mond im	April Mond im	Mai Mond im	Juni Mond im
1	♓	♉	♉ ab 22.39 ♊	♋	♌	♍ ab 01.10 ♎
2	♓ ab 05.48 ♈	♉ ab 17.03 ♊	♊	♋ ab 15.46 ♌	♌ ab 07.13 ♍	♎
3	♈	♊	♊	♌	♍	♎ ab 13.39 ♏
4	♈ ab 08.34 ♉	♊ ab 21.41 ♋	♊ ab 03.08 ♋	♌	♍ ab 18.43 ♎	♏
5	♉	♋	♋	♌ ab 01.21 ♍	♎	♏
6	♉ ab 11.14 ♊	♋	♋ ab 10.15 ♌	♍	♎	♏ ab 02.01 ♐
7	♊	♋ ab 04.06 ♌	♌	♍ ab 12.50 ♎	♎ ab 07.16 ♏	♐
8	♊ ab 14.42 ♋	♌	♌ ab 19.34 ♍	♎	♏	♐ ab 13.07 ♑
9	♋	♌ ab 12.36 ♍	♍	♎	♏ ab 19.43 ♐	♑
10	♋ ab 20.01 ♌	♍	♍	♎ ab 01.14 ♏	♐	♑ ab 22.22 ♒
11	♌	♍ ab 23.19 ♎	♍ ab 06.35 ♎	♏	♐	♒
12	♌	♎	♎	♏ ab 13.49 ♐	♐ ab 07.14 ♑	♒
13	♌ ab 04.08 ♍	♎	♎ ab 18.52 ♏	♐	♑	♒ ab 05.21 ♓
14	♍	♎ ab 11.39 ♏	♏	♐	♑ ab 16.52 ♒	♓
15	♍ ab 15.05 ♎	♏	♏	♐ ab 01.27 ♑	♒	♓ ab 09.47 ♈
16	♎	♏ ab 23.58 ♐	♏ ab 07.27 ♐	♑	♒ ab 23.32 ♓	♈
17	♎	♐	♐	♑ ab 10.35 ♒	♓	♈ ab 11.55 ♉
18	♎ ab 03.36 ♏	♐	♐ ab 18.35 ♑	♒	♓	♉
19	♏	♐ ab 10.01 ♑	♑	♒ ab 15.54 ♓	♓ ab 02.48 ♈	♉ ab 12.44 ♊
20	♏ ab 15.21 ♐	♑	♑	♓	♈	♊
21	♐	♑ ab 16.24 ♒	♑ ab 02.22 ♒	♓ ab 17.30 ♈	♈ ab 03.22 ♉	♊ ab 13.47 ♋
22	♐	♒	♒	♈	♉	♋
23	♐ ab 00.24 ♑	♒ ab 19.18 ♓	♒ ab 06.05 ♓	♈ ab 16.51 ♉	♉ ab 02.54 ♊	♋ ab 16.45 ♌
24	♑	♓	♓	♉	♊	♌
25	♑ ab 06.14 ♒	♓ ab 20.06 ♈	♓ ab 06.38 ♈	♉ ab 16.07 ♊	♊ ab 03.29 ♋	♌ ab 22.57 ♍
26	♒	♈	♈	♊	♋	♍
27	♒ ab 09.35 ♓	♈ ab 20.39 ♉	♈ ab 05.57 ♉	♊ ab 17.28 ♋	♋ ab 06.59 ♌	♍
28	♓	♉	♉	♋	♌	♍ ab 08.41 ♎
29	♓ ab 11.44 ♈		♉ ab 06.13 ♊	♋ ab 22.25 ♌	♌ ab 14.22 ♍	♎
30	♈		♊	♌	♍	♎ ab 20.48 ♏
31	♈ ab 13.55 ♉		♊ ab 09.14 ♋		♍	

Tag	Juli Mond im	August Mond im	September Mond im	Oktober Mond im	November Mond im	Dezember Mond im
1	♏	♐	♒	♓	♈ ab 01.43 ♉	♊
2	♏	♐ ab 04.13 ♑	♒	♓ ab 14.48 ♈	♉	♊ ab 11.45 ♋
3	♏ ab 09.12 ♐	♑	♒ ab 02.38 ♓	♈	♉ ab 00.49 ♊	♋
4	♐	♑ ab 12.26 ♒	♓	♈ ab 14.50 ♉	♊	♋ ab 13.20 ♌
5	♐ ab 20.03 ♑	♒	♓ ab 04.53 ♈	♉	♊ ab 01.09 ♋	♌
6	♑	♒ ab 17.46 ♓	♈	♉ ab 14.59 ♊	♋	♌ ab 18.27 ♍
7	♑	♓	♈ ab 06.03 ♉	♊	♋ ab 04.24 ♌	♍
8	♑ ab 04.37 ♒	♓ ab 21.07 ♈	♉	♊ ab 17.01 ♋	♌	♍
9	♒	♈	♉ ab 07.46 ♊	♋	♌ ab 11.14 ♍	♍ ab 03.22 ♎
10	♒ ab 10.53 ♓	♈ ab 23.38 ♉	♊	♋ ab 21.55 ♌	♍	♎
11	♓	♉	♊ ab 11.08 ♋	♌	♍ ab 21.08 ♎	♎ ab 15.05 ♏
12	♓ ab 15.17 ♈	♉	♋	♌	♎	♏
13	♈	♉ ab 02.16 ♊	♋ ab 16.30 ♌	♌ ab 05.35 ♍	♎	♏
14	♈ ab 18.15 ♉	♊	♌	♍	♎ ab 08.57 ♏	♏ ab 03.54 ♐
15	♉	♊ ab 05.40 ♋	♌ ab 23.48 ♍	♍ ab 15.25 ♎	♏	♐
16	♉ ab 20.28 ♊	♋	♍	♎	♏ ab 21.40 ♐	♐ ab 16.22 ♑
17	♊	♋ ab 10.17 ♌	♍	♎	♐	♑
18	♊ ab 22.45 ♋	♌	♍ ab 09.00 ♎	♎ ab 02.53 ♏	♐	♑
19	♋	♌ ab 16.41 ♍	♎	♏	♐ ab 10.23 ♑	♑ ab 03.29 ♒
20	♋	♍	♎ ab 20.11 ♏	♏ ab 15.33 ♐	♑	♒
21	♋ ab 02.16 ♌	♍	♏	♐	♑ ab 21.52 ♒	♒ ab 12.29 ♓
22	♌	♍ ab 01.26 ♎	♏	♐	♒	♓
23	♌ ab 08.07 ♍	♎	♏ ab 08.50 ♐	♐ ab 04.21 ♑	♒	♓ ab 18.41 ♈
24	♍	♎ ab 12.39 ♏	♐	♑	♒ ab 06.33 ♓	♈
25	♍ ab 17.03 ♎	♏	♐ ab 21.16 ♑	♑ ab 15.21 ♒	♓	♈ ab 21.58 ♉
26	♎	♏	♑	♒	♓ ab 11.25 ♈	♉
27	♎	♏ ab 01.16 ♐	♑	♒ ab 22.37 ♓	♈	♉ ab 22.59 ♊
28	♎ ab 04.39 ♏	♐	♑ ab 07.04 ♒	♓	♈ ab 12.50 ♉	♊
29	♏	♐ ab 12.58 ♑	♒	♓	♉	♊ ab 23.07 ♋
30	♏ ab 17.08 ♐	♑	♒ ab 12.47 ♓	♓ ab 01.41 ♈	♉ ab 12.15 ♊	♋
31	♐	♑ ab 21.38 ♒		♈		♋

1964

	Januar	Februar	März	April	Mai	Juni
Tag	Mond im	Mond im	Mond im	Mond im	Mond im	Mond im
1	♋ ab 00.09 ♌	♍ ab 20.26 ♎	♎	♏ ab 10.41 ♐	♐ ab 06.43 ♑	♒
2	♌	♎	♎ ab 14.54 ♏	♐	♑	♒ ab 12.02 ♓
3	♌ ab 03.48 ♍	♎	♏	♐ ab 23.37 ♑	♑ ab 19.07 ♒	♓
4	♍	♎ ab 06.13 ♏	♏	♑	♒	♓ ab 19.03 ♈
5	♍ ab 11.10 ♎	♏	♏ ab 02.47 ♐	♑	♒	♈
6	♎	♏ ab 18.36 ♐	♐	♑ ab 11.25 ♒	♒ ab 04.44 ♓	♈ ab 22.20 ♉
7	♎ ab 22.04 ♏	♐	♐ ab 15.36 ♑	♒	♓	♉
8	♏	♐	♑	♒ ab 19.47 ♓	♓ ab 10.16 ♈	♉ ab 22.50 ♊
9	♏	♐ ab 07.11 ♑	♑	♓	♈	♊
10	♏ ab 10.50 ♐	♑	♑ ab 02.36 ♒	♓	♈ ab 12.09 ♉	♊ ab 22.17 ♋
11	♐	♑ ab 17.40 ♒	♒	♓ ab 00.09 ♈	♉	♋
12	♐ ab 23.14 ♑	♒	♒ ab 10.06 ♓	♈	♉ ab 12.02 ♊	♋ ab 23.35 ♌
13	♑	♒	♓	♈ ab 01.37 ♉	♊	♌
14	♑	♒ ab 01.09 ♓	♓ ab 14.16 ♈	♉	♊ ab 11.54 ♋	♌
15	♑ ab 09.48 ♒	♓	♈	♉ ab 02.06 ♊	♋	♌ ab 01.28 ♍
16	♒	♓ ab 06.10 ♈	♈ ab 16.31 ♉	♊	♋ ab 13.32 ♌	♍
17	♒ ab 18.04 ♓	♈	♉	♊ ab 03.24 ♋	♌	♍ ab 07.54 ♎
18	♓	♈ ab 09.45 ♉	♉ ab 18.26 ♊	♋	♌ ab 18.03 ♍	♎
19	♓	♉	♊	♋ ab 06.40 ♌	♍	♎ ab 17.50 ♏
20	♓ ab 00.11 ♈	♉ ab 12.48 ♊	♊ ab 21.12 ♋	♌	♍	♏
21	♈	♊	♋	♌ ab 12.18 ♍	♍ ab 01.42 ♎	♏
22	♈ ab 04.24 ♉	♊ ab 15.50 ♋	♋	♍	♎	♏ ab 06.04 ♐
23	♉	♋	♋ ab 01.15 ♌	♍ ab 20.09 ♎	♎ ab 11.58 ♏	♐
24	♉ ab 07.05 ♊	♋ ab 19.11 ♌	♌	♎	♏	♐ ab 19.02 ♑
25	♊	♌	♌ ab 06.42 ♍	♎	♏	♑
26	♊ ab 08.52 ♋	♌ ab 23.30 ♍	♍	♎ ab 06.01 ♏	♏ ab 00.04 ♐	♑
27	♋	♍	♍ ab 13.48 ♎	♏	♐	♑ ab 07.22 ♒
28	♋ ab 10.46 ♌	♍	♎	♏ ab 17.46 ♐	♐ ab 13.01 ♑	♒
29	♌	♍ ab 05.47 ♎	♎ ab 23.04 ♏	♐	♑	♒ ab 17.57 ♓
30	♌ ab 14.09 ♍		♏	♐	♑	♓
31	♍		♏		♑ ab 01.33 ♒	

	Juli	August	September	Oktober	November	Dezember
Tag	Mond im	Mond im	Mond im	Mond im	Mond im	Mond im
1	♓	♉	♊ ab 01.14 ♋	♌	♍ ab 01.25 ♎	♏
2	♓ ab 01.53 ♈	♉ ab 16.29 ♊	♋	♌ ab 13.43 ♍	♎	♏
3	♈	♊	♋ ab 03.37 ♌	♍	♎ ab 09.25 ♏	♏ ab 02.24 ♐
4	♈ ab 06.43 ♉	♊ ab 18.13 ♋	♌	♍ ab 18.45 ♎	♏	♐
5	♉	♋	♌ ab 06.13 ♍	♎	♏ ab 19.44 ♐	♐ ab 14.54 ♑
6	♉ ab 08.43 ♊	♋ ab 19.11 ♌	♍	♎	♐	♑
7	♊	♌	♍ ab 10.20 ♎	♎ ab 01.57 ♏	♐	♑
8	♊ ab 08.57 ♋	♌ ab 20.51 ♍	♎	♏	♐ ab 08.06 ♑	♑ ab 03.58 ♒
9	♋	♍	♎ ab 17.20 ♏	♏ ab 12.03 ♐	♑	♒
10	♋ ab 09.01 ♌	♍	♏	♐	♑ ab 21.09 ♒	♒ ab 16.00 ♓
11	♌	♍ ab 00.52 ♎	♏	♐	♒	♓
12	♌ ab 10.45 ♍	♎	♏ ab 03.48 ♐	♐ ab 00.32 ♑	♒	♓
13	♍	♎ ab 08.32 ♏	♐	♑	♒ ab 08.29 ♓	♓ ab 01.13 ♈
14	♍ ab 15.42 ♎	♏	♐ ab 16.31 ♑	♑ ab 13.16 ♒	♓	♈
15	♎	♏ ab 19.45 ♐	♑	♒	♓ ab 16.11 ♈	♈ ab 06.33 ♉
16	♎	♐	♑	♒ ab 23.33 ♓	♈	♉
17	♎ ab 00.33 ♏	♐	♑ ab 04.48 ♒	♓	♈ ab 19.57 ♉	♉ ab 08.22 ♊
18	♏	♐ ab 08.39 ♑	♒	♓	♉	♊
19	♏ ab 12.29 ♐	♑	♒ ab 14.23 ♓	♓ ab 06.05 ♈	♉ ab 20.59 ♊	♊ ab 08.03 ♋
20	♐	♑ ab 20.40 ♒	♓	♈	♊	♋
21	♐	♒	♓ ab 20.44 ♈	♈ ab 09.25 ♉	♊ ab 21.04 ♋	♋ ab 07.31 ♌
22	♐ ab 01.27 ♑	♒	♈	♉	♋	♌
23	♑	♒ ab 06.14 ♓	♈	♉ ab 11.04 ♊	♋ ab 21.59 ♌	♌ ab 08.42 ♍
24	♑ ab 13.31 ♒	♓	♈ ab 00.47 ♉	♊	♌	♍
25	♒	♓ ab 13.16 ♈	♉	♊ ab 12.38 ♋	♌	♍ ab 13.05 ♎
26	♒ ab 23.36 ♓	♈	♉ ab 03.47 ♊	♋	♌ ab 01.03 ♍	♎
27	♓	♈ ab 18.24 ♉	♊	♋ ab 15.14 ♌	♍	♎ ab 21.12 ♏
28	♓	♉	♊ ab 06.40 ♋	♌	♍ ab 06.55 ♎	♏
29	♓ ab 07.26 ♈	♉ ab 22.16 ♊	♋	♌ ab 19.26 ♍	♎	♏
30	♈	♊	♋ ab 09.53 ♌	♍	♎ ab 15.31 ♏	♏ ab 08.21 ♐
31	♈ ab 13.01 ♉	♊		♍		♐

1965

	Januar	Februar	März	April	Mai	Juni
Tag	Mond im	Mond im	Mond im	Mond im	Mond im	Mond im
1	♐ ab 21.07 ♑	♒	♒	♓ ab 03.19 ♈	♉	♊ ab 08.06 ♋
2	♑	♒	♒ ab 10.39 ♓	♈	♉ ab 21.27 ♊	♋
3	♑	♒ ab 03.56 ♓	♓	♈ ab 09.29 ♉	♊	♋ ab 08.47 ♌
4	♑ ab 10.05 ♒	♓	♓ ab 19.45 ♈	♉	♊ ab 23.39 ♋	♌
5	♒	♓ ab 13.44 ♈	♈	♉ ab 13.55 ♊	♋	♌ ab 10.34 ♍
6	♒ ab 22.07 ♓	♈	♈	♊	♋	♍
7	♓	♈ ab 21.24 ♉	♈ ab 02.50 ♉	♊ ab 17-25 ♋	♋ ab 01.50 ♌	♍ ab 14.30 ♎
8	♓	♉	♉	♋	♌	♎
9	♓ ab 08.09 ♈	♉	♉ ab 08.15 ♊	♋ ab 20.24 ♌	♌ ab 04.48 ♍	♎ ab 21.04 ♏
10	♈	♉ ab 02.37 ♊	♊	♌	♍	♏
11	♈ ab 15.11 ♉	♊	♊ ab 12.03 ♋	♌ ab 23.15 ♍	♍ ab 09.05 ♎	♏
12	♉	♊ ab 05.14 ♋	♋	♍	♎	♏ ab 06.10 ♐
13	♉ ab 18.49 ♊	♋	♋ ab 14.23 ♌	♍	♎ ab 15.10 ♏	♐
14	♊	♋ ab 05.55 ♌	♌	♍ ab 02.39 ♎	♏	♐ ab 17.21 ♑
15	♊ ab 19.35 ♋	♌	♌ ab 15.56 ♍	♎	♏ ab 23.32 ♐	♑
16	♋	♌ ab 06.06 ♍	♍	♎ ab 07.42 ♏	♐	♑
17	♋ ab 18.58 ♌	♍	♍ ab 18.04 ♎	♏	♐	♑ ab 05.52 ♒
18	♌	♍ ab 07.46 ♎	♎	♏ ab 15.32 ♐	♐ ab 10.20 ♑	♒
19	♌ ab 18.55 ♍	♎	♎ ab 22.33 ♏	♐	♑	♒ ab 18.29 ♓
20	♍	♎ ab 12.46 ♏	♏	♐	♑ ab 22.51 ♒	♓
21	♍ ab 21.28 ♎	♏	♏	♐ ab 02.24 ♑	♒	♓
22	♎	♏ ab 21.58 ♐	♑ ab 06.37 ♐	♑	♒	♓ ab 05.30 ♈
23	♎	♐	♐	♑ ab 15.05 ♒	♒ ab 11.15 ♓	♈
24	♎ ab 04.01 ♏	♐	♐ ab 18.07 ♑	♒	♓	♈ ab 13.17 ♉
25	♏	♐ ab 10.17 ♑	♑	♒	♓ ab 21.19 ♈	♉
26	♏ ab 14.33 ♐	♑	♑	♒ ab 03.03 ♓	♈	♉ ab 17.19 ♊
27	♐	♑ ab 23.15 ♒	♑ ab 06.59 ♒	♓	♈	♊
28	♐	♒	♒	♓ ab 12.11 ♈	♈ ab 03.49 ♉	♊ ab 18.20 ♋
29	♐ ab 03.22 ♑		♒ ab 18.32 ♓	♈	♉	♋
30	♑		♓	♈ ab 18.04 ♉	♉ ab 06.59 ♊	♋ ab 17.59 ♌
31	♑ ab 16.18 ♒		♓		♊	

	Juli	August	September	Oktober	November	Dezember
Tag	Mond im	Mond im	Mond im	Mond im	Mond im	Mond im
1	♌	♍ ab 04.35 ♎	♏	♐ ab 19.29 ♑	♒	♓
2	♌ ab 18.12 ♍	♎	♏ ab 01.00 ♐	♑	♒	♓
3	♍	♎ ab 09.21 ♏	♐	♑	♒ ab 04.23 ♓	♓ ab 00.23 ♈
4	♍ ab 20.43 ♎	♏	♐ ab 11.52 ♑	♑ ab 07.49 ♒	♓	♈
5	♎	♏ ab 17.50 ♐	♑	♒	♓ ab 15.22 ♈	♈ ab 09.12 ♉
6	♎	♐	♑	♒ ab 20.14 ♓	♈	♉
7	♎ ab 02.38 ♏	♐	♑ ab 00.34 ♒	♓	♈ ab 23.30 ♉	♉ ab 14.28 ♊
8	♏	♐ ab 05.23 ♑	♒	♓	♉	♊
9	♏ ab 11.54 ♐	♑	♒ ab 12.57 ♓	♓ ab 06.54 ♈	♉	♊ ab 16.57 ♋
10	♐	♑ ab 18.10 ♒	♓	♈	♉ ab 04.55 ♊	♋
11	♐ ab 23.29 ♑	♒	♓ ab 23.50 ♈	♈ ab 15.17 ♉	♊	♋ ab 18.09 ♌
12	♑	♒	♈	♉	♊ ab 08.30 ♋	♌
13	♑	♒ ab 06.38 ♓	♈	♉ ab 21.40 ♊	♋	♌ ab 19.36 ♍
14	♑ ab 12.08 ♒	♓	♈ ab 08.57 ♉	♊	♋ ab 11.14 ♌	♍
15	♒	♓ ab 17.57 ♈	♉	♊	♌	♍ ab 22.34 ♎
16	♒	♈	♉ ab 16.07 ♊	♊ ab 02.27 ♋	♌ ab 13.55 ♍	♎
17	♒ ab 00.45 ♓	♈	♊	♋	♍	♎
18	♓	♈ ab 03.28 ♉	♊ ab 21.01 ♋	♋ ab 05.52 ♌	♍ ab 17.11 ♎	♎ ab 03.41 ♏
19	♓ ab 12.13 ♈	♉	♋	♌	♎	♏
20	♈	♉ ab 10.21 ♊	♋ ab 23.36 ♌	♌ ab 08.14 ♍	♎ ab 21.37 ♏	♏ ab 11.02 ♐
21	♈ ab 21.15 ♉	♊	♌	♍	♏	♐
22	♉	♊ ab 14.05 ♋	♌	♍ ab 10.21 ♎	♏	♐ ab 20.27 ♑
23	♉	♋	♌ ab 00.30 ♍	♎	♏ ab 03.57 ♐	♑
24	♉ ab 02.49 ♊	♋ ab 15.02 ♌	♍	♎ ab 13.32 ♏	♐	♑
25	♊	♌	♍ ab 01.16 ♎	♏	♐ ab 12.46 ♑	♑ ab 07.45 ♒
26	♊ ab 04.54 ♋	♌ ab 14.37 ♍	♎	♏ ab 19.10 ♐	♑	♒
27	♋	♍	♎ ab 03.47 ♏	♐	♑	♒ ab 20.18 ♓
28	♋ ab 04.38 ♌	♍ ab 14.53 ♎	♏	♐	♑ ab 00.04 ♒	♓
29	♌	♎	♏ ab 09.43 ♐	♐ ab 04.05 ♑	♒	♓
30	♌ ab 03.55 ♍	♎ ab 17.54 ♏	♐	♑	♒ ab 12.40 ♓	♓ ab 08.40♈
31	♍	♏		♑ ab 15.50 ♒		♈

1966

	Januar	Februar	März	April	Mai	Juni
Tag	Mond im	Mond im	Mond im	Mond im	Mond im	Mond im
1	♈ ab 18.47 ♉	♊	♊ ab 23.48 ♋	♌	♍ ab 20.31 ♎	♏
2	♉	♊ ab 14.41 ♋	♋	♌ ab 11.31 ♍	♎	♏ ab 10.39 ♐
3	♉	♋	♋	♍	♎ ab 22.24 ♏	♐
4	♉ ab 01.07 ♊	♋ ab 15.14 ♌	♋ ab 01.57 ♌	♍ ab 11.40 ♎	♏	♐ ab 17.11 ♑
5	♊	♌	♌	♎	♏	♑
6	♊ ab 03.41 ♋	♌ ab 14.12 ♍	♌ ab 01.37 ♍	♎ ab 12.31 ♏	♏ ab 01.53 ♐	♑
7	♋	♍	♍	♏	♐	♑ ab 02.21 ♒
8	♋ ab 03.50 ♌	♍ ab 13.51 ♎	♍ ab 00.49 ♎	♏ ab 15.54 ♐	♐ ab 08.13 ♑	♒
9	♌	♎	♎	♐	♑	♒ ab 13.57 ♓
10	♌ ab 03.35 ♍	♎ ab 16.15 ♏	♎ ab 01.47 ♏	♐ ab 23.02 ♑	♑ ab 17.52 ♒	♓
11	♍	♏	♏	♑	♒	♓
12	♍ ab 04.53 ♎	♏ ab 22.34 ♐	♏ ab 06.19 ♐	♑	♒	♓ ab 02.27 ♈
13	♎	♐	♐	♑ ab 09.43 ♒	♒ ab 05.55 ♓	♈
14	♎ ab 09.09 ♏	♐	♐ ab 14.56 ♑	♒	♓	♈ ab 13.30 ♉
15	♏	♐ ab 08.26 ♑	♑	♒ ab 22.14 ♓	♓ ab 18.16 ♈	♉
16	♏ ab 16.40 ♐	♑	♑	♓	♈	♉ ab 21.27 ♊
17	♐	♑ ab 20.26 ♒	♑ ab 02.35 ♒	♓	♈	♊
18	♐	♒	♒	♓ ab 10.28 ♈	♈ ab 04.50 ♉	♊
19	♐ ab 02.45 ♑	♒	♒ ab 15.19 ♓	♈	♉	♊ ab 02.06 ♋
20	♑	♒ ab 09.06 ♓	♓	♈ ab 21.01 ♉	♉ ab 12.40 ♊	♋
21	♑ ab 14.27 ♒	♓	♓	♉	♊	♋ ab 04.29 ♌
22	♒	♓ ab 21.31 ♈	♓ ab 03.34 ♈	♉	♊ ab 18.01 ♋	♌
23	♒	♈	♈	♉ ab 05.28 ♊	♋	♌ ab 06.08 ♍
24	♒ ab 02.59 ♓	♈	♈ ab 14.32 ♉	♊	♋ ab 21.37 ♌	♍
25	♓	♈ ab 08.54 ♉	♉	♊ ab 11.48 ♋	♌	♍ ab 08.23 ♎
26	♓ ab 15.33 ♈	♉	♉ ab 23.42 ♊	♋	♌	♎
27	♈	♉ ab 18.03 ♊	♊	♋ ab 16.10 ♌	♌ ab 00.23 ♍	♎ ab 12.04 ♏
28	♈	♊	♊	♌	♍	♏
29	♈ ab 02.43 ♉		♊ ab 06.24 ♋	♌ ab 18.50 ♍	♍ ab 03.00 ♎	♏ ab 17.32 ♐
30	♉		♋	♍	♎	♐
31	♉ ab 10.44 ♊		♋ ab 10.12 ♌		♎ ab 06.12 ♏	

	Juli	August	September	Oktober	November	Dezember
Tag	Mond im	Mond im	Mond im	Mond im	Mond im	Mond im
1	♐	♒	♓ ab 23.28 ♈	♈ ab 17.48 ♉	♊	♋
2	♐ ab 00.52 ♑	♒	♈	♉	♊ ab 18.43 ♋	♋ ab 06.02 ♌
3	♑	♒ ab 04.36 ♓	♈	♉	♋	♌
4	♑ ab 10.15 ♒	♓	♈ ab 12.00 ♉	♉ ab 04.44 ♊	♋	♌ ab 09.49 ♍
5	♒	♓ ab 17.15 ♈	♉	♊	♋ ab 00.37 ♌	♍
6	♒ ab 21.40 ♓	♈	♉ ab 22.53 ♊	♊ ab 13.13 ♋	♌	♍ ab 12.44 ♎
7	♓	♈	♊	♋	♌ ab 04.10 ♍	♎
8	♓	♈ ab 05.38 ♉	♊	♋ ab 18.25 ♌	♍	♎ ab 15.18 ♏
9	♓ ab 10.16 ♈	♉	♊ ab 06.27 ♋	♌	♍ ab 05.55 ♎	♏
10	♈	♉ ab 15.39 ♊	♋	♌ ab 20.27 ♍	♎	♏ ab 18.14 ♐
11	♈ ab 22.04 ♉	♊	♋ ab 10.01 ♌	♍	♎ ab 06.54 ♏	♐
12	♉	♊ ab 21.42 ♋	♌	♍ ab 20.30 ♎	♏	♐ ab 22.31 ♑
13	♉	♋	♌ ab 10.26 ♍	♎	♏ ab 08.37 ♐	♑
14	♉ ab 06.52 ♊	♋ ab 23.51 ♌	♍	♎ ab 20.22 ♏	♐	♑
15	♊	♌	♍ ab 09.33 ♎	♏	♐ ab 12.37 ♑	♑ ab 05.20 ♒
16	♊ ab 11.45 ♋	♌ ab 23.35 ♍	♎	♏ ab 22.00 ♐	♑	♒
17	♋	♍	♎ ab 09.35 ♏	♐	♑ ab 20.04 ♒	♒ ab 15.18 ♓
18	♋ ab 13.28 ♌	♍ ab 23.06 ♎	♏	♐	♒	♓
19	♌	♎	♏ ab 12.22 ♐	♐ ab 02.56 ♑	♒	♓
20	♌ ab 13.47 ♍	♎	♐	♑	♒ ab 06.53 ♓	♓ ab 03.40 ♈
21	♍	♎ ab 00.25 ♏	♐ ab 18.53 ♑	♑ ab 11.41 ♒	♓	♈
22	♍ ab 14.39 ♎	♏	♑	♒	♓ ab 19.32 ♈	♈ ab 16.08 ♉
23	♎	♏ ab 04.51 ♐	♑	♒ ab 23.21 ♓	♈	♉
24	♎ ab 17.32 ♏	♐	♑ ab 04.48 ♒	♓	♈	♉
25	♏	♐ ab 12.37 ♑	♒	♓	♈ ab 07.37 ♉	♉ ab 02.14 ♊
26	♏ ab 23.05 ♐	♑	♒ ab 16.49 ♓	♓ ab 12.04 ♈	♉	♊
27	♐	♑ ab 22.56 ♒	♓	♈	♉ ab 17.31 ♊	♊ ab 08.59 ♋
28	♐	♒	♓	♈	♊	♋
29	♐ ab 07.05 ♑	♒	♓ ab 05.30 ♈	♈ ab 00.06 ♉	♊	♋ ab 12.58 ♌
30	♑	♒ ab 10.49 ♓	♈	♉	♊ ab 00.50 ♋	♌
31	♑ ab 17.02 ♒	♓		♉ ab 10.28 ♊		♌ ab 15.34 ♍

1967

Tag	Januar Mond im	Februar Mond im	März Mond im	April Mond im	Mai Mond im	Juni Mond im
1	♍	♎ ab 02.44 ♏	♏	♐ ab 01.11 ♑	♒	♓ ab 21.07 ♈
2	♍ ab 18.04 ♎	♏	♏ ab 12.53 ♐	♑	♒	♈
3	♎	♏ ab 06.56 ♐	♐	♑ ab 08.49 ♒	♒ ab 01.48 ♓	♈
4	♎ ab 21.17 ♏	♐	♐ ab 18.36 ♑	♒	♓	♈ ab 10.05 ♉
5	♏	♐ ab 13.11 ♑	♑	♒ ab 19.29 ♓	♓ ab 14.10 ♈	♉
6	♏	♑	♑	♓	♈	♉ ab 21.53 ♊
7	♏ ab 01.28 ♐	♑ ab 21.17 ♒	♑ ab 03.04 ♒	♓	♈	♊
8	♐	♒	♒	♓ ab 07.57 ♈	♈ ab 03.10 ♉	♊
9	♐ ab 06.54 ♑	♒	♒ ab 13.42 ♓	♈	♉	♊ ab 07.18 ♋
10	♑	♒ ab 07.19 ♓	♓	♈ ab 20.57 ♉	♉ ab 15.09 ♊	♋
11	♑ ab 14.06 ♒	♓	♓	♉	♊	♋ ab 14.19 ♌
12	♒	♓ ab 19.17 ♈	♓ ab 01.53 ♈	♉	♊	♌
13	♒ ab 23.45 ♓	♈	♈	♉ ab 09.15 ♊	ab c01.11 ♋	♌ ab 19.24 ♍
14	♓	♈	♈ ab 14.55 ♉	♊	♋	♍
15	♓	♓ ab 08.19 ♉	♉	♊ ab 19.37 ♋	♋ ab 08.49 ♌	♍ ab 22.59 ♎
16	♓ ab 11.48 ♈	♉	♉	♋	♌	♎
17	♈	♉ ab 20.16 ♊	♉ ab 03.20 ♊	♋	♌ ab 13.52 ♍	♎
18	♈	♊	♊	♋ ab 02.55 ♌	♍	♎ ab 01.26 ♏
19	♈ ab 00.40 ♉	♊	♊ ab 13.10 ♋	♌	♍ ab 16.31 ♎	♏
20	♉	♊ ab 04.48 ♋	♋	♌ ab 06.43 ♍	♎	♏ ab 03.20 ♐
21	♉ ab 11.39 ♊	♋	♋ ab 19.04 ♌	♍	♎ ab 17.30 ♏	♐
22	♊	♋ ab 09.05 ♌	♌	♍ ab 07.42 ♎	♏	♐ ab 05.47 ♑
23	♊ ab 18.51 ♋	♌	♌ ab 21.09 ♍	♎	♏ ab 18.06 ♐	♑
24	♋	♌ ab 10.04 ♍	♍	♎ ab 07.19 ♏	♐	♑ ab 10.11 ♒
25	♋ ab 22.21 ♌	♍	♍ ab 20.51 ♎	♏	♐ ab 19.59 ♑	♒
26	♌	♍ ab 09.45 ♎	♎	♏ ab 07.27 ♐	♑	♒ ab 17.50 ♓
27	♌ ab 23.37 ♍	♎	♎ ab 20.11 ♏	♐	♑	♓
28	♍	♎ ab 10.10 ♏	♏	♐ ab 09.54 ♑	♑ ab 00.44 ♒	♓
29	♍		♏ ab 21.09 ♐	♑	♒	♓ ab 04.53 ♈
30	♍ ab 00.33 ♎		♐	♑ ab 15.58 ♒	♒ ab 09.19 ♓	♈
31	♎		♐		♓	

Tag	Juli Mond im	August Mond im	September Mond im	Oktober Mond im	November Mond im	Dezember Mond im
1	♈ ab 17.43 ♉	♊	♋ ab 15.09 ♌	♌ ab 04.39 ♍	♎ ab 16.27 ♏	♏ ab 03.11 ♐
2	♉	♊ ab 23.32 ♋	♌	♍	♏	♐
3	♉	♋	♌ ab 18.08 ♍	♍ ab 05.35 ♎	♏ ab 15.52 ♐	♐ ab 03.25 ♑
4	♉ ab 05.39 ♊	♋	♍	♎	♐	♑
5	♊	♋ ab 05.27 ♌	♍ ab 19.04 ♎	♎ ab 05.15 ♏	♐ ab 16.45 ♑	♑ ab 05.57 ♒
6	♊ ab 14.48 ♋	♌	♎	♏	♑	♒
7	♋	♌ ab 08.36 ♍	♎ ab 19.45 ♏	♏ ab 05.33 ♐	♑ ab 20.46 ♒	♒ ab 12.20 ♓
8	♋ ab 20.59 ♌	♍	♏	♐	♒	♓
9	♌	♍ ab 10.35 ♎	♏ ab 21.40 ♐	♐ ab 08.04 ♑	♒	♓ ab 22.44 ♈
10	♌	♎	♐	♑	♒ ab 04.43 ♓	♈
11	♌ ab 01.08 ♍	♎ ab 12.45 ♏	♐	♑ ab 13.46 ♒	♓	♈
12	♍	♏	♐ ab 01.43 ♑	♒	♓ ab 15.59 ♈	♈ ab 11.32 ♉
13	♍ ab 04.20 ♎	♏ ab 15.53 ♐	♑	♒ ab 22.38 ♓	♈	♉
14	♎	♐	♑ ab 08.09 ♒	♓	♈	♉
15	♎ ab 07.18 ♏	♐ ab 20.19 ♑	♒	♓	♈ ab 04.53 ♉	♉ ab 00.19 ♊
16	♏	♑	♒ ab 16.53 ♓	♓ ab 09.58 ♈	♉	♊
17	♏ ab 10.23 ♐	♑	♓	♈	♉ ab 17.41 ♊	♊ ab 11.23 ♋
18	♐	♑ ab 02.17 ♒	♓	♈ ab 22.42 ♉	♊	♋
19	♐ ab 14.00 ♑	♒	♓ ab 03.47 ♈	♉	♊	♋ ab 20.21 ♌
20	♑	♒ ab 10.18 ♓	♈	♉	♊ ab 05.13 ♋	♌
21	♑ ab 19.00 ♒	♓	♈ ab 16.21 ♉	♉ ab 11.39 ♊	♋	♌
22	♒	♓ ab 20.48 ♈	♉	♊	♋ ab 14.48 ♌	♌ ab 03.22 ♍
23	♒	♈	♉	♊ ab 23.28 ♋	♌	♍
24	♒ ab 02.29 ♓	♈	♉ ab 05.22 ♊	♋	♌ ab 21.46 ♍	♍ ab 08.27 ♎
25	♓	♈ ab 09.22 ♉	♊	♋	♍	♎
26	♓ ab 13.01 ♈	♉	♊ ab 16.46 ♋	♋ ab 08.41 ♌	♍	♎ ab 11.36 ♏
27	♈	♉ ab 22.09 ♊	♋	♌	♍ ab 01.49 ♎	♏
28	♈	♊	♋	♌ ab 14.20 ♍	♎	♏ ab 13.10 ♐
29	♈ ab 01.41 ♉	♊	♋ ab 00.42 ♌	♍	♎ ab 03.14 ♏	♐
30	♉	♊ ab 08.35 ♋	♌	♍ ab 16.32 ♎	♏	♐ ab 14.11 ♑
31	♉ ab 14.01 ♊	♋		♎		♑

1968

	Januar	Februar	März	April	Mai	Juni
Tag	Mond im	Mond im	Mond im	Mond im	Mond im	Mond im
1	♑ ab 16.24 ♒	♓	♓ ab 00.15 ♈	♉	♊	♌
2	♒	♓ ab 15.40 ♈	♈	♉ ab 07.41 ♊	♊ ab 02.50 ♋	♌
3	♒ ab 21.36 ♓	♈	♈ ab 11.28 ♉	♊	♋	♌ ab 04.53 ♍
4	♓	♈	♉	♊ ab 20.13 ♋	♋ ab 13.54 ♌	♍
5	♓	♈ ab 03.16 ♉	♉	♋	♌	♍ ab 10.50 ♎
6	♓ ab 06.46 ♈	♉	♉ ab 00.17 ♊	♋	♌ ab 21.59 ♍	♎
7	♈	♉ ab 16.09 ♊	♊	♋ ab 06.29 ♌	♍	♎ ab 13.31 ♏
8	♈ ab 19.03 ♉	♊	♊ ab 12.22 ♋	♌	♍	♏
9	♉	♊	♋	♌ ab 13.04 ♍	♍ ab 02.21 ♎	♏ ab 13.43 ♐
10	♉	♊ ab 03.35 ♋	♋ ab 21.28 ♌	♍	♎	♐
11	♉ ab 07.55 ♊	♋	♌	♍ ab 16.01 ♎	♎ ab 03.30 ♏	♐ ab 13.06 ♑
12	♊	♋ ab 11.50 ♌	♌	♎	♏	♑
13	♊ ab 18.54 ♋	♌	♌ ab 02.52 ♍	♎ ab 16.32 ♏	♏ ab 02.54 ♐	♑ ab 13.47 ♒
14	♋	♌ ab 17.03 ♍	♍	♏	♐	♒
15	♋	♍	♍ ab 05.24 ♎	♏ ab 16.24 ♐	♐ ab 02.31 ♑	♒ ab 17.43 ♓
16	♋ ab 03.10 ♌	♍ ab 20.22 ♎	♎	♐	♑	♓
17	♌	♎	♎ ab 06.34 ♏	♐ ab 17.23 ♑	♑ ab 04.22 ♒	♓
18	♌ ab 09.11 ♍	♎ ab 23.00 ♏	♏	♑	♒	♓ ab 01.50 ♈
19	♍	♏	♏ ab 07.54 ♐	♑ ab 20.58 ♒	♒ ab 09.53 ♓	♈
20	♍ ab 13.48 ♎	♏	♐	♒	♓	♈ ab 13.26 ♉
21	♎	♏ ab 01.48 ♐	♐ ab 10.35 ♑	♒	♓ ab 19.15 ♈	♉
22	♎ ab 17.28 ♏	♐	♑	♒ ab 03.46 ♓	♈	♉
23	♏	♐ ab 05.12 ♑	♑ ab 15.17 ♒	♓	♈	♉ ab 02.23 ♊
24	♏ ab 20.24 ♐	♑	♒	♓ ab 13.33 ♈	♈ ab 07.16 ♉	♊
25	♐	♑ ab 09.37 ♒	♒ ab 22.16 ♓	♈	♉	♊ ab 14.43 ♋
26	♐ ab 22.57 ♑	♒	♓	♈	♉ ab 20.13 ♊	♋
27	♑	♒ ab 15.43 ♓	♓	♈ ab 01.23 ♉	♊	♋
28	♑	♓	♓ ab 07.32 ♈	♉	♊	♋ ab 01.31 ♌
29	♑ ab 02.06 ♒	♓	♈	♉ ab 14.12 ♊	♊ ab 08.43 ♋	♌
30	♒		♈ ab 18.55 ♉	♊	♋	♌ ab 10.27 ♍
31	♒ ab 07.16 ♓		♉		♋ ab 19.54 ♌	

	Juli	August	September	Oktober	November	Dezember
Tag	Mond im	Mond im	Mond im	Mond im	Mond im	Mond im
1	♍	♎ ab 03.12 ♏	♐ ab 14.22 ♑	♒	♓ ab 17.51 ♈	♈ ab 09.58 ♉
2	♍ ab 17.10 ♎	♏	♑	♒	♈	♉
3	♎	♏ ab 06.11 ♐	♑ ab 17.20 ♒	♒ ab 04.21 ♓	♈	♉ ab 22.06 ♊
4	♎ ab 21.21 ♏	♐	♒	♓	♈ ab 04.02 ♉	♊
5	♏	♐ ab 07.58 ♑	♒ ab 21.28 ♓	♓ ab 11.36 ♈	♉	♊
6	♏ ab 23.05 ♐	♑	♓	♈	♉ ab 15.48 ♊	♊ ab 10.44 ♋
7	♐	♑ ab 09.38 ♒	♓	♈ ab 21.07 ♉	♊	♋
8	♐ ab 23.24 ♑	♒	♓ ab 03.50 ♈	♉	♊	♋ ab 23.03 ♌
9	♑	♒ ab 12.46 ♓	♈	♉	♊ ab 04.27 ♋	♌
10	♑	♓	♈ ab 13.06 ♉	♉ ab 08.44 ♊	♋	♌
11	♑ ab 00.04 ♒	♓ ab 18-54 ♈	♉	♊	♋ ab 16.45 ♌	♌ ab 10.00 ♍
12	♒	♈	♉	♊ ab 21.24 ♋	♌	♍
13	♒ ab 03.03 ♓	♈	♉ ab 00.55 ♊	♋	♌	♍ ab 18.09 ♎
14	♓	♈ ab 04.36 ♉	♊	♋	♌ ab 02.55 ♍	♎
15	♓ ab 09.52 ♈	♉	♊ ab 13.29 ♋	♋ ab 09.09 ♌	♍	♎ ab 22.32 ♏
16	♈	♉ ab 16.52 ♊	♋	♌	♍ ab 09.27 ♎	♏
17	♈ ab 20.31 ♉	♊	♋	♌ ab 17.59 ♍	♎	♏ ab 23.28 ♐
18	♉	♊	♋ ab 00.26 ♌	♍	♎ ab 12.06 ♏	♐
19	♉	♊ ab 05.16 ♋	♌	♍ ab 23.06 ♎	♏	♐ ab 22.33 ♑
20	♉ ab 09.13 ♊	♋	♌ ab 08.16 ♍	♎	♏ ab 12.04 ♐	♑
21	♊	♋ ab 15.40 ♌	♍	♎	♐	♑ ab 22.00 ♒
22	♊ ab 21.32 ♋	♌	♍ ab 13.00 ♎	♎ ab 01.06 ♏	♐ ab 11.20 ♑	♒
23	♋	♌ ab 23.21 ♍	♎	♏	♑	♒
24	♋	♍	♎ ab 15.39 ♏	♏ ab 01.33 ♐	♑ ab 12.03 ♒	♒ ab 00.01 ♓
25	♋ ab 07.55 ♌	♍	♏	♐	♒	♓
26	♌	♍ ab 04.45 ♎	♏ ab 17.31 ♐	♐ ab 02.14 ♑	♒ ab 15.53 ♓	♓ ab 06.03 ♈
27	♌ ab 16.10 ♍	♎	♐	♑	♓	♈
28	♍	♎ ab 08.39 ♏	♐ ab 19.45 ♑	♑ ab 04.43 ♒	♓ ab 23.26 ♈	♈ ab 15.57 ♉
29	♍ ab 22.33 ♎	♏	♑	♒	♈	♉
30	♎	♏ ab 11.41 ♐	♑ ab 23.11 ♒	♒ ab 09.55 ♓	♈	♉
31	♎	♐		♓		♉ ab 04.12 ♊

1969

Tag	Januar Mond im	Februar Mond im	März Mond im	April Mond im	Mai Mond im	Juni Mond im
1	♊	♋ ab 11.29 ♌	♌	♍ ab 21.04 ♎	♎ ab 10.50 ♏	♐ ab 22.07 ♑
2	♊ ab 16.53 ♋	♌	♌	♎	♏	♑
3	♋	♌ ab 21.41 ♍	♌ ab 05.07 ♍	♎	♏ ab 12.19 ♐	♑ ab 22.04 ♒
4	♋	♍	♍	♎ ab 01.23 ♏	♐	♒
5	♋ ab 04.55 ♌	♍	♍ ab 12.34 ♎	♏	♐ ab 12.57 ♑	♒
6	♌	♍ ab 06.01 ♎	♎	♏ ab 03.58 ♐	♑	♒ ab 00.14 ♓
7	♌ ab 15.43 ♍	♎	♎ ab 17.57 ♏	♐	♑ ab 14.28 ♒	♓
8	♍	♎ ab 12.19 ♏	♏	♐ ab 06.05 ♑	♒	♓ ab 05.37 ♈
9	♍	♏	♏ ab 21.48 ♐	♑	♒ ab 18.05 ♓	♈
10	♍ ab 00.33 ♎	♏ ab 16.24 ♐	♐	♑ ab 08.47 ♒	♓	♈ ab 14.06 ♉
11	♎	♐	♐	♒	♓	♉
12	♎ ab 06.32 ♏	♐ ab 18.29 ♑	♌ ab 00.41 ♑	♒ ab 12.42 ♓	♓ ab 00.09 ♈	♉
13	♏	♑	♑	♓	♈	♉ ab 00.49 ♊
14	♏ ab 09.19 ♐	♑ ab 19.31 ♒	♑ ab 03.10 ♒	♓ ab 18.14 ♈	♈ ab 08.29 ♉	♊
15	♐	♒	♒	♈	♉	♊ ab 12.53 ♋
16	♐ ab 09.40 ♑	♒ ab 21.04 ♓	♒ ab 06.04 ♓	♈	♉ ab 18.42 ♊	♋
17	♑	♓	♓	♈ ab 01.44 ♉	♊	♋
18	♑ ab 09.17 ♒	♓	♓ ab 10.27 ♈	♉	♊	♋ ab 01.36 ♌
19	♒	♓ ab 00.49 ♈	♈	♉ ab 11.29 ♊	♊ ab 06.31 ♋	♌
20	♒ ab 10.21 ♓	♈	♈ ab 17.21 ♉	♊	♋	♌ ab 13.54 ♍
21	♓	♈ ab 08.02 ♉	♉	♊ ab 23.18 ♋	♋ ab 19.13 ♌	♍
22	♓ ab 14.44 ♈	♉	♉	♋	♌	♍
23	♈	♉ ab 18.42 ♊	♉ ab 03.13 ♊	♋	♌	♍ ab 00.04 ♎
24	♈ ab 23.13 ♉	♊	♊	♋ ab 11.51 ♌	♌ ab 07.07 ♍	♎
25	♉	♊	♊ ab 15.19 ♋	♌	♍	♎ ab 06.31 ♏
26	♉	♊ ab 07.12 ♋	♋	♌ ab 22.57 ♍	♍ ab 16.08 ♎	♏
27	♉ ab 10.54 ♊	♋	♋	♍	♎	♏ ab 09.00 ♐
28	♊	♋ ab 19.12 ♌	♋ ab 03.37 ♌	♍	♎ ab 21.06 ♏	♐
29	♊ ab 23.37 ♋		♌	♍ ab 06.44 ♎	♏	♐ ab 08.45 ♑
30	♋		♌ ab 13.54 ♍	♎	♏ ab 22.31 ♐	♑
31	♋		♍		♐	

Tag	Juli Mond im	August Mond im	September Mond im	Oktober Mond im	November Mond im	Dezember Mond im
1	♑ ab 07.50 ♒	♓ ab 20.55 ♈	♉	♊	♋ ab 12.35 ♌	♌ ab 09.14 ♍
2	♒	♈	♉ ab 20.24 ♊	♊ ab 15.53 ♋	♌	♍
3	♒ ab 08.27 ♓	♈	♊	♋	♌	♍ ab 20.17 ♎
4	♓	♈ ab 03.02 ♉	♊	♋	♌ ab 01.01 ♍	♎
5	♓ ab 12.17 ♈	♉	♊ ab 07.58 ♋	♋ ab 04.26 ♌	♍	♎
6	♈	♉ ab 12.50 ♊	♋	♌	♍ ab 10.59 ♎	♎ ab 03.31 ♏
7	♈ ab 19.54 ♉	♊	♋ ab 20.37 ♌	♌ ab 16.22 ♍	♎	♏
8	♉	♊	♌	♍	♎ ab 17.18 ♏	♏ ab 06.43 ♐
9	♉	♊ ab 00.58 ♋	♌	♍	♏	♐
10	♉ ab 06.32 ♊	♋	♌ ab 08.21 ♍	♍ ab 01.49 ♎	♏ ab 20.31 ♐	♐ ab 07.21 ♑
11	♊	♋ ab 13.39 ♌	♍	♎	♐	♑
12	♊ ab 18.48 ♋	♌	♍ ab 18.02 ♎	♎ ab 08.19 ♏	♐ ab 22.09 ♑	♑ ab 07.28 ♒
13	♋	♌	♎	♏	♑	♒
14	♋	♌ ab 01.33 ♍	♎	♏ ab 12.34 ♐	♑ ab 23.53 ♒	♒ ab 08.57 ♓
15	♋ ab 07.30 ♌	♍	♎ ab 01.26 ♏	♐	♒	♓
16	♌	♍ ab 11.51 ♎	♏	♐ ab 15.36 ♑	♒	♓ ab 12.56 ♈
17	♌ ab 19.43 ♍	♎	♏ ab 06.43 ♐	♑	♒ ab 02.53 ♓	♈
18	♍	♎ ab 19.54 ♏	♐	♑ ab 18.22 ♒	♓	♈ ab 19.36 ♉
19	♍	♏	♐ ab 10.14 ♑	♒	♓ ab 07.32 ♈	♉
20	♍ ab 06.20 ♎	♏	♑	♒ ab 21.26 ♓	♈	♉
21	♎	♏ ab 01.13 ♐	♑ ab 12.32 ♒	♓	♈ ab 13.53 ♉	♉ ab 04.28 ♊
22	♎ ab 14.04 ♏	♐	♒	♓	♉	♊
23	♏	♐ ab 03.49 ♑	♒ ab 14.23 ♓	♓ ab 01.18 ♈	♉ ab 21.59 ♊	♊ ab 15.09 ♋
24	♏ ab 18.11 ♐	♑	♓	♈	♊	♋
25	♐	♑ ab 04.36 ♒	♓ ab 16.56 ♈	♈ ab 06.33 ♉	♊	♋
26	♐ ab 19.10 ♑	♒	♈	♉	♊ ab 08.11 ♋	♋ ab 03.22 ♌
27	♑	♒ ab 05.04 ♓	♈ ab 21.29 ♉	♉ ab 14.01 ♊	♋	♌
28	♑ ab 18.35 ♒	♓	♉	♊	♋ ab 20.23 ♌	♌ ab 16.21 ♍
29	♒	♓ ab 06.58 ♈	♉	♊	♌	♍
30	♒ ab 18.31 ♓	♈	♉ ab 05.06 ♊	♊ ab 00.13 ♋	♌	♍
31	♓	♈ ab 11.51 ♉		♋		♍ ab 04.19 ♎

1970

	Januar	Februar	März	April	Mai	Juni
Tag	Mond im	Mond im	Mond im	Mond im	Mond im	Mond im
1	♎	♏ ab 02.50 ♐	♐	♒	♓	♉
2	♎ ab 13.04 ♏	♐	♐ ab 13.55 ♑	♒	♓ ab 10.33 ♈	♉
3	♏	♐ ab 05.22 ♑	♑	♒ ab 01.01 ♓	♈	♉ ab 03.10 ♊
4	♏ ab 17.33 ♐	♑	♑ ab 15.35 ♒	♓	♈ ab 14.05 ♉	♊
5	♐	♑ ab 05.20 ♒	♒	♓ ab 02.32 ♈	♉	♊ ab 11.26 ♋
6	♐ ab 18.30 ♑	♒	♒ ab 15.49 ♓	♈	♉ ab 19.18 ♊	♋
7	♑	♒ ab 04.38 ♓	♓	♈ ab 05.03 ♉	♊	♋ ab 22.17 ♌
8	♑ ab 17.48 ♒	♓	♓ ab 16.17 ♈	♉	♊	♌
9	♒	♓ ab 05.18 ♈	♈	♉ ab 10.02 ♊	♊ ab 03.17 ♋	♌
10	♒ ab 17.37 ♓	♈	♈ ab 18.44 ♉	♊	♋	♌ ab 11.02 ♍
11	♓	♈ ab 09.00 ♉	♉	♊ ab 18.34 ♋	♋ ab 14.22 ♌	♍
12	♓ ab 19.48 ♈	♉	♉	♋	♌	♍ ab 23.28 ♎
13	♈	♉ ab 16.30 ♊	♉ ab 00.37 ♊	♋	♌	♎
14	♈	♊	♊	♋ ab 06.16 ♌	♌ ab 03.11 ♍	♎
15	♈ ab 01.21 ♉	♊	♊ ab 10.19 ♋	♌	♍	♎ ab 09.02 ♏
16	♉	♊ ab 03.17 ♋	♋	♌ ab 19.08 ♍	♍ ab 15.03 ♎	♏
17	♉ ab 10.07 ♊	♋	♋ ab 22.40 ♌	♍	♎	♏ ab 14.39 ♐
18	♊	♋ ab 15.54 ♌	♌	♍	♎ ab 23.50 ♏	♐
19	♊ ab 21.14 ♋	♌	♌	♍ ab 06.35 ♎	♏	♐ ab 17.05 ♑
20	♋	♌	♌ ab 11.30 ♍	♎	♏	♑
21	♋	♌ ab 04.42 ♍	♍	♎ ab 15.16 ♏	♏ ab 05.12 ♐	♑ ab 18.01 ♒
22	♋ ab 09.41 ♌	♍	♍ ab 22.57 ♎	♏	♐	♒
23	♌	♍ ab 16.30 ♎	♎	♏ ab 21.15 ♐	♐ ab 08.14 ♑	♒ ab 19.12 ♓
24	♌ ab 22.33 ♍	♎	♎	♐	♑	♓
25	♍	♎	♎ ab 08.11 ♏	♐	♑ ab 10.26 ♒	♓ ab 21.53 ♈
26	♍	♎ ab 02.24 ♏	♏	♐ ab 01.27 ♑	♒	♈
27	♍ ab 10.43 ♎	♏	♏ ab 15.07 ♐	♑	♒ ab 12.59 ♓	♈
28	♎	♏ ab 09.39 ♐	♐	♑ ab 04.44 ♒	♓	♈ ab 02.35 ♉
29	♎ ab 20.35 ♏		♐ ab 20.01 ♑	♒	♓ ab 16.27 ♈	♉
30	♏		♑	♒ ab 07.38 ♓	♈	♉ ab 09.25 ♊
31	♏		♑ ab 23.09 ♒		♈ ab 21.04 ♉	

	Juli	August	September	Oktober	November	Dezember
Tag	Mond im	Mond im	Mond im	Mond im	Mond im	Mond im
1	♊	♋ ab 11.45 ♌	♍	♎	♏ ab 03.25 ♐	♑
2	♊ ab 18.21 ♋	♌	♍ ab 19.26 ♎	♎ ab 12.36 ♏	♐	♑ ab 19.45 ♒
3	♋	♌	♎	♏	♐ ab 09.33 ♑	♒
4	♋	♌ ab 00.35 ♍	♎	♏ ab 21.32 ♐	♑	♒ ab 22.56 ♓
5	♋ ab 05.26 ♌	♍	♎ ab 06.55 ♏	♐	♑ ab 14.11 ♒	♓
6	♌	♍ ab 13.33 ♎	♏	♐	♒	♓
7	♌ ab 18.12 ♍	♎	♏ ab 15.59 ♐	♐ ab 04.11 ♑	♒ ab 17.33 ♓	♓ ab 02.04 ♈
8	♍	♎	♐	♑	♓	♈
9	♍	♎ ab 00.57 ♏	♐ ab 21.52 ♑	♑ ab 08.26 ♒	♓ ab 19.52 ♈	♈ ab 05.25 ♉
10	♍ ab 07.03 ♎	♏	♑	♒	♈	♉
11	♎	♏ ab 09.08 ♐	♑	♒ ab 10.31 ♓	♈ ab 21.51 ♉	♉ ab 09.34 ♊
12	♎ ab 17.41 ♏	♐	♑ ab 00.34 ♒	♓	♉	♊
13	♏	♐ ab 13.25 ♑	♒	♓ ab 11.13 ♈	♉	♊ ab 15.33 ♋
14	♏	♑	♒ ab 00.58 ♓	♈	♉ ab 00.49 ♊	♋
15	♏ ab 00.26 ♐	♑ ab 14.31 ♒	♓	♈ ab 12.00 ♉	♊	♋
16	♐	♒	♓ ab 00.36 ♈	♉	♊ ab 06.24 ♋	♋ ab 00.22 ♌
17	♐ ab 03.20 ♑	♒ ab 14.02 ♓	♈	♉ ab 14.44 ♊	♋	♌
18	♑	♓	♈ ab 01.21 ♉	♊	♋ ab 15.36 ♌	♌ ab 12.05 ♍
19	♑ ab 03.45 ♒	♓ ab 13.51 ♈	♉	♊ ab 20.59 ♋	♌	♍
20	♒	♈	♉ ab 05.02 ♊	♋	♌	♍
21	♒ ab 03.37 ♓	♈ ab 15.46 ♉	♊	♋	♌ ab 03.50 ♍	♍ ab 01.02 ♎
22	♓	♉	♊ ab 12.41 ♋	♋ ab 07.13 ♌	♍	♎
23	♓ ab 04.43 ♈	♉ ab 21.04 ♊	♋	♌	♍ ab 16.40 ♎	♎ ab 12.28 ♏
24	♈	♊	♋ ab 23.55 ♌	♌ ab 19.58 ♍	♎	♏
25	♈ ab 08.19 ♉	♊	♌	♍	♎	♏ ab 20.28 ♐
26	♉	♊ ab 05.59 ♋	♌	♍	♎ ab 03.25 ♏	♐
27	♉ ab 14.53 ♊	♋	♌ ab 12.54 ♍	♍ ab 08.37 ♎	♏	♐
28	♊	♋ ab 17.39 ♌	♍	♎	♏ ab 11.03 ♐	♐ ab 01.02 ♑
29	♊	♌	♍	♎ ab 19.15 ♏	♐	♑
30	♊ ab 00.14 ♋	♌	♍ ab 01.34 ♎	♏	♐ ab 16.06 ♑	♑ ab 03.24 ♒
31	♋	♌ ab 06.36 ♍		♏		♒

1971

Tag	Januar Mond im	Februar Mond im	März Mond im	April Mond im	Mai Mond im	Juni Mond im
1	♒ ab 05.08 ♓	♈ ab 16.49 ♉	♈ ab 00.55 ♉	♊ ab 17.51 ♋	♋ ab 10.35 ♌	♍
2	♓	♉	♉	♋	♌	♍ ab 18.27 ♎
3	♓ ab 07.27 ♈	♉ ab 21.35 ♊	♉ ab 04.02 ♊	♋	♌ ab 22.04 ♍	♎
4	♈	♊	♊	♋ ab 03.06 ♌	♍	♎
5	♈ ab 11.01 ♉	♊	♊ ab 10.48 ♋	♌	♍	♎ ab 06.37 ♏
6	♉	♊ ab 05.07 ♋	♋	♌ ab 15.17 ♍	♍ ab 11.00 ♎	♏
7	♉ ab 16.09 ♊	♋	♋ ab 20.56 ♌	♍	♎	♏ ab 16.29 ♐
8	♊	♋ ab 15.07 ♌	♌	♍	♎ ab 23.04 ♏	♐
9	♊ ab 23.09 ♋	♌	♌	♍ ab 04.17 ♎	♏	♐ ab 23.46 ♑
10	♋	♌	♌ ab 09.11 ♍	♎	♏	♑
11	♋	♌ ab 02.58 ♍	♍	♎ ab 16.28 ♏	♏ ab 09.08 ♐	♑
12	♋ ab 08.25 ♌	♍	♍ ab 22.06 ♎	♏	♐	♑ ab 05.03 ♒
13	♌	♍ ab 15.51 ♎	♎	♏	♐ ab 17.10 ♑	♒
14	♌ ab 19.58 ♍	♎	♎	♏ ab 03.04 ♐	♑	♒ ab 09.02 ♓
15	♍	♎	♎ ab 10.32 ♏	♐	♑ ab 23.20 ♒	♓
16	♍	♎ ab 04.22 ♏	♏	♐ ab 11.39 ♑	♒	♓ ab 12.06 ♈
17	♍ ab 08.54 ♎	♏	♏ ab 21.24 ♐	♑	♒	♈
18	♎	♏ ab 14.46 ♐	♐	♑ ab 17.46 ♒	♒ ab 03.40 ♓	♈ ab 14.39 ♉
19	♎ ab 21.04 ♏	♐	♐	♒	♓	♉
20	♏	♐ ab 21.37 ♑	♐ ab 05.38 ♑	♒ ab 21.08 ♓	♓ ab 06.12 ♈	♉ ab 17.24 ♊
21	♏	♑	♑	♓	♈	♊
22	♏ ab 06.16 ♐	♑	♑ ab 10.29 ♒	♓ ab 22.09 ♈	♈ ab 07.32 ♉	♊ ab 21.31 ♋
23	♐	♑ ab 00.44 ♒	♒	♈	♉	♋
24	♐ ab 11.33 ♑	♒	♒ ab 12.08 ♓	♈ ab 22.07 ♉	♉ ab 09.02 ♊	♋
25	♑	♒ ab 01.01 ♓	♓	♉	♊	♋ ab 04.13 ♌
26	♑ ab 13.37 ♒	♓	♓ ab 11.46 ♈	♉ ab 22.59 ♊	♊ ab 12.27 ♋	♌
27	♒	♓ ab 00.30 ♈	♈	♊	♋	♌ ab 14.07 ♍
28	♒ ab 14.02 ♓	♈	♈ ab 11.16 ♉	♊	♋ ab 19.17 ♌	♍
29	♓		♉	♊ ab 02.44 ♋	♌	♍
30	♓ ab 14.37 ♈		♉ ab 12.44 ♊	♋	♌	♏ ab 02.23 ♎
31	♈		♊		♌ ab 05.49 ♍	

Tag	Juli Mond im	August Mond im	September Mond im	Oktober Mond im	November Mond im	Dezember Mond im
1	♎	♏ ab 09.50 ♐	♑	♒ ab 20.37 ♓	♈	♉ ab 17.26 ♊
2	♎ ab 14.47 ♏	♐	♑ ab 08.05 ♒	♓	♈ ab 06.56 ♉	♊
3	♏	♐ ab 17.32 ♑	♒	♓ ab 20.41 ♈	♉	♊ ab 18.52 ♋
4	♏	♑	♒ ab 09.51 ♓	♈	♉ ab 06.28 ♊	♋
5	♏ ab 00.59 ♐	♑ ab 21.47 ♒	♓	♈ ab 19.42 ♉	♊	♋ ab 23.17 ♌
6	♐	♒	♓ ab 09.44 ♈	♉	♊ ab 08.15 ♋	♌
7	♐ ab 08.04 ♑	♒ ab 23.35 ♓	♈	♉ ab 19.54 ♊	♋	♌
8	♑	♓	♈ ab 09.38 ♉	♊	♋ ab 13.57 ♌	♌ ab 07.41 ♍
9	♑ ab 12.27 ♒	♓	♉	♊ ab 23.11 ♋	♌	♍
10	♒	♓ ab 00.27 ♈	♉ ab 11.26 ♊	♋	♌ ab 23.45 ♍	♍ ab 19.20 ♎
11	♒ ab 15.15 ♓	♈	♊	♋	♍	♎
12	♓	♈ ab 01.56 ♉	♊ ab 16.21 ♋	♋ ab 06.31 ♌	♍	♎
13	♓ ab 17.33 ♈	♉	♋	♌	♍ ab 12.06 ♎	♎ ab 08.02 ♏
14	♈	♉ ab 05.11 ♊	♋	♌ ab 17.17 ♍	♎	♏
15	♈ ab 20.11 ♉	♊	♋ ab 00.38 ♌	♍	♎	♏ ab 19.38 ♐
16	♉	♊ ab 10.50 ♋	♌	♍	♎ ab 00.50 ♏	♐
17	♉ ab 23.47 ♊	♋	♌ ab 11.29 ♍	♍ ab 05.48 ♎	♏	♐
18	♊	♋ ab 18.58 ♌	♍	♎	♏ ab 12.30 ♐	♐ ab 05.08 ♑
19	♊	♌	♍ ab 23.48 ♎	♎ ab 18.31 ♏	♐	♑
20	♊ ab 04.57 ♋	♌	♎	♏	♐ ab 22.37 ♑	♑ ab 12.33 ♒
21	♋	♌ ab 05.19 ♍	♎	♏	♑	♒
22	♋ ab 12.17 ♌	♍	♎ ab 12.34 ♏	♏ ab 06.32 ♐	♑	♒ ab 18.10 ♓
23	♌	♍ ab 17.23 ♎	♏	♐	♑ ab 06.53 ♒	♓
24	♌ ab 22.10 ♍	♎	♏	♐ ab 17.06 ♑	♒	♓ ab 22.10 ♈
25	♍	♎	♏ ab 00.44 ♐	♑	♒ ab 12.48 ♓	♈
26	♍	♎ ab 06.10 ♏	♐	♑	♓	♈
27	♍ ab 10.12 ♎	♏	♐ ab 10.53 ♑	♑ ab 01.12 ♒	♓ ab 16.04 ♈	♈ ab 00.46 ♉
28	♎	♏ ab 17.57 ♐	♑	♒	♈	♉
29	♎ ab 22.51 ♏	♐	♑ ab 17.39 ♒	♒ ab 05.47 ♓	♈ ab 17.09 ♉	♉ ab 02.39 ♊
30	♏	♐	♒	♓	♉	♊
31	♏	♐ ab 02.55 ♑		♓ ab 07.27 ♈		♊ ab 05.02 ♋

1972

	Januar	Februar	März	April	Mai	Juni
Tag	Mond im	Mond im	Mond im	Mond im	Mond im	Mond im
1	♋	♌ ab 01.56 ♍	♍ ab 20.01 ♎	♏	♐	♑ ab 13.16 ♒
2	♋ ab 09.22 ♌	♍	♎	♏	♐ ab 21.29 ♑	♒
3	♌	♍ ab 12.07 ♎	♎	♏ ab 03.28 ♐	♑	♒ ab 20.53 ♓
4	♌ ab 16.51 ♍	♎	♎ ab 08.01 ♏	♐	♑	♓
5	♍	♎	♏	♐ ab 15.21 ♑	♑ ab 07.36 ♒	♓
6	♍	♎ ab 00.18 ♏	♏ ab 20.37 ♐	♑	♒	♓ ab 01.28 ♈
7	♍ ab 03.34 ♎	♏	♐	♑	♒ ab 14.28 ♓	♈
8	♎	♏ ab 12.38 ♐	♐	♑ ab 00.38 ♒	♓	♈ ab 03.15 ♉
9	♎ ab 16.04 ♏	♐	♐ ab 07.50 ♑	♒	♓ ab 17.35 ♈	♉
10	♏	♐ ab 22.51 ♑	♑	♒ ab 05.58 ♓	♈	♉ ab 03.25 ♊
11	♏	♑	♑ ab 15.43 ♒	♓	♈ ab 17.48 ♉	♊
12	♏ ab 03.58 ♐	♑	♒	♓ ab 07.33 ♈	♉	♊ ab 03.45 ♋
13	♐	♑ ab 05.37 ♒	♒ ab 19.40 ♓	♈	♉ ab 16.48 ♊	♋
14	♐ ab 13.26 ♑	♒	♓	♈ ab 06.55 ♉	♊	♋ ab 06.10 ♌
15	♑	♒ ab 09.11 ♓	♓ ab 20.38 ♈	♉	♊ ab 17.17 ♋	♌
16	♑ ab 20.04 ♒	♓	♈	♉ ab 06.17 ♊	♋	♌ ab 12.04 ♍
17	♒	♓ ab 10.51 ♈	♈ ab 20.28 ♉	♊	♋ ab 20.38 ♌	♍
18	♒	♈	♉	♊ ab 07.47 ♋	♌	♍ ab 21.39 ♎
19	♒ ab 00.29 ♓	♈ ab 12.12 ♉	♉ ab 21.13 ♊	♋	♌	♎
20	♓	♉	♊	♋ ab 12.47 ♌	♌ ab 03.57 ♍	♎
21	♓ ab 03.36 ♈	♉ ab 14.36 ♊	♊	♌	♍	♎ ab 09.43 ♏
22	♈	♊	♊ ab 00.27 ♋	♌ ab 21.25 ♍	♍ ab 14.37 ♎	♏
23	♈ ab 06.18 ♉	♊ ab 18.53 ♋	♋	♍	♎	♏ ab 22.15 ♐
24	♉	♋	♋ ab 06.47 ♌	♍	♎	♐
25	♉ ab 09.14 ♊	♋	♌	♍ ab 08.35 ♎	♎ ab 03.01 ♏	♐
26	♊	♋ ab 01.15 ♌	♌ ab 15.48 ♍	♎	♏	♐ ab 09.37 ♑
27	♊ ab 13.02 ♋	♌	♍	♎ ab 20.56 ♏	♏ ab 15.34 ♐	♑
28	♋	♌ ab 09.40 ♍	♍	♏	♐	♑ ab 19.03 ♒
29	♋ ab 18.22 ♌	♍	♍ ab 02.42 ♎	♏	♐	♒
30	♌		♎	♏ ab 09.31 ♐	♐ ab 03.13 ♑	♒
31	♌		♎ ab 14.49 ♏		♑	

	Juli	August	September	Oktober	November	Dezember
Tag	Mond im	Mond im	Mond im	Mond im	Mond im	Mond im
1	♒ ab 02.19 ♓	♈ ab 15.58 ♉	♊	♋ ab 13.26 ♌	♍	♎
2	♓	♉	♊ ab 03.12 ♋	♌	♍ ab 11.28 ♎	♎ ab 04.43 ♏
3	♓ ab 07.23 ♈	♉ ab 18.34 ♊	♋	♌ ab 20.31 ♍	♎	♏
4	♈	♊	♋ ab 07.54 ♌	♍	♎ ab 22.47 ♏	♏ ab 17.23 ♐
5	♈ ab 10.25 ♉	♊ ab 21.18 ♋	♌	♍	♏	♐
6	♉	♋	♌ ab 14.16 ♍	♍ ab 05.35 ♎	♏	♐
7	♉ ab 12.05 ♊	♋	♍	♎	♏ ab 11.17 ♐	♐ ab 06.07 ♑
8	♊	♋ ab 00.57 ♌	♍ ab 22.37 ♎	♎ ab 16.28 ♏	♐	♑
9	♊ ab 13.30 ♋	♌	♎	♏	♐	♑ ab 17.54 ♒
10	♋	♌ ab 06.23 ♍	♎	♏	♐ ab 00.12 ♑	♒
11	♋ ab 16.06 ♌	♍	♎ ab 09.16 ♏	♏ ab 04.53 ♐	♑	♒
12	♌	♍ ab 14.28 ♎	♏	♐	♑ ab 12.03 ♒	♒ ab 03.33 ♓
13	♌ ab 21.17 ♍	♎	♏ ab 21.43 ♐	♐ ab 17.45 ♑	♒	♓
14	♍	♎	♐	♑	♒ ab 20.57 ♓	♓ ab 10.00 ♈
15	♍	♎ ab 01.20 ♏	♐	♑	♓	♈
16	♍ ab 05.59 ♎	♏	♐ ab 10.08 ♑	♑ ab 04.52 ♒	♓	♈ ab 13.00 ♉
17	♎	♏ ab 13.50 ♐	♑	♒	♓ ab 01.45 ♈	♉
18	♎ ab 17.17 ♏	♐	♑ ab 20.05 ♒	♒ ab 12.13 ♓	♈	♉ ab 13.25 ♊
19	♏	♐	♒	♓	♈ ab 02.53 ♉	♊
20	♏	♐ ab 01.38 ♑	♒	♓ ab 15.23 ♈	♉	♊ ab 12.57 ♋
21	♏ ab 05.47 ♐	♑	♒ ab 02.10 ♓	♈	♉ ab 02.06 ♊	♋
22	♐	♑ ab 10.44 ♒	♓	♈ ab 15.38 ♉	♊	♋ ab 13.35 ♌
23	♐ ab 17.11 ♑	♒	♓ ab 04.35 ♈	♉	♊ ab 01.32 ♋	♌
24	♑	♒ ab 16.29 ♓	♈	♉ ab 15.03 ♊	♋	♌ ab 17.03 ♍
25	♑	♓	♈ ab 05.28 ♉	♊	♋ ab 03.12 ♌	♍
26	♑ ab 02.08 ♒	♓ ab 19.41 ♈	♉	♊ ab 15.45 ♋	♌	♍
27	♒	♈	♉ ab 06.15 ♊	♋	♌ ab 08.25 ♍	♍ ab 00.22 ♎
28	♒ ab 08.29 ♓	♈ ab 21.43 ♉	♊	♋ ab 19.15 ♌	♍	♎
29	♓	♉	♊ ab 08.39 ♋	♌	♍ ab 17.16 ♎	♎ ab 11.11 ♏
30	♓ ab 12.51 ♈	♉ ab 23.56 ♊	♋	♌	♎	♏
31	♈	♊		♌ ab 02.00 ♍		♏ ab 23.52 ♐

1973

	Januar	Februar	März	April	Mai	Juni
Tag	Mond im	Mond im	Mond im	Mond im	Mond im	Mond im
1	♐	♑	♑ ab 15.23 ♒	♓	♈	♊
2	♐	♑ ab 06.56 ♒	♒	♓ ab 13.49 ♈	♈ ab 02.02 ♉	♊ ab 12.22 ♋
3	♐ ab 12.31 ♑	♒	♒ ab 23.32 ♓	♈	♉	♋
4	♑	♒ ab 15.23 ♓	♓	♈ ab 15.59 ♉	♉ ab 02.16 ♊	♋ ab 12.50 ♌
5	♑ ab 23.48 ♒	♓	♓	♉	♊	♌
6	♒	♓ ab 21.29 ♈	♓ ab 04.38 ♈	♉ ab 17.13 ♊	♊ ab 02.36 ♋	♌ ab 15.52 ♍
7	♒	♈	♈	♊	♋	♍
8	♒ ab 09.03 ♓	♈	♈ ab 07.51 ♉	♊ ab 19.05 ♋	♋ ab 04.37 ♌	♍ ab 22.16 ♎
9	♓	♈ ab 01.54 ♉	♉	♋	♌	♎
10	♓ ab 15.58 ♈	♉	♉ ab 10.31 ♊	♋ ab 22.32 ♌	♌ ab 09.13 ♍	♎
11	♈	♉ ab 05.11 ♊	♊	♌	♍	♎ ab 07.52 ♏
12	♈ ab 20.25 ♉	♊	♊ ab 13.30 ♋	♌	♍ ab 16.31 ♎	♏
13	♉	♊ ab 07.45 ♋	♋	♌ ab 03.47 ♍	♎	♏ ab 19.43 ♐
14	♉ ab 22.42 ♊	♋	♋ ab 17.08 ♌	♍	♎	♐
15	♊	♋ ab 10.13 ♌	♌	♍ ab 10.51 ♎	♎ ab 02.10 ♏	♐
16	♊ ab 23.39 ♋	♌	♌ ab 21.43 ♍	♎	♏	♐ ab 08.37 ♑
17	♋	♌ ab 13.32 ♍	♍	♎ ab 19.52 ♏	♏ ab 13.42 ♐	♑
18	♋	♍	♍	♏	♐	♑ ab 21.20 ♒
19	♋ ab 00.41 ♌	♍ ab 18.59 ♎	♍ ab 03.49 ♎	♏	♐	♒
20	♌	♎	♎	♏ ab 07.02 ♐	♐ ab 02.31 ♑	♒
21	♌ ab 03.24 ♍	♎	♎ ab 12.16 ♏	♐	♑	♒ ab 08.29 ♓
22	♍	♎ ab 03.36 ♏	♏	♐ ab 19.50 ♑	♑ ab 15.18 ♒	♓
23	♍ ab 09.17 ♎	♏	♏ ab 23.27 ♐	♑	♒	♓ ab 16.49 ♈
24	♎	♏ ab 15.15 ♐	♐	♑	♒	♈
25	♎ ab 18.53 ♏	♐	♐	♑ ab 08.22 ♒	♓ ab 02.06 ♓	♈ ab 21.38 ♉
26	♏	♐	♐ ab 12.16 ♑	♒	♓	♉
27	♏	♐ ab 04.04 ♑	♑	♒ ab 18.10 ♓	♓ ab 09.15 ♈	♉ ab 23.18 ♊
28	♏ ab 07.11 ♐	♑	♑	♓	♈	♊
29	♐		♑ ab 00.13 ♒	♓ ab 23.54 ♈	♈ ab 12.28 ♉	♊ ab 23.09 ♋
30	♐ ab 19.55 ♑		♒	♈	♉	♋
31	♑		♒ ab 08.55 ♓		♉ ab 12.53 ♊	

	Juli	August	September	Oktober	November	Dezember
Tag	Mond im	Mond im	Mond im	Mond im	Mond im	Mond im
1	♋ ab 22.56 ♌	♍	♎ ab 06.18 ♏	♏ ab 00.48 ♐	♑	♒
2	♌	♍ ab 14.13 ♎	♏	♐	♑ ab 09.59 ♒	♒ ab 05.33 ♓
3	♌	♎	♏ ab 16.25 ♐	♐ ab 13.03 ♑	♒	♓
4	♌ ab 00.31 ♍	♎ ab 21.36 ♏	♐	♑	♒ ab 21.27 ♓	♓ ab 14.51 ♈
5	♍	♏	♐	♑	♓	♈
6	♍ ab 05.24 ♎	♏	♐ ab 05.02 ♑	♑ ab 01.49 ♒	♓	♈ ab 20.09 ♉
7	♎	♏ ab 08.37 ♐	♑	♒	♓ ab 05.20 ♈	♉
8	♎ ab 14.06 ♏	♐	♑ ab 17.31 ♒	♒ ab 12.24 ♓	♈	♉ ab 21.58 ♊
9	♏	♐ ab 21.30 ♑	♒	♓	♈ ab 09.26 ♉	♊
10	♏	♑	♒	♓ ab 19.29 ♈	♉	♊ ab 21.52 ♋
11	♏ ab 01.48 ♐	♑	♒ ab 03.41 ♓	♈	♉ ab 11.00 ♊	♋
12	♐	♑ ab 09.53 ♒	♓	♈ ab 23.37 ♉	♊	♋ ab 21.45 ♌
13	♐ ab 14.46 ♑	♒	♓ ab 10.57 ♈	♉	♊ ab 11.47 ♋	♌
14	♑	♒ ab 20.15 ♓	♈	♉	♋	♌ ab 23.21 ♍
15	♑	♓	♈ ab 16.00 ♉	♉ ab 02.09 ♊	♋ ab 13.20 ♌	♍
16	♑ ab 03.15 ♒	♓	♉	♊	♌	♍
17	♒	♓ ab 04.16 ♈	♉ ab 19.48 ♊	♊ ab 04.29 ♋	♌ ab 16.42 ♍	♍ ab 03.54 ♎
18	♒ ab 14.08 ♓	♈	♊	♋	♍	♎
19	♓	♈ ab 10.14 ♉	♊ ab 23.02 ♋	♋ ab 07.25 ♌	♍ ab 22.16 ♎	♎ ab 11.44 ♏
20	♓ ab 22.44 ♈	♉	♋	♌	♎	♏
21	♈	♉ ab 14.27 ♊	♋	♌ ab 11.19 ♍	♎	♏ ab 22.20 ♐
22	♈	♊	♋ ab 01.57 ♌	♍	♎ ab 06.07 ♏	♐
23	♈ ab 04.41 ♉	♊ ab 17.08 ♋	♌	♍ ab 16.29 ♎	♏	♐
24	♉	♋	♌ ab 04.59 ♍	♎	♏ ab 16.11 ♐	♐ ab 10.42 ♑
25	♉ ab 07.59 ♊	♋ ab 18.50 ♌	♍	♎ ab 23.28 ♏	♐	♑
26	♊	♌	♍ ab 09.01 ♎	♏	♐	♑ ab 23.43 ♒
27	♊ ab 09.11 ♋	♌ ab 20.34 ♍	♎	♏	♐ ab 04.13 ♑	♒
28	♋	♍	♎ ab 15.19 ♏	♏ ab 08.58 ♐	♑	♒
29	♋ ab 09.30 ♌	♍ ab 23.53 ♎	♏	♐	♑ ab 17.18 ♒	♒ ab 12.10 ♓
30	♌	♎	♏	♐ ab 20.58 ♑	♒	♓
31	♌ ab 10.35 ♍	♎		♑		♓ ab 22.35 ♈

1974

Tag	Januar Mond im	Februar Mond im	März Mond im	April Mond im	Mai Mond im	Juni Mond im
1	♈	♉ ab 17.54 ♊	♉ ab 00.11 ♊	♋ ab 12.41 ♌	♍	♎ ab 11.12 ♏
2	♈	♊	♊	♌	♍	♏
3	♈ ab 05.38 ♉	♊ ab 20.06 ♋	♊ ab 04.00 ♋	♌ ab 14.57 ♍	♍ ab 00.40 ♎	♏ ab 20.22 ♐
4	♉	♋	♋	♍	♎	♐
5	♉ ab 09.00 ♊	♋ ab 20.12 ♌	♋ ab 05.49 ♌	♍ ab 17.23 ♎	♎ ab 05.44 ♏	♐
6	♊	♌	♌	♎	♏	♐ ab 06.49 ♑
7	♊ ab 09.29 ♋	♌ ab 19.52 ♍	♌ ab 06.34 ♍	♎ ab 21.26 ♏	♏ ab 13.06 ♐	♑
8	♋	♍	♍	♏	♐	♑ ab 19.03 ♒
9	♋ ab 08.43 ♌	♍ ab 21.11 ♎	♍ ab 07.52 ♎	♏	♐ ab 23.16 ♑	♒
10	♌	♎	♎	♏ ab 04.28 ♐	♑	♒
11	♌ ab 08.42 ♍	♎	♎ ab 11.40 ♏	♐	♑	♒ ab 07.44 ♓
12	♍	♎ ab 01.58 ♏	♏	♐ ab 14.57 ♑	♑ ab 11.35 ♒	♓
13	♍ ab 11.22 ♎	♏	♏ ab 19.21 ♐	♑	♒	♓ ab 18.53 ♈
14	♎	♏ ab 11.02 ♐	♐	♑	♒	♈
15	♎ ab 17.55 ♏	♐	♐	♑ ab 03.35 ♒	♒ ab 00.04 ♓	♈
16	♏	♐ ab 23.16 ♑	♐ ab 06.42 ♑	♒	♓	♈ ab 02.47 ♉
17	♏	♑	♑	♒ ab 15.45 ♓	♓ ab 10.12 ♈	♉
18	♏ ab 04.13 ♐	♑	♑ ab 19.39 ♒	♓	♈	♉ ab 06.59 ♊
19	♐	♑ ab 12.21 ♒	♒	♓	♈ ab 17.11 ♉	♊
20	♐ ab 16.48 ♑	♒	♒	♓ ab 01.21 ♈	♉	♊ ab 08.22 ♋
21	♑	♒	♓ ab 07.34 ♓	♈	♉ ab 20.55 ♊	♋
22	♑	♒ ab 00.16 ♓	♓	♈ ab 07.54 ♉	♊	♋ ab 08.30 ♌
23	♑ ab 05.50 ♒	♓	♓ ab 17.03 ♈	♉	♊ ab 22.46 ♋	♌
24	♒	♓ ab 10.13 ♈	♈	♉ ab 12.11 ♊	♋	♌ ab 09.12 ♍
25	♒ ab 18.01 ♓	♈	♈	♊	♋	♍
26	♓	♈ ab 18.12 ♉	♈ ab 00.10 ♉	♊ ab 15.18 ♋	♋ ab 00.13 ♌	♍ ab 11.58 ♎
27	♓	♉	♉	♋	♌	♎
28	♓ ab 04.32 ♈	♉	♉ ab 05.34 ♊	♋ ab 18.04 ♌	♌ ab 02.26 ♍	♎ ab 17.41 ♏
29	♈		♊	♌	♍	♏
30	♈ ab 12.42 ♉		♊ ab 09.40 ♋	♌ ab 21.01 ♍	♍ ab 06.17 ♎	♏
31	♉		♋		♎	

Tag	Juli Mond im	August Mond im	September Mond im	Oktober Mond im	November Mond im	Dezember Mond im
1	♏ ab 02.21 ♐	♑	♒ ab 02.30 ♓	♈	♉ ab 19.24 ♊	♊ ab 07.22 ♋
2	♐	♑ ab 07.47 ♒	♓	♈	♊	♋
3	♐ ab 13.20 ♑	♒	♓ ab 13.59 ♈	♈ ab 05.40 ♉	♊	♋ ab 09.32 ♌
4	♑	♒ ab 20.27 ♓	♈	♉	♊ ab 00.02 ♋	♌
5	♑	♓	♈ ab 23.51 ♉	♉ ab 13.01 ♊	♋	♌ ab 11.41 ♍
6	♑ ab 01.42 ♒	♓	♉	♊	♋ ab 03.31 ♌	♍
7	♒	♓ ab 08.16 ♈	♉	♊ ab 18.31 ♋	♌	♍ ab 14.43 ♎
8	♒ ab 14.26 ♓	♈	♉ ab 07.37 ♊	♋	♌ ab 06.19 ♍	♎
9	♓	♈ ab 18.13 ♉	♊	♋ ab 22.03 ♌	♍	♎ ab 19.41 ♏
10	♓	♉	♊ ab 12.40 ♋	♌	♍ ab 08.59 ♎	♏
11	♓ ab 02.11 ♈	♉	♋	♌ ab 23.57 ♍	♎	♏
12	♈	♉ ab 01.16 ♊	♋ ab 14.55 ♌	♍	♎ ab 12.24 ♏	♏ ab 01.35 ♐
13	♈ ab 11.22 ♉	♊	♌	♍	♏	♐
14	♉	♊ ab 04.49 ♋	♌ ab 15.13 ♍	♍ ab 01.11 ♎	♏ ab 17.40 ♐	♐ ab 10.04 ♑
15	♉ ab 16.55 ♊	♋	♍	♎	♐	♑
16	♊	♋ ab 05.27 ♌	♍ ab 15.18 ♎	♎ ab 03.24 ♏	♐	♑ ab 20.49 ♒
17	♊ ab 18.57 ♋	♌	♎	♏	♐ ab 01.42 ♑	♒
18	♋	♌ ab 04.43 ♍	♎ ab 17.15 ♏	♏ ab 08.15 ♐	♑	♒
19	♋ ab 18.44 ♌	♍	♏	♐	♑ ab 12.39 ♒	♒ ab 09.13 ♓
20	♌	♍ ab 04.45 ♎	♏ ab 22.47 ♐	♐ ab 16.45 ♑	♒	♓
21	♌ ab 18.10 ♍	♎	♐	♑	♒	♓ ab 21.36 ♈
22	♍	♎ ab 07.38 ♏	♐	♑	♒ ab 01.12 ♓	♈
23	♍ ab 19.20 ♎	♏	♐ ab 08.22 ♑	♑ ab 04.21 ♒	♓	♈
24	♎	♏ ab 14.35 ♐	♑	♒	♓ ab 13.00 ♈	♈ ab 07.45 ♉
25	♎ ab 23.46 ♏	♐	♑ ab 20.39 ♒	♒ ab 16.57 ♓	♈	♉
26	♏	♐	♒	♓	♈ ab 22.05 ♉	♉ ab 14.16 ♊
27	♏	♐ ab 01.16 ♑	♒	♓	♉	♊
28	♏ ab 08.00 ♐	♑	♒ ab 09.15 ♓	♓ ab 04.14 ♈	♉	♊ ab 17.16 ♋
29	♐	♑ ab 13.53 ♒	♓	♈	♉ ab 03.59 ♊	♋
30	♐ ab 19.11 ♑	♒	♓ ab 20.26 ♈	♈ ab 13.01 ♉	♊	♋ ab 18.05 ♌
31	♑	♒		♉		♌

1975

	Januar	Februar	März	April	Mai	Juni
Tag	Mond im	Mond im	Mond im	Mond im	Mond im	Mond im
1	♌ ab 18.33 ♍	♎	♎ ab 15.34 ♏	♐	♑	♒ ab 02.33 ♓
2	♍	♎ ab 06.54 ♏	♏	♐ ab 12.09 ♑	♑ ab 06.34 ♒	♓
3	♍ ab 20.22 ♎	♏	♏ ab 20.06 ♐	♑	♒	♓ ab 15.02 ♈
4	♎	♏ ab 13.11 ♐	♐	♑ ab 22.46 ♒	♒ ab 18.35 ♓	♈
5	♎	♐	♐	♒	♓	♈
6	♎ ab 00.39 ♏	♐ ab 22.43 ♑	♐ ab 04.40 ♑	♒	♓	♈ ab 02.19 ♉
7	♏	♑	♑	♒ ab 11.17 ♓	♓ ab 07.03 ♈	♉
8	♏ ab 07.40 ♐	♑	♑ ab 16.10 ♒	♓	♈	♉ ab 10.50 ♊
9	♐	♑ ab 10.17 ♒	♒	♓ ab 23.45 ♈	♈ ab 18.04 ♉	♊
10	♐ ab 16.59 ♑	♒	♒	♈	♉	♊ ab 16.22 ♋
11	♑	♒ ab 22.46 ♓	♒ ab 04.50 ♓	♈	♉	♋
12	♑	♓	♓	♈ ab 10.54 ♉	♉ ab 02.45 ♊	♋ ab 19.46 ♌
13	♑ ab 04.04 ♒	♓	♓ ab 17.19 ♈	♉	♊	♌
14	♒	♓ ab 11.23 ♈	♈	♉ ab 20.15 ♊	♊ ab 09.08 ♋	♌ ab 22.11 ♍
15	♒ ab 16.24 ♓	♈	♈	♊	♋	♍
16	♓	♈ ab 23.10 ♉	♈ ab 04.53 ♉	♊	♋ ab 13.39 ♌	♍
17	♓	♉	♉	♊ ab 03.28 ♋	♌	♍ ab 00.41 ♎
18	♓ ab 05.04 ♈	♉ ab 08.35 ♊	♉ ab 14.44 ♊	♋	♌ ab 16.46 ♍	♎
19	♈	♊	♊	♋ ab 08.15 ♌	♍	♎ ab 04.00 ♏
20	♈ ab 16.22 ♉	♊	♊ ab 21.49 ♋	♌	♍ ab 19.06 ♎	♏
21	♉	♊ ab 14.19 ♋	♋	♌ ab 10.43 ♍	♎	♏ ab 08.35 ♐
22	♉	♋	♋	♍	♎ ab 21.26 ♏	♐
23	♉ ab 00.23 ♊	♋ ab 16.14 ♌	♋ ab 01.32 ♌	♍ ab 11.42 ♎	♏	♐ ab 14.57 ♑
24	♊	♌	♌	♎	♏	♑
25	♊ ab 04.21 ♋	♌ ab 15.38 ♍	♌ ab 02.22 ♍	♎ ab 12.40 ♏	♏ ab 00.52 ♐	♑ ab 23.34 ♒
26	♋	♍	♍	♏	♐	♒
27	♋ ab 05.01 ♌	♍ ab 14.39 ♎	♍ ab 01.52 ♎	♏ ab 15.20 ♐	♐ ab 06.31 ♑	♒
28	♌	♎	♎	♐	♑	♒ ab 10.34 ♓
29	♌ ab 04.14 ♍		♎ ab 02.08 ♏	♐ ab 21.09 ♑	♑ ab 15.10 ♒	♓
30	♍		♏	♑	♒	♓ ab 23.03 ♈
31	♍ ab 04.14 ♎		♏ ab 05.10 ♐		♒	

	Juli	August	September	Oktober	November	Dezember
Tag	Mond im	Mond im	Mond im	Mond im	Mond im	Mond im
1	♈	♉	♋	♌	♎	♏
2	♈	♉ ab 05.03 ♊	♋	♌ ab 11.04 ♍	♎ ab 21.08 ♏	♏ ab 08.34 ♐
3	♈ ab 10.55 ♉	♊	♋ ab 00.09 ♌	♍	♏	♐
4	♉	♊ ab 11.18 ♋	♌	♍ ab 10.39 ♎	♏ ab 22.11 ♐	♐ ab 11.59 ♑
5	♉ ab 19.59 ♊	♋	♌ ab 00.30 ♍	♎	♐	♑
6	♊	♋ ab 13.44 ♌	♍ ab 23.38 ♎	♎ ab 10.09 ♏	♐	♑ ab 18.13 ♒
7	♊	♌	♎	♏	♐ ab 01.46 ♑	♒
8	♊ ab 01.24 ♋	♌ ab 13.54 ♍	♎ ab 23.46 ♏	♏ ab 11.36 ♐	♑	♒
9	♋	♍	♏	♐	♑ ab 09.00 ♒	♒ ab 03.52 ♓
10	♋ ab 03.51 ♌	♍ ab 13.52 ♎	♏	♐ ab 16.29 ♑	♒	♓
11	♌	♎	♏ ab 02.41 ♐	♑	♒ ab 19.43 ♓	♓ ab 16.07 ♈
12	♌ ab 04.56 ♍	♎ ab 15.31 ♏	♐	♑	♓	♈
13	♍	♏	♐ ab 09.12 ♑	♑ ab 01.10 ♒	♓	♈
14	♍ ab 06.22 ♎	♏ ab 20.00 ♐	♑	♒	♓ ab 08.18 ♈	♈ ab 04.40 ♉
15	♎	♐	♑ ab 18.52 ♒	♒ ab 12.41 ♓	♈	♉
16	♎ ab 09.24 ♏	♐	♒	♓	♈ ab 20.38 ♉	♉ ab 15.13 ♊
17	♏	♐ ab 03.26 ♑	♒	♓	♉	♊
18	♏ ab 14.33 ♐	♑	♒ ab 06.32 ♓	♓ ab 01.21 ♈	♉	♊ ab 22.50 ♋
19	♐	♑ ab 13.10 ♒	♓	♈	♉ ab 07.15 ♊	♋
20	♐ ab 21.46 ♑	♒	♓ ab 19.08 ♈	♈ ab 13.44 ♉	♊	♋
21	♑	♒	♈	♉	♊ ab 15.37 ♋	♋ ab 03.54 ♌
22	♑	♒ ab 00.33 ♓	♈	♉	♋	♌
23	♑ ab 06.56 ♒	♓	♈ ab 07.44 ♉	♉ ab 00.52 ♊	♋ ab 21.49 ♌	♌ ab 07.28 ♍
24	♒	♓ ab 13.03 ♈	♉	♊	♌	♍
25	♒ ab 17.59 ♓	♈	♉ ab 19.14 ♊	♊ ab 09.58 ♋	♌	♍ ab 10.28 ♎
26	♓	♈	♊	♋	♌ ab 02.05 ♍	♎
27	♓	♈ ab 01.45 ♉	♊	♋ ab 16.20 ♌	♍	♎ ab 13.29 ♏
28	♓ ab 06.28 ♈	♉	♊ ab 04.08 ♋	♌	♍ ab 04.48 ♎	♏
29	♈	♉ ab 12.54 ♊	♋	♌ ab 19.47 ♍	♎	♏ ab 16.53 ♐
30	♈ ab 18.54 ♉	♊	♋ ab 09.21 ♌	♍	♎ ab 06.37 ♏	♐
31	♉	♊ ab 20.36 ♋		♍ ab 20.56 ♎		♐ ab 21.17 ♑

1976

	Januar	Februar	März	April	Mai	Juni
Tag	Mond im	Mond im	Mond im	Mond im	Mond im	Mond im
1	♑	♒ ab 20.47 ♓	♓	♈ ab 10.35 ♉	♉ ab 05.06 ♊	♋
2	♑	♓	♓ ab 15.23 ♈	♉	♊	♋ ab 05.38 ♌
3	♑ ab 03.34 ♒	♓	♈	♉ ab 23.16 ♊	♊ ab 15.54 ♋	♌
4	♒	♓ ab 08.18 ♈	♈	♊	♋	♌ ab 11.22 ♍
5	♒ ab 12.36 ♓	♈	♈ ab 04.19 ♉	♊	♋	♍
6	♓	♈ ab 21.14 ♉	♉	♊ ab 10.07 ♋	♋ ab 00.10 ♌	♍ ab 15.00 ♎
7	♓	♉	♉ ab 16.56 ♊	♋	♌	♎
8	♓ ab 00.22 ♈	♉	♊	♋ ab 17.37 ♌	♌ ab 05.22 ♍	♎ ab 16.59 ♏
9	♈	♉ ab 09.17 ♊	♊	♌	♍	♏
10	♈ ab 13.10 ♉	♊	♊ ab 02.59 ♋	♌ ab 21.16 ♍	♍ ab 07.40 ♎	♏ ab 18.07 ♐
11	♉	♊ ab 17.59 ♋	♋	♍	♎	♐
12	♉	♋	♋ ab 08.56 ♌	♍ ab 21.55 ♎	♎ ab 08.03 ♏	♐ ab 19.46 ♑
13	♉ ab 00.20 ♊	♋ ab 22.33 ♌	♌	♎	♏	♑
14	♊	♌	♌ ab 10.59 ♍	♎ ab 21.15 ♏	♏ ab 08.05 ♐	♑ ab 23.32 ♒
15	♊ ab 08.01 ♋	♌ ab 00.00 ♍	♍	♏	♐	♒
16	♋	♍	♍ ab 10.45 ♎	♏ ab 21.16 ♐	♐ ab 09.32 ♑	♒
17	♋ ab 12.16 ♌	♍	♎	♐	♑	♒ ab 06.44 ♓
18	♌	♍ ab 00.15 ♎	♎ ab 10.18 ♏	♐ ab 23.44 ♑	♑ ab 14.03 ♒	♓
19	♌ ab 14.26 ♍	♎	♏	♑	♒	♓ ab 17.33 ♈
20	♍	♎ ab 01.14 ♏	♏ ab 11.34 ♐	♑	♒ ab 22.27 ♓	♈
21	♍ ab 16.11 ♎	♏	♐	♑ ab 05.48 ♒	♓	♈
22	♎	♏ ab 04.19 ♐	♐ ab 15.49 ♑	♒	♓	♈ ab 06.22 ♉
23	♎ ab 18.49 ♏	♐	♑	♒ ab 15.28 ♓	♓ ab 10.08 ♈	♉
24	♏	♐ ab 09.55 ♑	♑ ab 23.20 ♒	♓	♈	♉ ab 18.37 ♊
25	♏ ab 22.52 ♐	♑	♒	♓	♈ ab 23.08 ♉	♊
26	♐	♑ ab 17.49 ♒	♒	♓ ab 03.37 ♈	♉	♊
27	♐	♒	♒ ab 09.34 ♓	♈	♉	♊ ab 04.30 ♋
28	♐ ab 04.25 ♑	♒	♓	♈ ab 16.38 ♉	♉ ab 11.23 ♊	♋
29	♑	♒ ab 03.42 ♓	♓ ab 21.38 ♈	♉	♊	♋ ab 11.40 ♌
30	♑ ab 11.35 ♒		♈	♉	♊ ab 21.40 ♋	♌
31	♒		♈		♋	

	Juli	August	September	Oktober	November	Dezember
Tag	Mond im	Mond im	Mond im	Mond im	Mond im	Mond im
1	♌ ab 16.47 ♍	♎	♐	♑	♓	♈
2	♍	♎ ab 04.56 ♏	♐ ab 17.30 ♑	♑ ab 04.50 ♒	♓	♈
3	♍ ab 20.35 ♎	♏	♑	♒	♓ ab 05.46 ♈	♈ ab 00.42 ♉
4	♎	♏ ab 08.04 ♐	♑ ab 23.21 ♒	♒ ab 13.10 ♓	♈	♉
5	♎ ab 23.34 ♏	♐	♒	♓	♈ ab 18.24 ♉	♉ ab 13.39 ♊
6	♏	♐ ab 11.55 ♑	♒	♓ ab 23.50 ♈	♉	♊
7	♏	♑	♒ ab 07.12 ♓	♈	♉	♊
8	♏ ab 02.06 ♐	♑ ab 16.58 ♒	♓	♈	♉ ab 07.22 ♊	♊ ab 01.22 ♋
9	♐	♒	♓ ab 17.19 ♈	♈ ab 12.12 ♉	♊	♋
10	♐ ab 04.50 ♑	♒	♈	♉	♊ ab 19.29 ♋	♋ ab 11.13 ♌
11	♑	♒ ab 00.01 ♓	♈	♉	♋	♌
12	♑ ab 08.54 ♒	♓	♈ ab 05.31 ♉	♉ ab 01.15 ♊	♋	♌ ab 18.56 ♍
13	♒	♓ ab 09.50 ♈	♉	♊	♋ ab 05.37 ♌	♍
14	♒ ab 15.37 ♓	♈	♉ ab 18.33 ♊	♊ ab 13.25 ♋	♌	♍
15	♓	♈ ab 22.06 ♉	♊	♋	♌ ab 12.47 ♍	♍ ab 00.14 ♎
16	♓	♉	♊	♋ ab 22.50 ♌	♍	♎
17	♓ ab 01.40 ♈	♉	♊ ab 06.07 ♋	♌	♍ ab 16.35 ♎	♎ ab 03.03 ♏
18	♈	♉ ab 11.55 ♊	♋	♌	♎	♏
19	♈ ab 14.12 ♉	♊	♋ ab 14.11 ♌	♌ ab 04.25 ♍	♎ ab 17.32 ♏	♏ ab 03.55 ♐
20	♉	♊	♌	♍	♏	♐
21	♉	♊ ab 21.34 ♋	♌ ab 18.17 ♍	♍ ab 06.27 ♎	♏ ab 17.04 ♐	♐ ab 04.12 ♑
22	♉ ab 02.41 ♊	♋	♍	♎	♐	♑
23	♊	♋ ab 04.31 ♌	♍ ab 19.28 ♎	♎ ab 06.18 ♏	♐ ab 17.04 ♑	♑ ab 05.49 ♒
24	♊ ab 12.40 ♋	♌	♎	♏	♑	♒
25	♋	♌ ab 08.04 ♍	♎ ab 19.34 ♏	♏ ab 05.49 ♐	♑ ab 19.31 ♒	♒ ab 10.37 ♓
26	♋ ab 19.19 ♌	♍	♏	♐	♒	♓
27	♌	♍ ab 09.42 ♎	♏ ab 20.22 ♐	♐ ab 06.56 ♑	♒	♓ ab 19.32 ♈
28	♌ ab 23.24 ♍	♎	♐	♑	♒ ab 01.48 ♓	♈
29	♍	♎ ab 11.06 ♏	♐ ab 23.14 ♑	♑ ab 11.06 ♒	♓	♈
30	♍	♏	♑	♒	♓ ab 12.02 ♈	♈ ab 07.44 ♉
31	♍ ab 02.14 ♎	♏ ab 13.29 ♐		♒ ab 18.54 ♓		♉

1977

Tag	Januar Mond im	Februar Mond im	März Mond im	April Mond im	Mai Mond im	Juni Mond im
1	♉ ab 20.43 ♊	♋	♋	♌ ab 02.26 ♍	♎	♏ ab 03.55 ♐
2	♊	♋	♋ ab 10.26 ♌	♍	♎ ab 17.24 ♏	♐
3	♊	♋ ab 01.12 ♌	♌	♍ ab 05.40 ♎	♏	♐ ab 04.08 ♑
4	♊ ab 08.13 ♋	♌	♌ ab 16.19 ♍	♎	♏ ab 16.59 ♐	♑
5	♋	♌ ab 07.18 ♍	♍	♎ ab 06.40 ♏	♐	♑ ab 03.44 ♒
6	♋ ab 17.21 ♌	♍	♍ ab 19.35 ♎	♏	♐ ab 16.55 ♑	♒
7	♌	♍ ab 11.37 ♎	♎	♏ ab 07.09 ♐	♑	♒ ab 07.36 ♓
8	♌	♎	♎ ab 21.38 ♏	♐	♑ ab 19.00 ♒	♓
9	♌ ab 00.24 ♍	♎ ab 15.05 ♏	♏	♐ ab 08.41 ♑	♒	♓ ab 15.35 ♈
10	♍	♏	♏ ab 23.42 ♐	♑	♒	♈
11	♍ ab 05.48 ♎	♏ ab 18.12 ♐	♐	♑ ab 12.24 ♒	♒ ab 00.30 ♓	♈
12	♎	♐	♐	♒	♓	♈ ab 02.57 ♉
13	♎ ab 09.45 ♏	♐ ab 21.14 ♑	♐ ab 02.40 ♑	♒ ab 18.50 ♓	♓ ab 09.30 ♈	♉
14	♏	♑	♑	♓	♈	♉ ab 15.50 ♊
15	♏ ab 12.19 ♐	♑	♑ ab 07.01 ♒	♓	♈ ab 21.05 ♉	♊
16	♐	♑ ab 00.46 ♒	♒	♓ ab 03.53 ♈	♉	♊
17	♐ ab 14.03 ♑	♒	♒ ab 13.06 ♓	♈	♉	♊ ab 04.29 ♋
18	♑	♒ ab 05.45 ♓	♓	♈ ab 15.03 ♉	♉ ab 09.51 ♊	♋
19	♑ ab 16.13 ♒	♓	♓ ab 21.24 ♈	♉	♊	♋ ab 15.54 ♌
20	♒	♓ ab 13.23 ♈	♈	♉	♊ ab 22.36 ♋	♌
21	♒ ab 19.31 ♓	♈	♈	♉ ab 03.38 ♊	♋	♌
22	♓	♈	♈ ab 08.06 ♉	♊	♋	♌ ab 01.30 ♍
23	♓	♈ ab 00.07 ♉	♉	♊ ab 16.26 ♋	♋ ab 10.14 ♌	♍
24	♓ ab 04.20 ♈	♉	♉ ab 20.39 ♊	♋	♌	♍ ab 08.36 ♎
25	♈	♉ ab 12.51 ♊	♊	♋	♌ ab 19.32 ♍	♎
26	♈ ab 15.42 ♉	♊	♊	♋ ab 03.44 ♌	♍	♎ ab 12.43 ♏
27	♉	♊	♊ ab 09.17 ♋	♌	♍	♏
28	♉	♊ ab 01.03 ♋	♋	♌ ab 11.53 ♍	♍ ab 01.29 ♎	♏ ab 14.03 ♐
29	♉ ab 04.38 ♊		♋ ab 19.41 ♌	♍	♎	♐
30	♊		♌	♍ ab 16.13 ♎	♎ ab 03.57 ♏	♐ ab 13.49 ♑
31	♊ ab 16.21 ♋		♌		♏	

Tag	Juli Mond im	August Mond im	September Mond im	Oktober Mond im	November Mond im	Dezember Mond im
1	♑	♒ ab 02.24 ♓	♈	♉ ab 21.34 ♊	♋	♌
2	♑ ab 13.57 ♒	♓	♈ ab 01.52 ♉	♊	♋	♌
3	♒	♓ ab 07.55 ♈	♉	♊	♋ ab 06.04 ♌	♌ ab 00.06 ♍
4	♒ ab 16.32 ♓	♈	♉ ab 13.28 ♊	♊ ab 10.10 ♋	♌	♍
5	♓	♈ ab 16.19 ♉	♊	♋	♌ ab 16.17 ♍	♍ ab 08.18 ♎
6	♓ ab 23.04 ♈	♉	♊	♋ ab 21.58 ♌	♍	♎
7	♈	♉	♊ ab 02.04 ♋	♌	♍ ab 22.52 ♎	♎ ab 12.34 ♏
8	♈	♉ ab 05.30 ♊	♋	♌	♎	♏
9	♈ ab 09.34 ♉	♊	♋ ab 13.14 ♌	♌ ab 06.59 ♍	♎	♏ ab 13.22 ♐
10	♉	♊ ab 18.05 ♋	♌	♍	♎ ab 01.43 ♏	♐
11	♉ ab 22.16 ♊	♋	♌ ab 21.35 ♍	♍ ab 12.30 ♎	♏	♐ ab 12.27 ♑
12	♊	♋	♍	♎	♏ ab 02.04 ♐	♑
13	♊	♋ ab 04.57 ♌	♍	♎ ab 15.11 ♏	♐	♑ ab 12.00 ♒
14	♊ ab 10.50 ♋	♌	♍ ab 03.08 ♎	♏	♐ ab 01.51 ♑	♒
15	♋	♌ ab 13.26 ♍	♎	♏ ab 16.28 ♐	♑	♒ ab 14.10 ♓
16	♋ ab 21.52 ♌	♍	♎ ab 06.46 ♏	♐	♑ ab 03.01 ♒	♓
17	♌	♍ ab 19.50 ♎	♏	♐ ab 17.51 ♑	♒	♓ ab 20.12 ♈
18	♌	♎	♏ ab 09.29 ♐	♑	♒ ab 06.59 ♓	♈
19	♌ ab 06.59 ♍	♎	♐	♑ ab 20.37 ♒	♓	♈
20	♍	♎ ab 00.36 ♏	♐ ab 12.05 ♑	♒	♓ ab 14.14 ♈	♈ ab 05.55 ♉
21	♍ ab 14.10 ♎	♏	♑	♒	♈	♉
22	♎	♏ ab 04.03 ♐	♑ ab 15.13 ♒	♒ ab 01.27 ♓	♈	♉ ab 17.52 ♊
23	♎ ab 19.14 ♏	♐	♒	♓	♈ ab 00.10 ♉	♊
24	♏	♐ ab 06.31 ♑	♒ ab 19.30 ♓	♓ ab 08.35 ♈	♉	♊
25	♏ ab 22.05 ♐	♑	♓	♈	♉ ab 11.49 ♊	♊ ab 06.31 ♋
26	♐	♑ ab 08.41 ♒	♓	♈ ab 17.54 ♉	♊	♋
27	♐ ab 23.15 ♑	♒	♓ ab 01.41 ♈	♉	♊	♋ ab 18.52 ♌
28	♑	♒ ab 11.47 ♓	♈	♉	♊ ab 00.21 ♋	♌
29	♑	♓	♈ ab 10.22 ♉	♉ ab 05.09 ♊	♋	♌
30	♑ ab 00.05 ♒	♓ ab 17.12 ♈	♉	♊	♋ ab 12.54 ♌	♌ ab 06.14 ♍
31	♒	♈		♊ ab 17.41 ♋		♍

1978

Tag	Januar Mond im	Februar Mond im	März Mond im	April Mond im	Mai Mond im	Juni Mond im
1	♍ ab 15.32 ♎	♏	♏ ab 14.03 ♐	♑	♒ ab 10.01 ♓	♈
2	♎	♏ ab 08.14 ♐	♐	♑ ab 01.06 ♒	♓	♈ ab 04.51 ♉
3	♎ ab 21.36 ♏	♐	♐ ab 16.59 ♑	♒	♓ ab 15.28 ♈	♉
4	♏	♐ ab 09.51 ♑	♑	♒ ab 04.21 ♓	♈	♉ ab 14.54 ♊
5	♏	♑	♑ ab 18.51 ♒	♓	♈ ab 22.53 ♉	♊
6	♏ ab 00.04 ♐	♑ ab 10.05 ♒	♒	♓ ab 08.52 ♈	♉	♊
7	♐ ab 23.55 ♑	♒	♒ ab 20.46 ♓	♈	♉	♊ ab 02.31 ♋
8	♑	♒ ab 10.48 ♓	♓	♈ ab 15.22 ♉	♉ ab 08.19 ♊	♋
9	♑ ab 23.06 ♒	♓	♓	♉	♊	♋ ab 15.08 ♌
10	♒	♓ ab 13.57 ♈	♓ ab 00.09 ♈	♉	♊ ab 19.42 ♋	♌
11	♒ ab 23.51 ♓	♈	♈	♉ ab 00.28 ♊	♋	♌
12	♓	♈ ab 20.51 ♉	♈ ab 06.19 ♉	♊	♋	♌ ab 03.35 ♍
13	♓	♉	♉	♊ ab 12.00 ♋	♋ ab 08.18 ♌	♍
14	♓ ab 04.06 ♈	♉	♉ ab 15.49 ♊	♋	♌	♍ ab 13.56 ♎
15	♈	♉ ab 07.25 ♊	♊	♋	♌ ab 20.16 ♍	♎
16	♈ ab 12.31 ♉	♊	♊	♋ ab 00.31 ♌	♍	♎ ab 20.29 ♏
17	♉	♊ ab 19.56 ♋	♊ ab 03.50 ♋	♌	♍	♏
18	♉	♋	♋	♌ ab 11.45 ♍	♍ ab 05.25 ♎	♏ ab 23.02 ♐
19	♉ ab 00.07 ♊	♋	♋ ab 16.13 ♌	♍	♎	♐
20	♊	♋ ab 08.10 ♌	♌	♍ ab 19.54 ♎	♎ ab 10.39 ♏	♐ ab 22.53 ♑
21	♊ ab 12.51 ♋	♌	♌	♎	♏	♑
22	♋	♌ ab 18.40 ♍	♌ ab 02.50 ♍	♎	♏ ab 12.32 ♐	♑ ab 22.08 ♒
23	♋	♍	♍	♎ ab 00.40 ♏	♐	♒
24	♋ ab 01.03 ♌	♍	♍ ab 10.42 ♎	♏	♐ ab 12.42 ♑	♒ ab 22.58 ♓
25	♌	♍ ab 03.04 ♎	♎	♏ ab 03.01 ♐	♑	♓
26	♌ ab 11.57 ♍	♎	♎ ab 16.02 ♏	♐	♑ ab 13.11 ♒	♓
27	♍	♎ ab 09.29 ♏	♏	♐ ab 04.28 ♑	♒	♓ ab 02.54 ♈
28	♍ ab 21.08 ♎	♏	♏ ab 19.38 ♐	♑	♒ ab 15.37 ♓	♈
29	♎		♐	♑ ab 06.29 ♒	♓	♈ ab 10.22 ♉
30	♎		♐ ab 22.24 ♑	♒	♓ ab 20.53 ♈	♉
31	♎ ab 04.04 ♏		♑		♈	

Tag	Juli Mond im	August Mond im	September Mond im	Oktober Mond im	November Mond im	Dezember Mond im
1	♉ ab 20.38 ♊	♋	♌ ab 21.47 ♍	♍ ab 15.17 ♎	♏	♐ ab 21.45 ♑
2	♊	♋	♍	♎	♏ ab 11.04 ♐	♑
3	♊	♋ ab 03.11 ♌	♍	♎ ab 22.49 ♏	♐	♑ ab 22.36 ♒
4	♊ ab 08.34 ♋	♌	♍ ab 08.16 ♎	♏	♐ ab 13.41 ♑	♒
5	♋	♌ ab 15.30 ♍	♎	♏	♑	♒
6	♋ ab 21.14 ♌	♍	♎ ab 16.39 ♏	♏ ab 04.07 ♐	♑ ab 16.04 ♒	♒ ab 00.37 ♓
7	♌	♍	♏	♐	♒	♓
8	♌	♍ ab 02.30 ♎	♏ ab 22.40 ♐	♐ ab 07.53 ♑	♒ ab 19.07 ♓	♓ ab 04.40 ♈
9	♌ ab 09.45 ♍	♎	♐	♑	♓	♈
10	♍	♎ ab 11.12 ♏	♐	♑ ab 10.43 ♒	♓ ab 23.12 ♈	♈ ab 10.51 ♉
11	♍ ab 20.49 ♎	♏	♐ ab 02.20 ♑	♒	♈	♉
12	♎	♏ ab 16.43 ♐	♑	♒ ab 13.13 ♓	♈	♉ ab 18.55 ♊
13	♎	♐	♑ ab 04.09 ♒	♓	♈ ab 04.36 ♉	♊
14	♎ ab 04.48 ♏	♐ ab 19.04 ♑	♒	♓ ab 16.07 ♈	♉	♊
15	♏	♑	♒ ab 05.10 ♓	♈	♉ ab 11.45 ♊	♊ ab 04.51 ♋
16	♏ ab 08.50 ♐	♑ ab 19.16 ♒	♓	♈ ab 20.23 ♉	♊	♋
17	♐	♒	♓ ab 06.51 ♈	♉	♊ ab 21.17 ♋	♋ ab 16.38 ♌
18	♐ ab 07.34 ♑	♒ ab 19.05 ♓	♈	♉	♋	♌
19	♑	♓	♈ ab 10.44 ♉	♉ ab 03.08 ♊	♋	♌
20	♑ ab 08.42 ♒	♓ ab 20.30 ♈	♉	♊	♋ ab 09.10 ♌	♌ ab 05.35 ♍
21	♒	♈	♉ ab 17.57 ♊	♊ ab 12.53 ♋	♌	♍
22	♒ ab 08.27 ♓	♈	♊	♋	♌ ab 21.58 ♍	♍ ab 17.41 ♎
23	♓	♈ ab 01.06 ♉	♊	♋	♍	♎
24	♓ ab 10.47 ♈	♉	♊ ab 04.32 ♋	♋ ab 01.05 ♌	♍	♎
25	♈	♉ ab 09.32 ♊	♋	♌	♍ ab 09.08 ♎	♎ ab 02.33 ♏
26	♈ ab 16.51 ♉	♊	♋ ab 17.02 ♌	♌ ab 13.33 ♍	♎	♏
27	♉	♊ ab 21.00 ♋	♌	♍	♎ ab 16.39 ♏	♏ ab 07.08 ♐
28	♉	♋	♌	♍ ab 23.52 ♎	♏	♐
29	♉ ab 02.31 ♊	♋	♌ ab 05.12 ♍	♎	♏ ab 20.24 ♐	♐ ab 08.16 ♑
30	♊	♋ ab 09.40 ♌	♍	♎	♐	♑
31	♊ ab 14.29 ♋	♌		♎ ab 06.53 ♏		♑ ab 07.45 ♒

1979

Tag	Januar Mond im	Februar Mond im	März Mond im	April Mond im	Mai Mond im	Juni Mond im
1	♒	♈	♈	♊	♋	♌ ab 23.41 ♍
2	♒ ab 08.09 ♓	♈ ab 23.04 ♉	♈ ab 08.10 ♉	♊	♋	♍
3	♓	♉	♉	♊ ab 07.24 ♋	♋ ab 02.57 ♌	♍
4	♓ ab 10.42 ♈	♉	♉ ab 13.59 ♊	♋	♌	♍ ab 12.12 ♎
5	♈	♉ ab 06.34 ♊	♊	♋ ab 18.58 ♌	♌ ab 15.42 ♍	♎
6	♈ ab 16.18 ♉	♊	♊ ab 23.35 ♋	♌	♍	♎ ab 22.06 ♏
7	♉	♊ ab 17.06 ♋	♋	♌	♍	♏
8	♉	♋	♋	♌ ab 07.53 ♍	♍ ab 03.48 ♎	♏
9	♉ ab 00.43 ♊	♋	♋ ab 11.48 ♌	♍	♎	♏ ab 04.15 ♐
10	♊	♋ ab 05.26 ♌	♌	♍ ab 19.46 ♎	♎ ab 13.11 ♏	♐
11	♊ ab 11.15 ♋	♌	♌	♎	♏	♐ ab 7.24 ♑
12	♋	♌ ab 18.18 ♍	♌ ab 00.43 ♍	♎	♏ ab 19.25 ♐	♑
13	♋ ab 23.17 ♌	♍	♍	♎ ab 05.16 ♏	♐	♑ ab 09.07 ♒
14	♌	♍	♍ ab 12.42 ♎	♏	♐ ab 23.26 ♑	♒
15	♌	♍ ab 06.38 ♎	♎	♏ ab 12.19 ♐	♑	♒ ab 10.57 ♓
16	♌ ab 12.11 ♍	♎	♎ ab 22.50 ♏	♐	♑	♓
17	♍	♎ ab 17.13 ♏	♏	♐ ab 17.24 ♑	♑ ab 02.26 ♒	♓ ab 13.53 ♈
18	♍	♏	♏	♑	♒	♈
19	♍ ab 00.41 ♎	♏	♏ ab 06.39 ♐	♑ ab 21.03 ♒	♒ ab 05.19 ♓	♈ ab 18.19 ♉
20	♎	♏ ab 00.52 ♐	♐	♒	♓	♉
21	♎ ab 10.51 ♏	♐	♐ ab 11.57 ♑	♒ ab 23.42 ♓	♓ ab 08.31 ♈	♉
22	♏	♐ ab 05.01 ♑	♑	♓	♈	♉ ab 00.23 ♊
23	♏ ab 17.09 ♐	♑	♑ ab 14.53 ♒	♓	♈ ab 12.21 ♉	♊
24	♐	♑ ab 06.13 ♒	♒	♓ ab 01.52 ♈	♉	♊ ab 08.25 ♋
25	♐ ab 19.28 ♑	♒	♒ ab 16.05 ♓	♈	♉ ab 17.29 ♊	♋
26	♑	♒ ab 05.53 ♓	♓	♈ ab 04.28 ♉	♊	♋ ab 18.48 ♌
27	♑ ab 19.13 ♒	♓	♓ ab 16.48 ♈	♉	♊	♌
28	♒	♓ ab 05.55 ♈	♈	♉ ab 08.49 ♊	♊ ab 00.51 ♋	♌
29	♒ ab 18.26 ♓		♈ ab 18.37 ♉	♊	♋	♌ ab 07.15 ♍
30	♓		♉	♊ ab 16.12 ♋	♋ ab 11.09 ♌	♍
31	♓ ab 19.12 ♈		♉ ab 23.09 ♊		♌	

Tag	Juli Mond im	August Mond im	September Mond im	Oktober Mond im	November Mond im	Dezember Mond im
1	♍ ab 20.09 ♎	♏	♐ ab 12.34 ♑	♒	♓ ab 11.10 ♈	♉
2	♎	♏ ab 23.06 ♐	♑	♒	♈	♉
3	♎	♐	♑ ab 15.00 ♒	♒ ab 01.24 ♓	♈ ab 12.17 ♉	♉ ab 00.03 ♊
4	♎ ab 06.58 ♏	♐	♒	♓	♉	♊
5	♏	♐ ab 03.23 ♑	♒ ab 15.04 ♓	♓ ab 01.29 ♈	♉ ab 14.26 ♊	♊ ab 05.02 ♋
6	♏ ab 13.56 ♐	♑	♓	♈	♊	♋
7	♐	♑ ab 04.29 ♒	♓ ab 14.30 ♈	♈ ab 01.45 ♉	♊ ab 19.24 ♋	♋ ab 13.10 ♌
8	♐ ab 17.08 ♑	♒	♈	♉	♋	♌
9	♑	♒ ab 04.06 ♓	♈ ab 15.13 ♉	♉ ab 04.08 ♊	♋	♌
10	♑ ab 18.00 ♒	♓	♉	♊	♋ ab 04.15 ♌	♌ ab 00.33 ♍
11	♒	♓ ab 04.11 ♈	♉ ab 18.55 ♊	♊ ab 10.10 ♋	♌	♍
12	♒ ab 18.23 ♓	♈	♊	♋	♌ ab 16.21 ♍	♍ ab 13.30 ♎
13	♓	♈ ab 06.22 ♉	♊	♋ ab 20.12 ♌	♍	♎
14	♓ ab 19.58 ♈	♉	♊ ab 02.28 ♋	♌	♍	♎
15	♈	♉ ab 11.42 ♊	♋	♌	♍ ab 05.17 ♎	♎ ab 01.09 ♏
16	♈ ab 23.44 ♉	♊	♋ ab 13.26 ♌	♌ ab 08.52 ♍	♎	♏
17	♉	♊ ab 20.18 ♋	♌	♍	♎ ab 16.30 ♏	♏ ab 09.37 ♐
18	♉	♋	♌	♍ ab 21.45 ♎	♏	♐
19	♉ ab 06.00 ♊	♋	♌ ab 02.16 ♍	♎	♏	♐ ab 14.55 ♑
20	♊	♋ ab 07.29 ♌	♍	♎	♏ ab 00.57 ♐	♑
21	♊ ab 14.41 ♋	♌	♍ ab 15.11 ♎	♎ ab 09.03 ♏	♐	♑ ab 18.13 ♒
22	♋	♌ ab 20.12 ♍	♎	♏	♐ ab 07.02 ♑	♒
23	♋	♍	♎	♏ ab 18.10 ♐	♑	♒ ab 20.51 ♓
24	♋ ab 01.31 ♌	♍	♎ ab 02.55 ♏	♐	♑ ab 11.37 ♒	♓
25	♌	♍ ab 09.14 ♎	♏	♐	♒	♓ ab 23.41 ♈
26	♌ ab 14.02 ♍	♎	♏ ab 12.36 ♐	♐ ab 01.12 ♑	♒ ab 15.18 ♓	♈
27	♍	♎ ab 21.13 ♏	♐	♑	♓	♈
28	♍	♏	♐ ab 19.41 ♑	♑ ab 06.17 ♒	♓ ab 18.17 ♈	♈ ab 03.08 ♉
29	♍ ab 03.07 ♎	♏	♑	♒	♈	♉
30	♎	♏ ab 06.40 ♐	♑ ab 23.50 ♒	♒ ab 09.30 ♓	♈ ab 20.55 ♉	♉ ab 07.33 ♊
31	♎ ab 14.47 ♏	♐		♓		♊

1980

Tag	Januar Mond im	Februar Mond im	März Mond im	April Mond im	Mai Mond im	Juni Mond im
1	♊ ab 13.30 ♋	♌	♍	♎	♏ ab 23.22 ♐	♑
2	♋	♌ ab 16.22 ♍	♍	♎ ab 06.22 ♏	♐	♑ ab 20.30 ♒
3	♋ ab 21.48 ♌	♍	♍ ab 11.41 ♎	♏	♐	♒
4	♌	♍	♎	♏ ab 17.35 ♐	♐ ab 08.15 ♑	♒
5	♌	♍ ab 05.05 ♎	♎	♐	♑	♒ ab 01.11 ♓
6	♌ ab 08.49 ♍	♎	♎ ab 00.23 ♏	♐	♑ ab 15.04 ♒	♓
7	♍	♎ ab 17.47 ♏	♏	♐ ab 02.43 ♑	♒	♓ ab 04.24 ♈
8	♍ ab 21.39 ♎	♏	♏ ab 11.39 ♐	♑	♒ ab 19.34 ♓	♈
9	♎	♏	♐	♑ ab 07.00 ♒	♓	♈ ab 06.30 ♉
10	♎	♏ ab 04.20 ♐	♐ ab 20.03 ♑	♒	♓ ab 21.45 ♈	♉
11	♎ ab 09.56 ♏	♐	♑	♒ ab 12.07 ♓	♈	♉ ab 08.23 ♊
12	♏	♐ ab 11.13 ♑	♑	♓	♈ ab 22.25 ♉	♊
13	♏ ab 19.18 ♐	♑	♑ ab 00.46 ♒	♓ ab 12.41 ♈	♉	♊ ab 11.30 ♋
14	♐	♑ ab 14.20 ♒	♒	♈	♉ ab 23.08 ♊	♋
15	♐	♒	♒ ab 02.11 ♓	♈ ab 12.11 ♉	♊	♋ ab 17.23 ♌
16	♐ ab 00.52 ♑	♒ ab 14.55 ♓	♓	♉	♊	♌
17	♑	♓	♓ ab 01.42 ♈	♉ ab 12.42 ♊	♊ ab 01.53 ♋	♌
18	♑ ab 03.26 ♒	♓ ab 14.43 ♈	♈	♊	♋	♌ ab 02.48 ♍
19	♒	♈	♈ ab 01.14 ♉	♊ ab 16.12 ♋	♋ ab 08.15 ♌	♍
20	♒ ab 04.34 ♓	♈ ab 15.36 ♉	♉	♋	♌	♍ ab 14.56 ♎
21	♓	♉	♉ ab 02.48 ♊	♋ ab 23.53 ♌	♌ ab 18.33 ♍	♎
22	♓ ab 05.52 ♈	♉ ab 18.59 ♊	♊	♌	♍	♎
23	♈	♊	♊ ab 07.56 ♋	♌	♍	♎ ab 03.27 ♏
24	♈ ab 08.32 ♉	♊	♋	♌ ab 11.13 ♍	♍ ab 07.12 ♎	♏
25	♉	♊ ab 01.35 ♋	♋ ab 16.59 ♌	♍	♎	♏ ab 14.02 ♐
26	♉ ab 13.12 ♊	♋	♌	♍	♎ ab 19.37 ♏	♐
27	♊	♋ ab 11.11 ♌	♌	♍ ab 00.10 ♎	♏	♐ ab 21.47 ♑
28	♊ ab 20.03 ♋	♌	♌ ab 04.53 ♍	♎	♏	♑
29	♋	♌ ab 22.54 ♍	♍	♎ ab 12.36 ♏	♏ ab 06.05 ♐	♑
30	♋		♍ ab 17.50 ♎	♏	♐	♑ ab 03.04 ♒
31	♋ ab 05.09 ♌		♎		♐ ab 14.15 ♑	

Tag	Juli Mond im	August Mond im	September Mond im	Oktober Mond im	November Mond im	Dezember Mond im
1	♒	♈	♉ ab 02.51 ♊	♋	♌ ab 13.19 ♍	♍ ab 08.14 ♎
2	♒ ab 06.49 ♓	♈ ab 17.56 ♉	♊	♋ ab 20.58 ♌	♍	♎
3	♓	♉	♊ ab 07.40 ♋	♌	♍	♎ ab 21.01 ♏
4	♓ ab 09.47 ♈	♉ ab 21.10 ♊	♋	♌	♍ ab 01.32 ♎	♏
5	♈	♊	♋ ab 15.23 ♌	♌ ab 07.20 ♍	♎	♏
6	♈ ab 12.31 ♉	♊	♌	♍	♎ ab 14.20 ♏	♏ ab 08.58 ♐
7	♉	♊ ab 02.13 ♋	♌	♍ ab 19.31 ♎	♏	♐
8	♉ ab 15.34 ♊	♋	♌ ab 01.32 ♍	♎	♏	♐ ab 19.13 ♑
9	♊	♋ ab 09.24 ♌	♍	♎	♏ ab 02.26 ♐	♑
10	♊ ab 19.45 ♋	♌	♍ ab 13.23 ♎	♎ ab 08.16 ♏	♐	♑
11	♋	♌ ab 18.55 ♍	♎	♏	♐ ab 13.16 ♑	♑ ab 03.37 ♒
12	♋	♍	♎	♏ ab 20.38 ♐	♑	♒
13	♋ ab 02.03 ♌	♍	♎ ab 02.07 ♏	♐	♑ ab 22.11 ♒	♒ ab 10.04 ♓
14	♌	♍ ab 06.33 ♎	♏	♐	♒	♓
15	♌ ab 11.12 ♍	♎	♏ ab 14.29 ♐	♐ ab 07.37 ♑	♒	♓ ab 14.22 ♈
16	♍	♎ ab 19.16 ♏	♐	♑	♒ ab 04.22 ♓	♈
17	♍ ab 22.56 ♎	♏	♐	♑ ab 15.54 ♒	♓	♈ ab 16.37 ♉
18	♎	♏	♐ ab 00.46 ♑	♒	♓ ab 07.22 ♈	♉
19	♎	♏ ab 07.08 ♐	♑	♒ ab 20.32 ♓	♈	♉ ab 17.40 ♊
20	♎ ab 11.34 ♏	♐	♑ ab 07.31 ♒	♓	♈ ab 07.52 ♉	♊
21	♏	♐ ab 16.12 ♑	♒	♓ ab 21.44 ♈	♉	♊ ab 19.04 ♋
22	♏ ab 22.43 ♐	♑	♒ ab 10.28 ♓	♈	♉ ab 07.28 ♊	♋
23	♐	♑ ab 21.33 ♒	♓	♈ ab 20.56 ♉	♊	♋ ab 22.34 ♌
24	♐	♒	♓ ab 10.38 ♈	♉	♊ ab 08.19 ♋	♌
25	♐ ab 06.45 ♑	♒ ab 23.44 ♓	♈	♉ ab 20.18 ♊	♋	♌
26	♑	♓	♈ ab 09.54 ♉	♊	♋ ab 12.24 ♌	♌ ab 05.33 ♍
27	♑ ab 11.35 ♒	♓	♉	♊ ab 22.01 ♋	♌	♍
28	♒	♓ ab 00.12 ♈	♉ ab 10.22 ♊	♋	♌ ab 20.38 ♍	♍ ab 16.06 ♎
29	♒ ab 14.11 ♓	♈	♊	♋	♍	♎
30	♓	♈ ab 00.42 ♉	♊ ab 13.47 ♋	♋ ab 03.39 ♌	♍	♎ ab 04.37 ♏
31	♓ ab 15.54 ♈	♉		♌		♏

1981

Tag	Januar	Februar	März	April	Mai	Juni
	Mond im	Mond im	Mond im	Mond im	Mond im	Mond im
1	♏	♐ ab 11.38 ♑	♑	♒ ab 19.42 ♓	♓ ab 07.58 ♈	♉ ab 17.49 ♊
2	♏ ab 16.43 ♐	♑	♑	♓	♈	♊
3	♐	♑ ab 18.58 ♒	♑ ab 04.51 ♒	♓ ab 21.26 ♈	♈ ab 08.00 ♉	♊ ab 17.39 ♋
4	♐	♒	♒	♈	♉	♋
5	♐ ab 02.42 ♑	♒ ab 23.22 ♓	♒ ab 09.13 ♓	♈ ab 21.05 ♉	♉ ab 09.02 ♊	♋ ab 19.44 ♌
6	♑	♓	♓	♉	♊	♌
7	♑ ab 10.13 ♒	♓	♓ ab 10.49 ♈	♉ ab 20.48 ♊	♊ ab 07.18 ♋	♌
8	♒	♓ ab 02.02 ♈	♈	♊	♋	♌ ab 01.26 ♍
9	♒ ab 15.43 ♓	♈	♈ ab 11.23 ♉	♊ ab 22.34 ♋	♋ ab 10.41 ♌	♍
10	♓	♈ ab 04.11 ♉	♉	♋	♌	♍ ab 10.56 ♎
11	♓ ab 19.44 ♈	♉	♉ ab 12.43 ♊	♋	♌ ab 17.56 ♍	♎
12	♈	♉ ab 06.52 ♊	♊	♋ ab 03.37 ♌	♍	♎ ab 22.55 ♏
13	♈ ab 22.46 ♉	♊	♊ ab 16.06 ♋	♌	♍	♏
14	♉	♊ ab 10.43 ♋	♋	♌ ab 11.57 ♍	♍ ab 04.25 ♎	♏
15	♉	♋	♋ ab 22.03 ♌	♍	♎	♏ ab 11.32 ♐
16	♉ ab 01.18 ♊	♋ ab 16.11 ♌	♌	♍ ab 22.39 ♎	♎ ab 16.38 ♏	♐
17	♊	♌	♌	♎	♏	♐ ab 23.22 ♑
18	♊ ab 04.08 ♋	♌ ab 23.35 ♍	♌ ab 06.20 ♍	♎	♏	♑
19	♋	♍	♍	♎ ab 10.40 ♏	♏ ab 05.15 ♐	♑
20	♋ ab 08.22 ♌	♍	♍ ab 16.31 ♎	♏	♐	♑ ab 09.37 ♒
21	♌	♍ ab 09.13 ♎	♎	♏ ab 23.16 ♐	♐ ab 17.21 ♑	♒
22	♌ ab 15.03 ♍	♎	♎	♐	♑	♒ ab 17.45 ♓
23	♍	♎ ab 20.55 ♏	♎ ab 04.15 ♏	♐	♑	♓
24	♍	♏	♏	♐ ab 11.32 ♑	♑ ab 04.01 ♒	♓ ab 23.19 ♈
25	♍ ab 00.46 ♎	♏	♏ ab 16.52 ♐	♑	♒	♈
26	♎	♏ ab 09.30 ♐	♐	♑ ab 21.58 ♒	♒ ab 12.06 ♓	♈
27	♎ ab 12.49 ♏	♐	♐	♒	♓	♈ ab 02.17 ♉
28	♏	♐ ab 20.47 ♑	♐ ab 04.53 ♑	♒	♓ ab 16.44 ♈	♉
29	♏		♑	♒ ab 04.57 ♓	♈	♉ ab 03.22 ♊
30	♏ ab 01.12 ♐		♑ ab 14.16 ♒	♓	♈ ab 18.11 ♉	♊
31	♐		♒		♉	

Tag	Juli	August	September	Oktober	November	Dezember
	Mond im	Mond im	Mond im	Mond im	Mond im	Mond im
1	♊ ab 03.58 ♋	♌ ab 19.55 ♍	♎	♏	♐ ab 13.47 ♑	♑ ab 08.10 ♒
2	♋	♍	♎ ab 22.11 ♏	♏ ab 18.00 ♐	♑	♒
3	♋ ab 05.48 ♌	♍	♏	♐	♑	♒ ab 18.17 ♓
4	♌	♍ ab 03.25 ♎	♏	♐	♑ ab 01.52 ♒	♓
5	♌ ab 10.27 ♍	♎	♏ ab 10.24 ♐	♐ ab 06.50 ♑	♒	♓
6	♍	♎ ab 13.59 ♏	♐	♑	♒ ab 10.53 ♓	♓ ab 00.50 ♈
7	♍ ab 18.43 ♎	♏	♐ ab 22.49 ♑	♑ ab 18.02 ♒	♓	♈
8	♎	♏	♑	♒	♓ ab 15.38 ♈	♈ ab 03.32 ♉
9	♎	♏ ab 02.23 ♐	♑	♒	♈	♉
10	♎ ab 06.03 ♏	♐	♑ ab 08.59 ♒	♒ ab 01.33 ♓	♈ ab 16.45 ♉	♉ ab 03.31 ♊
11	♏	♐ ab 14.21 ♑	♒	♓	♉	♊
12	♏ ab 18.36 ♐	♑	♒ ab 15.35 ♓	♓ ab 05.02 ♈	♉ ab 16.00 ♊	♊ ab 02.41 ♋
13	♐	♑ ab 23.57 ♒	♓	♈	♊	♋
14	♐	♒	♓ ab 18.56 ♈	♈ ab 05.44 ♉	♊ ab 15.38 ♋	♋ ab 03.09 ♌
15	♐ ab 06.20 ♑	♒	♈	♉	♋	♌
16	♑	♒ ab 06.35 ♓	♈ ab 20.31 ♉	♉ ab 05.42 ♊	♋ ab 17.33 ♌	♌ ab 06.39 ♍
17	♑ ab 16.03 ♒	♓	♉	♊	♌	♍
18	♒	♓ ab 10.50 ♈	♉ ab 22.00 ♊	♊ ab 06.53 ♋	♌ ab 22.54 ♍	♍ ab 13.59 ♎
19	♒ ab 23.26 ♓	♈	♊	♋	♍	♎
20	♓	♈ ab 13.44 ♉	♊	♋ ab 10.35 ♌	♍	♎
21	♓	♉	♊ ab 00.40 ♋	♌	♍ ab 07.34 ♎	♎ ab 00.40 ♏
22	♓ ab 04.44 ♈	♉ ab 16.19 ♊	♋	♌ ab 17.06 ♍	♎	♏
23	♈	♊	♋ ab 05.09 ♌	♍	♎ ab 18.37 ♏	♏ ab 13.12 ♐
24	♈ ab 08.19 ♉	♊ ab 19.17 ♋	♌	♍	♏	♐
25	♉	♋	♌ ab 11.29 ♍	♍ ab 01.57 ♎	♏	♐
26	♉ ab 10.42 ♊	♋ ab 23.11 ♌	♍	♎	♏ ab 07.01 ♐	♐ ab 02.00 ♑
27	♊	♌	♍ ab 19.41 ♎	♎ ab 12.39 ♏	♐	♑
28	♊ ab 12.42 ♋	♌	♎	♏	♐ ab 19.54 ♑	♑ ab 13.54 ♒
29	♋	♌ ab 04.32 ♍	♎	♏	♑	♒
30	♋ ab 15.21 ♌	♍	♎ ab 05.54 ♏	♏ ab 00.49 ♐	♑	♒
31	♌	♍ ab 12.03 ♎		♐		♒ ab 00.02 ♓

1982

Tag	Januar	Februar	März	April	Mai	Juni
	Mond im	Mond im	Mond im	Mond im	Mond im	Mond im
1	♓	♉	♉	♋	♌	♎
2	♓ ab 07.34 ♈	♉ ab 21.21 ♊	♉ ab 02.51 ♊	♋ ab 14.37 ♌	♌ ab 00.46 ♍	♎ ab 22.13 ♏
3	♈	♊	♊	♌	♍	♏
4	♈ ab 12.03 ♉	♊ ab 23.19 ♋	♊ ab 05.49 ♋	♌ ab 19.19 ♍	♍ ab 07.33 ♎	♏
5	♉	♋	♋	♍	♎	♏ ab 09.32 ♐
6	♉ ab 13.49 ♊	♋	♋ ab 08.51 ♌	♍	♎ ab 16.25 ♏	♐
7	♊	♋ ab 00.51 ♌	♌	♍ ab 01.27 ♎	♏	♐ ab 22.13 ♑
8	♊ ab 14.02 ♋	♌	♌ ab 12.28 ♍	♎	♏	♑
9	♋	♌ ab 03.16 ♍	♍	♎ ab 09.34 ♏	♏ ab 03.17 ♐	♑
10	♋ ab 14.22 ♌	♍	♍ ab 17.35 ♎	♏	♐	♑ ab 11.09 ♒
11	♌	♍ ab 08.03 ♎	♎	♏ ab 20.08 ♐	♐ ab 15.50 ♑	♒
12	♌ ab 16.38 ♍	♎	♎	♐	♑	♒ ab 22.45 ♓
13	♍	♎ ab 16.17 ♏	♋ ab 01.17 ♏	♐	♑	♓
14	♍ ab 22.18 ♎	♏	♏	♐ ab 08.42 ♑	♑ ab 04.45 ♒	♓
15	♎	♏	♏ ab 12.04 ♐	♑	♒	♓ ab 07.21 ♈
16	♎	♏ ab 03.46 ♐	♐	♑ ab 21.19 ♒	♒ ab 15.47 ♓	♈
17	♎ ab 07.47 ♏	♐	♐	♒	♓	♈ ab 12.07 ♉
18	♏	♐ ab 16.37 ♑	♐ ab 00.48 ♑	♒	♓ ab 23.05 ♈	♉
19	♏ ab 20.01 ♐	♑	♑	♒ ab 07.20 ♓	♈	♉ ab 13.35 ♊
20	♐	♑	♑ ab 12.54 ♒	♓	♈	♊
21	♐	♑ ab 04.16 ♒	♒	♓ ab 13.24 ♈	♈ ab 02.23 ♉	♊ ab 13.13 ♋
22	♐ ab 08.51 ♑	♒	♒ ab 22.02 ♓	♈	♉	♋
23	♑	♒ ab 13.10 ♓	♓	♈ ab 15.59 ♉	♉ ab 02.55 ♊	♋ ab 12.58 ♌
24	♑ ab 20.26 ♒	♓	♓	♉	♊	♌
25	♒	♓ ab 19.18 ♈	♓ ab 03.38 ♈	♉ ab 16.49 ♊	♊ ab 02.39 ♋	♌ ab 14.37 ♍
26	♒	♈	♈	♊	♋	♍
27	♒ ab 05.50 ♓	♈ ab 23.33 ♉	♈ ab 06.40 ♉	♊ ab 17.44 ♋	♋ ab 03.28 ♌	♍ ab 19.31 ♎
28	♓	♉	♉	♋	♌	♎
29	♓ ab 12.59 ♈		♉ ab 08.45 ♊	♋ ab 20.10 ♌	♌ ab 06.44 ♍	♎
30	♈		♊	♌	♍	♎ ab 04.02 ♏
31	♈ ab 18.04 ♉		♊ ab 11.10 ♋		♍ ab 13.03 ♎	

Tag	Juli	August	September	Oktober	November	Dezember
	Mond im	Mond im	Mond im	Mond im	Mond im	Mond im
1	♏	♐ ab 10.37 ♑	♒	♓	♉	♊
2	♏ ab 15.26 ♐	♑	♒ ab 17.11 ♓	♓ ab 09.07 ♈	♉	♊ ab 11.58 ♋
3	♐	♑ ab 23.18 ♒	♓	♈	♉ ab 01.23 ♊	♋
4	♐	♒	♓	♈ ab 14.10 ♉	♊	♋ ab 12.27 ♌
5	♐ ab 04.16 ♑	♒	♓ ab 01.25 ♈	♉	♊ ab 03.00 ♋	♌
6	♑	♒ ab 10.24 ♓	♈	♉ ab 17.40 ♊	♋	♌ ab 14.33 ♍
7	♑ ab 17.04 ♒	♓	♈ ab 07.28 ♉	♊	♋ ab 05.11 ♌	♍
8	♒	♓ ab 19.21 ♈	♉	♊ ab 20.40 ♋	♌	♍ ab 19.11 ♎
9	♒	♈	♉ ab 11.58 ♊	♋	♌ ab 08.41 ♍	♎
10	♒ ab 04.36 ♓	♈	♊	♋ ab 23.45 ♌	♍	♎
11	♓	♈ ab 02.01 ♉	♊ ab 15.19 ♋	♌	♍ ab 13.46 ♎	♎ ab 02.35 ♏
12	♓ ab 13.50 ♈	♉	♋	♌	♎	♏
13	♈	♉ ab 06.23 ♊	♋ ab 17.47 ♌	♌ ab 03.10 ♍	♎ ab 20.43 ♏	♏ ab 12.28 ♐
14	♈ ab 20.01 ♉	♊	♌	♍	♏	♐
15	♉	♊ ab 08.41 ♋	♌ ab 19.58 ♍	♍ ab 07.23 ♎	♏	♐
16	♉ ab 23.04 ♊	♋	♍	♎	♏ ab 05.52 ♐	♐ ab 00.16 ♑
17	♊	♋ ab 09.41 ♌	♍ ab 23.04 ♎	♎ ab 13.21 ♏	♐	♑
18	♊ ab 23.47 ♋	♌	♎	♏	♐ ab 17.22 ♑	♑ ab 13.13 ♒
19	♋	♌ ab 10.41 ♍	♎	♏ ab 22.03 ♐	♑	♒
20	♋ ab 23.36 ♌	♍	♎ ab 04.33 ♏	♐	♑	♒
21	♌	♍ ab 13.23 ♎	♏	♐	♑ ab 06.21 ♒	♒ ab 01.57 ♓
22	♌	♎	♏ ab 13.31 ♐	♐ ab 09.39 ♑	♒	♓
23	♌ ab 00.21 ♍	♎ ab 19.22 ♏	♐	♑	♒ ab 18.43 ♓	♓ ab 12.35 ♈
24	♍	♏	♐	♑ ab 22.37 ♒	♓	♈
25	♍ ab 03.46 ♎	♏	♐ ab 01.32 ♑	♒	♓	♈ ab 19.37 ♉
26	♎	♏ ab 05.12 ♐	♑	♒	♓ ab 04.08 ♈	♉
27	♎ ab 10.59 ♏	♐	♑ ab 14.22 ♒	♒ ab 10.13 ♓	♈	♉ ab 22.49 ♊
28	♏	♐ ab 17.42 ♑	♒	♓	♈ ab 09.32 ♉	♊
29	♏ ab 21.48 ♐	♑	♒	♓ ab 18.26 ♈	♉	♊ ab 23.13 ♋
30	♐	♑	♒ ab 01.19 ♓	♈	♉ ab 11.36 ♊	♋
31	♐	♑ ab 06.24 ♒		♈ ab 23.04 ♉		♋ ab 22.34 ♌

1983

Tag	Januar Mond im	Februar Mond im	März Mond im	April Mond im	Mai Mond im	Juni Mond im
1	♌	♍ ab 10.48 ♎	♎	♏ ab 17.21 ♐	♐ ab 13.02 ♑	♒
2	♌ ab 22.50 ♍	♎	♎	♐	♑	♒ ab 21.43 ♓
3	♍	♎ ab 15.33 ♏	♎ ab 00.51 ♏	♐	♑	♓
4	♍	♏	♏	♐ ab 04.30 ♑	♑ ab 01.10 ♒	♓
5	♍ ab 01.45 ♎	♏	♏ ab 08.16 ♐	♑	♒	♓ ab 09.00 ♈
6	♎	♑ ab 00.29 ♐	♐	♑ ab 17.07 ♒	♒ ab 13.44 ♓	♈
7	♎ ab 08.17 ♏	♐	♐ ab 19.30 ♑	♒	♓	♈ ab 17.06 ♉
8	♏	♐ ab 12.34 ♑	♑	♒	♓	♉
9	♏ ab 18.14 ♐	♑	♑	♒ ab 05.31 ♓	♒ ab 00.17 ♈	♉ ab 21.38 ♊
10	♐	♑	♑ ab 08.31 ♒	♓	♈	♊
11	♐	♑ ab 01.41 ♒	♒	♓ ab 15.38 ♈	♈ ab 07.37 ♉	♊ ab 23.33 ♋
12	♐ ab 06.27 ♑	♒	♒ ab 20.48 ♓	♈	♉	♋
13	♑	♒ ab 14.02 ♓	♓	♈ ab 23.00 ♉	♉ ab 12.04 ♊	♋
14	♑ ab 19.27 ♒	♓	♓	♉	♊	♋ ab 00.22 ♌
15	♒	♓	♓ ab 07.01 ♈	♉	♊ ab 14.49 ♋	♌
16	♒	♓ ab 00.47 ♈	♈	♉ ab 04.16 ♊	♋	♌ ab 01.39 ♍
17	♒ ab 08.03 ♓	♈	♈ ab 15.05 ♉	♊	♋ ab 17.02 ♌	♍
18	♓	♈ ab 09.31 ♉	♉	♊ ab 08.15 ♋	♌	♍ ab 04.37 ♎
19	♓ ab 19.09 ♈	♉	♉ ab 21.21 ♊	♋	♌ ab 19.37 ♍	♎
20	♈	♉ ab 15.53 ♊	♊	♋ ab 11.27 ♌	♍	♎ ab 10.00 ♏
21	♈	♊	♊	♌	♍ ab 23.12 ♎	♏
22	♈ ab 03.37 ♉	♊ ab 19.32 ♋	♊	♌ ab 14.12 ♍	♎	♏ ab 17.56 ♐
23	♉	♋	♊ ab 00.53 ♋	♍	♎	♐
24	♉ ab 08.41 ♊	♋ ab 20.47 ♌	♋ ab 04.44 ♌	♍ ab 17.05 ♎	♎ ab 04.18 ♏	♐
25	♊	♌	♌	♎	♏	♐ ab 04.09 ♑
26	♊ ab 10.29 ♋	♌ ab 20.50 ♍	♌ ab 06.19 ♍	♎ ab 21.05 ♏	♏ ab 11.28 ♐	♑
27	♋	♍	♍	♏	♐	♑ ab 16.07 ♒
28	♋ ab 10.11 ♌	♍ ab 21.31 ♎	♍ ab 08.49 ♎	♏	♐ ab 21.08 ♑	♒
29	♌	♎	♎	♏ ab 03.29 ♐	♑	♒
30	♌ ab 09.35 ♍		♎ ab 11.58 ♏	♐	♑	♒ ab 04.52 ♓
31	♍		♏		♑ ab 09.00 ♒	

Tag	Juli Mond im	August Mond im	September Mond im	Oktober Mond im	November Mond im	Dezember Mond im
1	♓	♈ ab 09.38 ♉	♊	♋ ab 13.55 ♌	♍	♎ ab 10.41 ♏
2	♓ ab 16.48 ♈	♉	♊ ab 04.54 ♋	♌	♍ ab 00.31 ♎	♏
3	♈	♉ ab 16.44 ♊	♋	♌ ab 15.16 ♍	♎	♏ ab 15.57 ♐
4	♈	♊	♋ ab 06.48 ♌	♍	♎ ab 02.54 ♏	♐
5	♈ ab 02.06 ♉	♊ ab 20.10 ♋	♌	♍ ab 15.43 ♎	♏	♐ ab 23.59 ♑
6	♉	♋	♌ ab 06.37 ♍	♎	♏ ab 07.10 ♐	♑
7	♉ ab 07.42 ♊	♋ ab 20.38 ♌	♍	♎ ab 17.07 ♏	♐	♑
8	♊	♌	♍ ab 06.14 ♎	♏	♐ ab 14.32 ♑	♑ ab 09.40 ♒
9	♊ ab 09.51 ♋	♌ ab 19.50 ♍	♎	♏ ab 21.21 ♐	♑	♒
10	♋	♍	♎ ab 07.50 ♏	♐	♑	♒ ab 21.54 ♓
11	♋ ab 09.54 ♌	♍ ab 19.52 ♎	♏	♐	♑ ab 01.11 ♒	♓
12	♌	♎	♏ ab 13.09 ♐	♐ ab 05.31 ♑	♒	♓
13	♌ ab 09.44 ♍	♎ ab 22.45 ♏	♐	♑	♒ ab 13.42 ♓	♓ ab 10.17 ♈
14	♍	♏	♐ ab 22.34 ♑	♑ ab 17.01 ♒	♓	♈
15	♍ ab 11.11 ♎	♏	♑	♒	♓	♈ ab 20.34 ♉
16	♎	♏ ab 05.34 ♐	♑	♒	♓ ab 01.37 ♈	♉
17	♎ ab 15.39 ♏	♐	♑ ab 10.46 ♒	♒ ab 05.42 ♓	♈	♉
18	♏	♐ ab 16.00 ♑	♒	♓	♈ ab 11.07 ♉	♉ ab 03.24 ♊
19	♏ ab 23.32 ♐	♑	♒ ab 23.31 ♓	♓ ab 17.19 ♈	♉	♊
20	♐	♑	♓	♈	♈ ab 17.46 ♊	♊ ab 07.03 ♋
21	♐	♑ ab 04.26 ♒	♓	♈	♊	♋
22	♐ ab 10.12 ♑	♒	♓ ab 11.11 ♈	♈ ab 02.48 ♉	♊ ab 22.11 ♋	♋ ab 08.45 ♌
23	♑	♒ ab 17.11 ♓	♈	♉	♋	♌
24	♑ ab 22.27 ♒	♓	♈ ab 21.13 ♉	♉ ab 10.11 ♊	♋	♌ ab 10.02 ♍
25	♒	♓	♉	♊	♋ ab 01.20 ♌	♍
26	♒	♓ ab 05.09 ♈	♉	♊ ab 15.48 ♋	♌	♍ ab 12.19 ♎
27	♒ ab 11.12 ♓	♈	♉ ab 04.25 ♊	♋	♌ ab 04.03 ♍	♎
28	♓	♈	♊	♋ ab 19.51 ♌	♍	♎ ab 16.27 ♏
29	♓ ab 23.22 ♈	♈ ab 15.38 ♉	♊ ab 10.25 ♋	♌	♍ ab 06.58 ♎	♏
30	♈	♉ ab 23.50 ♊	♋	♌ ab 22.34 ♍	♎	♏ ab 22.45 ♐
31	♈	♊		♍		♐

1984

	Januar	Februar	März	April	Mai	Juni
Tag	Mond im	Mond im	Mond im	Mond im	Mond im	Mond im
1	♐	♑ ab 00.12 ♒	♒ ab 18.30 ♓	♈	♉	♊ ab 07.54 ♋
2	♐ ab 07.08 ♑	♒	♓	♈	♉ ab 18.03 ♊	♋
3	♑	♒ ab 12.23 ♓	♓	♈ ab 01.56 ♉	♊	♋ ab 12.20 ♌
4	♑ ab 17.31 ♒	♓	♓ ab 07.08 ♈	♉	♊	♌
5	♒	♓	♈	♉ ab 12.05 ♊	♊ ab 01.27 ♋	♌ ab 15.28 ♍
6	♒	♓ ab 01.05 ♈	♈ ab 19.10 ♉	♊	♋	♍
7	♒ ab 05.35 ♓	♈	♉	♊ ab 20.00 ♋	♋ ab 06.44 ♌	♍ ab 18.04 ♎
8	♓	♈ ab 13.06 ♉	♉	♋	♌	♎
9	♓ ab 18.16 ♈	♉	♉ ab 05.30 ♊	♋	♌ ab 10.03 ♍	♎ ab 20.49 ♏
10	♈	♉ ab 22.40 ♊	♊	♋ ab 01.02 ♌	♍	♏
11	♈	♊	♊ ab 12.49 ♋	♌	♍ ab 11.55 ♎	♏
12	♈ ab 05.37 ♉	♊	♋	♌ ab 03.12 ♍	♎	♏ ab 00.27 ♐
13	♉	♊ ab 04.21 ♋	♋ ab 16.22 ♌	♍	♎ ab 13.23 ♏	♐
14	♉ ab 13.41 ♊	♋	♌	♍ ab 03.30 ♎	♏	♐ ab 05.49 ♑
15	♊	♋ ab 06.10 ♌	♌ ab 16.48 ♍	♎	♏ ab 15.51 ♐	♑
16	♊ ab 17.48 ♋	♌	♍	♎ ab 03.42 ♏	♐	♑ ab 13.42 ♒
17	♋	♌ ab 05.33 ♍	♍ ab 15.52 ♎	♏	♐ ab 20.44 ♑	♒
18	♋ ab 18.50 ♌	♍	♎	♏ ab 05.45 ♐	♑	♒
19	♌	♍ ab 04.40 ♎	♎ ab 15.50 ♏	♐	♑	♓ ab 00.19 ♓
20	♌ ab 18.36 ♍	♎	♏	♐ ab 11.11 ♑	♑ ab 04.56 ♒	♓
21	♍	♎ ab 05.45 ♏	♏ ab 18.42 ♐	♑	♒	♓ ab 12.41 ♈
22	♍ ab 19.08 ♎	♏	♐	♑ ab 20.28 ♒	♒ ab 16.09 ♓	♈
23	♎	♏ ab 10.23 ♐	♐	♒	♓	♈
24	♎ ab 22.05 ♏	♐	♐ ab 01.37 ♑	♒	♓	♈ ab 00.39 ♉
25	♏	♐ ab 18.50 ♑	♑	♒ ab 08.27 ♓	♓ ab 04.40 ♈	♉
26	♏	♑	♑ ab 13.10 ♒	♓	♈	♉ ab 10.05 ♊
27	♏ ab 04.13 ♐	♑	♒	♓ ab 21.03 ♈	♈ ab 16.14 ♉	♊
28	♐	♑ ab 06.03 ♒	♒	♈	♉	♊ ab 16.10 ♋
29	♐ ab 13.13 ♑	♒	♒ ab 01.38 ♓	♈	♉	♋
30	♑		♓	♈ ab 08.31 ♉	♉ ab 01.24 ♊	♋ ab 19.31 ♌
31	♑		♓ ab 14.15 ♈		♊	

	Juli	August	September	Oktober	November	Dezember
Tag	Mond im	Mond im	Mond im	Mond im	Mond im	Mond im
1	♌	♍ ab 06.04 ♎	♏ ab 18.30 ♐	♐ ab 06.29 ♑	♒	♓
2	♌ ab 21.28 ♍	♎	♐	♑	♓ ab 08.50 ♓	♓ ab 04.43 ♈
3	♍	♎ ab 08.05 ♏	♐	♑ ab 15.04 ♒	♓	♈
4	♍ ab 23.28 ♎	♏	♐ ab 00.56 ♑	♒	♓ ab 21.21 ♈	♈ ab 17.21 ♉
5	♎	♏ ab 12.30 ♐	♑	♒	♈	♉
6	♎	♐	♑ ab 10.12 ♒	♒ ab 02.20 ♓	♈	♉
7	♎ ab 02.29 ♏	♐ ab 19.25 ♑	♒	♓	♈ ab 09.54 ♉	♉ ab 04.25 ♊
8	♏	♑	♒ ab 21.25 ♓	♓ ab 14.52 ♈	♉	♊
9	♏ ab 02.04 ♐	♑	♓	♈	♉ ab 21.11 ♊	♊ ab 12.57 ♋
10	♐	♑ ab 04.26 ♒	♓	♈	♊	♋
11	♐ ab 13.24 ♑	♒	♓ ab 09.47 ♈	♈ ab 03.29 ♉	♊	♋ ab 19.09 ♌
12	♑	♒ ab 15.14 ♓	♈	♉	♊ ab 06.32 ♋	♌
13	♑ ab 21.42 ♒	♓	♈ ab 22.34 ♉	♉ ab 15.15 ♊	♋	♌ ab 23.36 ♍
14	♒	♓	♉	♊	♋ ab 13.34 ♌	♍
15	♒	♓ ab 03.29 ♈	♉	♊	♌	♍
16	♓ ab 08.11 ♓	♈	♉ ab 10.26 ♊	♊ ab 01.01 ♋	♌ ab 18.09 ♍	♍ ab 02.53 ♎
17	♓	♈ ab 16.14 ♉	♊	♋	♍	♎
18	♓ ab 20.27 ♈	♉	♊ ab 19.37 ♋	♋ ab 07.42 ♌	♏ ab 20.30 ♎	♎ ab 05.28 ♏
19	♈	♉	♋	♌	♎	♏
20	♈	♉ ab 03.32 ♊	♋	♌ ab 10.57 ♍	♎ ab 21.31 ♏	♏ ab 07.59 ♐
21	♈ ab 08.53 ♉	♊	♋ ab 00.50 ♌	♍	♏	♐
22	♉	♊ ab 11.21 ♋	♌	♍ ab 11.32 ♎	♏ ab 22.35 ♐	♐ ab 11.22 ♑
23	♉ ab 19.11 ♊	♋	♌ ab 02.20 ♍	♎	♐	♑
24	♊	♋ ab 15.01 ♌	♍	♎ ab 11.09 ♏	♐	♑ ab 16.48 ♒
25	♊	♌	♍ ab 00.42 ♎	♏	♐ ab 01.18 ♑	♒
26	♊ ab 01.45 ♋	♌ ab 15.33 ♍	♎	♏ ab 11.44 ♐	♑	♒
27	♋	♍	♎ ab 01.05 ♏	♐	♑ ab 07.07 ♒	♒ ab 01.19 ♓
28	♋ ab 04.42 ♌	♍ ab 14.58 ♎	♏	♐ ab 15.06 ♑	♒	♓
29	♌	♎	♏ ab 01.33 ♐	♑	♒ ab 16.34 ♓	♓
30	♌ ab 05.30 ♍	♎ ab 15.24 ♏	♐	♑ ab 22.14 ♒	♓	♓ ab 12.50 ♈
31	♍	♏		♒		♈

1985

Tag	Januar Mond im	Februar Mond im	März Mond im	April Mond im	Mai Mond im	Juni Mond im
1	♈ ab 01.37 ♉	♊	♊ ab 16.24 ♋	♌	♍ ab 23.23 ♎	♏
2	♉	♊ ab 07.00 ♋	♋	♌ ab 12.26 ♍	♎	♏ ab 09.34 ♐
3	♉ ab 13.01 ♊	♋	♋ ab 22.29 ♌	♍	♎ ab 23.18 ♏	♐
4	♊	♋ ab 12.03 ♌	♌	♍ ab 12.54 ♎	♏	♐ ab 10.35 ♑
5	♊ ab 21.18 ♋	♌	♌	♎	♏ ab 23.57 ♐	♑
6	♋	♌ ab 14.10 ♍	♌ ab 00.43 ♍	♎ ab 12.11 ♏	♐	♑ ab 13.53 ♒
7	♋	♍	♍	♏	♐	♒
8	♋ ab 02.29 ♌	♍ ab 15.11 ♎	♍ ab 00.48 ♎	♏ ab 12.18 ♐	♐ ab 00.12 ♑	♒ ab 20.47 ♓
9	♌	♎	♎	♐	♑	♓
10	♌ ab 05.40 ♍	♎ ab 16.50 ♏	♎ ab 00.48 ♏	♐ ab 14.58 ♑	♑ ab 04.39 ♒	♓
11	♍	♏	♏	♑	♒	♓ ab 07.25 ♈
12	♍ ab 08.14 ♎	♏ ab 20.10 ♐	♏ ab 02.30 ♐	♑ ab 21.05 ♒	♒ ab 12.57 ♓	♈
13	♎	♐	♐	♒	♓	♈ ab 20.12 ♉
14	♎ ab 11.08 ♏	♐	♐ ab 06.55 ♑	♒	♓	♉
15	♏	♐ ab 01.28 ♑	♑	♓ ab 06.31 ♓	♓ ab 00.26 ♈	♉
16	♏ ab 14.49 ♐	♑	♑ ab 14.12 ♒	♓	♈	♉ ab 08.46 ♊
17	♐	♑ ab 08.37 ♒	♒	♓ ab 18.19 ♈	♈ ab 13.24 ♉	♊
18	♐ ab 19.30 ♑	♒	♒ ab 23.51 ♓	♈	♉	♊ ab 19.23 ♋
19	♑	♒ ab 17.39 ♓	♓	♈	♉	♋
20	♑	♓	♓	♈ ab 07.13 ♉	♉ ab 02.02 ♊	♋
21	♑ ab 01.39 ♒	♓	♓ ab 11.21 ♈	♉	♊	♋ ab 03.33 ♌
22	♒	♓ ab 04.43 ♈	♈	♉ ab 20.01 ♊	♊ ab 13.06 ♋	♌
23	♒ ab 10.03 ♓	♈	♈	♊	♋	♌ ab 09.33 ♍
24	♓	♈ ab 17.28 ♉	♈ ab 00.07 ♉	♊	♋ ab 21.55 ♌	♍
25	♓ ab 21.06 ♈	♉	♉	♊ ab 07.27 ♋	♌	♍ ab 13.48 ♎
26	♈	♉	♉ ab 13.03 ♊	♋	♌	♎
27	♈	♉ ab 06.12 ♊	♊	♋ ab 16.11 ♌	♌ ab 04.07 ♍	♎ ab 16.38 ♏
28	♈ ab 09.54 ♉	♊	♊	♌	♍	♏
29	♉		♊ ab 00.14 ♋	♌ ab 21.25 ♍	♍ ab 07.41 ♎	♏ ab 18.31 ♐
30	♉ ab 22.01 ♊		♋	♍	♎	♐
31	♊		♋ ab 08.52 ♌		♎ ab 09.08 ♏	

Tag	Juli Mond im	August Mond im	September Mond im	Oktober Mond im	November Mond im	Dezember Mond im
1	♐ ab 20.23 ♑	♒	♓ ab 07.43 ♈	♈ ab 01.36 ♉	♊	♋ ab 02.00 ♌
2	♑	♒ ab 14.34 ♓	♈	♉	♊ ab 09.32 ♋	♌
3	♑ ab 23.37 ♒	♓	♈ ab 19.29 ♉	♉ ab 14.37 ♊	♋	♌
4	♒	♓ ab 23.44 ♈	♉	♊	♋ ab 20.04 ♌	♌ ab 10.15 ♍
5	♒	♈	♉	♊	♌	♍
6	♒ ab 05.41 ♓	♈	♉ ab 08.28 ♊	♊ ab 03.00 ♋	♌	♍ ab 15.34 ♎
7	♓	♈ ab 11.42 ♉	♊	♋	♌ ab 03.19 ♍	♎
8	♓ ab 15.21 ♈	♉	♊ ab 20.11 ♋	♋ ab 12.34 ♌	♍	♎ ab 17.57 ♏
9	♈	♉	♋	♌	♍ ab 06.53 ♎	♏
10	♈	♉ ab 00.32 ♊	♋	♌ ab 18.10 ♍	♎	♏ ab 18.14 ♐
11	♈ ab 03.45 ♉	♊	♋ ab 04.28 ♌	♍	♎ ab 07.32 ♏	♐
12	♉	♊ ab 11.29 ♋	♌	♍ ab 20.13 ♎	♏	♐ ab 18.00 ♑
13	♉ ab 16.24 ♊	♋	♌ ab 08.53 ♍	♎	♏ ab 06.53 ♐	♑
14	♊	♋ ab 18.58 ♌	♍	♎ ab 20.14 ♏	♐	♑ ab 19.16 ♒
15	♊	♌	♍ ab 10.35 ♎	♏	♐ ab 06.54 ♑	♒
16	♊ ab 02.55 ♋	♌ ab 23.16 ♍	♎	♏ ab 20.06 ♐	♑	♒ ab 23.51 ♓
17	♋	♍	♎ ab 11.18 ♏	♐	♑ ab 09.26 ♒	♓
18	♋ ab 10.26 ♌	♍	♏	♐ ab 21.36 ♑	♒	♓
19	♌	♍ ab 01.45 ♎	♏ ab 12.41 ♐	♑	♒ ab 15.43 ♓	♓ ab 08.37 ♈
20	♌ ab 15.30 ♍	♎	♐	♑	♓	♈
21	♍	♎ ab 03.52 ♏	♐ ab 15.50 ♑	♑ ab 01.55 ♒	♓	♈ ab 20.41 ♉
22	♍ ab 19.11 ♎	♏	♑	♒	♓ ab 01.43 ♈	♉
23	♎	♏ ab 06.37 ♐	♑ ab 21.12 ♒	♒ ab 09.28 ♓	♈	♉
24	♎ ab 22.17 ♏	♐	♒	♓	♈ ab 14.08 ♉	♉ ab 09.46 ♊
25	♏	♐ ab 10.25 ♑	♒	♓ ab 19.48 ♈	♉	♊
26	♏	♑	♒ ab 04.51 ♓	♈	♉	♊ ab 21.45 ♋
27	♑ ab 01.13 ♐	♑ ab 15.32 ♒	♓	♈	♉ ab 03.09 ♊	♋
28	♐	♒	♓ ab 14.43 ♈	♈ ab 08.00 ♉	♊	♋
29	♐ ab 04.22 ♑	♒ ab 22.26 ♓	♈	♉	♊ ab 15.24 ♋	♋ ab 07.45 ♌
30	♑	♓	♈	♉ ab 21.00 ♊	♋	♌
31	♑ ab 08.26 ♒	♓		♊		♌ ab 15.44 ♍

1986

	Januar	Februar	März	April	Mai	Juni
Tag	Mond im	Mond im	Mond im	Mond im	Mond im	Mond im
1	♍	♎ ab 07.20 ♏	♏	♐ ab 01.26 ♑	♒	♓ ab 06.44 ♈
2	♍ ab 21.46 ♎	♏	♏ ab 15.52 ♐	♑	♒ ab 16.31 ♓	♈
3	♎	♏ ab 10.32 ♐	♐	♑ ab 05.12 ♒	♓	♈ ab 17.46 ♉
4	♎	♐	♐ ab 18.57 ♑	♒	♓	♉
5	♎ ab 01.45 ♏	♐ ab 13.02 ♑	♑	♒ ab 11.04 ♓	♓ ab 01.02 ♈	♉
6	♏	♑	♑ ab 22.43 ♒	♓	♈	♉ ab 06.27 ♊
7	♏ ab 03.48 ♐	♑ ab 15.36 ♒	♒	♓ ab 19.13 ♈	♈ ab 12.00 ♉	♊
8	♐	♒	♒	♈	♉	♊ ab 19.18 ♋
9	♐ ab 04.43 ♑	♒ ab 19.33 ♓	♓ ab 03.49 ♓	♈	♉	♋
10	♑	♓	♓	♈ ab 05.37 ♉	♉ ab 00.27 ♊	♋
11	♑ ab 06.02 ♒	♓	♓ ab 11.04 ♈	♉	♊	♋ ab 07.12 ♌
12	♒	♓ ab 02.22 ♈	♈	♉ ab 17.52 ♊	♊ ab 13.19 ♋	♌
13	♒ ab 09.40 ♓	♈	♈ ab 21.05 ♉	♊	♋	♌ ab 17.19 ♍
14	♓	♈ ab 12.39 ♉	♉	♊	♋	♍
15	♓ ab 17.04 ♈	♉	♉	♊ ab 06.43 ♋	♋ ab 01.16 ♌	♍
16	♈	♉	♉ ab 09.24 ♊	♋	♌	♍ ab 00.39 ♎
17	♈	♉ ab 01.18 ♊	♊	♋ ab 18.11 ♌	♌ ab 10.46 ♍	♎
18	♈ ab 04.14 ♉	♊	♊ ab 22.05 ♋	♌	♍	♎ ab 04.37 ♏
19	♉	♊ ab 13.40 ♋	♋	♌	♍ ab 16.42 ♎	♏
20	♉ ab 17.13 ♊	♋	♋	♌ ab 02.25 ♍	♎	♏ ab 05.37 ♐
21	♊	♋ ab 23.26 ♌	♋ ab 08.39 ♌	♍	♎ ab 19.03 ♏	♐
22	♊	♌	♌	♍ ab 06.51 ♎	♏	♐ ab 05.01 ♑
23	♊ ab 05.15 ♋	♌	♌ ab 15.40 ♍	♎	♏ ab 18.58 ♐	♑
24	♋	♌ ab 05.59 ♍	♍	♎ ab 08.16 ♏	♐	♑ ab 04.51 ♒
25	♋ ab 14.48 ♌	♍	♍ ab 19.23 ♎	♏	♐ ab 18.16 ♑	♒
26	♌	♍ ab 10.08 ♎	♎	♏ ab 08.17 ♐	♑	♒ ab 07.13 ♓
27	♌ ab 21.52 ♍	♎	♎ ab 21.06 ♏	♐	♑ ab 19.01 ♒	♓
28	♍	♎ ab 13.07 ♏	♏	♐ ab 08.42 ♑	♒	♓ ab 13.35 ♈
29	♍		♏ ab 22.21 ♐	♑	♒ ab 22.55 ♓	♈
30	♍ ab 03.11 ♎		♐	♑ ab 11.07 ♒	♓	♈ ab 23.55 ♉
31	♎		♐		♓	

	Juli	August	September	Oktober	November	Dezember
Tag	Mond im	Mond im	Mond im	Mond im	Mond im	Mond im
1	♉	♊	♋ ab 03.09 ♌	♍	♎ ab 15.20 ♏	♏ ab 03.09 ♐
2	♉	♊ ab 08.05 ♋	♌	♍	♏	♐
3	♉ ab 12.33 ♊	♋	♌ ab 12.07 ♍	♍ ab 02.04 ♎	♏ ab 16.20 ♐	♐ ab 02.29 ♑
4	♊	♋ ab 19.27 ♌	♍	♎	♐	♑
5	♊	♌	♍ ab 18.34 ♎	♎ ab 05.36 ♏	♐ ab 16.49 ♑	♑ ab 02.24 ♒
6	♊ ab 01.20 ♋	♌	♎	♏	♑	♒
7	♋	♌ ab 04.45 ♍	♎ ab 23.13 ♏	♏ ab 07.49 ♐	♑ ab 18.29 ♒	♒ ab 04.49 ♓
8	♋ ab 12.57 ♌	♍	♏	♐	♒	♓
9	♌	♍ ab 12.05 ♎	♏	♐ ab 09.53 ♑	♒ ab 22.30 ♓	♓ ab 10.50 ♈
10	♌ ab 22.51 ♍	♎	♏ ab 02.41 ♐	♑	♓	♈
11	♍	♎ ab 17.37 ♏	♐	♑ ab 12.46 ♒	♓	♈ ab 20.11 ♉
12	♍	♏	♐ ab 05.29 ♑	♒	♓ ab 05.15 ♈	♉
13	♍ ab 06.41 ♎	♏ ab 21.18 ♐	♑	♒ ab 17.04 ♓	♈	♉
14	♎	♐	♑ ab 08.08 ♒	♓	♈ ab 14.25 ♉	♉ ab 07.42 ♊
15	♎ ab 11.59 ♏	♐ ab 23.28 ♑	♒	♓ ab 23.14 ♈	♉	♊
16	♏	♑	♒ ab 11.28 ♓	♈	♉	♊ ab 20.10 ♋
17	♏ ab 14.35 ♐	♑	♓	♈	♉ ab 01.27 ♊	♋
18	♐	♑ ab 00.45 ♒	♓ ab 16.34 ♈	♈ ab 07.36 ♉	♊	♋
19	♐ ab 15.11 ♑	♒	♈	♉	♊ ab 13.47 ♋	♋ ab 08.45 ♌
20	♑	♒ ab 02.53 ♓	♈	♉ ab 18.16 ♊	♋	♌
21	♑ ab 15.18 ♒	♓	♈ ab 00.26 ♉	♊	♋	♌ ab 20.31 ♍
22	♒	♓ ab 07.28 ♈	♉	♊	♋ ab 02.26 ♌	♍
23	♒ ab 17.00 ♓	♈	♉ ab 11.14 ♊	♊ ab 06.38 ♋	♌	♍
24	♓	♈ ab 15.37 ♉	♊	♋	♌ ab 13.47 ♍	♍ ab 06.06 ♎
25	♓ ab 22.03 ♈	♉	♊ ab 23.45 ♋	♋ ab 19.03 ♌	♍	♎
26	♈	♉	♋	♌	♍ ab 22.00 ♎	♎ ab 12.07 ♏
27	♈	♉ ab 03.01 ♊	♋	♌	♎	♏
28	♈ ab 07.12 ♉	♊	♋ ab 10.40 ♌	♌ ab 05.21 ♍	♎	♏ ab 14.20 ♐
29	♉	♊ ab 15.41 ♋	♌	♍	♎ ab 02.14 ♏	♐
30	♉ ab 19.20 ♊	♋	♌ ab 19.58 ♍	♍ ab 12.05 ♎	♏	♐ ab 13.55 ♑
31	♊	♋		♎		♑

1987

	Januar	Februar	März	April	Mai	Juni
Tag	Mond im	Mond im	Mond im	Mond im	Mond im	Mond im
1	♑ ab 12.54 ♒	♓	♓ ab 13.38 ♈	♉	♊	♋ ab 05.26 ♌
2	♒	♓ ab 03.10 ♈	♈	♉ ab 14.17 ♊	♊ ab 09.40 ♋	♌
3	♒ ab 13.37 ♓	♈	♈ ab 19.12 ♉	♊	♋	♌ ab 17.57 ♍
4	♓	♈ ab 09.54 ♉	♉	♊	♋ ab 22.07 ♌	♍
5	♓ ab 17.52 ♈	♉	♉	♊ ab 01.34 ♋	♌	♍
6	♈	♉ ab 20.24 ♊	♉ ab 04.27 ♊	♋	♌	♍ ab 04.25 ♎
7	♈	♊	♊	♋ ab 14.05 ♌	♌ ab 10.08 ♍	♎
8	♈ ab 02.14 ♉	♊	♊ ab 16.25 ♋	♌	♍	♎ ab 11.07 ♏
9	♉	♊ ab 08.56 ♋	♋	♌	♍ ab 19.30 ♎	♏
10	♉ ab 13.40 ♊	♋	♋	♋ ab 01.29 ♍	♎	♏ ab 13.54 ♐
11	♊	♋ ab 21.22 ♌	♋ ab 04.55 ♌	♍	♎	♐
12	♊	♌	♌	♍ ab 10.06 ♎	♎ ab 00.10 ♏	♐ ab 14.06 ♑
13	♊ ab 02.19 ♋	♌	♌ ab 15.56 ♍	♎	♏	♑
14	♋	♌ ab 08.27 ♍	♍	♎ ab 15.41 ♏	♏ ab 03.42 ♐	♑ ab 13.46 ♒
15	♋ ab 14.46 ♌	♍	♍	♏	♐	♒
16	♌	♍ ab 17.45 ♎	♍ ab 00.35 ♎	♏ ab 19.02 ♐	♐ ab 04.37 ♑	♒ ab 14.55 ♓
17	♌	♎	♎	♐	♑	♓
18	♌ ab 02.16 ♍	♎	♎ ab 06.58 ♏	♐ ab 21.22 ♑	♑ ab 05.43 ♒	♓ ab 18.57 ♈
19	♍	♎ ab 01.05 ♏	♏	♑	♒	♈
20	♍ ab 12.10 ♎	♏	♏ ab 11.33 ♐	♑ ab 23.46 ♒	♒ ab 08.25 ♓	♈
21	♎	♏ ab 06.10 ♐	♐	♒	♓	♈ ab 02.10 ♉
22	♎ ab 19.31 ♏	♐	♐ ab 14.49 ♑	♒	♓ ab 13.24 ♈	♉
23	♏	♐ ab 08.58 ♑	♑	♒ ab 03.03 ♓	♈	♉ ab 11.55 ♊
24	♏ ab 23.36 ♐	♑	♑ ab 17.19 ♒	♓	♈ ab 20.40 ♉	♊
25	♐	♑ ab 10.09 ♒	♒	♓ ab 07.41 ♈	♉	♊ ab 23.23 ♋
26	♐	♒	♒ ab 19.46 ♓	♈	♉	♋
27	♐ ab 00.43 ♑	♒ ab 11.08 ♓	♓	♈ ab 14.07 ♉	♉ ab 05.56 ♊	♋
28	♑	♓	♓ ab 23.13 ♈	♉	♊	♋ ab 11.53 ♌
29	♑ ab 00.18 ♒		♈	♉ ab 22.44 ♊	♊ ab 17.00 ♋	♌
30	♒		♈	♊	♋	♌
31	♒ ab 00.25 ♓		♈ ab 05.47 ♉		♋	

	Juli	August	September	Oktober	November	Dezember
Tag	Mond im	Mond im	Mond im	Mond im	Mond im	Mond im
1	♌ ab 00.35 ♍	♎	♐	♑	♓	♈
2	♍	♎ ab 03.10 ♏	♐ ab 19.05 ♑	♑ ab 02.52 ♒	♓ ab 14.41 ♈	♈ ab 02.06 ♉
3	♍ ab 11.56 ♎	♏	♑	♒	♈	♉
4	♎	♏ ab 08.48 ♐	♑ ab 20.22 ♒	♒ ab 04.40 ♓	♈ ab 19.03 ♉	♉ ab 09.14 ♊
5	♎ ab 20.04 ♏	♐	♒	♓	♉	♊
6	♏	♐ ab 10.52 ♑	♒ ab 20.38 ♓	♓ ab 06.36 ♈	♉	♊ ab 18.21 ♋
7	♏	♑	♓	♈	♉ ab 01.17 ♊	♋
8	♏ ab 00.06 ♐	♑ ab 10.38 ♒	♓ ab 21.35 ♈	♈ ab 09.58 ♉	♊	♋
9	♐	♒	♈	♉	♊ ab 10.11 ♋	♋ ab 05.41 ♌
10	♐ ab 00.44 ♑	♒ ab 10.02 ♓	♈	♉ ab 16.04 ♊	♋	♌
11	♑ ab 23.50 ♒	♓	♈ ab 00.58 ♉	♊	♋ ab 21.46 ♌	♌ ab 18.31 ♍
12	♒	♓ ab 11.10 ♈	♉	♊	♌	♍
13	♒ ab 23.37 ♓	♈	♉ ab 07.55 ♊	♊ ab 01.32 ♋	♌	♍
14	♓	♈ ab 15.39 ♉	♊	♋	♌ ab 10.30 ♍	♍ ab 06.41 ♎
15	♓	♉	♊ ab 18.23 ♋	♋ ab 13.35 ♌	♍	♎
16	♓ ab 02.01 ♈	♉ ab 00.00 ♊	♋	♌	♍ ab 21.49 ♎	♎ ab 15.42 ♏
17	♈	♊	♋	♌	♎	♏
18	♈ ab 08.05 ♉	♊	♋ ab 06.51 ♌	♌ ab 02.07 ♍	♎	♏ ab 20.34 ♐
19	♉	♊ ab 11.20 ♋	♌	♍	♎ ab 05.58 ♏	♐
20	♉ ab 17.33 ♊	♋	♌ ab 19.14 ♍	♍ ab 12.51 ♎	♏	♐ ab 22.08 ♑
21	♊	♋ ab 23.59 ♌	♍	♎	♏ ab 10.17 ♐	♑
22	♊	♌	♍	♎ ab 20.42 ♏	♐	♑ ab 22.22 ♒
23	♊ ab 05.14 ♋	♌	♍ ab 05.59 ♎	♏	♐ ab 12.33 ♑	♒
24	♋	♌ ab 12.24 ♍	♎	♏	♑	♒ ab 23.11 ♓
25	♋ ab 17.51 ♌	♍	♎ ab 14.31 ♏	♏ ab 01.58 ♐	♑ ab 14.14 ♒	♓
26	♌	♍ ab 23.36 ♎	♏	♐	♒	♓
27	♌	♎	♏ ab 20.50 ♐	♐ ab 05.34 ♑	♒ ab 16.41 ♓	♓ ab 02.06 ♈
28	♌ ab 06.27 ♍	♎	♐	♑	♓	♈
29	♍	♎ ab 08.50 ♏	♐	♑ ab 08.28 ♒	♓ ab 20.37 ♈	♈ ab 07.37 ♉
30	♍ ab 18.00 ♎	♏	♐ ab 00.09 ♑	♒	♈	♉
31	♎	♏ ab 15.25 ♐		♒ ab 11.20 ♓		♉ ab 15.30 ♊

1988

Tag	Januar Mond im	Februar Mond im	März Mond im	April Mond im	Mai Mond im	Juni Mond im
1	♊	♋ ab 19.07 ♌	♌	♍ ab 09.06 ♎	♎ ab 02.40 ♏	♐ ab 22.59 ♑
2	♊	♌	♌ ab 14.07 ♍	♎	♏	♑
3	♊ ab 01.17 ♋	♌	♍	♎ ab 20.27 ♏	♏ ab 10.53 ♐	♑
4	♋	♌ ab 07.55 ♍	♍	♏	♐	♑ ab 01.35 ♒
5	♋ ab 12.48 ♌	♍	♍ ab 02.33 ♎	♏	♐ ab 15.55 ♑	♒
6	♌	♍ ab 20.37 ♎	♎	♏ ab 04.30 ♐	♑	♒ ab 04.01 ♓
7	♌	♎	♎ ab 13.28 ♏	♐	♑ ab 19.38 ♒	♓
8	♌ ab 01.36 ♍	♎	♏	♐ ab 10.20 ♑	♒	♓ ab 07.05 ♈
9	♍	♎ ab 07.43 ♏	♏ ab 22.00 ♐	♑	♒ ab 22.40 ♓	♈
10	♍ ab 14.18 ♎	♏	♐	♑ ab 14.11 ♒	♓	♈ ab 11.03 ♉
11	♎	♏ ab 15.37 ♐	♐	♒	♓	♉
12	♎	♐	♐ ab 03.32 ♑	♒ ab 16.25 ♓	♓ ab 01.24 ♈	♉ ab 16.15 ♊
13	♎ ab 00.40 ♏	♐ ab 19.37 ♑	♑	♓	♈	♊
14	♏	♑	♑ ab 06.09 ♒	♓ ab 17.48 ♈	♈ ab 04.23 ♉	♊ ab 23.20 ♋
15	♏ ab 06.59 ♐	♑ ab 20.26 ♒	♒	♈	♉	♋
16	♐	♒	♒ ab 06.43 ♓	♈ ab 19.32 ♉	♉ ab 08.32 ♊	♋
17	♐ ab 09.16 ♑	♒ ab 19.45 ♓	♓	♉	♊	♋ ab 08.58 ♌
18	♑	♓	♓ ab 06.46 ♈	♉ ab 23.11 ♊	♊ ab 20.06 ♋	♌
19	♑ ab 09.03 ♒	♓ ab 19.36 ♈	♈	♊	♋	♌ ab 21.04 ♍
20	♒	♈	♈ ab 08.06 ♉	♊	♋	♍
21	♒ ab 08.28 ♓	♈ ab 21.51 ♉	♉	♊ ab 06.05 ♋	♋ ab 00.52 ♌	♍
22	♓	♉	♉ ab 12.22 ♊	♋	♌	♍ ab 09.58 ♎
23	♓ ab 09.32 ♈	♉	♊	♋ ab 16.35 ♌	♌ ab 13.13 ♍	♎
24	♈	♉ ab 03.43 ♊	♊ ab 20.28 ♋	♌	♍	♎ ab 20.59 ♏
25	♈ ab 13.37 ♉	♊	♋	♌	♍	♏
26	♉	♊ ab 13.13 ♋	♋	♌ ab 05.17 ♍	♍ ab 01.50 ♎	♏
27	♉ ab 21.03 ♊	♋	♋ ab 08.55 ♌	♍	♎	♏ ab 04.19 ♐
28	♊	♋	♌	♍ ab 17.38 ♎	♎ ab 12.07 ♏	♐
29	♊	♋ ab 01.13 ♌	♌ ab 21.50 ♍	♎	♏	♐ ab 08.01 ♑
30	♊ ab 07.12 ♋		♍	♎	♏ ab 18.58 ♐	♑
31	♋		♍		♐	

Tag	Juli Mond im	August Mond im	September Mond im	Oktober Mond im	November Mond im	Dezember Mond im
1	♑ ab 09.30 ♒	♓ ab 19.54 ♈	♉	♊ ab 23.39 ♋	♌	♍
2	♒	♈	♉ ab 10.12 ♊	♋	♌	♍
3	♒ ab 10.34 ♓	♈ ab 22.25 ♉	♊	♋	♌ ab 05.03 ♍	♍ ab 01.57 ♎
4	♓	♉	♊ ab 17.38 ♋	♋ ab 09.32 ♌	♍	♎
5	♓ ab 12.38 ♈	♉	♋	♌	♍ ab 18.05 ♎	♎ ab 13.52 ♏
6	♈	♉ ab 03.44 ♊	♋	♌ ab 22.02 ♍	♎	♏
7	♈ ab 16.28 ♉	♊	♋ ab 04.15 ♌	♍	♎	♏ ab 22.56 ♐
8	♉	♊ ab 11.53 ♋	♌	♍	♎ ab 05.47 ♏	♐
9	♉ ab 22.17 ♊	♋	♌ ab 16.49 ♍	♍ ab 11.04 ♎	♏	♐
10	♊	♋ ab 22.27 ♌	♍	♎	♏ ab 15.07 ♐	♐ ab 05.08 ♑
11	♊	♌	♍	♎ ab 22.59 ♏	♐	♑
12	♊ ab 06.09 ♋	♌	♍ ab 05.52 ♎	♏	♐ ab 22.13 ♑	♑ ab 09.26 ♒
13	♋	♌ ab 10.47 ♍	♎	♏	♑	♒
14	♋ ab 16.12 ♌	♍	♎ ab 18.08 ♏	♏ ab 08.59 ♐	♑	♒ ab 12.54 ♓
15	♌	♍ ab 23.53 ♎	♏	♐	♑ ab 03.37 ♒	♓
16	♌	♎	♏	♐ ab 16.45 ♑	♒	♓ ab 16.04 ♈
17	♌ ab 04.18 ♍	♎	♏ ab 04.26 ♐	♑	♒ ab 07.35 ♓	♈
18	♍	♎ ab 12.13 ♏	♐	♑ ab 22.06 ♒	♓	♈ ab 19.12 ♉
19	♍ ab 17.29 ♎	♏	♐ ab 11.46 ♑	♒	♓ ab 10.13 ♈	♉
20	♎	♏ ab 21.56 ♐	♑	♒	♈	♉ ab 22.44 ♊
21	♎	♐	♑ ab 15.44 ♒	♒ ab 00.59 ♓	♈ ab 12.03 ♉	♊
22	♎ ab 05.14 ♏	♐	♒	♓	♉	♊
23	♏	♐ ab 03.50 ♑	♒ ab 16.52 ♓	♓ ab 02.00 ♈	♉ ab 14.13 ♊	♊ ab 03.36 ♋
24	♏ ab 13.43 ♐	♑	♓	♈	♊	♋
25	♐	♑ ab 06.06 ♒	♓ ab 16.30 ♈	♈ ab 02.23 ♉	♊ ab 18.20 ♋	♋ ab 10.58 ♌
26	♐ ab 18.08 ♑	♒	♈	♉	♋	♌
27	♑	♒ ab 06.02 ♓	♈ ab 15.30 ♉	♉ ab 03.56 ♊	♋	♌ ab 21.28 ♍
28	♑ ab 19.26 ♒	♓	♉	♊	♋ ab 01.53 ♌	♍
29	♒	♓ ab 05.30 ♈	♉ ab 17.44 ♊	♊ ab 08.29 ♋	♌	♍
30	♒ ab 19.24 ♓	♈	♊	♋	♌ ab 13.00 ♍	♍ ab 10.10 ♎
31	♓	♈ ab 06.23 ♉		♋ ab 17.04 ♌		♎

1989

Tag	Januar Mond im	Februar Mond im	März Mond im	April Mond im	Mai Mond im	Juni Mond im
1	♎ ab 22.35 ♏	♐	♐	♑ ab 00.46 ♒	♓	♉
2	♏	♐	♐ ab 09.59 ♑	♒	♓ ab 13.51 ♈	♉
3	♏	♐ ab 00.31 ♑	♑	♒ ab 03.38 ♓	♈	♉ ab 00.03 ♊
4	♏ ab 08.12 ♐	♑	♑ ab 14.37 ♒	♓	♈ ab 13.56 ♉	♊
5	♐	♑ ab 03.52 ♒	♒	♓ ab 03.52 ♈	♉	♊ ab 02.18 ♋
6	♐ ab 14.15 ♑	♒	♒ ab 16.00 ♓	♈	♉ ab 14.04 ♊	♋
7	♑	♒ ab 04.53 ♓	♓	♈ ab 03.08 ♉	♊	♋ ab 07.29 ♌
8	♑ ab 17.31 ♒	♓	♓ ab 15.37 ♈	♉	♊ ab 16.20 ♋	♌
9	♒	♓ ab 05.19 ♈	♈	♉ ab 03.32 ♊	♋	♌ ab 16.30 ♍
10	♒ ab 19.32 ♓	♈	♈ ab 15.26 ♉	♊	♋ ab 22.24 ♌	♍
11	♓	♈ ab 06.46 ♉	♉	♊ ab 06.59 ♋	♌	♍
12	♓ ab 21.37 ♈	♉	♉ ab 17.17 ♊	♋	♌	♍ ab 04.32 ♎
13	♈	♉ ab 10.23 ♊	♊	♋ ab 14.32 ♌	♌ ab 08.31 ♍	♎
14	♈	♊	♊ ab 22.28 ♋	♌	♍	♎ ab 17.12 ♏
15	♈ ab 00.37 ♉	♊ ab 16.41 ♋	♋	♌	♍ ab 21.08 ♎	♏
16	♉	♋	♋	♌ ab 01.40 ♍	♎	♏
17	♉ ab 04.58 ♊	♋	♋ ab 07.14 ♌	♍	♎	♏ ab 04.13 ♐
18	♊	♋ ab 01.34 ♌	♌	♍ ab 14.32 ♎	♎ ab 09.48 ♏	♐
19	♊ ab 10.58 ♋	♌	♌ ab 18.40 ♍	♎	♏	♐ ab 12.42 ♑
20	♋	♌ ab 12.35 ♍	♍	♎	♏ ab 20.53 ♐	♑
21	♋ ab 19.03 ♌	♍	♍	♎ ab 03.14 ♏	♐	♑ ab 18.58 ♒
22	♌	♍	♍ ab 07.25 ♎	♏	♐	♒
23	♌	♍ ab 01.06 ♎	♎	♏ ab 14.39 ♐	♐ ab 05.55 ♑	♒ ab 23.37 ♓
24	♌ ab 05.33 ♍	♎	♎ ab 20.11 ♏	♐	♑	♓
25	♍	♎ ab 13.58 ♏	♏	♐	♑ ab 13.02 ♒	♓
26	♍ ab 18.02 ♎	♏	♏	♐ ab 00.16 ♑	♒	♓ ab 03.07 ♈
27	♎	♏	♏ ab 08.55 ♐	♑	♒ ab 18.14 ♓	♈
28	♎	♏ ab 01.30 ♐	♐	♑ ab 07.34 ♒	♓	♈ ab 05.46 ♉
29	♎ ab 06.50 ♏		♐ ab 18.26 ♑	♒	♓ ab 21.26 ♈	♉
30	♏		♑	♒ ab 12.04 ♓	♈	♉ ab 08.09 ♊
31	♏ ab 17.31 ♐		♑		♈ ab 23.00 ♉	

Tag	Juli Mond im	August Mond im	September Mond im	Oktober Mond im	November Mond im	Dezember Mond im
1	♊	♋ ab 00.42 ♌	♍	♎ ab 21.54 ♏	♐	♑
2	♊ ab 11.20 ♋	♌	♍ ab 03.48 ♎	♏	♐	♑ ab 18.43 ♒
3	♋	♌ ab 09.20 ♍	♎	♏	♐ ab 03.47 ♑	♒
4	♋ ab 16.38 ♌	♍	♎ ab 16.24 ♏	♏ ab 10.30 ♐	♑	♒
5	♌	♍ ab 20.29 ♎	♏	♐	♑ ab 13.10 ♒	♒ ab 01.49 ♓
6	♌	♎	♏	♐ ab 21.46 ♑	♒	♓
7	♌ ab 01.05 ♍	♎	♏ ab 04.52 ♐	♑	♒ ab 19.25 ♓	♓ ab 06.12 ♈
8	♍	♎ ab 09.06 ♏	♐	♑	♓	♈
9	♍ ab 12.31 ♎	♏	♐ ab 15.14 ♑	♑ ab 06.07 ♒	♓ ab 22.09 ♈	♈ ab 08.00 ♉
10	♎	♏ ab 21.03 ♐	♑	♒	♈	♉
11	♎	♐	♑ ab 22.03 ♒	♒ ab 10.38 ♓	♈ ab 22.10 ♉	♉ ab 08.16 ♊
12	♎ ab 01.10 ♏	♐	♒	♓	♉	♊
13	♏	♐ ab 06.17 ♑	♒	♓ ab 11.42 ♈	♉ ab 21.20 ♊	♊ ab 08.50 ♋
14	♏ ab 12.32 ♐	♑	♒ ab 01.08 ♓	♈	♊	♋
15	♐	♑ ab 12.00 ♒	♓	♈ ab 10.53 ♉	♊ ab 21.52 ♋	♋ ab 11.42 ♌
16	♐ ab 21.02 ♑	♒	♓ ab 01.39 ♈	♉	♋	♌
17	♑	♒ ab 14.46 ♓	♈	♉ ab 10.20 ♊	♋	♌ ab 18.20 ♍
18	♑	♓	♈ ab 01.23 ♉	♊	♋ ab 01.46 ♌	♍
19	♑ ab 02.36 ♒	♓ ab 16.00 ♈	♉	♊ ab 12.10 ♋	♌	♍
20	♒	♈	♉ ab 02.17 ♊	♋	♌ ab 09.55 ♍	♍ ab 04.46 ♎
21	♒ ab 06.08 ♓	♈ ab 17.11 ♉	♊	♋ ab 17.48 ♌	♍	♎
22	♓	♉	♊ ab 05.51 ♋	♌	♍ ab 21.26 ♎	♎ ab 17.19 ♏
23	♓ ab 08.41 ♈	♉ ab 19.40 ♊	♋	♌	♎	♏
24	♈	♊	♋ ab 12.45 ♌	♌ ab 03.16 ♍	♎	♏
25	♈ ab 11.11 ♉	♊	♌	♍	♎ ab 10.14 ♏	♏ ab 05.38 ♐
26	♉	♊ ab 00.14 ♋	♌ ab 22.33 ♍	♍ ab 15.12 ♎	♏	♐
27	♉ ab 14.16 ♊	♋	♍	♎	♏ ab 22.31 ♐	♐ ab 16.11 ♑
28	♊	♋ ab 07.12 ♌	♍	♎	♐	♑
29	♊ ab 18.33 ♋	♌	♍ ab 09.16 ♎	♎ ab 03.57 ♏	♐	♑
30	♋	♌ ab 16.30 ♍	♎	♏	♐ ab 09.27 ♑	♑ ab 00.39 ♒
31	♋	♍		♏ ab 16.24 ♐		♒

1990

	Januar	Februar	März	April	Mai	Juni
Tag	Mond im	Mond im	Mond im	Mond im	Mond im	Mond im
1	♒ ab 07.11 ♓	♈ ab 20.28 ♉	♈ ab 02.44 ♉	♊ ab 13.51 ♋	♋ ab 01.09 ♌	♍
2	♓	♉	♉	♋	♌	♍ ab 00.32 ♎
3	♓ ab 11.57 ♈	♉ ab 23.13 ♊	♉ ab 04.38 ♊	♋ ab 18.51 ♌	♌ ab 08.19 ♍	♎
4	♈	♊	♊	♌	♍	♎ ab 12.22 ♏
5	♈ ab 15.05 ♉	♊	♊ ab 08.03 ♋	♌	♍ ab 18.29 ♎	♏
6	♉	♊ ab 02.28 ♋	♋	♌ ab 02.43 ♍	♎	♏
7	♉ ab 17.02 ♊	♋	♋ ab 13.25 ♌	♍	♎	♏
8	♊	♋ ab 06.52 ♌	♌	♍ ab 12.45 ♎	♎ ab 06.23 ♏	♏ ab 01.00 ♐
9	♊ ab 18.53 ♋	♌	♌ ab 20.48 ♍	♎	♏	♐ ab 13.13 ♑
10	♋	♌ ab 13.14 ♍	♍	♎	♏ ab 18.57 ♐	♑
11	♋ ab 22.03 ♌	♍	♍	♎ ab 00.19 ♏	♐	♑
12	♌	♍ ab 22.10 ♎	♍ ab 06.10 ♎	♏	♐	♑ ab 00.10 ♒
13	♌	♎	♎	♏ ab 12.49 ♐	♐ ab 07.22 ♑	♒
14	♌ ab 03.58 ♍	♎	♎ ab 17.26 ♏	♐	♑	♒ ab 09.01 ♓
15	♍	♎ ab 09.35 ♏	♏	♐	♑ ab 18.31 ♒	♓
16	♍ ab 13.18 ♎	♏	♏	♐ ab 01.16 ♑	♒	♓ ab 14.56 ♈
17	♎	♏ ab 22.08 ♐	♏ ab 05.57 ♐	♑	♒	♈
18	♎	♐	♐	♑ ab 11.53 ♒	♒ ab 02.55 ♓	♈ ab 17.44 ♉
19	♎	♐	♐ ab 18.02 ♑	♒	♓	♉
20	♎ ab 01.17 ♏	♐ ab 09.31 ♑	♑	♒ ab 18.58 ♓	♓ ab 07.32 ♈	♉ ab 18.15 ♊
21	♏ ab 13.45 ♐	♑	♑	♓	♈	♊
22	♐	♑ ab 17.53 ♒	♑ ab 03.32 ♒	♓ ab 21.59 ♈	♈ ab 08.43 ♉	♊ ab 18.10 ♋
23	♐	♒	♒	♈	♉	♋
24	♐ ab 00.28 ♑	♒ ab 22.50 ♓	♒ ab 09.09 ♓	♈ ab 22.04 ♉	♉ ab 08.01 ♊	♋ ab 19.26 ♌
25	♑	♓	♓	♉	♊	♌
26	♑ ab 08.26 ♒	♓	♓ ab 11.16 ♈	♉ ab 21.13 ♊	♊ ab 07.35 ♋	♌ ab 23.43 ♍
27	♒	♓	♈	♊	♋	♍
28	♒ ab 13.52 ♓	♓ ab 01.17 ♈	♈ ab 11.27 ♉	♊ ab 21.40 ♋	♋ ab 09.30 ♌	♍
29	♓		♉	♋	♌	♍ ab 07.48 ♎
30	♓ ab 17.35 ♈		♉ ab 11.43 ♊	♋	♌ ab 15.09 ♍	♎
31	♈		♊		♍	

	Juli	August	September	Oktober	November	Dezember
Tag	Mond im	Mond im	Mond im	Mond im	Mond im	Mond im
1	♎ ab 19.02 ♏	♐	♑ ab 21.52 ♒	♒ ab 14.43 ♓	♈ ab 06.32 ♉	♉ ab 17.23 ♊
2	♏	♐	♒	♓	♉	♊
3	♏	♐ ab 03.09 ♑	♒	♓ ab 18.43 ♈	♉	♊ ab 16.28 ♋
4	♏ ab 07.36 ♐	♑	♒ ab 05.06 ♓	♈	♉ ab 06.07 ♊	♋
5	♐	♑ ab 13.20 ♒	♓	♈ ab 20.07 ♉	♊	♋ ab 17.01 ♌
6	♐ ab 19.40 ♑	♒	♓ ab 09.24 ♈	♉	♊ ab 06.08 ♋	♌
7	♑	♒ ab 20.55 ♓	♈	♉ ab 20.48 ♊	♋	♌ ab 20.40 ♍
8	♑	♓	♈ ab 11.56 ♉	♊	♋ ab 08.25 ♌	♍
9	♑ ab 06.07 ♒	♓	♉	♊ ab 22.30 ♋	♌	♍
10	♒	♓ ab 02.14 ♈	♉ ab 14.06 ♊	♋	♌ ab 13.49 ♍	♍ ab 04.01 ♎
11	♒ ab 14.30 ♓	♈	♊	♋	♍	♎
12	♓	♈ ab 05.56 ♉	♊ ab 16.54 ♋	♋ ab 02.17 ♌	♍ ab 22.09 ♎	♎ ab 14.29 ♏
13	♓ ab 20.37 ♈	♉	♋	♌	♎	♏
14	♈	♉ ab 08.42 ♊	♋ ab 20.53 ♌	♌ ab 08.21 ♍	♎	♏
15	♈	♊	♌	♍	♎ ab 08.40 ♏	♏ ab 02.45 ♐
16	♈ ab 00.30 ♉	♊ ab 11.13 ♋	♌	♍ ab 16.47 ♎	♏	♐
17	♉	♋	♌ ab 02.19 ♍	♎	♏ ab 20.40 ♐	♐ ab 15.36 ♑
18	♉ ab 02.33 ♊	♋ ab 14.12 ♌	♍	♎	♐	♑
19	♊	♌	♍ ab 09.35 ♎	♎ ab 02.25 ♏	♐	♑
20	♊ ab 03.45 ♋	♌ ab 18.34 ♍	♎	♏	♐ ab 09.32 ♑	♑ ab 04.00 ♒
21	♋	♍	♎ ab 19.07 ♏	♏ ab 14.10 ♐	♑	♒
22	♋ ab 05.30 ♌	♍	♏	♐	♑ ab 22.08 ♒	♒ ab 14.49 ♓
23	♌	♍	♏	♐	♒	♓
24	♌ ab 09.18 ♍	♍ ab 01.18 ♎	♏ ab 06.53 ♐	♐ ab 03.04 ♑	♒	♓ ab 22.46 ♈
25	♍	♎ ab 10.57 ♏	♐	♑	♒ ab 08.33 ♓	♈
26	♍ ab 16.19 ♎	♏	♐ ab 19.37 ♑	♑ ab 15.15 ♒	♓	♈
27	♎	♏ ab 22.58 ♐	♑	♒	♓ ab 15.07 ♈	♈ ab 03.10 ♉
28	♎	♐	♑	♒	♈	♉
29	♎ ab 02.40 ♏	♐	♑ ab 06.55 ♒	♒ ab 00.23 ♓	♈ ab 17.38 ♉	♉ ab 04.27 ♊
30	♏	♐ ab 11.24 ♑	♒	♓	♉	♊
31	♏ ab 15.01 ♐	♑		♓ ab 05.15 ♈		♊ ab 04.04 ♋

1991

Tag	Januar Mond im	Februar Mond im	März Mond im	April Mond im	Mai Mond im	Juni Mond im
1	♋	♍	♍	♏	♐	♑
2	♋ ab 03.55 ♌	♍ ab 21.03 ♎	♍ ab 07.04 ♎	♏	♐	♑ ab 00.42 ♒
3	♌	♎	♎	♏ ab 09.00 ♐	♐ ab 04.55 ♑	♒
4	♌ ab 05.58 ♍	♎	♎ ab 14.09 ♏	♐	♑	♒ ab 12.37 ♓
5	♍	♎ ab 05.02 ♏	♏	♐ ab 21.20 ♑	♑ ab 17.52 ♒	♓
6	♍ ab 11.34 ♎	♏	♏	♑	♒	♓ ab 21.26 ♈
7	♎	♏ ab 16.24 ♐	♏ ab 00.36 ♐	♑	♒	♈
8	♎ ab 21.00 ♏	♐	♐	♑ ab 10.00 ♒	♒ ab 05.05 ♓	♈
9	♏	♐	♐ ab 13.15 ♑	♒	♓	♈ ab 02.14 ♉
10	♏	♐ ab 05.17 ♑	♑	♒ ab 20.18 ♓	♓ ab 12.35 ♈	♉
11	♏ ab 09.07 ♐	♑	♑	♓	♈	♉ ab 03.37 ♊
12	♐	♑ ab 17.17 ♒	♑ ab 01.32 ♒	♓	♈ ab 16.08 ♉	♊
13	♐ ab 22.01 ♑	♒	♒	♓ ab 02.50 ♈	♉	♊ ab 03.17 ♋
14	♑	♒	♒ ab 11.12 ♓	♈	♉ ab 17.03 ♊	♋
15	♑	♒ ab 03.00 ♓	♓	♈ ab 06.06 ♉	♊	♋ ab 03.11 ♌
16	♑ ab 10.05 ♒	♓	♓ ab 17.38 ♈	♉	♊ ab 17.15 ♋	♌
17	♒	♓ ab 10.12 ♈	♈	♉ ab 07.42 ♊	♋	♌ ab 05.04 ♍
18	♒ ab 20.24 ♓	♈	♈ ab 21.41 ♉	♊	♋ ab 18.31 ♌	♍
19	♓	♈ ab 15.25 ♉	♉	♊ ab 09.18 ♋	♌	♍ ab 10.02 ♎
20	♓	♉	♉	♋	♌ ab 22.01 ♍	♎
21	♓ ab 04.28 ♈	♉ ab 19.11 ♊	♉ ab 00.38 ♊	♋ ab 12.05 ♌	♍	♎ ab 18.19 ♏
22	♈	♊	♊	♌	♍	♏
23	♈ ab 10.02 ♉	♊ ab 21.57 ♋	♊ ab 03.28 ♋	♌ ab 16.30 ♍	♍ ab 04.09 ♎	♏
24	♉	♋	♋	♍	♎	♏ ab 05.17 ♐
25	♉ ab 13.07 ♊	♋	♋ ab 06.44 ♌	♍ ab 22.37 ♎	♎ ab 12.42 ♏	♐
26	♊	♋ ab 00.14 ♌	♌	♎	♏	♐ ab 17.50 ♑
27	♊ ab 14.24 ♋	♌	♌ ab 10.42 ♍	♎	♏ ab 23.22 ♐	♑
28	♋	♌ ab 02.51 ♍	♍	♎ ab 06.35 ♏	♐	♑
29	♋ ab 15.04 ♌		♍ ab 15.50 ♎	♏	♐	♑ ab 06.48 ♒
30	♌		♎	♏ ab 16.43 ♐	♐ ab 11.41 ♑	♒
31	♌ ab 16.45 ♍		♎ ab 23.02 ♏		♑	

Tag	Juli Mond im	August Mond im	September Mond im	Oktober Mond im	November Mond im	Dezember Mond im
1	♒ ab 18.52 ♓	♈	♉ ab 04.04 ♊	♋	♌ ab 00.48 ♍	♎
2	♓	♈ ab 17.33 ♉	♊	♋ ab 15.59 ♌	♍	♎ ab 17.34 ♏
3	♓	♉	♊ ab 17.20 ♋	♌	♍ ab 05.13 ♎	♏
4	♓ ab 04.34 ♈	♉ ab 21.55 ♊	♋	♌ ab 18.46 ♍	♎	♏
5	♈	♊	♋ ab 09.14 ♌	♍	♎ ab 11.10 ♏	♏ ab 02.33 ♐
6	♈ ab 10.53 ♉	♊	♌	♍ ab 22.01 ♎	♏	♐
7	♉	♊ ab 23.48 ♋	♌ ab 10.36 ♍	♎	♏ ab 19.22 ♐	♐ ab 13.42 ♑
8	♉ ab 13.43 ♊	♋	♍	♎	♐	♑
9	♊	♋ ab 00.10 ♌	♍ ab 12.52 ♎	♎ ab 03.01 ♏	♐	♑
10	♊ ab 14.04 ♋	♌	♎	♏	♐ ab 06.17 ♑	♑ ab 02.28 ♒
11	♋	♌ ab 00.36 ♍	♎ ab 17.43 ♏	♏ ab 10.59 ♐	♑	♒
12	♋ ab 13.36 ♌	♍	♏	♐	♑ ab 19.07 ♒	♒ ab 15.20 ♓
13	♌	♍ ab 02.53 ♎	♏	♐ ab 22.11 ♑	♒	♓
14	♌ ab 14.13 ♍	♎	♏ ab 02.15 ♐	♑	♒	♓
15	♍	♎ ab 08.35 ♏	♐	♑	♒ ab 07.34 ♓	♓ ab 02.07 ♈
16	♍ ab 17.35 ♎	♏	♐ ab 14.05 ♑	♑ ab 11.05 ♒	♓	♈
17	♎	♏ ab 18.12 ♐	♑	♒	♓ ab 17.08 ♈	♈ ab 09.11 ♉
18	♎	♐	♑	♒ ab 22.54 ♓	♈	♉
19	♎ ab 00.42 ♏	♐	♑ ab 02.59 ♒	♓	♈ ab 20.50 ♉	♉ ab 12.22 ♊
20	♏	♐ ab 06.35 ♑	♒	♓	♉	♊
21	♏ ab 11.17 ♐	♑	♒ ab 14.21 ♓	♓ ab 07.34 ♈	♉	♊ ab 12.55 ♋
22	♐	♑ ab 19.28 ♒	♓	♈	♉ ab 01.23 ♊	♋
23	♐ ab 23.56 ♑	♒	♓ ab 22.57 ♈	♈ ab 12.56 ♉	♊	♋ ab 12.39 ♌
24	♑	♒	♈	♉	♊ ab 02.26 ♋	♌
25	♑	♒ ab 06.52 ♓	♈	♉ ab 16.10 ♊	♋	♌ ab 13.25 ♍
26	♑ ab 12.50 ♒	♓	♈ ab 05.00 ♉	♊	♋ ab 03.38 ♌	♍
27	♒	♓ ab 16.02 ♈	♉	♊ ab 18.38 ♋	♌	♍ ab 16.38 ♎
28	♒	♈	♉ ab 09.26 ♊	♋	♌ ab 06.13 ♍	♎
29	♒ ab 00.36 ♓	♈ ab 23.01 ♉	♊	♋ ab 21.21 ♌	♍	♎ ab 23.04 ♏
30	♓	♉	♊ ab 12.59 ♋	♌	♍ ab 10.48 ♎	♏
31	♓ ab 10.21 ♈	♉		♌		♏

1992

	Januar	Februar	März	April	Mai	Juni
Tag	Mond im	Mond im	Mond im	Mond im	Mond im	Mond im
1	♏ ab 08.31 ♐	♑	♒	♓	♈ ab 21.10 ♉	♊
2	♐	♑ ab 15.10 ♒	♒	♓ ab 05.05 ♈	♉	♊ ab 13.58 ♋
3	♐ ab 20.10 ♑	♒	♒ ab 10.12 ♓	♈	♉	♋
4	♑	♒	♓	♈ ab 13.19 ♉	♉ ab 02.29 ♊	♋ ab 15.36 ♌
5	♑	♒ ab 03.52 ♓	♓ ab 21.08 ♈	♉	♊	♌
6	♑ ab 09.00 ♒	♓	♈	♉ ab 19.34 ♊	♊ ab 06.10 ♋	♌ ab 17.29 ♍
7	♒	♓ ab 15.16 ♈	♈	♊	♋	♍
8	♒ ab 21.53 ♓	♈	♈ ab 06.06 ♉	♊	♋ ab 09.08 ♌	♍ ab 20.34 ♎
9	♓	♈	♉	♊ ab 00.19 ♋	♌	♎
10	♓	♈ ab 00.37 ♉	♉ ab 13.04 ♊	♋	♌ ab 11.57 ♍	♎
11	♓ ab 09.23 ♈	♉	♊	♋ ab 03.47 ♌	♍	♎ ab 01.28 ♏
12	♈	♉ ab 07.09 ♊	♊ ab 17.51 ♋	♌	♍ ab 15.06 ♎	♏
13	♈ ab 18.01 ♉	♊	♋	♌ ab 06.10 ♍	♎	♏ ab 08.30 ♐
14	♉	♊ ab 10.32 ♋	♋ ab 20.21 ♌	♍	♎ ab 19.16 ♏	♐
15	♉ ab 22.56 ♊	♋	♌	♍ ab 08.11 ♎	♏	♐ ab 17.51 ♑
16	♊	♋ ab 11.16 ♌	♌ ab 21.14 ♍	♎	♏	♑
17	♊	♌	♍	♎ ab 11.11 ♏	♏ ab 01.23 ♐	♑
18	♊ ab 00.27 ♋	♌ ab 10.48 ♍	♍ ab 21.56 ♎	♏	♐	♑ ab 05.20 ♒
19	♋ ab 23.58 ♌	♍	♎	♏ ab 16.41 ♐	♐ ab 10.14 ♑	♒
20	♌	♍ ab 11.06 ♎	♎	♐	♑	♒ ab 18.01 ♓
21	♌ ab 23.23 ♍	♎	♎ ab 00.21 ♏	♐	♑ ab 21.44 ♒	♓
22	♍	♎ ab 14.12 ♏	♏	♐ ab 01.41 ♑	♒	♓
23	♍	♏	♏ ab 06.14 ♐	♑	♒	♓ ab 06.04 ♈
24	♍ ab 00.43 ♎	♏ ab 21.27 ♐	♐	♑ ab 13.39 ♒	♒ ab 10.2[illegible] ♓	♈
25	♎	♐	♐ ab 16.09 ♑	♒	♓	♈ ab 15.29 ♉
26	♎ ab 05.33 ♏	♐	♑	♒	♓ ab 21.53 ♈	♉
27	♏	♐ ab 08.34 ♑	♑	♒ ab 02.21 ♓	♈	♉ ab 21.15 ♊
28	♏ ab 14.21 ♐	♑	♑ ab 05.45 ♒	♓	♈	♊
29	♐	♑ ab 21.35 ♒	♒	♓ ab 13.14 ♈	♈ ab 06.17 ♉	♊ ab 23.43 ♋
30	♐		♒ ab 18.24 ♓	♈	♉	♋
31	♐ ab 02.08 ♑		♓		♉ ab 11.20 ♊	

	Juli	August	September	Oktober	November	Dezember
Tag	Mond im	Mond im	Mond im	Mond im	Mond im	Mond im
1	♋	♍	♏	♐	♑ ab 13.44 ♒	♒ ab 10.24 ♓
2	♋ ab 00.16 ♌	♍ ab 10.18 ♎	♏	♐ ab 18.30 ♑	♒	♓
3	♌	♎	♏ ab 02.51 ♐	♑	♒	♓ ab 22.50 ♈
4	♌ ab 00.38 ♍	♎ ab 13.17 ♏	♐	♑	♒ ab 02.14 ♓	♈
5	♍ ab 02.28 ♎	♏	♐ ab 12.07 ♑	♑ ab 05.54 ♒	♓	♈
6	♎	♏ ab 19.58 ♐	♑	♒	♓ ab 14.20 ♈	♈ ab 09.17 ♉
7	♎	♐	♑	♒ ab 18.39 ♓	♈	♉
8	♎ ab 06.54 ♏	♐	♑ ab 00.09 ♒	♓	♈	♉ ab 16.38 ♊
9	♏	♐ ab 06.01 ♑	♒	♓	♈ ab 00.20 ♉	♊
10	♏ ab 14.18 ♐	♑	♒ ab 12.57 ♓	♓ ab 06.37 ♈	♉	♊ ab 21.06 ♋
11	♐	♑ ab 18.17 ♒	♓	♈	♉ ab 07.50 ♊	♋
12	♐	♒	♓	♈ ab 16.49 ♉	♊	♋ ab 23.48 ♌
13	♐ ab 00.16 ♑	♒	♓ ab 01.03 ♈	♉	♊ ab 13.20 ♋	♌
14	♑	♒ ab 06.52 ♓	♈	♉	♋	♌
15	♑ ab 12.04 ♒	♓	♈ ab 11.48 ♉	♉ ab 01.09 ♊	♋ ab 17.24 ♌	♌ ab 01.57 ♍
16	♒	♓ ab 19.12 ♈	♉	♊	♌	♍
17	♒	♈	♉ ab 20.41 ♊	♊ ab 07.37 ♋	♌ ab 20.29 ♍	♍ ab 04.34 ♎
18	♒ ab 00.45 ♓	♈	♊	♋	♍	♎
19	♓	♈ ab 06.11 ♉	♊	♋ ab 12.02 ♌	♍ ab 23.04 ♎	♎ ab 08.21 ♏
20	♓ ab 13.08 ♈	♉	♊ ab 03.00 ♋	♌	♎	♏
21	♈	♉ ab 14.37 ♊	♋	♌ ab 14.28 ♍	♎	♏ ab 13.43 ♐
22	♈ ab 23.37 ♉	♊	♋ ab 06.20 ♌	♍	♎ ab 01.53 ♏	♐
23	♉	♊ ab 19.37 ♋	♌	♍ ab 15.40 ♎	♏	♐ ab 21.05 ♑
24	♉	♋	♌ ab 07.09 ♍	♎	♏ ab 06.02 ♐	♑
25	♉ ab 06.45 ♊	♋ ab 21.16 ♌	♍	♎ ab 17.05 ♏	♐	♑
26	♊	♌	♍ ab 06.56 ♎	♏	♐ ab 12.39 ♑	♑ ab 06.44 ♒
27	♊ ab 10.09 ♋	♌ ab 20.47 ♍	♎	♏ ab 20.30 ♐	♑	♒
28	♋	♍	♎ ab 06.45 ♏	♐	♑ ab 22.20 ♒	♒ ab 18.29 ♓
29	♋ ab 10.40 ♌	♍ ab 20.12 ♎	♏	♐	♒	♓
30	♌	♎	♏ ab 10.34 ♐	♐ ab 03.19 ♑	♒	♓
31	♌ ab 10.02 ♍	♎ ab 21.39 ♏		♑		♓ ab 07.08 ♈

1993

	Januar	Februar	März	April	Mai	Juni
Tag	Mond im	Mond im	Mond im	Mond im	Mond im	Mond im
1	♈	♉ ab 12.15 ♊	♊	♋ ab 16.22 ♌	♌ ab 02.01 ♍	♎ ab 12.23 ♏
2	♈ ab 18.31 ♉	♊	♊	♌	♍	♏
3	♉	♊ ab 17.57 ♋	♊ ab 03.17 ♋	♌ ab 18.11 ♍	♍ ab 03.21 ♎	♏ ab 15.02 ♐
4	♉	♋	♋	♍	♎	♐
5	♉ ab 02.43 ♊	♋ ab 19.52 ♌	♋ ab 06.41 ♌	♍ ab 17.55 ♎	♎ ab 03.58 ♏	♐ ab 19.27 ♑
6	♊	♌	♌	♎	♏	♑
7	♊ ab 07.11 ♋	♌ ab 19.30 ♍	♌ ab 06.53 ♍	♎ ab 17.33 ♏	♏ ab 05.35 ♐	♑
8	♋	♍	♍	♏	♐	♑ ab 02.40 ♒
9	♋ ab 08.50 ♌	♍ ab 18.59 ♎	♍ ab 05.47 ♎	♏ ab 19.11 ♐	♐ ab 09.52 ♑	♒
10	♌	♎	♎	♐	♑	♒ ab 12.58 ♓
11	♌ ab 09.21 ♍	♎ ab 20.24 ♏	♎ ab 05.41 ♏	♐	♑ ab 17.45 ♒	♓
12	♍	♏	♏	♐ ab 00.25 ♑	♒	♓
13	♍ ab 10.31 ♎	♏	♏ ab 08.34 ♐	♑	♒	♓ ab 01.15 ♈
14	♎	♏ ab 01.09 ♐	♐	♑ ab 09.37 ♒	♒ ab 04.51 ♓	♈
15	♎ ab 13.43 ♏	♐	♐ ab 15.29 ♑	♒	♓	♈ ab 13.20 ♉
16	♏	♐ ab 09.21 ♑	♑	♒ ab 21.33 ♓	♓ ab 17.25 ♈	♉
17	♏ ab 19.31 ♐	♑	♑	♓	♈	♉ ab 23.13 ♊
18	♐	♑ ab 20.06 ♒	♑ ab 01.53 ♒	♓	♈	♊
19	♐	♒	♒	♓ ab 10.16 ♈	♈ ab 05.17 ♉	♊
20	♐ ab 03.47 ♑	♒	♒ ab 14.12 ♓	♈	♉	♊ ab 06.06 ♋
21	♑	♒ ab 08.13 ♓	♓	♈ ab 22.09 ♉	♉ ab 15.08 ♊	♋
22	♑ ab 14.01 ♒	♓	♓	♉	♊	♋ ab 10.27 ♌
23	♒	♓ ab 20.51 ♈	♓ ab 02.52 ♈	♉	♊ ab 22.39 ♋	♌
24	♒	♈	♈	♉ ab 08.28 ♊	♋	♌ ab 13.19 ♍
25	♒ ab 01.48 ♓	♈	♈ ab 15.00 ♉	♊	♋	♍
26	♓	♈ ab 09.12 ♉	♉	♊ ab 16.46 ♋	♋ ab 04.04 ♌	♍ ab 15.46 ♎
27	♓ ab 14.29 ♈	♉	♉	♋	♌	♎
28	♈	♉ ab 19.53 ♊	♉ ab 01.49 ♊	♋ ab 22.40 ♌	♌ ab 07.47 ♍	♎ ab 18.38 ♏
29	♈		♊	♌	♍	♏
30	♈ ab 02.38 ♉		♊ ab 11.15 ♋	♌	♍ ab 10.19 ♎	♏ ab 22.29 ♐
31	♉		♋		♎	

	Juli	August	September	Oktober	November	Dezember
Tag	Mond im	Mond im	Mond im	Mond im	Mond im	Mond im
1	♐	♑ ab 18.37 ♒	♓	♈	♉ ab 11.14 ♊	♊ ab 03.18 ♋
2	♐	♒	♓ ab 23.22 ♈	♈ ab 17.14 ♉	♊	♋
3	♐ ab 03.49 ♑	♒	♈	♉	♊ ab 21.26 ♋	♋ ab 10.34 ♌
4	♑	♒ ab 04.45 ♓	♈	♉	♋	♌
5	♑ ab 11.15 ♒	♓	♈ ab 12.10 ♉	♉ ab 05.28 ♊	♋	♌ ab 15.44 ♍
6	♒	♓ ab 16.40 ♈	♉	♊	♋ ab 05.07 ♌	♍
7	♒ ab 21.11 ♓	♈	♉	♊ ab 15.43 ♋	♌	♍ ab 19.04 ♎
8	♓	♈	♉ ab 00.17 ♊	♋	♌ ab 09.48 ♍	♎
9	♓	♈ ab 05.23 ♉	♊	♋ ab 22.35 ♌	♍	♎ ab 21.05 ♏
10	♓ ab 09.12 ♈	♉	♊ ab 09.38 ♋	♌	♍ ab 11.43 ♎	♏
11	♈	♉ ab 16.48 ♊	♋	♌	♎	♏ ab 22.40 ♐
12	♈ ab 21.38 ♉	♊	♋ ab 14.52 ♌	♌ ab 01.37 ♍	♎ ab 12.01 ♏	♐
13	♉	♊	♌	♍	♏	♐
14	♉	♊ ab 00.47 ♋	♌ ab 16.21 ♍	♍ ab 01.48 ♎	♏ ab 12.21 ♐	♐ ab 01.07 ♑
15	♉ ab 08.08 ♊	♋	♍	♎	♐	♑
16	♊	♋ ab 04.44 ♌	♍ ab 15.45 ♎	♎ ab 01.02 ♏	♐ ab 14.35 ♑	♑ ab 05.52 ♒
17	♊ ab 15.09 ♋	♌	♎	♏	♑	♒
18	♋	♌ ab 05.42 ♍	♎ ab 15.16 ♏	♏ ab 01.24 ♐	♑ ab 20.09 ♒	♒ ab 14.00 ♓
19	♋ ab 18.48 ♌	♍	♏	♐	♒	♓
20	♌	♍ ab 05.36 ♎	♏ ab 16.54 ♐	♐ ab 04.43 ♑	♒	♓
21	♌ ab 20.25 ♍	♎	♐	♑	♒ ab 05.28 ♓	♓ ab 01.20 ♈
22	♍	♎ ab 06.28 ♏	♐ ab 21.55 ♑	♑ ab 11.50 ♒	♓	♈
23	♍ ab 21.40 ♎	♏	♑	♒	♓ ab 17.31 ♈	♈ ab 14.06 ♉
24	♎	♏ ab 09.46 ♐	♑	♒ ab 22.18 ♓	♈	♉
25	♎	♐	♑ ab 06.20 ♒	♓	♈	♉
26	♎ ab 00.01 ♏	♐ ab 15.59 ♑	♒	♓	♈ ab 06.15 ♉	♉ ab 01.47 ♊
27	♏	♑	♒ ab 16.14 ♓	♓ ab 10.40 ♈	♉	♊
28	♏ ab 04.14 ♐	♑	♓	♈	♉ ab 17.49 ♊	♊ ab 10.47 ♋
29	♐	♑ ab 00.43 ♒	♓	♈ ab 23.21 ♉	♊	♋
30	♐ ab 10.28 ♑	♒	♓ ab 04.30 ♈	♉	♊	♋ ab 17.00 ♌
31	♑	♒ ab 11.19 ♓		♉		♌

1994

	Januar	Februar	März	April	Mai	Juni
Tag	Mond im	Mond im	Mond im	Mond im	Mond im	Mond im
1	♌ ab 21.16 ♍	♎	♎ ab 15.44 ♏	♐	♑ ab 18.35 ♒	♓
2	♍	♎ ab 08.50 ♏	♏	♐ ab 05.39 ♑	♒	♓ ab 20.32 ♈
3	♍	♏	♏ ab 17.55 ♐	♑	♒	♈
4	♍ ab 00.32 ♎	♏ ab 12.15 ♐	♐	♑ ab 11.46 ♒	♒ ab 02.48 ♓	♈
5	♎	♐	♐ ab 22.25 ♑	♒	♓	♈ ab 09.15 ♉
6	♎ ab 03.30 ♏	♐ ab 17.03 ♑	♑	♒ ab 20.52 ♓	♓ ab 14.02 ♈	♉
7	♏	♑	♑	♓	♈	♉ ab 22.04 ♊
8	♏ ab 06.35 ♐	♑ ab 23.17 ♒	♑ ab 05.16 ♒	♓	♈	♊
9	♐	♒	♒	♓ ab 08.10 ♈	♈ ab 02.51 ♉	♊
10	♐ ab 10.17 ♑	♒	♒ ab 14.10 ♓	♈	♉	♊ ab 09.23 ♋
11	♑	♒ ab 07.24 ♓	♓	♈ ab 20.49 ♉	♉ ab 15.44 ♊	♋
12	♑ ab 15.26 ♒	♓	♓	♉	♊	♋ ab 18.30 ♌
13	♒	♓ ab 17.50 ♈	♓ ab 01.00 ♈	♉	♊	♌
14	♒ ab 23.05 ♓	♈	♈	♉ ab 09.49 ♊	♊ ab 03.28 ♋	♌
15	♓	♈	♈ ab 13.28 ♉	♊	♋	♌ ab 01.17 ♍
16	♓	♈ ab 06.21 ♉	♉	♊ ab 21.42 ♋	♋ ab 12.59 ♌	♍
17	♓ ab 09.43 ♈	♉	♉	♋	♌	♍ ab 05.49 ♎
18	♈	♉ ab 19.06 ♊	♉ ab 02.30 ♊	♋	♌ ab 19.32 ♍	♎
19	♈ ab 22.23 ♉	♊	♊	♋ ab 05.46 ♌	♍	♎ ab 08.21 ♏
20	♉	♊	♊ ab 13.55 ♋	♌	♍ ab 22.55 ♎	♏
21	♉	♊ ab 05.28 ♋	♋	♌ ab 11.59 ♍	♎	♏ ab 09.33 ♐
22	♉ ab 10.35 ♊	♋	♋ ab 21.40 ♌	♍	♎ ab 23.52 ♏	♐
23	♊	♋ ab 11.48 ♌	♌	♍ ab 13.41 ♎	♏	♐ ab 10.38 ♑
24	♊ ab 19.56 ♋	♌	♌	♎	♏ ab 23.44 ♐	♑
25	♋	♌ ab 14.28 ♍	♌ ab 01.15 ♍	♎ ab 13.19 ♏	♐	♑ ab 13.11 ♒
26	♋	♍	♍	♏	♐	♒
27	♋ ab 01.39 ♌	♍ ab 15.07 ♎	♍ ab 01.47 ♎	♏ ab 12.49 ♐	♐ ab 00.18 ♑	♒ ab 18.45 ♓
28	♌	♎	♎	♐	♑	♓
29	♌ ab 04.40 ♍		♎ ab 02.16 ♏	♐ ab 14.06 ♑	♑ ab 03.20 ♒	♓
30	♍		♏	♑	♒	♓ ab 04.08 ♈
31	♍ ab 06.35 ♎		♏ ab 02.42 ♐		♒ ab 10.04 ♓	

	Juli	August	September	Oktober	November	Dezember
Tag	Mond im	Mond im	Mond im	Mond im	Mond im	Mond im
1	♈	♉ ab 13.06 ♊	♋	♌	♎	♏
2	♈ ab 16.24 ♉	♊	♋ ab 17.38 ♌	♌ ab 07.40 ♍	♎ ab 21.20 ♏	♏ ab 08.14 ♐
3	♉	♊	♌	♍	♏	♐
4	♉	♊ ab 00.23 ♋	♌ ab 22.34 ♍	♍ ab 09.57 ♎	♏ ab 20.47 ♐	♐ ab 07.43 ♑
5	♉ ab 05.13 ♊	♋	♍	♎	♐	♑
6	♊	♋ ab 08.32 ♌	♍	♎ ab 10.23 ♏	♐ ab 21.03 ♑	♑ ab 08.53 ♒
7	♊ ab 16.18 ♋	♌	♍ ab 00.58 ♎	♏	♑	♒
8	♋	♌ ab 13.43 ♍	♎	♏ ab 10.48 ♐	♑ ab 23.49 ♒	♒ ab 13.25 ♓
9	♋	♍	♎ ab 02.27 ♏	♐	♒	♓
10	♋ ab 00.44 ♌	♍ ab 17.08 ♎	♏	♐ ab 12.45 ♑	♒	♓ ab 22.04 ♈
11	♌	♎	♏ ab 04.26 ♐	♑	♒ ab 06.05 ♓	♈
12	♌ ab 06.49 ♍	♎ ab 19.57 ♏	♐	♑ ab 17.10 ♒	♓	♈
13	♍	♏	♐ ab 07.45 ♑	♒	♓ ab 15.45 ♈	♈ ab 09.57 ♉
14	♍ ab 11.16 ♎	♏ ab 22.54 ♐	♑	♒	♈	♉
15	♎	♐	♑ ab 12.43 ♒	♒ ab 00.19 ♓	♈	♉ ab 23.01 ♊
16	♎ ab 14.36 ♏	♐	♒	♓	♈ ab 03.45 ♉	♊
17	♏	♐ ab 02.19 ♑	♒ ab 19.32 ♓	♓ ab 09.57 ♈	♉	♊
18	♏ ab 17.10 ♐	♑	♓	♈	♉ ab 16.42 ♊	♊ ab 11.26 ♋
19	♐	♑ ab 06.35 ♒	♓	♈ ab 21.35 ♉	♊	♋
20	♐ ab 19.31 ♑	♒	♓ ab 04.31 ♈	♉	♊	♋ ab 22.14 ♌
21	♑	♒ ab 12.28 ♓	♈	♉	♊ ab 05.22 ♋	♌
22	♑ ab 22.39 ♒	♓	♈ ab 15.48 ♉	♉ ab 10.29 ♊	♋	♌
23	♒	♓ ab 20.56 ♈	♉	♊	♋ ab 16.34 ♌	♌ ab 07.02 ♍
24	♒	♈	♉	♊ ab 23.16 ♋	♌	♍
25	♒ ab 03.57 ♓	♈	♉ ab 03.42 ♊	♋	♌	♍ ab 13.28 ♎
26	♓	♈ ab 08.14 ♉	♊	♋	♌ ab 01.10 ♍	♎
27	♓ ab 12.32 ♈	♉	♊ ab 16.13 ♋	♋ ab 10.06 ♌	♍	♎ ab 17.18 ♏
28	♈	♉ ab 21.08 ♊	♋	♌	♍ ab 06.23 ♎	♏
29	♈	♊	♋	♌ ab 17.22 ♍	♎	♏ ab 18.46 ♐
30	♈ ab 00.14 ♉	♊	♋ ab 01.56 ♌	♍	♎ ab 08.22 ♏	♐
31	♉	♊ ab 09.01 ♋		♍ ab 20.47 ♎		♐ ab 18.58 ♑

1995

	Januar	Februar	März	April	Mai	Juni
Tag	Mond im	Mond im	Mond im	Mond im	Mond im	Mond im
1	♑	♒ ab 09.06 ♓	♓	♈ ab 19.00 ♉	♉ ab 13.54 ♊	♋
2	♑ ab 19.40 ♒	♓	♓	♉	♊	♋ ab 21.18 ♌
3	♒	♓ ab 15.13 ♈	♓ ab 00.31 ♈	♉	♊	♌
4	♒ ab 22.50 ♓	♈	♈	♉ ab 06.50 ♊	♊ ab 02.46 ♋	♌
5	♓	♈	♈ ab 09.51 ♉	♊	♋	♌ ab 07.47 ♍
6	♓	♈ ab 01.10 ♉	♉	♊ ab 19.41 ♋	♋ ab 14.56 ♌	♍
7	♓ ab 05.57 ♈	♉	♉ ab 21.56 ♊	♋	♌	♍ ab 15.14 ♎
8	♈	♉ ab 13.45 ♊	♊	♋	♌	♎
9	♈ ab 16.59 ♉	♊	♊	♋ ab 07.16 ♌	♌ ab 00.34 ♍	♎ ab 19.04 ♏
10	♉	♊	♊ ab 10.41 ♋	♌	♍	♏
11	♉	♊ ab 02.18 ♋	♋	♌ ab 15.40 ♍	♍ ab 06.31 ♎	♏ ab 19.51 ♐
12	♉ ab 05.58 ♊	♋	♋ ab 21.29 ♌	♍	♎	♐
13	♊	♋ ab 12.32 ♌	♌	♍ ab 20.21 ♎	♎ ab 08.54 ♏	♐ ab 19.06 ♑
14	♊ ab 18.21 ♋	♌	♌	♎	♏	♑
15	♋	♌ ab 19.53 ♍	♌ ab 04.55 ♍	♎ ab 21.14 ♏	♏ ab 08.59 ♐	♑ ab 18.53 ♒
16	♋	♍	♍	♏	♐	♒
17	♋ ab 04.37 ♌	♍	♍ ab 09.19 ♎	♏ ab 23.52 ♐	♐ ab 08.37 ♑	♒ ab 21.14 ♓
18	♌	♍ ab 01.01 ♎	♎	♐	♑	♓
19	♌ ab 12.40 ♍	♎	♎ ab 11.53 ♏	♐ ab 23.55 ♑	♑ ab 09.40 ♒	♓
20	♍	♎ ab 04.56 ♏	♏	♑	♒	♓ ab 03.30 ♈
21	♍ ab 18.55 ♎	♏	♏ ab 13.58 ♐	♑	♒ ab 13.41 ♓	♈
22	♎	♏ ab 08.14 ♐	♐	♑ ab 02.39 ♒	♓	♈ ab 13.36 ♉
23	♎ ab 23.33 ♏	♐	♐ ab 16.32 ♑	♒	♓ ab 21.14 ♈	♉
24	♏	♐ ab 11.12 ♑	♑	♒ ab 07.52 ♓	♈	♉
25	♏	♑	♑ ab 20.11 ♒	♓	♈	♉ ab 02.03 ♊
26	♏ ab 02.38 ♐	♑ ab 14.15 ♒	♒	♓ ab 15.42 ♈	♈ ab 07.47 ♉	♊
27	♐	♒	♒	♈	♉	♊ ab 14.57 ♋
28	♐ ab 04.27 ♑	♒ ab 18.17 ♓	♒ ab 02.19 ♓	♈	♉ ab 20.08 ♊	♋
29	♑		♓	♈ ab 01.54 ♉	♊	♋
30	♑ ab 06.04 ♒		♓ ab 09.27 ♈	♉	♊	♋ ab 03.03 ♌
31	♒		♈		♊ ab 09.00 ♋	

	Juli	August	September	Oktober	November	Dezember
Tag	Mond im	Mond im	Mond im	Mond im	Mond im	Mond im
1	♌	♍ ab 03.24 ♎	♏ ab 18.58 ♐	♐ ab 02.11 ♑	♒ ab 14.18 ♓	♓ ab 01.52 ♈
2	♌ ab 13.36 ♍	♎	♐	♑	♓	♈
3	♍	♎ ab 09.30 ♏	♐ ab 21.46 ♑	♑ ab 05.00 ♒	♓ ab 20.22 ♈	♈ ab 10.41 ♉
4	♍ ab 21.56 ♎	♏	♑	♒	♈	♉
5	♎	♏ ab 13.15 ♐	♑ ab 23.48 ♒	♒ ab 08.36 ♓	♈	♉ ab 21.36 ♊
6	♎	♐	♒	♓	♈ ab 04.36 ♉	♊
7	♎ ab 03.20 ♏	♐ ab 14.53 ♑	♒	♓ ab 13.43 ♈	♉	♊
8	♏	♑	♒ ab 02.09 ♓	♈	♉ ab 14.56 ♊	♊ ab 09.45 ♋
9	♏ ab 05.38 ♐	♑ ab 15.29 ♒	♓	♈ ab 21.06 ♉	♊	♋
10	♐	♒	♓ ab 06.15 ♈	♉	♊	♋ ab 22.25 ♌
11	♐ ab 05.44 ♑	♒ ab 16.47 ♓	♈	♉	♊ ab 02.58 ♋	♌
12	♑	♓	♈ ab 13.22 ♉	♉ ab 07.11 ♊	♋	♌
13	♑ ab 05.22 ♒	♓ ab 20.42 ♈	♉	♊	♋ ab 15.38 ♌	♌ ab 10.27 ♍
14	♒	♈	♉ ab 23.49 ♊	♊ ab 19.21 ♋	♌	♍
15	♒ ab 06.38 ♓	♈	♊	♋	♌	♍ ab 20.10 ♎
16	♓	♈ ab 04.26 ♉	♊	♋	♌ ab 03.03 ♍	♎
17	♓ ab 11.24 ♈	♉	♊ ab 12.17 ♋	♋ ab 07.47 ♌	♍	♎
18	♈	♉ ab 15.41 ♊	♋	♌	♍ ab 11.19 ♎	♎ ab 02.08 ♏
19	♈ ab 20.21 ♉	♊	♋	♌ ab 18.12 ♍	♎	♏
20	♉	♊	♋ ab 00.20 ♌	♍	♎ ab 15.41 ♏	♏ ab 04.14 ♐
21	♉	♊ ab 04.25 ♋	♌	♍	♏	♐
22	♉ ab 08.24 ♊	♋	♌ ab 10.02 ♍	♍ ab 01.16 ♎	♏ ab 16.57 ♐	♐ ab 03.47 ♑
23	♊	♋ ab 16.14 ♌	♍	♎	♐	♑
24	♊ ab 21.17 ♋	♌	♍ ab 15.51 ♎	♎ ab 05.07 ♏	♐ ab 16.49 ♑	♑ ab 02.53 ♒
25	♋	♌	♎	♏	♑	♒
26	♋	♌ ab 01.51 ♍	♎ ab 20.21 ♏	♏ ab 06.57 ♐	♑ ab 17.16 ♒	♒ ab 03.46 ♓
27	♋ ab 09.08 ♌	♍	♏	♐	♒	♓
28	♌	♍ ab 09.16 ♎	♏ ab 23.31 ♐	♐ ab 08.16 ♑	♒ ab 20.00 ♓	♓ ab 08.07 ♈
29	♌ ab 19.13 ♍	♎	♐	♑	♓	♈
30	♍	♎ ab 14.52 ♏	♐	♑ ab 10.24 ♒	♓	♈ ab 16.22 ♉
31	♍	♏		♒		♉

1996

Tag	Januar Mond im	Februar Mond im	März Mond im	April Mond im	Mai Mond im	Juni Mond im
1	♉	♋	♋ ab 17.48 ♌	♍	♎	♏ ab 02.44 ♐
2	♉ ab 03.30 ♊	♋	♌	♍ ab 22.27 ♎	♎ ab 13.43 ♏	♐
3	♊	♋ ab 10.47 ♌	♌	♎	♏	♐ ab 03.30 ♑
4	♊ ab 15.57 ♋	♌	♌ ab 05.14 ♍	♎	♏ ab 17.06 ♐	♑
5	♋	♌ ab 22.23 ♍	♍	♎ ab 04.58 ♏	♐	♑ ab 03.46 ♒
6	♋	♍	♍ ab 14.41 ♎	♏	♐ ab 18.55 ♑	♒
7	♋ ab 04.31 ♌	♍	♎	♏ ab 09.22 ♐	♑	♒ ab 05.20 ♓
8	♌	♍ ab 08.31 ♎	♎ ab 22.06 ♏	♐	♑ ab 20.40 ♒	♓
9	♌ ab 16.30 ♍	♎	♏	♐ ab 12.31 ♑	♒	♓ ab 09.24 ♈
10	♍	♎ ab 16.36 ♏	♏	♑	♒ ab 23.30 ♓	♈
11	♍	♏	♏ ab 03.33 ♐	♑ ab 15.10 ♒	♓	♈ ab 16.12 ♉
12	♍ ab 02.56 ♎	♏ ab 21.59 ♐	♐	♒	♓	♉
13	♎	♐	♐ ab 07.09 ♑	♒ ab 18.01 ♓	♓ ab 04.01 ♈	♉
14	♎ ab 10.31 ♏	♐	♑	♓	♈	♉ ab 01.17 ♊
15	♏	♐ ab 00.30 ♑	♑ ab 09.16 ♒	♓ ab 21.44 ♈	♈ ab 10.26 ♉	♊
16	♏ ab 14.26 ♐	♑	♒	♈	♉	♊ ab 12.09 ♋
17	♐	♑ ab 01.01 ♒	♒ ab 10.51 ♓	♈	♉ ab 18.49 ♊	♋
18	♐ ab 15.08 ♑	♒	♓	♈ ab 03.06 ♉	♊	♋
19	♑	♒ ab 01.10 ♓	♓ ab 13.16 ♈	♉	♊	♋ ab 00.23 ♌
20	♑ ab 14.16 ♒	♓	♈	♉ ab 10.55 ♊	♊ ab 05.17 ♋	♌
21	♒	♓ ab 02.59 ♈	♈ ab 18.00 ♉	♊	♋	♌ ab 13.08 ♍
22	♒ ab 14.03 ♓	♈	♉	♊ ab 21.26 ♋	♋ ab 17.29 ♌	♍
23	♓	♈ ab 08.09 ♉	♉	♋	♌	♍
24	♓ ab 16.38 ♈	♉	♉ ab 02.00 ♊	♋	♌	♍ ab 00.38 ♎
25	♈	♉ ab 17.15 ♊	♊	♋ ab 09.45 ♌	♌ ab 05.59 ♍	♎
26	♈ ab 23.17 ♉	♊	♊ ab 13.07 ♋	♌	♍	♎ ab 08.54 ♏
27	♉	♊	♋	♌ ab 21.50 ♍	♍ ab 16.34 ♎	♏
28	♉	♊ ab 05.11 ♋	♋	♍	♎	♏ ab 13.02 ♐
29	♉ ab 09.43 ♊	♋	♋ ab 01.38 ♌	♍	♎ ab 23.31 ♏	♐
30	♊		♌	♍ ab 07.28 ♎	♏	♐ ab 13.48 ♑
31	♊ ab 22.12 ♋		♌ ab 13.16 ♍		♏	

Tag	Juli Mond im	August Mond im	September Mond im	Oktober Mond im	November Mond im	Dezember Mond im
1	♑	♓	♈ ab 13.21 ♉	♉ ab 05.02 ♊	♋	♌
2	♑ ab 13.06 ♒	♓	♉	♊	♋ ab 10.17 ♌	♌ ab 07.12 ♍
3	♒	♓ ab 00.06 ♈	♉ ab 20.09 ♊	♊ ab 14.15 ♋	♌	♍
4	♒ ab 13.08 ♓	♈	♊	♋	♌ ab 22.58 ♍	♍ ab 19.24 ♎
5	♓	♈ ab 04.34 ♉	♊	♋	♍	♎
6	♓ ab 15.43 ♈	♉	♊ ab 06.30 ♋	♋ ab 02.13 ♌	♍	♎
7	♈	♉ ab 12.50 ♊	♋	♌	♍ ab 10.30 ♎	♎ ab 04.40 ♏
8	♈ ab 21.44 ♉	♊	♋ ab 18.55 ♌	♌ ab 14.50 ♍	♎	♏
9	♉	♊ ab 23.58 ♋	♌	♍	♎ ab 19.03 ♏	♏ ab 09.59 ♐
10	♉	♋	♌	♍	♏	♐
11	♉ ab 06.53 ♊	♋	♌ ab 07.29 ♍	♍ ab 02.01 ♎	♏	♐ ab 12.15 ♑
12	♊	♋ ab 12.30 ♌	♍	♎	♏ ab 00.27 ♐	♑
13	♊ ab 18.09 ♋	♌	♍ ab 18.52 ♎	♎ ab 10.47 ♏	♐	♑ ab 13.15 ♒
14	♋	♌	♎	♏	♐ ab 03.45 ♑	♒
15	♋	♌ ab 01.08 ♍	♎	♏ ab 17.08 ♐	♑	♒ ab 14.45 ♓
16	♋ ab 06.32 ♌	♍	♎ ab 04.21 ♏	♐	♑ ab 06.15 ♒	♓
17	♌	♍ ab 12.56 ♎	♏	♐ ab 21.38 ♑	♒	♓ ab 17.56 ♈
18	♌ ab 19.17 ♍	♎	♏ ab 11.32 ♐	♑	♒ ab 09.01 ♓	♈
19	♍	♎ ab 22.51 ♏	♐	♑	♓	♈ ab 23.11 ♉
20	♍	♏	♐ ab 16.13 ♑	♑ ab 00.52 ♒	♓ ab 12.35 ♈	♉
21	♍ ab 07.15 ♎	♏	♑	♒	♈	♉
22	♎	♏ ab 05.49 ♐	♑ ab 18.40 ♒	♒ ab 03.23 ♓	♈ ab 17.13 ♉	♉ ab 06.18 ♊
23	♎ ab 16.44 ♏	♐	♒	♓	♉	♊
24	♏	♐ ab 09.23 ♑	♒ ab 19.44 ♓	♓ ab 05.51 ♈	♉ ab 23.21 ♊	♊ ab 15.15 ♋
25	♏ ab 22.25 ♐	♑	♓	♈	♊	♋
26	♐	♑ ab 10.11 ♒	♓ ab 20.47 ♈	♈ ab 09.12 ♉	♊	♋
27	♐	♒	♈	♉	♊ ab 07.38 ♋	♋ ab 02.10 ♌
28	♐ ab 00.18 ♑	♒ ab 09.50 ♓	♈ ab 23.25 ♉	♉ ab 14.36 ♊	♋	♌
29	♑ ab 23.48 ♒	♓	♉	♊	♋ ab 18.31 ♌	♌ ab 14.46 ♍
30	♒	♓ ab 10.16 ♈	♉	♊ ab 22.57 ♋	♌	♍
31	♒ ab 23.02 ♓	♈		♋		♍

1997

	Januar	Februar	März	April	Mai	Juni
Tag	Mond im	Mond im	Mond im	Mond im	Mond im	Mond im
1	♍ ab 03.33 ♎	♏	♏ ab 13.02 ♐	♑	♒ ab 13.51 ♓	♈
2	♎	♏ ab 05.52 ♐	♐	♑ ab 05.00 ♒	♓	♈ ab 01.40 ♉
3	♎ ab 14.03 ♏	♐	♐ ab 18.39 ♑	♒	♓ ab 16.00 ♈	♉
4	♏	♐ ab 09.45 ♑	♑	♒ ab 06.43 ♓	♈	♉ ab 05.56 ♊
5	♏ ab 20.28 ♐	♑	♑ ab 20.55 ♒	♓	♈ ab 18.05 ♉	♊
6	♐	♑ ab 10.22 ♒	♒	♓ ab 07.20 ♈	♉	♊ ab 12.03 ♋
7	♐ ab 22.56 ♑	♒	♒ ab 20.58 ♓	♈	♉ ab 21.22 ♊	♋
8	♑	♒ ab 09.35 ♓	♓	♈ ab 08.21 ♉	♊	♋ ab 20.59 ♌
9	♑ ab 23.01 ♒	♓	♓ ab 20.34 ♈	♉	♊	♌
10	♒	♓ ab 09.30 ♈	♈	♉ ab 11.29 ♊	♊ ab 03.14 ♋	♌
11	♒ ab 22.52 ♓	♈	♈ ab 21.38 ♉	♊	♋	♌ ab 08.44 ♍
12	♓	♈ ab 11.57 ♉	♉	♊ ab 18.04 ♋	♋ ab 12.34 ♌	♍
13	♓	♉	♉	♋	♌	♍ ab 21.36 ♎
14	♓ ab 00.23 ♈	♉ ab 17.54 ♊	♉ ab 01.49 ♊	♋	♌	♎
15	♈	♊	♊	♋ ab 04.23 ♌	♌ ab 00.44 ♍	♎
16	♈ ab 04.41 ♉	♊	♊ ab 09.52 ♋	♌	♍	♎ ab 08.52 ♏
17	♉	♊ ab 03.14 ♋	♋	♌ ab 17.01 ♍	♍ ab 13.28 ♎	♏
18	♉ ab 11.54 ♊	♋	♋ ab 21.09 ♌	♍	♎	♏ ab 16.40 ♐
19	♊	♋ ab 14.53 ♌	♌	♍	♎	♐
20	♊ ab 21.30 ♋	♌	♌	♍ ab 05.37 ♎	♎ ab 00.13 ♏	♐ ab 21.03 ♑
21	♋	♌	♌ ab 10.00 ♍	♎	♏	♑
22	♋	♌ ab 03.29 ♍	♍	♎ ab 16.20 ♏	♏ ab 07.52 ♐	♑ ab 23.21 ♒
23	♋ ab 08.51 ♌	♍	♍ ab 22.36 ♎	♏	♐	♒
24	♌	♍ ab 16.24 ♎	♎	♏	♐ ab 12.52 ♑	♒
25	♌ ab 21.57 ♍	♎	♎	♏ ab 00.33 ♐	♑	♒ ab 01.10 ♓
26	♍	♎	♎ ab 09.43 ♏	♐	♑ ab 16.21 ♒	♓
27	♍	♎ ab 03.58 ♏	♏	♐ ab 06.33 ♑	♒	♓ ab 03.40 ♈
28	♍ ab 10.22 ♎	♏	♏ ab 18.41 ♐	♑	♒ ab 19.19 ♓	♈
29	♎		♐	♑ ab 10.51 ♒	♓	♈ ab 07.24 ♉
30	♎ ab 21.49 ♏		♐	♒	♓ ab 22.19 ♈	♉
31	♏		♐ ab 01.08 ♑		♈	

	Juli	August	September	Oktober	November	Dezember
Tag	Mond im	Mond im	Mond im	Mond im	Mond im	Mond im
1	♉ ab 12.36 ♊	♋	♌ ab 05.28 ♍	♍ ab 00.33 ♎	♏	♐ ab 19.39 ♑
2	♊	♋ ab 11.28 ♌	♍	♎	♏ ab 05.28 ♐	♑
3	♊ ab 19.34 ♋	♌	♍ ab 18.31 ♎	♎ ab 12.58 ♏	♐	♑
4	♋	♌ ab 23.16 ♍	♎	♏	♐ ab 13.32 ♑	♑ ab 00.59 ♒
5	♋	♍	♎	♏ ab 23.44 ♐	♑	♒
6	♋ ab 04.46 ♌	♍	♎ ab 07.11 ♏	♐	♑ ab 19.34 ♒	♒ ab 05.08 ♓
7	♌	♍ ab 12.18 ♎	♏	♐	♒	♓
8	♌ ab 16.23 ♍	♎	♏ ab 17.55 ♐	♐ ab 08.05 ♑	♒ ab 23.36 ♓	♓ ab 08.25 ♈
9	♍	♎	♐	♑	♓	♈
10	♍	♎ ab 00.51 ♏	♐	♑ ab 13.30 ♒	♓	♈ ab 11.01 ♉
11	♍ ab 05.22 ♎	♏	♐ ab 01.24 ♑	♒	♓ ab 01.45 ♈	♉
12	♎	♏ ab 10.46 ♐	♑	♒ ab 16.00 ♓	♈	♉ ab 13.36 ♊
13	♎ ab 17.21 ♏	♐	♑ ab 05.11 ♒	♓	♈ ab 02.46 ♉	♊
14	♏	♐ ab 16.43 ♑	♒	♓ ab 16.26 ♈	♉	♊ ab 17.26 ♋
15	♏	♑	♒ ab 06.00 ♓	♈	♉ ab 04.06 ♊	♋
16	♏ ab 02.03 ♐	♑ ab 18.59 ♒	♓	♈ ab 16.17 ♉	♊	♋ ab 23.59 ♌
17	♐	♒	♓ ab 05.26 ♈	♉	♊ ab 07.33 ♋	♌
18	♐ ab 06.46 ♑	♒ ab 19.02 ♓	♈	♉ ab 17.27 ♊	♋	♌
19	♑	♓	♈ ab 05.22 ♉	♊	♋ ab 14.39 ♌	♌ ab 10.01 ♍
20	♑ ab 08.30 ♒	♓ ab 18.46 ♈	♉	♊ ab 21.46 ♋	♌	♍
21	♒	♈	♉ ab 07.40 ♊	♋	♌	♍ ab 22.36 ♎
22	♒ ab 09.01 ♓	♈ ab 19.58 ♉	♊	♋	♌ ab 01.34 ♍	♎
23	♓	♉	♊ ab 13.34 ♋	♋ ab 06.11 ♌	♍	♎
24	♓ ab 10.04 ♈	♉ ab 23.57 ♊	♋	♌	♍ ab 14.30 ♎	♎ ab 11.08 ♏
25	♈	♊	♋ ab 23.13 ♌	♌ ab 18.00 ♍	♎	♏
26	♈ ab 12.54 ♉	♊	♌	♍	♎	♏ ab 21.08 ♐
27	♉	♊ ab 07.12 ♋	♌	♍	♎ ab 02.44 ♏	♐
28	♉ ab 18.05 ♊	♋	♌ ab 11.28 ♍	♍ ab 07.06 ♎	♏	♐
29	♊	♋ ab 17.20 ♌	♍	♎	♏ ab 12.29 ♐	♐ ab 03.49 ♑
30	♊	♌	♍	♎ ab 19.16 ♏	♐	♑
31	♊ ab 01.39 ♋	♌		♏		♑ ab 07.59 ♒

1998

Tag	Januar	Februar	März	April	Mai	Juni
	Mond im	Mond im	Mond im	Mond im	Mond im	Mond im
1	♒	♈	♈	♊	♋	♌ ab 04.22 ♍
2	♒ ab 10.57 ♓	♈ ab 22.26 ♉	♈ ab 06.01 ♉	♊ ab 20.11 ♋	♋ ab 10.50 ♌	♍
3	♓	♉	♉	♋	♌	♍ ab 16.18 ♎
4	♓ ab 13.44 ♈	♉	♉ ab 08.16 ♊	♋	♌ ab 20.48 ♍	♎
5	♈	♉ ab 02.10 ♊	♊	♋ ab 03.37 ♌	♍	♎
6	♈ ab 16.53 ♉	♊	♊ ab 13.28 ♋	♌	♍	♎ ab 05.07 ♏
7	♉	♊ ab 07.58 ♋	♋	♌ ab 14.26 ♍	♍ ab 09.20 ♎	♏
8	♉ ab 20.43 ♊	♋	♋ ab 21.47 ♌	♍	♎	♏ ab 16.35 ♐
9	♊	♋ ab 15.48 ♌	♌	♍	♎ ab 22.11 ♏	♐
10	♊	♌	♌	♍ ab 03.05 ♎	♏	♐
11	♊ ab 01.44 ♋	♌	♌ ab 08.36 ♍	♎	♏	♐ ab 01.51 ♑
12	♋	♌ ab 02.10 ♍	♍	♎ ab 15.57 ♏	♏ ab 09.49 ♐	♑
13	♋ ab 08.46 ♌	♍	♍ ab 20.59 ♎	♏	♐	♑ ab 09.04 ♒
14	♌	♍ ab 14.18 ♎	♎	♏	♐ ab 19.40 ♑	♒
15	♌ ab 18.32 ♍	♎	♎	♏ ab 03.53 ♐	♑	♒ ab 14.32 ♓
16	♍	♎	♎ ab 09.52 ♏	♐	♑	♓
17	♍	♎ ab 03.14 ♏	♏	♐ ab 14.06 ♑	♑ ab 03.31 ♒	♓ ab 18.24 ♈
18	♍ ab 06.45 ♎	♏	♏ ab 21.57 ♐	♑	♒	♈
19	♎	♏ ab 14.57 ♐	♐	♑ ab 21.42 ♒	♒ ab 09.04 ♓	♈ ab 20.48 ♉
20	♎ ab 19.35 ♏	♐	♐	♒	♓	♉
21	♏	♐ ab 23.31 ♑	♐ ab 07.44 ♑	♒	♓ ab 12.07 ♈	♉ ab 22.27 ♊
22	♏	♑	♑	♒ ab 02.07 ♓	♈	♊
23	♏ ab 06.26 ♐	♑	♑ ab 14.02 ♒	♓	♈ ab 13.07 ♉	♊
24	♐	♑ ab 04.11 ♒	♒	♓ ab 03.31 ♈	♉	♊ ab 00.40 ♋
25	♐ ab 13.40 ♑	♒	♒ ab 16.44 ♓	♈	♉ ab 13.26 ♊	♋
26	♑	♒ ab 05.43 ♓	♓	♈ ab 03.10 ♉	♊	♋ ab 05.05 ♌
27	♑ ab 17.28 ♒	♓	♓ ab 16.50 ♈	♉	♊ ab 14.59 ♋	♌
28	♒	♓ ab 05.43 ♈	♈	♉ ab 02.56 ♊	♋	♌ ab 12.55 ♍
29	♒ ab 19.09 ♓		♈ ab 16.07 ♉	♊	♋ ab 19.39 ♌	♍
30	♓		♉	♊ ab 04.58 ♋	♌	♍
31	♓ ab 20.22 ♈		♉ ab 16.39 ♊		♌	

Tag	Juli	August	September	Oktober	November	Dezember
	Mond im	Mond im	Mond im	Mond im	Mond im	Mond im
1	♍ ab 00.06 ♎	♏	♐ ab 03.24 ♑	♒	♓ ab 12.28 ♈	♉
2	♎	♏ ab 08.49 ♐	♑	♒	♈	♉ ab 22.31 ♊
3	♎ ab 12.46 ♏	♐	♑ ab 10.22 ♒	♒ ab 00.24 ♓	♈ ab 12.13 ♉	♊
4	♏	♐ ab 18.19 ♑	♒	♓	♉	♊ ab 22.29 ♋
5	♏	♑	♒ ab 13.49 ♓	♓ ab 01.33 ♈	♉ ab 11.12 ♊	♋
6	♏ ab 00.25 ♐	♑	♓	♈	♊	♋
7	♐	♑ ab 00.32 ♒	♓ ab 14.53 ♈	♈ ab 00.58 ♉	♊ ab 11.40 ♋	♋ ab 00.56 ♌
8	♐ ab 09.28 ♑	♒	♈	♉	♋	♌
9	♑	♒ ab 04.05 ♓	♈ ab 15.17 ♉	♉ ab 00.45 ♊	♋ ab 15.34 ♌	♌ ab 07.22 ♍
10	♑ ab 15.53 ♒	♓	♉	♊	♌	♍
11	♒	♓ ab 06.11 ♈	♉ ab 16.41 ♊	♊ ab 02.49 ♋	♌ ab 23.28 ♍	♍ ab 17.44 ♎
12	♒ ab 20.23 ♓	♈	♊	♋	♍	♎
13	♓	♈ ab 08.05 ♉	♊ ab 20.21 ♋	♋ ab 08.26 ♌	♍	♎
14	♓ ab 23.46 ♈	♉	♋	♌	♍ ab 10.59 ♎	♎ ab 06.17 ♏
15	♈	♉ ab 10.47 ♊	♋	♌ ab 17.33 ♍	♎	♏
16	♈	♊	♋ ab 02.49 ♌	♍	♎ ab 23.42 ♏	♏ ab 18.48 ♐
17	♈ ab 02.34 ♉	♊ ab 14.46 ♋	♌	♍	♏	♐
18	♉	♋	♌ ab 11.53 ♍	♍ ab 05.03 ♎	♏	♐
19	♉ ab 05.19 ♊	♋ ab 21.02 ♌	♍	♎	♏ ab 12.14 ♐	♐ ab 05.56 ♑
20	♊	♌	♍ ab 22.58 ♎	♎ ab 17.37 ♏	♐	♑
21	♊ ab 08.44 ♋	♌	♎	♏	♐ ab 23.46 ♑	♑ ab 15.18 ♒
22	♋	♌ ab 05.22 ♍	♎	♏	♑	♒
23	♋ ab 13.50 ♌	♍	♎ ab 11.23 ♏	♏ ab 06.17 ♐	♑	♒ ab 22.46 ♓
24	♌	♍ ab 16.03 ♎	♏	♐	♑ ab 09.44 ♒	♓
25	♌ ab 21.35 ♍	♎	♏	♐ ab 18.06 ♑	♒	♓
26	♍	♎	♏ ab 00.06 ♐	♑	♒ ab 17.15 ♓	♓ ab 04.05 ♈
27	♍	♎ ab 04.20 ♏	♐	♑	♓	♈
28	♍ ab 08.15 ♎	♏	♐ ab 11.31 ♑	♑ ab 03.45 ♒	♓ ab 21.35 ♈	♈ ab 07.06 ♉
29	♎	♏ ab 16.56 ♐	♑	♒	♈	♉
30	♎ ab 20.45 ♏	♐	♑ ab 19.54 ♒	♒ ab 09.59 ♓	♈ ab 22.54 ♉	♉ ab 08.23 ♊
31	♏	♐		♓		♊

1999

	Januar	Februar	März	April	Mai	Juni
Tag	Mond im	Mond im	Mond im	Mond im	Mond im	Mond im
1	♊ ab 09.16 ♋	♌	♌ ab 11.06 ♍	♎	♏	♐ ab 03.07 ♑
2	♋	♌ ab 02.38 ♍	♍	♎ ab 13.50 ♏	♏ ab 08.37 ♐	♑
3	♋ ab 11.32 ♌	♍	♍ ab 19.35 ♎	♏	♐	♑ ab 14.38 ♒
4	♌	♍ ab 10.57 ♎	♎	♏	♐ ab 21.13 ♑	♒
5	♌ ab 16.50 ♍	♎	♎	♏ ab 02.08 ♐	♑	♒
6	♍	♎ ab 22.07 ♏	♎ ab 06.23 ♏	♐	♑	♒ ab 00.02 ♓
7	♍	♏	♏	♐ ab 14.40 ♑	♑ ab 08.41 ♒	♓
8	♍ ab 01.54 ♎	♏	♏ ab 18.47 ♐	♑	♒	♓ ab 06.09 ♈
9	♎	♏ ab 10.39 ♐	♐	♑	♒ ab 17.17 ♓	♈
10	♎ ab 13.50 ♏	♐	♐	♑ ab 01.25 ♒	♓	♈ ab 08.44 ♉
11	♏	♐ ab 22.11 ♑	♐ ab 06.55 ♑	♒	♓ ab 21.54 ♈	♉
12	♏	♑	♑	♒ ab 08.36 ♓	♈	♉ ab 08.49 ♊
13	♏ ab 02.24 ♐	♑	♑ ab 16.33 ♒	♓	♈ ab 22.57 ♉	♊
14	♐	♑ ab 06.58 ♒	♒	♓ ab 11.47 ♈	♉	♊ ab 08.15 ♋
15	♐ ab 13.30 ♑	♒	♒ ab 22.31 ♓	♈	♉ ab 22.08 ♊	♋
16	♑	♒ ab 12.41 ♓	♓	♈ ab 12.08 ♉	♊	♋ ab 09.08 ♌
17	♑ ab 22.12 ♒	♓	♓	♉	♊ ab 21.40 ♋	♌
18	♒	♓ ab 16.07 ♈	♓ ab 01.14 ♈	♉ ab 11.40 ♊	♋	♌ ab 13.13 ♍
19	♒	♈	♈	♊	♋ ab 23.38 ♌	♍
20	♒ ab 04.41 ♓	♈ ab 18.30 ♉	♈ ab 02.10 ♉	♊ ab 12.28 ♋	♌	♍ ab 21.11 ♎
21	♓	♉	♉	♋	♌	♎
22	♓ ab 09.26 ♈	♉ ab 20.55 ♊	♉ ab 03.06 ♊	♋ ab 16.07 ♌	♌ ab 05.16 ♍	♎
23	♈	♊	♊	♌	♍	♎ ab 08.19 ♏
24	♈ ab 12.53 ♉	♊	♊ ab 05.34 ♋	♌ ab 23.05 ♍	♍ ab 14.30 ♎	♏
25	♉	♊ ab 00.10 ♋	♋	♍	♎	♏ ab 20.52 ♐
26	♉ ab 15.30 ♊	♋	♋ ab 10.23 ♌	♍	♎	♐
27	♊	♋ ab 04.45 ♌	♌	♍ ab 08.47 ♎	♎ ab 02.06 ♏	♐
28	♊ ab 17.58 ♋	♌	♌ ab 17.35 ♍	♎	♏	♐ ab 09.13 ♑
29	♋		♍	♎ ab 20.14 ♏	♏ ab 14.38 ♐	♑
30	♋ ab 21.17 ♌		♍	♏	♐	♑ ab 20.20 ♒
31	♌		♍ ab 02.50 ♎		♐	

	Juli	August	September	Oktober	November	Dezember
Tag	Mond im	Mond im	Mond im	Mond im	Mond im	Mond im
1	♒	♓ ab 17.48 ♈	♉	♊ ab 14.32 ♋	♌	♍ ab 18.30 ♎
2	♒	♈	♉ ab 06.26 ♊	♋	♌ ab 05.08 ♍	♎
3	♒ ab 05.35 ♓	♈ ab 22.10 ♉	♊	♋ ab 18.14 ♌	♍	♎ ab 04.36 ♏
4	♓	♉	♊ ab 09.11 ♋	♌	♍ ab 12.58 ♎	♏
5	♓ ab 12.22 ♈	♉	♋	♌ ab 23.41 ♍	♎	♏
6	♈	♉ ab 00.58 ♊	♋ ab 12.30 ♌	♍	♎ ab 22.47 ♏	♏ ab 16.28 ♐
7	♈ ab 16.23 ♉	♊	♌	♍	♏	♐
8	♉	♊ ab 02.54 ♋	♌ ab 16.58 ♍	♍ ab 06.53 ♎	♏	♐
9	♉ ab 18.01 ♊	♋	♍	♎	♏ ab 10.16 ♐	♐ ab 05.15 ♑
10	♊	♋ ab 04.57 ♌	♍ ab 23.17 ♎	♎ ab 16.02 ♏	♐	♑
11	♊ ab 18.28 ♋	♌	♎	♏	♐ ab 23.01 ♑	♑ ab 18.00 ♒
12	♋	♌ ab 08.23 ♍	♎	♏	♑	♒
13	♋ ab 19.27 ♌	♍	♎ ab 08.09 ♏	♏ ab 03.20 ♐	♑	♒
14	♌	♍ ab 14.25 ♎	♏	♐	♑ ab 11.47 ♒	♒ ab 05.19 ♓
15	♌ ab 22.40 ♍	♎	♏ ab 19.36 ♐	♐ ab 16.05 ♑	♒	♓
16	♍	♎ ab 23.41 ♏	♐	♑	♒ ab 22.22 ♓	♓ ab 13.31 ♈
17	♍	♏	♐	♑	♓	♈
18	♍ ab 05.20 ♎	♏	♐ ab 08.14 ♑	♑ ab 04.18 ♒	♓	♈ ab 17.46 ♉
19	♎	♏ ab 11.33 ♐	♑	♒	♓ ab 04.58 ♈	♉
20	♎ ab 15.31 ♏	♐	♑ ab 19.39 ♒	♒ ab 13.34 ♓	♈	♉ ab 18.40 ♊
21	♏	♐	♒	♓	♈ ab 07.27 ♉	♊
22	♏	♐ ab 00.00 ♑	♒	♓ ab 18.42 ♈	♉	♊ ab 17.53 ♋
23	♏ ab 03.49 ♐	♑	♒ ab 03.52 ♓	♈	♉ ab 07.15 ♊	♋
24	♐	♑ ab 09.50 ♒	♓	♈ ab 20.26 ♉	♊	♋ ab 17.33 ♌
25	♐ ab 16.09 ♑	♒	♓ ab 08.35 ♈	♉	♊ ab 06.30 ♋	♌
26	♑	♒ ab 18.51 ♓	♈	♉ ab 20.34 ♊	♋	♌ ab 19.35 ♍
27	♑	♓	♈ ab 10.52 ♉	♊	♋ ab 07.20 ♌	♍
28	♑ ab 02.55 ♒	♓	♉	♊ ab 21.10 ♋	♌	♍
29	♒	♓ ab 00.10 ♈	♉ ab 12.22 ♊	♋	♌ ab 11.12 ♍	♍ ab 01.15 ♎
30	♒ ab 11.28 ♓	♈	♊	♋ ab 23.48 ♌	♍	♎
31	♓	♈ ab 03.42 ♉		♌		♎ ab 10.37 ♏

2000

	Januar	Februar	März	April	Mai	Juni
Tag	Mond im	Mond im	Mond im	Mond im	Mond im	Mond im
1	♏	♐ ab 18.11 ♑	♑	♒ ab 09.13 ♓	♒ ab 01.56 ♈	♉ ab 17.35 ♊
2	♏ ab 22.33 ♐	♑	♑ ab 14.15 ♒	♓	♈	♊
3	♐	♑	♒	♓ ab 16.23 ♈	♈ ab 05.55 ♉	♊ ab 17.31 ♋
4	♐	♑ ab 06.32 ♒	♒	♈	♉	♋
5	♐ ab 11.25 ♑	♒	♒ ab 00.31 ♓	♈ ab 20.30 ♉	♉ ab 07.24 ♊	♋ ab 17.47 ♌
6	♑	♒ ab 17.03 ♓	♓	♉	♊	♌
7	♑ ab 23.54 ♒	♓	♓ ab 07.55 ♈	♉ ab 22.59 ♊	♊ ab 08.15 ♋	♌ ab 19.58 ♍
8	♒	♓	♈	♊	♋	♍
9	♒	♓ ab 01.18 ♈	♈ ab 13.02 ♉	♊	♋ ab 10.02 ♌	♍
10	♒ ab 11.00 ♓	♈	♉	♊ ab 01.17 ♋	♌	♍ ab 01.00 ♎
11	♓	♈ ab 07.22 ♉	♉ ab 16.47 ♊	♋	♌ ab 13.42 ♍	♎
12	♓ ab 19.49 ♈	♉	♊	♋ ab 04.17 ♌	♍	♎ ab 08.56 ♏
13	♈	♉ ab 11.24 ♊	♊ ab 19.52 ♋	♌	♍ ab 19.28 ♎	♏
14	♈	♊	♋	♌ ab 08.20 ♍	♎	♏ ab 19.19 ♐
15	♈ ab 01.39 ♉	♊ ab 13.46 ♋	♋ ab 22.44 ♌	♍	♎	♐
16	♉	♋	♌	♍ ab 13.37 ♎	♎ ab 03.17 ♏	♐
17	♉ ab 04.26 ♊	♋ ab 15.12 ♌	♌	♎	♏	♐ ab 07.28 ♑
18	♊	♌	♌ ab 01.49 ♍	♎ ab 20.36 ♏	♏ ab 13.10 ♐	♑
19	♊ ab 05.02 ♋	♌ ab 16.54 ♍	♍	♏	♐	♑ ab 20.27 ♒
20	♋	♍	♍ ab 05.58 ♎	♏	♐	♒
21	♋ ab 04.59 ♌	♍ ab 20.22 ♎	♎	♏ ab 05.59 ♐	♐ ab 01.02 ♑	♒
22	♌	♎	♎ ab 12.19 ♏	♐	♑	♒ ab 08.53 ♓
23	♌ ab 06.08 ♍	♎	♏	♐ ab 17.48 ♑	♑ ab 14.01 ♒	♓
24	♍	♎ ab 02.59 ♏	♏ ab 21.44 ♐	♑	♒	♓ ab 18.56 ♈
25	♍ ab 10.10 ♎	♏	♐	♑	♒	♈
26	♎	♏ ab 13.11 ♐	♐	♑ ab 06.43 ♒	♒ ab 02.08 ♓	♈
27	♎ ab 18.02 ♏	♐	♐ ab 09.52 ♑	♒	♓	♈ ab 01.20 ♉
28	♏	♐	♑	♒ ab 18.07 ♓	♓ ab 11.09 ♈	♉
29	♏	♐ ab 01.46 ♑	♑ ab 22.35 ♒	♓	♈	♉ ab 04.00 ♊
30	♏ ab 05.19 ♐		♒	♓	♈ ab 16.03 ♉	♊
31	♐		♒		♉	

	Juli	August	September	Oktober	November	Dezember
Tag	Mond im	Mond im	Mond im	Mond im	Mond im	Mond im
1	♊ ab 04.10 ♋	♌ ab 14.28 ♍	♎	♏ ab 23.51 ♐	♑	♒
2	♋	♍	♎ ab 06.56 ♏	♐	♑	♒
3	♋ ab 03.39 ♌	♍ ab 16.32 ♎	♏	♐	♑ ab 07.42 ♒	♒ ab 04.24 ♓
4	♌	♎	♏ ab 15.09 ♐	♐ ab 10.43 ♑	♒	♓
5	♌ ab 04.20 ♍	♎ ab 22.05 ♏	♐	♑	♒ ab 20.14 ♓	♓ ab 15.18 ♈
6	♍	♏	♐	♑ ab 23.34 ♒	♓	♈
7	♍ ab 07.48 ♎	♏	♐ ab 02.48 ♑	♒	♓	♈ ab 22.28 ♉
8	♎	♏ ab 07.31 ♐	♑	♒	♓ ab 06.03 ♈	♉
9	♎ ab 14.49 ♏	♐	♑ ab 15.45 ♒	♒ ab 11.37 ♓	♈	♉
10	♏	♐ ab 19.45 ♑	♒	♓	♈ ab 12.13 ♉	♉ ab 01.51 ♊
11	♏	♑	♒	♓ ab 20.52 ♈	♉	♊
12	♏ ab 01.07 ♐	♑	♒ ab 03.35 ♓	♈	♉ ab 15.28 ♊	♊ ab 02.50 ♋
13	♐	♑ ab 08.44 ♒	♓	♈	♊	♋
14	♐ ab 13.29 ♑	♒	♓ ab 13.01 ♈	♈ ab 03.07 ♉	♊ ab 17.22 ♋	♋ ab 03.10 ♌
15	♑	♒ ab 20.42 ♓	♈	♉	♋	♌
16	♑	♓	♈ ab 20.06 ♉	♉ ab 07.20 ♊	♋ ab 19.20 ♌	♌ ab 04.31 ♍
17	♑ ab 02.28 ♒	♓	♉	♊	♌	♍
18	♒	♓ ab 06.45 ♈	♉	♊ ab 10.38 ♋	♌ ab 22.16 ♍	♍ ab 08.02 ♎
19	♒ ab 14.45 ♓	♈	♉ ab 01.23 ♊	♋	♍	♎
20	♓	♈ ab 14.32 ♉	♊	♋ ab 13.43 ♌	♍	♎ ab 14.13 ♏
21	♓	♉	♊ ab 05.17 ♋	♌	♍ ab 02.36 ♎	♏
22	♓ ab 01.10 ♈	♉ ab 19.56 ♊	♋	♌ ab 16.53 ♍	♎	♏ ab 22.58 ♐
23	♈	♊	♋ ab 08.01 ♌	♍	♎ ab 08.34 ♏	♐
24	♈ ab 08.45 ♉	♊ ab 23.01 ♋	♌	♍ ab 20.31 ♎	♏	♐
25	♉	♋	♌ ab 10.03 ♍	♎	♏ ab 16.34 ♐	♐ ab 09.55 ♑
26	♉ ab 13.02 ♊	♋	♍	♎	♐	♑
27	♊	♋ ab 00.18 ♌	♍ ab 12.23 ♎	♎ ab 01.24 ♏	♐	♑ ab 22.26 ♒
28	♊ ab 14.31 ♋	♌	♎	♏	♐ ab 02.58 ♑	♒
29	♋	♌ ab 00.56 ♍	♎ ab 16.31 ♏	♏ ab 08.41 ♐	♑	♒
30	♋ ab 14.25 ♌	♍	♏	♐	♑ ab 15.28 ♒	♒ ab 11.28 ♓
31	♌	♍ ab 02.34 ♎		♐ ab 19.03 ♑		♓

Der Mond in den einzelnen Tierkreiszeichen

Neben der Stellung des Mondes zur Zeit Ihrer Geburt ist es auch wichtig zu wissen, welcher Planet das entsprechende Tierkreiszeichen regiert und ob es ein Erd-, Feuer-, Luft- oder Wasserzeichen ist.

- Der Widdermond zeigt Führereigenschaften und Pioniergeist. Ein Mensch, dessen Mond in diesem Zeichen stand, neigt zu Selbstgenügsamkeit, hat starken Familiensinn, ist aber leicht erregbar und hat eine Tendenz zu impulsivem Verhalten. Der Widdermond hat als Herrscherplanetenen den Mars und ist ein Feuerzeichen.
- Der Stiermond ist konservativ und beständig. Menschen aus diesem Zeichen leben meist lange und haben ein sehr ausgeprägtes Sicherheitsbedürfnis. Sie können eigensinnig und stur sein, sind aber Kindern gegenüber sehr fürsorglich. Der Stiermond hat als Herrscherplaneten die Venus, er ist ein Erdzeichen.
- Der Zwillingsmond gilt als rastlos, energiegeladen und hektisch. Menschen mit diesem Mondgeburtszeichen sind oft neugierig und nicht auf den Mund gefallen. Sie haben kaum Interesse daran, sich langfristig festzulegen oder auf Sicherheit zu planen. Der Zwillingsmond hat als Herrscherplaneten den Merkur, er ist ein Luftzeichen.
- Der Krebsmond ist ausgesprochen sensibel und empfindlich. Ein Mensch aus diesem Zeichen fühlt sich oft unsicher, hängt an Vergangenem und ist seiner selbst nur dann richtig sicher, wenn er in sein eigenes Heim und seine Familie eingebunden ist. Der Krebsmond hat als Herrscherplaneten den Mond (!), er ist ein Wasserzeichen.
- Der Löwemond muß stets im Mittelpunkt stehen, sonst fühlt er sich nicht wohl. Ein solcher Mensch kann Aufgaben nicht delegieren, ihm ist es wichtig, nach außen immer

gut dazustehen – und das kann er nur, wenn er selbst alles in der Hand behält. Löwemonde leben gern auf großem Fuß und verstehen es blendend, sich in Szene zu setzen. Der Löwemond hat als Herrscherplaneten die Sonne, er ist ein Feuerzeichen.

- Der Jungfraumond ist ein Perfektionist vom Scheitel bis zur Sohle. Menschen mit dem Mond in diesem Zeichen haben schon fast einen zwanghaften Hang zur Reinlichkeit. Sie neigen zu Selbstzweifeln und unterdrücken ihre Gefühle zugunsten »vernünftiger Entscheidungen«. Dabei sind sie zu großen Leistungen fähig. Der Jungfraumond hat als Herrscherplaneten den Merkur, er ist ein Erdzeichen.
- Der Waagemond gilt als selbstlos und romantisch. Ein Mensch mit Mond in der Waage hat viel Sinn für Harmonie, eignet sich bestens als Schlichter, als Vermittler. Er kann es nicht leiden, übersehen zu werden, ist jedoch auch genügsam und leicht zufriedenzustellen. Der Waagemond hat als Herrscherplaneten den Uranus, er ist ein Luftzeichen.
- Der Skorpionmond wirkt sehr kraftvoll und konzentriert. Menschen aus dem Skorpionmond wirken manchmal fast besessen. Ihnen ist eine verschlossene Persönlichkeit zu eigen, sie neigen zum Grübeln. Ihr Interesse gilt dem Finanziellen, sie haben gerne alles unter Kontrolle. Der Skorpionmond hat als Herrscherplaneten den Pluto und ist ein Wasserzeichen.
- Der Schützemond ist dynamisch und sehr an Fortschritt und an Wachstum orientiert. Menschen mit diesem Mondzeichen sollte man nicht herausfordern, sie hassen Provokationen aller Art. Sie gelten als enthusiastisch, leider aber unsensibel. Der Schützemond hat als Herrscherplaneten den Jupiter, er ist ein Feuerzeichen.
- Der Steinbockmond hat viel Selbstdisziplin. Er ist zielstrebig, hat viel Organisationstalent und plant gerne auf lan-

ge Sicht. Er ist praktisch veranlagt und sehr besitzorientiert. Gefühle kann er nur schwer zeigen. Der Steinbockmond hat als Herrscherplaneten den Saturn, er ist ein Erdzeichen.

- Der Wassermannmond kann Autorität nur schwer ertragen. Er ist ein sehr unabhängiger Charakter und liebt Extravaganzen. Gerne verändert er seine Umgebung. Mit Gefühlen kann er nicht sehr viel anfangen – er unterdrückt sie lieber. Der Wassermannmond hat als Herrscherplaneten den Uranus, er ist ein Luftzeichen.
- Der Fischemond neigt zu allem Spirituellem und Mystischen. Menschen mit dem Mond in diesem Tierkreiszeichen sind oftmals sehr kreativ. An Besitz und Geld zeigen sie wenig Interesse. Sie neigen zu gefühlsmäßiger Verwirrung und können sich bestens in andere hineinversetzen. Der Fischemond hat als Herrscherplaneten den Neptun, er ist ein Wasserzeichen.

Natürlich ist es auch wichtig, in welcher Phase der Mond bei Ihrer Geburt stand. Im nächsten Kapitel erfahren Sie alles Wissenswerte über die einzelnen Phasen des Mondes und ihre Bedeutung auf unser Leben.

Die Mondphasen – das wechselnde Gesicht unseres Trabanten

Es kann ja nicht immer so bleiben
Hier unter dem wechselnden Mond.
(August Kotzebue)

Jeden Monat aufs neue kann man's seit Anbeginn der Zeit beobachten: Die Scheibe des Mondes erscheint und verschwindet wieder – ein immerwährendes Schauspiel, das unsere Urahnen genauso faszinierend fanden wie wir heute. Ein paar Zahlen sollen die Reise des Mondes als Erdbegleiter nochmals ein wenig verdeutlichen (vgl. dazu auch den »Steckbrief« des Mondes im ersten Kapitel):

- Der Mond hat einen Durchmesser von 3476 Kilometern – das sind genau 27 Prozent der Erdgröße.
- Er bewegt sich in einer beinahe kreisförmigen Bahn um unseren Planeten.
- Seine durchschnittliche Geschwindigkeit beträgt 3680 Stundenkilometer.
- Am Punkt der geringsten Entfernung zur Erde (auch Perigäum genannt), beschleunigt der Mond auf eine Geschwindigkeit von 3908 km/h, am Punkt der größten Erdferne (Apogäum) verlangsamt er auf 3464 km/h.

- Für seine Umlaufbahn braucht der Mond im Schnitt 27 Tage, 7 Stunden, 43 Minuten und 11,5 Sekunden – einen siderischen Monat.
- Der Zyklus von Neumond zu Neumond dauert 29,53 Tage; dies bezeichnet man auch als synodischen Monat.
- Während seiner Erdumkreisung rotiert der Mond zusätzlich um seine eigene Achse: In 27,32 Tagen vollendet er eine Umdrehung. Das hat zur Folge, daß wir stets nur dieselbe Seite des Mondes sehen.
- Ein Mondtag dauert – genauso wie die Mondnacht – daher etwa 14 Erdentage. Zwei Wochen lang wird die Oberfläche des Mondes also von der Sonne beschienen, zwei Wochen lang liegt sie nach und nach im Dunkeln.
- Pro Tag verspätet sich der Mond im Durchschnitt um etwa 50 Minuten – er geht später auf bzw. unter. Diese Verschiebung (Retardation) ist jedoch – je nach Jahreszeit – unterschiedlich lang: Im September z. B. nur etwa 20 Minuten. Der Vollmond geht um diese Jahreszeit ein paar Nächte hintereinander schon am frühen Abend auf – es gibt daher viel mehr Licht. Auch für die Bauern übrigens: Deshalb nannten sie diesen Monat auch »Erntemond«, denn sie hatten bis in den späten Abend hinein genug Licht für das Einbringen der Feldfrüchte.

Der Kreislauf beginnt mit dem Neumond

Wenn sich Sonne und Mond an der gleichen Position befinden, nennt man das Konjunktion: Der Mond ist unsichtbar – wir haben Neumond. Sind Sonne und Mond dagegen in gegenüberliegenden Zeichen, so ist Vollmond – man nennt dies auch Opposition. Während eines Monats durchläuft der Mond acht Phasen: Neumond, zunehmende Sichel, erstes Viertel (das ist der Halbmond), zunehmende Rundung, Vollmond, abnehmende Rundung, letztes Viertel (ebenfalls Halbmond), abnehmende Sichel. Der Zyklus des Mondes beginnt nach alter Überlieferung genau dann, wenn der Mond direkt zwischen Sonne und Erde steht: Dann ist er für uns nicht sichtbar, wir haben Neumond. Ab diesem Zeitpunkt wird die Sichel nach und nach im Verlauf von etwa 14 (Erd-) Tagen immer größer und runder – bis hin zur vollen Scheibe, dem Vollmond. Jetzt steht er genau auf der anderen Seite der Erde, dem Punkt gegenüber, an dem er seine Reise begonnen hat. Dann verschwindet der Mond nach und nach wieder – über den Halbmond zur schmalen Sichel und wieder hin zum Neumond. Eine Faustregel sagt uns, wann der Mond zu- oder abnimmt:

- Der helle Teil wächst von recht nach links: Der Mond nimmt zu.
- Der dunkle Teil wächst von recht nach links: Der Mond nimmt ab.

Aus der Zeit unserer Großeltern kennen wir in Deutschland noch eine andere Regel, nach der man leicht die Mondphasen nachvollziehen kann. Man ging nach der alten deutschen Schreibschrift vor: Der Mond nahm zu, wenn seine Sichel der Rundung des z ähnelte; glich der Bogen der Sichel dagegen der Rundung des a , so war der Mond in der abnehmenden Phase.

Was die einzelnen Mondphasen bedeuten

Die acht »Gesichter«, die uns der Mond in seinem Zyklus zeigt, haben eine bestimmte Bedeutung und Auswirkung auf den Menschen. So mancher weiß genau, wann Vollmond ist – ohne zum Himmel emporzublicken oder selbst dann, wenn der Himmel wolkenverhangen ist. Viele Menschen sind bei Vollmond unruhig, leiden unter Schlafstörungen, werden vielleicht sogar zum Schlafwandler. Hebammen und Geburtshelfer sind sich sicher: Bei Vollmond werden mehr Kinder geboren. Die Polizei weiß: Es gibt mehr Straftaten bei Vollmond, es setzen sich mehr Menschen alkoholisiert ans Steuer. Ärzten ist klar: In Vollmondnächten geht es Geistesgestörten schlechter, haben Epileptiker mehr Anfälle. Und bei den Notruf- und Kummertelefonen sozialer Einrichtungen melden sich mehr Selbstmordgefährdete und Depressive. Und daß Schlafwandler bei Vollmond besonders aktiv sind, ist eine alte Weisheit.

Über Glauben und Aberglauben rund um den Mond haben Sie schon im ersten Kapitel gelesen – deshalb sei hier nur kurz auf die historische Recherche einer amerikanischen Journalistin erwähnt, die herausfand:

- Christus wurde bei Vollmond gekreuzigt,
- Julius Cäsar bei Vollmond ermordet.
- Beim gewaltsamen Tod von Alexander Trotzki und dem österreichischen Kanzler Dollfuß schien der volle Mond.
- Ebenso bei der Ermordung des letzten russischen Zaren –
- und beim Massaker von My Lai.
- Auch Jack the Ripper beging seine Morde stets bei Vollmond.

Ein ewiger Kreislauf

Der Rhythmus des Mondes war das Symbol für den ewigen Kreislauf von

- Zeugung und Geburt (schmale zunehmende Sichel),
- Wachstum (zunehmendes Mond bis Vollmond),
- Siechen und Sterben (abnehmender Mond),
- Tod (drei mondlose Nächte bei Neumond) und
- Wiedergeburt (der Wiederauftauchen der Sichel).

Was die Mondphase zur Geburtszeit besagt

Viele Astrologen sind davon überzeugt, daß nicht nur das Tierkreiszeichen, in dem der Mond zum Geburtszeitpunkt stand, entscheidenden Einfluß auf einen Menschen hat, sondern auch die Mondphase bestimmend ist für den Charakter eines Menschen. Sie können selbst leicht herausfinden, in welcher Phase der Mond an Ihrem Geburtstag stand: Unsere Tabelle hilft Ihnen weiter.

Vollmond	Neumond
1944	
10. 1.	25. 1.
9. 2.	24. 2.
10. 3.	24. 3.
8. 4.	24. 4.
8. 5.	22. 5.
6. 6.	20. 6.
6. 7.	20. 7.
4. 8.	18. 8.
2. 9.	17. 9.
2. 10.	17. 10.
31. 10.	15. 11.
30. 11.	15. 12.
29. 12.	
1945	
	14. 1.
28. 1.	12. 2.
27. 2.	14. 3.
28. 3.	12. 4.
27. 4.	11. 5.
27. 5.	10. 6.
25. 6.	9. 7.
25. 7.	8. 8.
23. 8.	6. 9.
21. 9.	6. 10.
21. 10.	4. 11.
19. 11.	4. 12.
19. 12.	

Vollmond	Neumond
1946	
	3. 1.
17. 1.	2. 2.
16. 2.	3. 3.
17. 3.	2. 4.
16. 4.	1. 5.
16. 5.	30. 5.
14. 6.	29. 6.
14. 7.	28. 7.
12. 8.	26. 8.
11. 9.	25. 9.
10. 10.	24. 10.
9. 11.	23. 11.
8. 12.	23. 12.
1947	
7. 1.	22. 1.
5. 2.	21. 2.
7. 3.	22. 3.
5. 4.	21. 4.
5. 5.	20. 5.
3. 6.	18. 6.
3. 7.	18. 7.
2. 8.	16. 8.
31. 8.	14. 9.
30. 9.	14. 10.
29. 10.	12. 11.
28. 11.	12. 12.
27. 12.	

Vollmond	Neumond
1948	
	11. 1.
26. 1.	10. 2.
24. 2.	10. 3.
25. 3.	9. 4.
23. 4.	9. 5.
23. 5.	7. 6.
21. 6.	6. 7.
21. 7.	5. 8.
19. 8.	3. 9.
18. 9.	2. 10.
18. 10.	1. 11.
16. 11.	30. 11.
16. 12.	30. 12.
1949	
14. 1.	29. 1.
13. 2.	27. 2.
14. 3.	29. 3.
13. 4.	28. 4.
12. 5.	27. 5.
10. 6.	26. 6.
10. 7.	25. 7.
8. 8.	24. 8.
7. 9.	22. 9.
7. 10.	21. 10.
5. 11.	20. 11.
5. 12.	19. 12.

Vollmond	Neumond
1950	
4. 1.	18. 1.
2. 2.	16. 2.
4. 3.	18. 3.
4. 4.	17. 4.
2. 5.	17. 5.
31. 5.	15. 6.
29. 6.	15. 7.
29. 7.	13. 8.
27. 8.	12. 9.
26. 9.	11. 10.
25. 10.	9. 11.
24. 11.	9. 12.
24. 12.	
1951	
	7. 1.
23. 1.	6. 2.
21. 2.	7. 3.
23. 3.	6. 4.
21. 4.	6. 5.
21. 5.	4. 6.
19. 6.	4. 7.
18. 7.	2. 8.
17. 8.	1. 9.
15. 9.	1. 10.
15. 10.	30. 10.
13. 11.	29. 11.
13. 12.	28. 12.

Vollmond	Neumond
1952	
12. 1.	26. 1.
11. 2.	25. 2.
11. 3.	25. 3.
10. 4.	24. 4.
9. 5.	23. 5.
8. 6.	22. 6.
7. 7.	21. 7.
5. 8.	20. 8.
4. 9.	19. 9.
3. 10.	18. 10.
1. 11.	17. 11.
1. 12.	17. 12.
31. 12.	
1953	
	15. 1.
29. 1.	14. 2.
28. 2.	15. 3.
30. 3.	13. 4.
29. 4.	13. 5.
28. 5.	11. 6.
27. 6.	11. 7.
26. 7.	9. 8.
24. 8.	8. 9.
23. 9.	8. 10.
22. 10.	6. 11.
20. 11.	6. 12.
20. 12.	

Vollmond	Neumond
1954	
	5. 1.
19. 1.	3. 2.
17. 2.	5. 3.
19. 3.	3. 4.
18. 4.	2. 5.
17. 5.	1. 6.
16. 6.	30. 6.
16. 7.	29. 7.
14. 8.	29. 8.
12. 9.	27. 9.
12. 10.	26. 10.
10. 11.	25. 11.
10. 12.	25. 12.
1955	
8. 1.	24. 1.
7. 2.	22. 2.
8. 3.	24. 3.
7. 4.	22. 4.
6. 5.	21. 5.
5. 6.	20. 6.
5. 7.	19. 7.
3. 8.	17. 8.
2. 9.	16. 9.
1. 10.	15. 10.
31. 10.	14. 11.
29. 11.	14. 12.
29. 12.	

Vollmond	Neumond
1956	
	13. 1.
27. 1.	11. 2.
26. 2.	12. 3.
26. 3.	11. 4.
25. 4.	10. 5.
24. 5.	8. 6.
23. 6.	8. 7.
22. 7.	6. 8.
21. 8.	4. 9.
19. 9.	4. 10.
19. 10.	2. 11.
18. 11.	2. 12.
17. 12.	
1957	
	1. 1.
16. 1.	30. 1.
14. 2.	1. 3.
16. 3.	31. 3.
14. 4.	29. 4.
13. 5.	29. 5.
12. 6.	27. 6.
11. 7.	27. 7.
10. 8.	25. 8.
9. 9.	23. 9.
8. 10.	23. 10.
7. 11.	21. 11.
7. 12.	21. 12.

Vollmond	Neumond
1958	
5. 1.	19. 1.
4. 2.	18. 2.
5. 3.	23. 3.
4. 4.	19. 4.
3. 5.	18. 5.
1. 6.	17. 6.
1. 7.	16. 7.
30. 7.	15. 8.
29. 8.	13. 9.
27. 9.	12. 10.
27. 10.	11. 11.
26. 11.	10. 12.
26. 12.	
1959	
	9. 1.
24. 1.	7. 2.
23. 2.	9. 3.
24. 3.	8. 4.
24. 4.	7. 5.
22. 5.	6. 6.
26. 6.	6. 7.
27. 7.	4. 8.
18. 8.	3. 9.
17. 9.	2. 10.
16. 10.	1. 11.
15. 11.	29. 11.
15. 12.	29. 12.

Vollmond	Neumond
1960	
13. 1.	28. 1.
12. 2.	26. 2.
13. 3.	27. 3.
11. 4.	25. 4.
11. 5.	25. 5.
9. 6.	24. 6.
8. 7.	23. 7.
7. 8.	22. 8.
5. 9.	20. 9.
4. 10.	20. 10.
3. 11.	18. 11.
3. 12.	18. 12.
1961	
1. 1.	16. 1.
31. 1.	15. 2.
2. 3.	16. 3.
1. 4.	15. 4.
30. 4.	14. 5.
30. 5.	13. 6.
28. 6.	12. 7.
27. 7.	11. 8.
26. 8.	10. 9.
24. 9.	9. 10.
23. 10.	8. 11.
22. 11.	7. 12.
22. 12.	

Vollmond	Neumond
1962	
	6. 1.
20. 1.	5. 2.
19. 2.	6. 3.
21. 3.	4. 4.
20. 4.	4. 5.
19. 5.	2. 6.
18. 6.	1. 7.
17. 7.	31. 7.
15. 8.	30. 8.
14. 9.	28. 9.
13. 10.	28. 10.
11. 11.	27. 11.
11. 12.	26. 12.
1963	
9. 1.	25. 1.
8. 2.	24. 2.
10. 3.	25. 3.
9. 4.	24. 4.
8. 5.	23. 5.
7. 6.	21. 6.
6. 7.	20. 7.
5. 8.	19. 8.
3. 9.	17. 9.
3. 10.	17. 10.
1. 11.	16. 11.
30. 11.	16. 12.
30. 12.	

1964

Vollmond	Neumond
	14. 1.
28. 1.	13. 2.
27. 2.	14. 3.
28. 3.	12. 4.
26. 4.	11. 5.
26. 5.	10. 6.
25. 6.	9. 7.
24. 7.	7. 8.
23. 8.	6. 9.
21. 9.	5. 10.
21. 10.	4. 11.
19. 11.	4. 12.
19. 12.	

1965

Vollmond	Neumond
	2. 1.
17. 1.	1. 2.
16. 2.	3. 3.
17. 3.	2. 4.
15. 4.	1. 5.
15. 5.	30. 5.
14. 6.	29. 6.
13. 7.	28. 7.
12. 8.	26. 8.
10. 9.	25. 9.
10. 10.	24. 10.
9. 11.	23. 11.
8. 12.	22. 12.

1966

Vollmond	Neumond
7. 1.	21. 1.
5. 2.	20. 2.
7. 3.	22. 3.
5. 4.	20. 4.
4. 5.	20. 5.
3. 6.	18. 6.
2. 7.	18. 7.
1. 8.	16. 8.
31. 8.	14. 9.
29. 9.	14. 10.
29. 10.	12. 11.
28. 11.	12. 12.
27. 12.	

1967

Vollmond	Neumond
	10. 1.
26. 1.	9. 2.
24. 2.	11. 3.
26. 3.	9. 4.
24. 4.	9. 5.
23. 5.	8. 6.
22. 6.	7. 7.
21. 7.	6. 8.
20. 8.	4. 9.
18. 9.	3. 10.
18. 10	2. 11.
17. 11.	1. 12.
16. 12.	

Vollmond	Neumond
1968	
15. 1.	29. 1.
14. 2.	28. 2.
14. 3.	28. 3.
13. 3.	27. 4.
12. 5.	27. 5.
10. 6.	25. 6.
10. 7.	25. 7.
8. 8.	24. 8.
6. 9.	22. 9.
6. 10.	21. 10.
5. 11.	20. 11.
4. 12.	19. 12.
1969	
3. 1.	18. 1.
2. 2.	16. 2.
4. 3.	18. 3.
2. 4.	16. 4.
2. 5.	16. 5.
31. 5.	14. 6.
29. 6.	14. 7.
29. 7.	13. 8.
27. 8.	11. 9.
25. 9.	11. 10.
25. 10.	9. 11.
23. 11.	9. 1^2.
23. 12.	

Vollmond	Neumond
1970	
	7. 1.
22. 1.	6. 2.
21. 2.	7. 3.
23. 3.	6. 4.
21. 4.	5. 5.
21. 5.	4. 6.
19. 6.	3. 7.
18. 7.	2. 8.
17. 8.	31. 8.
15. 9.	30. 9.
14. 10.	30. 10.
13. 11.	28. 11.
12. 12.	28. 12.
1971	
11. 1.	26. 1.
10. 2.	25. 2.
12. 3.	26. 3.
10. 4.	25. 4.
10. 5.	24. 5.
9. 6.	22. 6.
8. 7.	22. 7.
6. 8.	20. 8.
5. 9.	19. 9.
4. 10.	19. 10.
2. 11.	18. 11.
2. 12.	17. 12.
31. 12.	

Vollmond	Neumond
1972	
	16. 1.
30. 1.	15. 2.
29. 2.	15. 3.
29. 3.	13. 4.
28. 4.	13. 5.
28. 5.	11. 6.
26. 6.	10. 7.
26. 7.	9. 8.
24. 8.	7. 9.
23. 9.	7. 10.
22. 10.	6. 11.
20. 11.	5. 12.
20. 12.	
1973	
	4. 1.
18. 1.	3. 2.
17. 2.	5. 3.
18. 3.	3. 4.
17. 4.	2. 5.
17. 5.	1. 6.
15. 6.	30. 6.
15. 7.	29. 7.
14. 8.	28. 8.
12. 9.	26. 9.
12. 10.	26. 10.
10. 11.	24. 11.
10. 12.	24. 12.

Vollmond	Neumond
1974	
8. 1.	23. 1.
6. 2.	22. 2.
8. 3.	23. 3.
6. 4.	22. 4.
6. 5.	21. 5.
4. 6.	20. 6.
4. 7.	19. 7.
3. 8.	17. 8.
1. 9.	16. 9.
1. 10.	15. 10.
31. 10.	14. 11.
29. 11.	13. 12.
29. 12.	
1975	
	12. 1.
27. 1.	11. 2.
26. 2.	12. 3.
27. 3.	11. 4.
25. 4.	11. 5.
25. 5.	9. 6.
23. 6.	9. 7.
23. 7.	7. 8.
21. 8.	5. 9.
20. 9.	5. 10.
20. 10.	3. 11.
18. 11.	3. 12.
18. 12.	

Vollmond	Neumond
1976	
	1. 1.
17. 1.	31. 1.
15. 2.	29. 2.
16. 3.	30. 3.
14. 4.	29. 4.
13. 5.	29. 5.
12. 6.	27. 6.
11. 7.	27. 7.
9. 8.	25. 8.
8. 9.	23. 9.
8. 10.	23. 10.
6. 11.	21. 11.
6. 12.	21. 12.
1977	
5. 1.	19. 1.
4. 2.	18. 2.
5. 3.	19. 3.
4. 4.	18. 4.
3. 5.	18. 5.
1. 6.	15. 6.
1. 7.	16. 7.
30. 7.	14. 8.
28. 8.	13. 9.
27. 9.	12. 10.
26. 10.	11. 11.
25. 11.	10. 12.
25. 12.	

Vollmond	Neumond
1978	
	9. 1.
24. 1.	7. 2.
23. 2.	9. 3.
24. 3.	7. 4.
23. 4.	7. 5.
22. 5.	5. 6.
26. 6.	5. 7.
20. 7.	4. 8.
18. 8.	2. 9.
16. 9.	2. 10.
16. 10.	1. 11.
14. 11.	30. 11.
14. 12.	29. 12.
1979	
13. 1.	28. 1.
12. 2.	26. 2.
13. 3.	28. 3.
12. 4.	26. 4.
12. 5.	26. 5.
10. 6.	24. 6.
9. 7.	24. 7.
8. 8.	22. 8.
6. 9.	21. 9.
5. 10.	21. 10.
4. 11.	19. 11.
3. 12.	19. 12.

Vollmond	Neumond
1980	
2. 1.	17. 1.
1. 2.	16. 2.
1. 3.	16. 3.
31. 3.	15. 4.
30. 4.	14. 5.
29. 5.	12. 6.
28. 6.	12. 7.
27. 7.	10. 8.
26. 8.	9. 9.
24. 9.	9. 10.
23. 10.	7. 11.
22. 11.	7. 12.
21. 12.	
1981	
	6. 1.
20. 1.	4. 2.
18. 2.	6. 3.
20. 3.	4. 4.
19. 4.	4. 5.
19. 5.	2. 6.
17. 6.	1. 7.
17. 7.	1. 8.
15. 8.	29. 8.
14. 9.	28. 9.
13. 10.	27. 10.
11. 11.	26. 11.
11. 12.	26. 12.

Vollmond	Neumond
1982	
9. 1.	25. 1.
8. 2.	23. 2.
9. 3.	25. 3.
8. 4.	23. 4.
8. 5.	23. 5.
6. 6.	21. 6.
6. 7.	20. 7.
4. 8.	19. 8.
3. 9.	17. 9.
3. 10.	17. 10.
1. 11.	15. 11.
1. 12.	15. 12.
30. 12.	
1983	
	14. 1.
28. 1.	13. 2.
27. 2.	14. 3.
28. 3.	13. 4.
27. 4.	12. 5.
26. 5.	11. 6.
25. 6.	10. 7.
24. 7.	8. 8.
23. 8.	7. 9.
22. 9.	6. 10.
21. 10.	4. 11.
20. 11.	4. 12.
20. 12.	

Vollmond	Neumond
1984	
	3. 1.
18. 1.	1. 2.
17. 2.	2. 3.
17. 3.	1. 4.
15. 4.	1. 5.
15. 5.	30. 5.
13. 6.	29. 6.
13. 7.	28. 7.
11. 8.	26. 8.
10. 9.	25. 9.
9. 10.	24. 10.
8. 11.	22. 11.
8. 12.	22. 12.
1985	
7. 1.	21. 1.
5. 2.	19. 2.
7. 3.	21. 3.
5. 4.	20. 4.
4. 5.	19. 5.
3. 6.	18. 6.
2. 7.	17. 7.
31. 7.	16. 8.
30. 8.	14. 9.
29. 9.	14. 10.
28. 10.	12. 11.
27. 11.	12. 12.
27. 12.	

Vollmond	Neumond
1986	
	10. 1.
26. 1.	9. 2.
24. 2.	10. 3.
26. 3.	9. 4.
24. 4.	8. 5.
23. 5.	7. 6.
22. 6.	7. 7.
21. 7.	5. 8.
19. 8.	4. 9.
18. 9.	3. 10.
17. 10.	2. 11.
16. 11.	1. 12.
16. 12.	31. 12.
1987	
15. 1.	29. 1.
13. 2.	28. 2.
15. 3.	29. 3.
14. 4.	28. 4.
13. 5.	27. 5.
11. 6.	26. 6.
11. 7.	25. 7.
9. 8.	24. 8.
7. 9.	23. 9.
7. 10.	22. 10.
5. 11.	21. 11.
5. 12.	20. 12.

Vollmond	Neumond
1988	
4. 1.	19. 1.
2. 2.	17. 2.
3. 3.	18. 3.
2. 4.	16. 4.
1. 5.	15. 5.
31. 5.	14. 6.
29. 6.	13. 7.
29. 7.	12. 8.
27. 8.	11. 9.
29. 9.	10. 10.
25. 10.	9. 11.
23. 11.	9. 12.
23. 12.	
1989	
	7. 1.
21. 1.	6. 2.
20. 2.	7. 3.
22. 3.	6. 4.
21. 4.	5. 5.
20. 5.	3. 6.
19. 6.	3. 7.
18. 7.	1. 8.
17. 8.	31. 8.
15. 9.	29. 9.
14. 10.	29. 10.
13. 11.	28. 11.
12. 12.	28. 12.

Vollmond	Neumond
1990	
11. 1.	26. 1.
9. 2.	25. 2.
11. 3.	26. 3.
10. 4.	25. 4.
9. 5.	24. 5.
8. 6.	22. 6.
8. 7.	22. 7.,
6. 8.	20. 8.
5. 9.	19. 9.
4. 10.	18. 10.
2. 11.	17. 11.
2. 12.	17. 12.
31. 12.	
1991	
	15. 1.
30. 1.	14. 2.
28. 2.	16. 3.
30. 3.	14. 4.
28. 4.	14. 5.
29. 5.	12. 6.
27. 6.	11. 7.
26. 7.	10. 8.
25. 8.	8. 9.
23. 9.	7. 10.
23. 10.	6. 11.
21. 11.	6. 12.
21. 12.	

Vollmond	Neumond
1992	
	4. 1.
19. 1.	3. 2.
18. 2.	4. 3.
18. 3.	3. 4.
17. 4.	2. 5.
16. 5.	1. 6.
15. 6.	30. 6.
14. 7.	29. 7.
13. 8.	28. 8.
12. 9.	26. 9.
11. 10.	25. 10.
10. 11.	24. 11.
9. 12.	24. 12.
1993	
8. 1.	22. 1.
6. 2.	21. 2.
8. 3.	23. 3.
6. 4.	21. 4.
6. 5.	21. 5.
4. 6.	20. 6.
3. 7.	19. 7.
2. 8.	17. 8.
1. 9.	16. 9.
30. 9.	15. 10.
30. 10.	13. 11.
29. 11.	13. 12.
28. 12.	

Vollmond	Neumond
1994	
	12. 1.
27. 1.	10. 2.
26. 2.	12. 3.
27. 3.	11. 4.
25. 4.	10. 5.
25. 5.	9. 6.
23. 6.	8. 7.
22. 7.	7. 8.
21. 8.	5. 9.
19. 9.	5. 10.
19. 10.	3. 11.
18. 11.	3. 12.
18. 12.	
1995	
	1. 1.
16. 1.	30. 1.
15. 2.	1. 3.
17. 3.	31. 3.
15. 4.	29. 4.
14. 5.	29. 5.
13. 6.	28. 6.
12. 7.	27. 7.
10. 8.	26. 8.
9. 9.	24. 9.
8. 10.	24. 10.
7. 11.	22. 11.
7. 12.	22. 12.

Vollmond	Neumond
1996	
5. 1.	20. 1.
4. 1.	18. 2.
5. 3.	19. 3.
4. 4.	17. 4.
3. 5.	17. 5.
1. 6.	16. 6.
1. 7.	15. 7.
30. 7.	14. 8.
28. 8.	12. 9.
27. 9.	12. 10.
26. 10.	11. 11.
25. 11.	10. 12.
24. 12.	
1997	
	9. 1.
23. 1.	7. 2.
22. 2.	9. 3.
24. 3.	7. 4.
22. 4.	6. 5.
27. 5.	5. 6.
20. 6.	4. 7.
20. 7.	3. 8.
18. 8.	1. 9.
16. 9.	1. 10.
16. 10.	31. 10.
14. 11.	30. 11.
14. 12.	29. 12.

Vollmond	Neumond
1998	
12. 1.	28. 1.
11. 2.	26. 2.
13. 3.	28. 3.
11. 4.	26. 4.
11. 5.	25. 5.
10. 6.	24. 6.
9. 7.	23. 7.
8. 8.	22. 8.
6. 9.	20. 9.
5. 10.	20. 10.
4. 11.	19. 11.
3. 12.	18. 12.
1999	
2. 1.	17. 1.
31. 1.	16. 2.
2. 3.	17. 3.
31. 3.	16. 4.
30. 4.	15. 5.
30. 5.	13. 6.
28. 6.	13. 7.
28. 7.	11. 8.
26. 8.	9. 9.
25. 9.	9. 10.
24. 10.	8. 11.
23. 11.	7. 12.
22. 12.	

Wie sich Mondphasen auf den Charakter auswirken

Wer im ersten Quartal geboren wurde (also von Neumond bis zunehmendem Halbmond), wird in seinem Lebensstil immer die Frische und den Elan der neu erwachten Mondenergie verspüren. Mit Schwung und Begeisterung geht man an alles heran, neigt aber leicht dazu, vieles anzufangen und nichts zu vollenden.

Zigeuner weissagen, daß Menschen aus diesem Quartal lange leben. Wer am ersten Tag geboren ist, kann sich als Glückskind bezeichnen; auch jeder, der am zweiten Tag auf die Welt kam, ist noch von Glück gesegnet. Der dritte Tag dieses Quartals beschert einflußreiche Freunde, ein Geburtstag am vierten Tag dagegen ein ständiges Auf und Ab. Geburtstagskinder vom fünften und sechsten Tag dieses Quartals haben Probleme mit ihrem Stolz. Und die am siebten Tag Geborenen sollten über alle ihre Wünsche Stillschweigen bewahren. Sonst gehen sie nicht in Erfüllung.

Geburtstagskinder des zweiten Quartals (zunehmender Halbmond bis Vollmond) zeichnen sich durch besondere Zielstrebigkeit aus. Schon in jungen Jahren sind sie deshalb oft erfolgreich; es wird auch immer Menschen geben, die ihnen helfen, die sie unterstützen. Leider handeln sie oft »wie ein Fähnchen im Winde« – so sorgen sie für menschliche Enttäuschungen.

Die Überlieferung der Zigeuner besagt, daß Menschen, deren Mond zur Geburtsstunde im zweiten Quartal stand, es im Leben ganz allgemein besser haben als ihre Vorfahren. Der erstes Tag des Quartals deutet auf Wohlstand hin, der zweite auf ein leichtes, problemloses Leben. Wer am dritten Tag geboren wurde, bekommt viel Geld durch Reisen. Der vierte und fünfte Tag beschert dem Geburtstagskind Charme und Persönlichkeit. Der sechste Tag besagt, daß das Glück leicht zu erreichen ist. Und der siebte Tag zeigt an, daß dieser Mensch stets viele Freunde um sich haben wird.

Menschen, die im dritten Quartal (Vollmond bis abnehmender Halbmond) geboren wurden, bleiben immer auf die Beziehungen zu ihren Mitmenschen angewiesen: Ohne soziale Bindungen (Familie, Freunde, Kollegen) fühlen sie sich nicht wohl. Nur dann sind sie stark und unangreifbar. Die erfolgreichste Zeit dieser Menschen beginnt oft erst in der zweiten Lebenshälfte.

Nach den Weisheiten der Zigeuner haben Geburtstagskinder dieses Quartals zwar immer Probleme, können diese aber durch viel Ausdauer auch stets lösen. Wer am ersten Tag geboren wurde, dem ist Glück und Erfolg beschieden – allerdings nicht in der Heimat, sondern in einem anderen Land, vielleicht sogar einem anderen Kontinent. Der zweite Tag deutet auf Erfolg im Geschäftsleben hin, der dritte auf Erfolge, die auf Intuition beruhen. Am vierten Tag werden all jene geboren, die sich durch besondere Tapferkeit auszeichnen. Wessen Geburtstag auf den fünften Tag dieses Mondquartals fiel, sollte in Geldangelegenheiten viel Vorsicht walten lassen. Und wer am sechsten oder siebten Tag geboren wurde, wird Zeit seines Lebens viel Kraft brauchen.

Wer seinen Geburtstag im vierten Quartal (abnehmender Halbmond bis Neumond) hatte, wird damit beschäftigt sein, Probleme zu lösen, die andere verursacht haben. Deshalb bleibt kaum Zeit für die eigenen Sorgen. Materielles liegt diesen Menschen kaum am Herzen. Sie haben aber oft spät im Leben auf einem gänzlich unvorhersehbaren Gebiet großen Erfolg.

Die Zigeuner sagten allen, die im vierten Mondquartal geboren wurden, voraus, daß Ihnen Liebenswürdigkeit und Aufrichtigkeit in die Wiege gelegt seien. Wer am ersten oder zweiten Tag das Licht der Welt erblickte, ist besonders häuslich. Ein Geburtstag am dritten Tag zeigt Zuverlässigkeit in allen Lebenslagen an. Wer am vierten Tag geboren wurde, ist besonders empfindlich und nimmt sich alles leicht zu Herzen. Der fünfte Tag beschert ein ideales Elternhaus mit allen möglichen Chancen. Der sechste und siebte Tag verschafft dem Geburtstagskind Geld und Ansehen – weil es immer loyal handeln wird.

Als Sonderfälle sind all jene zu betrachten, an deren Geburtstag Voll- oder Neumond herrschte. Der Vollmond-Geborene wird es nicht einfach haben, sein Leben in den Griff zu bekommen. Zwar hat er meist viel Humor und kann Konflikte und Probleme einfach »weglachen«. Der Vollmond weckt Kräfte, die zwischen zwei entgegengesetzten Polen schwanken: einerseits Klarheit im Denken und andererseits innere Zerrissenheit.

Neumond-Geborene gelten als besonders dynamisch und sind voller Energien. Ihnen ist die Gabe zu eigen, alles naiv zu betrachten, vieles impulsiv zu entscheiden. Oftmals ist die Einwirkung des Sonnenzeichens bei Neumond-Geborenen verstärkt, denn Sonne und Mond stehen bei ihrer Geburt im selben Zeichen.

Seltsame Monde am nächtlichen Himmel

Es gibt eine ganze Menge optischer Erscheinungen rund um den Mond, die unseren Vorfahren merkwürdig, ja sogar erschreckend schienen. Sonne und Mond waren ja die beiden wichtigsten Gestirne. Änderte sich an deren Lauf irgend etwas, zeigte sich Ungewöhnliches am Himmel, so war unseren Ahnen klar: Dies mußten göttliche Zeichen sein. Am gravierendsten und unheimlichsten war dabei natürlich eine Sonnen- oder Mondfinsternis.

Die Mondfinsternis

Mondfinsternisse kommen relativ häufig vor: Der Mond verändert dabei seine Farbe – er wird kupfer- oder rostrot. Die astronomische Erklärung für diese Veränderung, die man Eklipse nennt, ist ganz einfach: Der Mond kreuzt in bestimmten Phasen einen von zwei Knotenpunkten auf seiner Bahn um die Erde. Die Umlaufbahn des Mondes im Verhältnis zur Erdumlaufbahn um die Sonne ist leicht geneigt. Die Knotenpunkte sind genau jene Stellen der Umlaufbahn, an denen sich Erd- und Mondbahn überschneiden. Eine Mondfinsternis kann es nicht öfter als viermal im Jahr geben – und das ist äußerst selten. Es kommt auch nur dann zur Verdunklung, wenn Vollmond herrscht. Wandert nämlich der Vollmond in den Schatten, den die von der Sonne beleuchtete Erde in den Weltraum wirft, dann entsteht die Mondfinsternis.

Wer so etwas einmal bewußt beobachten will, findet in nachstehender Tabelle die Daten für die Mondfinsternisse bis zum Jahr 2000.

Mondfinsternisse bis zum Jahr 2010

1996	4. April	00:10
	27. September	02:54
1997	24. März	04:40
	16. September	18:46
1998	13. März	04:22
	8. August	02:25
	6. September	11:10
1999	31. Januar	16:19
	28. Juli	11:33
2000	21. Januar	04:44
	16. Juli	13:56
2001	9. Januar	20:21
	5. Juli	14:56
	30. Dezember	10:29
2002	26. Mai	12:04
	24. Juni	21:28
	20. November	01:46
2003	16. Mai	03:40
	9. November	01:19
2004	4. Mai	20:31
	28. Oktober	03:04
2005	24. April	09:56
	17. Oktober	12:03
2006	14. März	23:48
	7. September	18:51
2007	3. März	23:21
	28. August	10:37
2008	21. Februar	03:26
	16. August	14:38
2009	9. Februar	14:38
	7. Juli	09:39
	31. Dezember	19:23
2010	26. Juni	11:39
	21. Dezember	08:17

Unsere Vorfahren konnten sich diese Erscheinung nicht so wissenschaftlich erklären wie wir heute. Für sie bedeutete eine Mondfinsternis oft Unheil: »Der Mond wird aufgefressen«, war eine der gängigsten »Erklärungen«. Bei den Chinesen war ein Drache der Übeltäter, die Indianer glaubten an einen mondfressenden Hund, die Wikinger an ein Ungeheuer. Oft wollte man den bösen Geist, der den Mond auffraß, mit Lärm vertreiben. Und es klappte: Nach kurzer Zeit schon erstrahlte die Mondscheibe wieder am Himmel.

Wenn der Mond einen Hof hat

Neben einer Mondfinsternis gibt es noch andere optische Erscheinungen, die den Anblick des Mondes verändern. Genaue Beobachtungen überzeugten unsere bäuerlichen Vorfahren, daß sich bei Veränderungen auch das Wetter ändere.

- Ein blauer Mond entsteht, wenn Staubteilchen oder Schmutz in der Erdatmosphäre mehr Licht vom roten Ende des Farbspektrums herausfiltern. Dadurch bekommt der Mond eine blaue oder grünliche Farbe. Das geschah z. B. Ende September 1950 durch den Rauch kanadischer Waldbrände. Auch Vulkanausbrüche verschmutzen die Luft und bescheren uns einen blauen Mond. Man nennt auch Vollmonde, die zweimal in ein und demselben Monat erscheinen, »blaue Monde«. Das geschieht etwa alle zweieinhalb Jahre und natürlich vor allem in Monaten mit 31 Tagen. Niemals kommt es also im Februar zu zwei »blauen Monden«.
- Nebenmonde erscheinen wie ein blasser Schatten direkt neben dem Mond. Sie entstehen durch die Brechung des Mondlichts in kalter, feuchter Luft.
- Der Mondhof ist eigentlich ein blasser Regenbogen. Man

sieht ihn oft als vielfarbigen Ring um den Mond, wenn sein Licht durch Feuchtigkeit in der Erdatmosphäre gebrochen wird.

- Mondsäulen sind eine andere Form des Mondhofes (der übrigens auch Halo genannt wird). Dabei zeigen sich – allerdings wesentlich seltener als der Hof – über und unter dem Mond wellenförmige Lichtbänder. Diese Säulen treten nur dann auf, wenn der Mond bei bestimmten atmosphärischen Bedingungen dicht über dem Horizont steht.

Was die Bauern zum Mondhof wissen

Gerade zum Mondhof oder auch Mondring gibt es viele Bauernregeln:

- Wenn der Mond hat einen Ring,
  folgt der Regen allerdings.
- Gibt Ring oder Hof sich Sonne und Mond,
  bald Regen und Wind uns nicht verschont.
- Ist der Ring nahe Sonne oder Mond,
  uns der Regen verschont,
  ist der Ring aber weit,
  hat er Regen im Geleit.
- Hat der Mond einen Hof,
  gibt es Wind mit Regen oder Schnee.
- Je größer der Hof, desto früher wird's regnen oder schneien.
  Überstrahlt der Mond jedoch den Hof, kommt kein schlechtes Wetter.
- Die offene Seite des Mondhofes zeigt die Richtung an,
  aus der Wind oder Regen kommen werden.
- Steht der Mond in einem Ring,
  kündet das von Sturm.
- Die Zahl der Sterne innerhalb des Rings nennt die Zahl der Tage bis zum Unwetter.

Wie kann man die Kräfte des Mondes im Alltag nutzen?

Willkommen, o silberner Mond
Schöner, stiller Gefährte der Nacht!
(Friedrich Gottlieb Klopstock, 1724–1803)

Von Anbeginn der Zeit sind dem Menschen die Kräfte des Mondes bewußt geworden. Der Mond reguliert unser Leben, unsere Gefühle, viele unserer Körperfunktionen. Und: Er ist der Herrscher der Gezeiten.

Ebbe und Flut

Neben Erdrotation und Anziehungskraft der Sonne sind die Anziehungskräfte des Mondes ausschlaggebend dafür, daß es Ebbe und Flut gibt. Wie das genau vor sich geht?

Der Mond zieht das Wasser nicht in einer geraden Linie von der Erde fort, sondern es bildet sich ein Wasserberg auf der dem Mond zugewandten Erdseite. Ein zweiter solcher »Berg« entsteht auf der gegenüberliegenden Seite – als Ergebnis der Erdbewegung in Verbindung mit den Anziehungskräften zwischen Sonne und Erde. Diese beiden Wasserberge umwandern den Erdball; und außerdem dreht sich unser Globus auch noch um die eigene Achse – so entstehen also Ebbe und Flut.

Die Auswirkung des Mondes auf das irdische Leben und auf die Gezeiten der Ozeane kann jeder beobachten, der schon einmal am Meer Urlaub gemacht hat. Regelmäßig geht das Meer zurück – es herrscht Ebbe. Und ebenso regelmäßig kommt es wieder – bei der Flut. Im Mittelmeer macht das Absinken und Aufbauen der Wasserlinie nicht gar so viel an Zentimetern aus. Es ist ja ein Binnenmeer – ebenso wie die Ostsee. Doch große Ozeane wie der Atlantik oder der Pazifik können zwischen Ebbe und Flut mehrere Meter Wasserspiegel entwickeln. Vor allem dann, wenn Sturm und damit Sturmflut herrscht.

Unsere Vorfahren haben das natürlich auch beobachtet. Ihnen ist es nicht anders gegangen als uns. Und sie entdeckten auch, daß sich bei Vollmond noch ganz andere Kräfte entwickeln: Springfluten etwa entstehen stets nur bei vollem Mond.

Was schon die Druiden wußten

Der erste, der den Einfluß des Mondes auf das menschliche Leben beobachtete und aufzeichnete, war der römische Naturwissenschaftler Plinius der Ältere (33–79 n. Chr.). Seine »Naturgeschichte« zeigt deutlich: Plinius war sicher, daß der Mond »der Stern unseres Lebens« sei.

Plinius hat sicher eine ganze Menge selbst beobachtet; aber vieles in seinem 37bändigen Werk stammt aus Überlieferungen – vor allem von den Druiden. Diese weisen Männer der Kelten richteten sich in allem nach dem Mond. Sie hatten für Aussaat und Ernte feste Mondregeln, ja selbst für den Beginn einer Schlacht oder den Antritt einer Reise war der Stand des Mondes ausschlaggebend.

Aus der französischen Comic-Reihe »Asterix der Gallier« kennt heute jedes Kind den Druiden Methusalix, der mit einer goldenen Sichel Misteln schneidet, um einen Zaubertrank zu brauen, auf den die Krieger seines Dorfes unbesiegbar blieben. Misteln galten den Kelten als heilige Pflanzen, weil sie meist auf Eichen (die ebenfalls heilige Bäume waren) plötzlich wie durch Magie auftauchten. Man benötigte Misteln für Fruchtbarkeitszauber, zur Heilung, für Glück und Gesundheit – und als Schutz gegen Unheil. Plinius hat überliefert: Die keltischen Druiden schnitten Misteln am sechsten Tag nach Neumond mit vergoldeten Bronzesicheln. Auch dieses Werkzeug hat übrigens mit dem Mond zu tun: mit der Mondsichel nämlich. Das Material – Gold – weist auf die Verbindung zur Sonne hin.

Das Wachstum von Mensch, Tier und Pflanzen hing für Plinius untrennbar mit dem Mond zusammen, war ohne ihn undenkbar. Vor allem die Saat- und Ernteregeln, die Plinius (wie Jahrhunderte später Abt Knauer in seinem 100jährigen Kalender auch aus den Überlieferungen der Bauern) übernahm, haben ihre Gültigkeit in vieler Hinsicht bewiesen. Seine Gesundheitsregeln, die eng mit dem Mond zusammenhingen, behielten über viele Generationen hinweg ihre Gültigkeit. Noch unsere Großeltern wußten: Warzen heilen besser ab, wenn man sie zu bestimmten Zeiten behandelt. »Man warte, bis der Mond 20 Tage alt ist, lege sich dann auf einen Fußweg mit dem Gesicht nach oben und schaue den Mond an, um sein Licht zu empfangen. Dann reibe man den Körper überall dort, wo man hinreichen kann.«

Solche Kuren hielten sich – leicht abgewandelt – bis in unsere Zeit hinein. Und immer war dabei das Licht des Mondes unumgänglich: Man sollte die Hände in Mondlicht »waschen« oder reiben.

Heute noch kann man die Tagesplaneten erahnen

Auch der »Erfinder« des 100jährigen Kalenders, der Abt Mauritius Knauer, war überzeugt davon, daß alles Leben und Wachsen auf unserer Erde vom Walten des Himmels und natürlich der Gestirne abhängig ist. Er beobachtete selbst das Wetter und zeichnete alles peinlich genau auf – und stellte fest, daß die uralten Bauernregeln durchaus ihre Gültigkeit hatten (mehr dazu im Kapitel »Der Mond und das Wetter«). Der Mond war dabei als erdnächster »Planet« einer der wichtigsten. Nicht nur die Tierkreiszeichen spielten eine wichtige Rolle. Nach dem Glauben der alten Astrologen ist jeder Tag einem der sieben Planeten gewidmet:

- der Montag dem Mond,
- der Dienstag dem Mars,
- der Mittwoch dem Merkur,
- der Donnerstag dem Jupiter,
- der Freitag der Venus,
- der Samstag dem Saturn und
- der Sonntag der Sonne.

Bei uns galten als Vorlagen für die Namen der Wochentage oft nordische Gottheiten. In den Sprachen unserer romanischen Nachbarn kann man jedoch den planetarischen »Tagesregenten« zum Teil besser erkennen als im Deutschen:

- Montag heißt in Frankreich *lundi,* auf italienisch *lunedi* – und den Mond nennt man in Frankreich *la lune*, in Italien *la luna.*
- Den Dienstag nennt man in Frankreich *mardi,* in Italien *martedi* – ganz klar erkenntlich nach dem Mars.

- Mittwoch heißt auf französisch *mercredi*, auf italienisch *mercoledi* – und weist damit auf den Merkur hin.
- Der Donnerstag wird in Frankreich *jeudi*, in Italien *giovedi:* ein deutlicher Hinweis auf den Jupiter.
- Der Freitag wird auf französisch *vendredi*, in Italien *venerdi* genannt und deutet auf die Venus hin.
- Samstag heißt im englischen *saturday* – dabei fällt Saturn ins Auge.
- Und der Sonntag ist auch im Deutschen noch klar als Tag der Sonne erkenntlich – wie auch im englischen *sunday.*

Woher die christlichen Feste kommen

Die uralten Sitten und Gebräuche – ob von den Kelten oder aus der Urzeit – konnte das Christentum nicht ausmerzen. Weil auch in der Antike bestimmte Feste an den Zyklus des Mondes gebunden waren, übernahm man dies. Auch, um heidnische Bräuche mit christlicher Symbolik zu versehen, zu übertünchen – und so als christlich ins Alltagsleben der Menschen zu übernehmen.

Die christlichen Feiertage beruhen auf zwölf heidnischen heiligen Tagen. Durch den Sonnenkalender wurden sie um zwölf Stunden »versetzt« – und waren fortan verfemt. Lange Zeit jedoch – eigentlich bis heute – feierte man viele der alten Feiertage eben einfach am Vorabend des christlichen Festes. Daraus entstanden z. B. die sogenannten teuflischen Riten in der Nacht zum 1. Mai, die Mittsommernacht, das englische Lammasfest und auch unser Heiligabend, der aus dem heidnischen Julfest hervorgegangen ist. Die Nacht vor dem 1. Mai ist noch heute die Walpurgisnacht der Hexen, die »Freinacht«, in der in vielen dörflichen Gemeinden Schabernack und Unfug getrieben wird – ja, offiziell getrieben werden darf. Ursprünglich jedoch war Beltane – so der alte keltische Name der Walpurgisnacht – ein Fest zur Eröffnung des fröhlichen Mai mit all seiner sexuellen Freiheit und dem »Grüntragen« zu Ehren des neuen Frühlingsgewandes der Mutter Erde. Kein Wunder, daß dies der christlichen Kirche mißfiel! Der Mittsommerabend verschmolz mit dem christlichen Johannistag, Lammas Eve (ein Erntefest am 1. August) war ein großer Hexensabbat, der aus dem Fest der großen Kornmutter hervorgegangen ist. Halloween (der Abend vor Allerheiligen am 1. November) war bei den Kelten das Fest der Toten (»Samhain«), bei dem die Ahnen aus ihren Feenhügeln hervorkamen; die Christen nannten sie dann »Dämonen«, die die Festlichkeiten der Hexen besuchten.

Ostern richtet sich nach dem Mond

Heute noch richten wir uns übrigens in den christlichen Feiertagen nach dem Mondkalender. Die beweglichen Kirchenfeiertage werden am Mond ausgerichtet: Ostern wird immer an dem Sonntag gefeiert, der dem ersten Frühlingsmond folgt. Es kann also niemals vor dem 22. März und niemals nach dem 25. April stattfinden. Auch andere Feiertage des kirchlichen Jahres hängen von Ostern ab: Der Karfreitag ist stets der Freitag – also zwei Tage – vor Ostern; Christi Himmelfahrt findet 40 Tage nach Ostern statt, Pfingsten 50 Tage nach Ostern und Fronleichnam 61 Tage nach Ostern.

Die mondabhängigen Feiertage bis zum Jahr 2000

Jahr	Karfreitag	Ostern	Himmelfahrt	Pfingsten	Fronleichnam
1996	5.4.	7.4.	16.5.	26.5.	6.6.
1997	28.3.	30.3.	8.5.	18.5.	29.5.
1998	10.4.	12.4.	21.5.	31.5.	11.6.
1999	2.4.	4.4.	13.5.	23.5.	3.6.
2000	21.4.	23.4.	1.6.	11.6.	22.6.

Der Tag im Rhythmus des Mondes

Auch die einzelnen Stunden des Tages unterstehen jeweils einem Planeten:

Die Stundenregenten

	Sonntag	Montag	Dienstag	Mittw.	Donnerst.	Freitag	Samstag
Tages-regent	Sonne	Mond	Mars	Merkur	Jupiter	Venus	Saturn
6–7	Sonne	Mond	Mars	Merkur	Jupiter	Venus	Saturn
7–8	Venus	Saturn	Sonne	Mond	Mars	Merkur	Jupiter
8–9	Merkur	Jupiter	Venus	Saturn	Sonne	Mond	Mars
9–10	Mond	Mars	Merkur	Jupiter	Venus	Saturn	Sonne
10–11	Saturn	Sonne	Mond	Mars	Merkur	Jupiter	Venus
11–12	Jupiter	Venus	Saturn	Sonne	Mond	Mars	Merkur
12–13	Mars	Merkur	Jupiter	Venus	Saturn	Sonne	Mond
13–14	Sonne	Mond	Mars	Merkur	Jupiter	Venus	Saturn
14–15	Venus	Saturn	Sonne	Mond	Mars	Merkur	Jupiter
15–16	Merkur	Jupiter	Venus	Saturn	Sonne	Mond	Mars
16–17	Mond	Mars	Merkur	Jupiter	Venus	Saturn	Sonne
17–18	Saturn	Sonne	Mond	Mars	Merkur	Jupiter	Venus
18–19	Jupiter	Venus	Saturn	Sonne	Mond	Mars	Merkur
19–20	Mars	Merkur	Jupiter	Venus	Saturn	Sonne	Mond
20–21	Sonne	Mond	Mars	Merkur	Jupiter	Venus	Saturn
21–22	Venus	Saturn	Sonne	Mond	Mars	Merkur	Jupiter
22–23	Merkur	Jupiter	Venus	Saturn	Sonne	Mond	Mars
23–24	Mond	Mars	Merkur	Jupiter	Venus	Saturn	Sonne
0–1	Saturn	Sonne	Mond	Mars	Merkur	Jupiter	Venus
1–2	Jupiter	Venus	Saturn	Sonne	Mond	Mars	Merkur
2–3	Mars	Merkur	Jupiter	Venus	Saturn	Sonne	Mond
3–4	Sonne	Mond	Mars	Merkur	Jupiter	Venus	Saturn
4–5	Venus	Saturn	Sonne	Mond	Mars	Merkur	Jupiter
5–6	Merkur	Jupiter	Venus	Saturn	Sonne	Mond	Mars

Neben den Stundenregenten der einzelnen Wochentage gibt es sogenannte magische Stunden nach Sonnenaufgang und Sonnenuntergang. Natürlich geht die Überlieferung dabei nicht genau nach der Uhrzeit. Man teilte den Tag früher nicht in Arbeitszeit und Freizeit ein, sondern richtete sich nach der Regel:

- Von Sonnenaufgang bis Sonnenuntergang war Tag;
- von Sonnenuntergang bis Sonnenaufgang herrschte Nacht.

Als magische Stunden nach Sonnenaufgang gelten:

- am Sonntag die vierte und elfte Stunde;
- am Montag die erste und achte Stunde;
- am Dienstag die fünfte und zwölfte Stunde;
- am Mittwoch die zweite und neunte Stunde;
- am Donnerstag die sechste Stunde;
- am Freitag die dritte und zehnte Stunde und
- am Samstag die siebte Stunde.

Als magische Stunden nach Sonnenuntergang gelten:

- Am Sonntag die sechste Stunde;
- am Montag die dritte und zehnte Stunde;
- am Dienstag die siebte Stunde;
- am Mittwoch die vierte und elfte Stunde;
- am Donnerstag die erste und achte Stunde;
- am Freitag die fünfte und zwölfte Stunde und
- am Samstag die zweite und neunte Stunde.

Nur zu diesen Stunden sollte man magische Mondrituale durchführen (mehr darüber im ersten Kapitel).

Gefühl entwickeln für den Mond

Wir haben es verlernt, im Einklang mit der Natur und dem Universum zu leben – leider. Sonst fiele uns so manches leichter: wenn wir nicht gegen den Mond leben würden, der unser Leben doch so entscheidend beeinflußt, sondern mit dem Mond, mit seinem Zyklus, auch mit den Tierkreiszeichen, in denen er jeweils steht. Der Mond wandert ja etwa alle zweieinhalb Tage in ein neues Zeichen, und es kommt ganz auf Sie an, was Sie daraus machen.

Natürlich können Sie nicht von heute auf morgen beginnen, Ihr Leben, Ihren Beruf, den Haushalt, die Familie total auf den Mond auszurichten. Aber Sie können versuchen, sich zunächst einmal an die »großen« Mondphasen – also Neumond, Halbmond, Vollmond – zu halten. So werden Sie gewiß keine Diät bei Vollmond beginnen (mehr zum Thema Ernährung und Diäten im Zusammenhang mit den Mondphasen erfahren Sie aus dem Buch »Die Monddiät« [08/5036], das von derselben Autorin ebenfalls im Heyne Verlag erschienen ist).

Schauen Sie wieder mal genauer hin. Natürlich werden Sie sich zunächst nach einem Kalender richten müssen. Oder Sie haben vielleicht sogar eine Uhr, an der Sie die Mondphasen ablesen können. Sie müssen jedoch stets nachschlagen, wenn Sie wissen wollen, in welchem Zeichen des Tierkreises der Mond gerade steht. Diese finden Sie in der großen Tabelle auf den Seiten 42 – 107. Man kennt übrigens keine schlechten oder guten Mondzeichen: Es gibt für Sie persönlich immer nur gute und weniger gute Möglichkeiten. Wenn Sie aber wissen, welche Zeichen für welche Tätigkeit geeignet und weniger geeignet sind, können Sie sich darauf einstellen: Vielleicht also an einem weniger geeigneten Tag keinen Kraftakt unternehmen, nichts erzwingen wollen, sondern die Angelegenheit – wenn möglich – auf einen Tag verschieben, an dem der Mond für Sie günstiger steht.

Fürs erste reicht es aber auch einmal aus, wenn Sie sich nicht gleich mit dem Mond in den verschiedenen Tierkreiszeichen befassen, sondern die Sache langsam angehen: mit den einzelnen Phasen des Mondes nämlich.

Wie Sie sich an den Mondphasen ausrichten

Ganz grundsätzlich gilt: Der zunehmende Mond (also die Zeit zwischen Neumond bis zum Vollmond) ist eine Zeit der Aufnahme. Jetzt sollte man dem Körper alles zukommen lassen, was ihn aufbaut und regeneriert.

- Neumond ist der beste Zeitpunkt, um Diäten oder Fastenkuren anzufangen. Oder auch mit dem Rauchen aufzuhören. Wer umzieht, wer ein neues Projekt im Berufsleben beginnt, wer wichtige Angelegenheiten regeln und durchsetzen möchte, sollte sich ebenfalls an den Neumond halten.
- In der zunehmenden Mondphase spricht Ihr Körper besonders gut auf Aufbau- oder Kräftigungskuren an. Wer regelmäßig zur Kosmetikerin geht, sollte einen Termin in dieser Phase vereinbaren: Jetzt wirkt die Behandlung besonders intensiv. Wer schwierige Verhandlungen führen muß, wer sich in Gesprächen deutlich von anderen abgrenzen möchte, sollte dies jetzt bei zunehmendem Mond tun. Ebenfalls günstig ist diese Phase für alle, die einen Hausbau planen, die einen Kaufvertrag unterschreiben, Geld gewinnbringend anlegen oder ein Studium, eine Fortbildung beginnen oder eine Prüfung ablegen.

- Der Halbmond im zunehmenden Mond ist gut für alle körperlichen Leistungen, z. B. im Sport, und fürs Seelenleben, wenn man problematische Angelegenheiten bereinigen will, wenn man feste Abmachungen treffen möchte, wenn man kreative Arbeit verrichtet.
- Kurz vor Vollmond ergänzen sich Mond und Sonne aufs beste. Jetzt haben Sie keinerlei Probleme, sich durchzusetzen, klärende Gespräche zu führen, neue Kontakte zu erhalten. Wer sich um eine Gehaltserhöhung bemüht, sollte diesen Zeitpunkt für das Gespräch mit dem Chef wählen. Für Bewerbungen und Vorstellungsgespräche ist jetzt die optimale Zeit.
- Der Vollmond sorgt dafür, daß einem plötzlich alles in klarem Licht erscheint. Da kann es natürlich zur Ausschreitungen kommen: Gefühle lassen sich nicht mehr kontrollieren. Wunden bluten stärker, es gibt mehr Geburten. Schlafstörungen sind keine Seltenheit. Die Kräfte des Mondes sind jetzt am deutlichsten zu spüren.

Der abnehmende Mond (die Zeitspanne zwischen Vollmond und Neumond) ist die Phase, in der Sie sich von allem Ballast befreien sollten: ganz gleich, ob es sich um körperliche oder seelische Probleme handelt.

- Der abnehmende Mond trifft Sonne und Mond in einem harmonischen Winkel an. Hilfsbereitschaft wird nun großgeschrieben, man steckt gerne zugunsten anderer zurück. Im Haushalt ist's jetzt die beste Zeit für Renovierungen, für Verschönerungen. Wer also neu tapezieren oder ausmalen will, sollte sich diese Mondphase aussuchen. Sie sind jetzt außerdem besonders aufnahmefähig für musische und kulturelle Dinge, zeigen Verständnis für die Probleme anderer. Deshalb ist der abnehmende Mond optimal dafür, Schwierigkeiten im zwischenmenschlichen Bereich aus dem Weg zu räumen.

- Der Halbmond im abnehmenden Mond bewirkt oft Krisen: Sie reagieren empfindlich, wie eine Mimose, auf die oft gar nicht böse gemeinten Bemerkungen anderer. Jetzt ist die Zeit für Besinnung, für Meditation, übrigens auch für Operationen. Beruflich ist es günstig, nun Dinge zu erledigen, die besonders viel Geduld oder Aufmerksamkeit benötigen.
- Der abnehmende Mond kurz vor Neumond stärkt Ihre Intuition. Sonne und Mond stehen am Himmel wieder nahe beisammen: In dieser Zeit findet man wieder zu sich selbst, schaut nach innen, bewertet sich und seine Arbeit. Konflikte lassen sich jetzt gut lösen – wer z. B. eine Scheidung oder Trennung von seinem Partner anstrebt, sollte sich nun beim Anwalt beraten lassen. Sie werden dann eher eine gütliche Vereinbarung treffen können als zu jedem anderen Zeitpunkt.
- Bei Neumond sehen wir keinen Mond am Himmel – er bleibt unseren Blicken für fast zwei Tage verborgen. Damit beginnt der Zyklus des Mondes aufs neue. Jetzt ist man zukunftsorientiert, denkt viel nach – der beste Zeitpunkt, um Entschlüsse zu fassen.

Im großen und ganzen können Sie sich zunächst einmal an folgende Faustregel halten:

- Der zunehmende Mond bedeutet wachsende Energie und Kraft.
- Der abnehmende Mond bedeutet allmählich nachlassende Energie, Erholung und schöpferische Pause.

Diese Faustregel können Sie bei all Ihren Tätigkeiten anwenden: im Beruf genauso wie im Privatleben, in der Familie, im Umgang mit Freunden und Kollegen, bei der Ernährung, bei Krankheit wie bei Gesundheit, bei der Pflege von Garten und Balkon – und natürlich auch im Haushalt.

Der Mond hilft im Haushalt

O sähst du, voller Mondenschein,
Zum letzten Mal auf meine Pein!
(Goethe, Faust)

Hausarbeit ist in unserer Zeit, wo viele Frauen unter der Doppelbelastung in Beruf und Familie zu leiden haben, wahrlich oft eine Pein. Eine ungeliebte Arbeit, die meist keinen Spaß macht, die häufig lästig ist. Dabei kann man sich natürlich auch bei der ganz alltäglichen Haushaltsarbeit nach dem Mond richten – und sich damit vieles erleichtern.

An so vieles erinnern wir uns nicht mehr

In unserer Zeit ist so manches in Vergessenheit geraten: nicht nur das althergebrachte Wissen um die Zusammenhänge in der Natur. Auch ganz banale Dinge, die unseren Großeltern und Eltern selbstverständlich waren, sind uns selbst heute keineswegs mehr ganz klar. Wir glauben zwar nicht gerade, daß die Milch aus der Tüte im Supermarkt kommt; aber könnten wir eine Kuh melken? Wir wissen, daß Äpfel aus dem eigenen Garten oder vom Biobauern besser und gesünder sind; trotzdem greifen wir im Lebensmittelladen doch lieber zu den prächtig aussehenden, rotwangigen Früchten, die leider oft nach gar nichts schmecken.

Unsere Kinder, vor allem wenn sie in der Stadt leben und nicht auf dem Land in einem Dorf aufwachsen, sind mit der Erkenntnis um alltägliche Dinge noch viel schlimmer dran: Sie wissen oft überhaupt nicht mehr, wie das »richtige Leben« aussieht. Nur ein Beispiel mag dies verdeutlichen:

Untersuchungen in Kindergärten haben gezeigt, daß viele Kleinkinder der festen Überzeugung sind, Kühe seien lila – das wissen sie schließlich aus der Fernsehwerbung.

Genauso geht es Kindern und auch uns »Großen« mit vielen anderen Dingen des täglichen Lebens: Wir sind's gewohnt, den Lichtschalter anzuknipsen, wenn's draußen dunkel wird. Ein Leben ohne elektrischen Strom – das kann sich in unseren westlichen Industrienationen keiner mehr vorstellen. Überhaupt: Ohne Elektrizität sind wir in fast allen täglichen Verrichtungen regelrecht »aufgeschmissen«. Das merken wir spätestens dann, wenn mal – selten genug! – ein Stromausfall vorkommt.

Wir trauern vergangenen Zeiten nach: »In der guten alten Zeit« – ja, da war das alles anders (und besser!?). Unsere Großeltern mußten sich ohne Strom und modernste Technik behelfen können. Sie schnitten die Brotscheiben mit dem Messer »von Hand« und griffen nicht zum abgepackten, vorgeschnittenen Brot oder zur Schneidemaschine. Den Morgenkaffee mahlte man in einer altmodischen Mühle – und drückte nicht nur aufs Knöpfchen oder nahm sich das fertig gemahlene Pulver einfach aus dem Instantkaffee-Glas. Brot röstete man auf der Herdplatte, nicht im Toaster. Dickmilch machte man selbst, indem man die gute Kuhmilch einfach »stöckeln« ließ. Mit Milch aus dem Supermarkt, selbst wenn »frische Vollmilch« draufsteht und es keine fettarme H-Milch ist, geht das einfach nicht mehr. Denn die Milch ist pasteurisiert und wärmebehandelt und enthält deshalb nicht mehr jene natürlichen Stoffe, die das »Milchstöckeln« ermöglicht haben.

Die Mondphasen für die Haushaltsarbeit

Es macht gar nicht soviel Mühe, sich wieder auf die alten Zeiten zu besinnen. Auch heutzutage, trotz all dem Streß und all der Technik, kann man nach den alten Regeln leben, die uns seit Generationen überliefert worden sind. Der Mond spielt dabei – wenn man im Einklang mit der Natur leben möchte – natürlich eine wichtige Rolle. Im Haushalt helfen die Kräfte des Mondes nämlich genauso weiter wie in allen anderen Bereichen des Lebens. Wie sich die Mondphasen auf das irdische Leben auswirken, haben Sie bereits in den vorhergehenden Kapiteln gelesen. Auf die Arbeit im Haushalt bezogen, stellt sich der Einfluß des Mondes ganz genauso dar.

Wie stets, halten Sie sich zunächst einmal an die vier Quartale des Mondes:

- Neumond bis zunehmender Viertelmond
- zunehmender Halbmond bis Vollmond
- Vollmond bis abnehmender Halbmond
- abnehmender Halbmond bis Neumond

> Als grobe Faustregel für alle Haushaltsarbeit können Sie sich sogar nur an zwei Mondphasen halten: den zunehmenden und den abnehmenden Mond.

Wann die Hausarbeit leicht fällt

Wenn Sie eine erfahrene Hausfrau (oder ein Hausmann) sind, werden Sie wissen: Manchmal geht Ihnen die Hausarbeit leicht, geradezu spielend von der Hand. An anderen Tagen jedoch beginnen Sie schon widerwillig die Arbeit, es gelingt Ihnen nichts so recht – und Sie merken: ›Heute wird das einfach nichts!‹ Machen Sie sich die kleine Mühe – und achten Sie einmal auf die Phasen des Mondes. Sie werden rasch erkennen: Hausarbeiten, die mit Putzen und Reinigen zu tun haben, verrichtet man leichter bei abnehmendem Mond. Bei zunehmendem Mond dagegen sollten Sie z. B. einkochen oder einlagern. Ebenfalls gut von der Hand gehen in diesen Mondphasen alle Arbeiten, die mit Säen, Anpflanzen und Düngen zu tun haben (davon später im letzten Kapitel mehr!).

Umweltschutz »geht mit dem Mond«

Nun können Sie natürlich nicht jeweils einen halben Monat warten, um alltäglich nötige Reinigungsarbeiten im Haushalt zu erledigen. Aber vielleicht können Sie größere Arbeiten dieser Art künftig einfach besser planen: den großen Hausputz, die Gardinenwäsche, die Reinigung der Fenster und Jalousien – diese Aufgaben gehören ja nicht zur alltäglichen Reinigung, sondern finden nur ein paarmal im Jahr statt. Und da sollten Sie sich die Kräfte des Mondes sichern. Wichtig dabei ist selbstverständlich auch, daß Sie mit möglichst schonenden, umweltfreundlichen Putz- und Waschmitteln arbeiten. Auch hier sollte man sich wieder auf »die gute alte Zeit« zurückbesinnen. So manches aus Omas Wissensschatz war nämlich gar nicht so altmodisch und unnütz wie wir glauben. Besser ist's allemal, mit sanften Methoden vorzugehen als mit scharfen Putzmitteln, die unserer Umwelt schaden. Im Einklang mit der Natur leben, auf die Phasen des Mondes achten – das kann man gewiß nur dann erfolgreich tun, wenn man von modern-aggressiven Methoden abrückt und sich wieder auf Natürliches besinnt. Vielleicht ist der Erfolg nicht von heute auf morgen, nicht sofort zu erkennen. Aber Sie werden feststellen: Schnelle Wirksamkeit hat oft nur vorübergehenden Erfolg. Auf lange Sicht ist es meist besser, mit schonend-sanften Methoden dasselbe Ziel zu erreichen.

Wichtig für alle Arbeiten: In welchem Zeichen steht der Mond?

In der umfangreichen Tabelle auf den Seiten 42 – 107 können Sie ablesen, an welchem Tag der Mond in welches Tierkreiszeichen wandert. Auch das ist nämlich von Bedeutung. Die zwölf Sternzeichen werden ja bekanntlich den alten vier Elementen zugeordnet:

- Wasserzeichen sind danach Fische, Krebs und Skorpion.
- Erdzeichen sind Jungfrau, Stier und Steinbock.
- Luftzeichen sind Zwillinge, Waage und Wassermann.
- Feuerzeichen sind Löwe, Schütze und Widder.

Waschen und putzen

Ein ganz einfacher Test wird's Ihnen beweisen: Legen Sie ein verschmutztes Wäschestück bei abnehmendem Mond in ein mit Wasser gefülltes Waschbecken und fügen Sie Waschmittel hinzu. Der Schmutz wird sich lösen. Wenn Sie das gleiche bei zunehmendem Mond tun, werden Sie bemerken, daß der Schmutz am Kleidungsstück haften bleibt. Mit einem Blick auf die Waschlauge können Sie erkennen: Bleibt die Lauge sauber, steht der Mond in der zunehmenden Phase – und der Schmutz löst sich nur sehr schwer aus der Wäsche. Ist die Lauge jedoch trüb und verschmutzt, so nimmt der Mond gerade ab – und Ihr Wäschestück wird ohne Rubbeln und Reiben sauber.

Wer an Wasserzeichen-Tagen seine Kleidung wäscht oder sonstige Putzarbeiten verrichtet und dabei auch noch auf den abnehmenden Mond achtet, wird stets saubere und frische Wäsche haben. Auch hartnäckige Flecken lösen sich leichter.

Unser kleines Flecken-Abc soll Ihnen alte Hausmittel zusammenfassen, mit denen schon unsere Großmütter erfolgreich Flecken entfernten (und dies gewiß schonender als mit allen scharfen, chemischen Mitteln).

Kleines Flecken-Abc

- Alkohol bekommt man in der Apotheke. Zusammen mit Weinsteinsäure entfernt er hartnäckige Tintenflecke.
- Borax ist ein mildes Bleich- und Reinigungsmittel, das Sie in Apotheken und Drogerien erhalten. Flecken in hellen Stoffen kann man damit gut zu Leibe rücken.
- Brot entfernt Ruß und Staub, ohne daß der Fleck verwischt wird. Am besten nehmen Sie weiche Brot und reiben sanft über den Fleck. Großen Erfolg hat man damit auf empfindlichen Stoffen wie Samt und Seide.
- Butter kann man leicht wieder entfernen, deshalb ist sie das ideale Mittel, um hartnäckige Fett- oder Teerflecken aufzuweichen.
- Buttermilch oder saure Milch nimmt man als Einweichmittel für Obst- und Farbflecken. Ausgespült wird dann mit kaltem oder lauwarmem und danach heißem Wasser.
- Efeublättter sammelte man früher als billiges Woll- und Feinwaschmittel. Der Absud gekochter Efeublätter reinigt schonend und mild.
- Eigelb trägt man allein oder zusammen mit Glyzerin auf alte Flecken in empfindlichen Stoffen auf. Eine halbe Stunde (mindestens!) einwirken lassen und dann mit kaltem Wasser ausspülen.

- Erdbeeren verwendet man – wie übrigens auch Rhabarbersaft – als Fleckenmittel gegen Tintenflecken.
- Essig ist vielseitig verwendbar: Bunte Farben werden frischer, sie »laufen« auch nicht mehr aus. Essig wird einfach dem Spülwasser zugegeben. Essig ist auch ein gutes Mittel, um Messing zu polieren: Mischen Sie gleiche Teile von Mehl und Salz mit etwas Essig, und tragen Sie diese Paste bei abnehmenden Mond auf. Kurz einwirken lassen und dann trockenreiben. Auch Kupfer wird durch Essig wieder wie neu: Essig erhitzen und mit Salz verrühren. Das Kupfer damit putzen und dann gut trockenreiben – natürlich ebenfalls bei abnehmendem Mond.
- Eukalyptusöl weicht alte oder feste Flecken wie z. B. Teer gut auf. Die zurückbleibenden Ölränder entfernt man dann mit Alkohol. Man bekommt das Öl in Apotheken und Drogerien.
- Frost ist ein wirksames und dabei kostenloses Bleichmittel. Hängen Sie robuste Leinen- und Baumwollstoffe im Winter so lange draußen auf, bis sie steif gefroren sind. Dann drinnen wieder auftauen und trocknen lassen.
- Glyzerin verwendet man ähnlich wie Eukalyptusöl zum Einweichen alter Flecken. Zusammen mit Eigelb aufgetragen, ist es noch wirksamer. Man bekommt Glyzerin in Drogerien.
- Hafermehl, Roggenmehl und Maismehl streut man sofort auf Fettflecken, damit sich diese nicht im Stoff festsetzen.
- Hirschhornsalz eignet sich gut als Putzmittel für Leder und auch zum Entfernen für Fettflecken.
- Holzasche ist ebenfalls ein gutes Gegenmittel bei Fettflecken. Man füllt sie am besten in Säckchen und reibt damit dann den Fleck vorsichtig aus.
- Kartoffeln bzw. das ungesalzene Kochwasser ist ein gutes Fleckenmittel für Wolle und Seide. Rohe Kartoffeln verwendet man gegen Jodflecken.
- Kölnisch Wasser hilft gegen Fettflecke.

- Kristallsoda lösen Sie in Wasser auf und verwenden dies dann als Einweichmittel für sehr stark verschmutzte, strapazierfähige Wäschestücke. Diese Lauge ist sehr scharf – deshalb nur in wirklich hartnäckigen Fällen benutzen.
- Maisstärke kann man – wie auch Kartoffelmehl – auf frische Flecken streuen.
- Milch, vor allem saure Milch, verwendet man zum Einweichen von Obstflecken. Frische Vorzugsmilch eignet sich am besten für die Fleckentfernung.
- Molke ist das Allheilmittel gegen Eiweißflecken.
- Natron kann man – wie Kartoffelmehl – als saugendes Mittel auf ölige Flecken streuen. Es wirkt auch geruchsbindend.
- Rhabarbersaft enthält Oxalsäure – ein Mittel, daß sehr gut gegen Flecken wirkt. Rhabarbersaft reinigt sanft.
- Roggenmehl verwendet man wie Hafermehl.
- Salmiakgeist ist ein sehr scharfes Mittel, das Sie nur selten anwenden sollten. Gut wirkt es z. B. als Silberputzmittel bei abnehmendem Mond: An einem Lufttag (Zwilling, Wassermann, Waage) das Silber mit verdünntem Salmiakgeist putzen und dann mit Kreide nachpolieren.
- Salz, in Weingeist aufgelöst, ist ein vielseitiges Fleckenwasser. Trockenes Salz saugt Fett-, Rotwein- und Rußflecken auf. Salz, auf einen feuchten Lappen gegeben, reinigt zartes Porzellan von Teeflecken, aber auch von Lippenstift- und Kaffeerückständen – am besten bei abnehmendem Mond.
- Sand füllt man in ein Leinensäckchen ab. Damit tupft man auf Fettflecken in empfindlichen Stoffen – der Sand saugt sie dann auf.
- Schlämmkreide wird auch Wiener Kalk genannt. Sie saugt Flecken auf – ähnlich wie Ton oder Kartoffelmehl.
- Seife gibt es gegen Flecken in Form von Gallseife, Marseillerseife oder Terpentinseife.
- Schmalz kann man wie Butter gegen hartnäckigste Fettflecken verwenden.

- Spiritus ist ein Allheilmittel gegen Flecken: Fette, Harze, Seifenrückstände – selbst bei empfindlichen Stoffen – lösen sich mit Spiritus. Sogar Gummi und Gummistoffe vertragen dieses Mittel. Vorsicht: Sie dürfen aber keinen Brennspiritus zur Fleckentfernung benutzen. Seifensspiritus kann man dann nehmen, wenn das Wäschestück nachher gewaschen oder abgewischt wird. Reinen Spiritus und auch Seifenspiritus bekommen Sie in Drogerien und Apotheken.
- Die Sonne hilft gegen die meisten Obstflecken. Wer Salz oder Zitronensaft als Bleichmittel verwendet, weiß, daß Sonneneinstrahlung die Bleichwirkung erhöht.
- Speichel hilft ebenfalls gegen viele Flecken, denn er enthält Enzyme, die flecklösend wirken können.
- Talkpuder sollte man sofort auf Fettflecken auftragen, dann lassen sie sich leichter auswaschen.
- Terpentingeist und Terpentinöl sind gute Fleckenmittel, die Sie in Drogerien bekommen. Terpentingeist löst vor allem hartnäckige Flecken (Ölfarbe, Harz, Pech). Sie sollten aber eine Probe an einer verdeckten Stelle des Stoffs machen, denn Terpentinöl greift Farben an. Terpentinöl weicht alte Flecken auf strapazierfähigen Stoffen auf. Zurückbleibende Ölränder entfernen Sie am besten mit Spiritus oder Alkohol.
- Tomatensaft löst Tintenflecken auf sanfte Art und Weise.
- Weinsteinsäure entfernt Obst-, Tinten- und Pflanzenfarbenflecken. Man bekommt sie in Apotheken.
- Weiße Bohnen sollte man mahlen oder in Wasser (ohne Salz!) kochen. Sie wirken hervorragend auf empfindlichen Stoffen gegen hartnäckige Rotwein- oder Obstflecken.
- Zitronensaft wirkt sanfter als Zitronensäure. Tintenflecken lassen sich schnell entfernen, wenn man sie mit Zitronensaft behandelt und das Kleidungsstück dann in die Sonne legt. Zitronensaft wirkt sogar gegen Obstflecke auf den

Händen – etwa wenn Sie Kirschen für einen Kuchen entsteint haben.

- Zwiebelsaft wirkt bestens gegen Brandflecken.

Es wird immer Flecken geben, die Sie selbst beim besten Willen nicht entfernen können. Dann müssen Sie Ihre Kleidung zur chemischen Reinigung gehen. Auch dies sollten Sie nach Möglichkeit nur bei abnehmender Mondphase tun. Einen Tag mit dem Zeichen Steinbock sollten Sie dabei vermeiden – das zeigen Überlieferungen. Denn dann entsteht auf dem Kleidungsstück der gefürchtete »Glanz«. Wer seine Sommer- und Winterkleidung regelmäßig für ein halbes Jahr »einmottet«, sollte ebenfalls auf den Mond achten. Im Frühjahr und Herbst sollten Sie dafür einen Lufttag (Zwillinge, Waage, Wassermann) wählen.

Wer bei abnehmendem Mond wäscht und dann die Kleider einlagert, wird selten Motten im Kleiderschrank haben. Wer dagegen bei aufsteigenden Mond, an Erdtagen (Steinbock, Jungfrau, Stier) die Garderobe »einmottet«, muß mit unangenehmen Gerüchen rechnen; an Wassertagen (Fische, Krebs, Skorpion) eingelagerte Kleidung wird sogar oft feucht.

Holzböden, Fenster und Glas

Sie haben zu Hause ein echten Holzparkettboden? Das erfordert viel Pflege, selbst dann, wenn der Boden versiegelt ist. Arbeiten mit Holz (siehe auch »Der Mond und das Wetter«) erfordern sowieso gewisse Regeln. Das gilt natürlich auch für die Holzfußböden im Wohnbereich: Bei zunehmendem Mond und in einem Wasserzeichen (Fische, Krebs, Skorpion) feucht gewischt, dringt das Wasser leichter in etwaig vorhandene Ritzen ein. Das Holz kann sich verziehen und sogar faulen.

Feucht wischen sollten Sie deshalb alle Holzböden nur bei abnehmendem Mond. Läßt es sich gar nicht anders machen, so wählen Sie bei zunehmendem Mond wenigstens einen Tag aus, an dem unser Trabant in einem Luftzeichen (Zwillinge, Waage und Wassermann) steht.

Jeder, der Fenster putzt, weiß: Manchmal gibt's Schlieren, manchmal glänzen die Scheiben wie durch ein Wunder gleich nach dem Putzen. Auch beim Fensterputzen gilt natürlich: Achten Sie auf den Mond. In der abnehmenden Phase putzen, am besten auch noch auf einen Tag achten, an dem der Mond in einem Luftzeichen (Zwillinge, Waage, Wassermann) steht – dann geht nichts schief. Ein kleiner Schuß Spiritus im Waschwasser sorgt für streifen- und schlierenfreie Scheiben. Wer stark verschmutze Fensterrahmen reinigen möchte, sollte übrigens auf einen Wassertag (Fische, Krebs, Skorpion) warten.

Denselben Trick können Sie auch beim verschmutzten Fernsehschirm anwenden, ja sogar beim Bildschirm des Computers.

Selbst den großen Hausputz, der bei vielen Hausfrauen stets im Frühjahr stattfindet, sollte man auf einen Zeitpunkt verlegen, an dem der Mond günstig steht: Stöbern, Lüften und Putzen beginnen Sie an einem Lufttag (Zwillinge, Waage, Wassermann) im abnehmenden Mond. Das sollten Sie übrigens auch beachten, wenn Sie Matratzen lüften. Gut sind dafür auch Feuertage (Löwe, Schütze, Widder). Schlecht ist das Lüften der Matratzen an Wassertagen: Es zieht die Feuchtigkeit an.

Auf Lufttage folgen im Frühjahr immer Wassertage (Fische, Krebs, Skorpion): ideal also für alle Arbeiten, die mit Schmutz und gründlicher Reinigung zu tun haben. Beim Frühjahrsputz können Sie sich ganz leicht danach richten: Auf das Luftzeichen Wassermann folgt dann im abnehmenden Mond immer das Wasserzeichen Fische. Vielleicht stammt auch daher die Tradition, im Frühjahr das ganze Haus zu reinigen und zu säubern ...

Lüften

Wir kennen bei uns nur noch selten die guten alten Holzfenster, die zwar nicht so perfekt schließen wie moderne Alu-Fenster. Aber sie haben einen anderen, unschätzbaren Vorteil: Sie schließen einen Raum nicht hermetisch nach außen ab. Früher konnte die Luft besser zirkulieren – heute ist dies kaum mehr möglich. Um so wichtiger ist es also, oft und ausreichend für Frischluftzufuhr zu sorgen. Vor allem in der kalten Jahreszeit scheuen sich viele Menschen, ihre Wohnungen zu lüften. Dabei ist das lebenswichtig für ein gutes Raumklima (selbst dann, wenn Sie in der Großstadt wohnen und draußen wirklich nicht die beste Luftqualität haben). Sie sollten aber nicht vergessen: Viele Materialien, aus denen unsere Wohnungen und Häuser heute gebaut sind, enthalten ungesunde Bestandteile. Ob das nun Formaldehyd ist oder andere Wohngifte: Mit dem regelmäßigen und gründlichen Lüften sorgen Sie für bessere Luft in Ihrem Heim. Wer im Herbst, vor den ersten kalten Tagen, zum erstenmal heizt, sollte dies an einem Feuertag (also Widder, Löwe oder Schütze) bei abnehmendem Mond tun.

Nur dann vertreiben Sie die letzte Feuchtigkeit aus allen Wänden. Dies gilt ganz besonders dann, wenn Sie in eine neugebaute Wohnung ziehen.

Auch beim Lüften sollten Sie auf den Stand des Mondes in den Tierkreiszeichen achten (siehe Tabelle auf den Seiten 42 bis 107): An Luft- und Feuertagen (Zwillinge, Waage, Wassermann, Löwe, Schütze und Widder) lüftet man am besten ausgiebig; an Erd- und Wassertagen (Jungfrau, Steinbock,

Stier, Fische, Krebs und Skorpion) dagegen nur für kurze Zeit. Das gleiche gilt fürs Lüften der Betten: In der Stadt findet man es kaum noch, daß die Betten so richtig zum Auslüften ans Fenster gelegt werden; auf dem Land ist's heute noch üblich. Bei zunehmendem Mond sollten Sie Ihr Bettzeug jedoch immer nur kurz lüften, denn sonst wird es zu feucht.

Kochen und einkochen

Lange Zeit hatte man keine Lust dazu, heute macht es wieder Freude: Wer selbst Marmelade und Gelee einkocht, wer in der eigenen Küche Mixed Pickles zubereitet, wer Gemüse haltbar macht, ist mittlerweile angesehen im Freundes- und Familienkreis.

Oft will die Marmelade aber nicht so recht gelingen, wird das Gelee einfach nicht fest, schimmeln eingemachte Gemüse schon nach kurzer Zeit. Auch in der Küche gilt: Achten Sie auf die Phasen des Mondes, achten Sie darauf, in welchem Zeichen er steht: dann bleibt das Obst saftiger, die Säfte werden gehaltvoller.

Manchmal können Sie sogar auf künstliche Geliermittel verzichten oder wenigstens nur mit der halben Menge wie sonst »arbeiten«. Selbst wenn Sie nicht einkochen, sondern Gemüse und Obst auf moderne Art und Weise haltbar machen, nämlich einfrieren, sollten Sie auf den Mond achten: An Feuertagen (Löwe, Schütze, Widder) eingefrorenes Gemüse und Obst hält besser. Beim Wiederauftauen wird es nicht so wäßrig und zerfällt auch kaum.

Ein paar alte Regeln zum Kochen, Backen und Einkochen wurden in unserer Zeit auf ihre Wirksamkeit geprüft – und siehe da: Sie haben sich bewährt! Richten Sie sich also danach:

- Backen Sie immer im Tierkreiszeichen Schütze, Krebs, Waage oder Steinbock. Der Teig geht dann besser auf, Brot wird lockerer.
- Früchte, Obst und Kräuter, die Sie trocknen wollen, sollten Sie nur bei abnehmendem Mond sammeln und ernten, am besten auch noch dann, wenn der Mond im Zeichen Widder, Löwe oder Schütze steht.
- Marmeladen, Gelees, in Alkohol eingelegte Früchte, Wein, Most verarbeiten Sie bei abnehmendem Mond. Alles ist dann länger haltbar, denn die Früchte gären nicht so schnell. Vor allem für Marmelade und Gelee sind die besten Tage diejenigen mit Mond im Stier, Skorpion und Wassermann.
- Obst und Gemüse machen Sie stets bei abnehmendem Mond im Wasserzeichen Krebs oder Skorpion ein. Achtung vor Fischetagen: Was Sie jetzt ernten, sollten Sie schnell verzehren und nicht konservieren. Es wird sonst in Kürze schlecht und schmeckt auch fade (mehr übers Ernten lesen Sie im letzten Kapitel).
- Dasselbe gilt für Kraut: Hobeln und einlegen nur bei abnehmendem Mond im Zeichen Schütze, Steinbock oder Wassermann. Wer bei zunehmendem Mond einlegt, muß mit schneller Gärung rechnen.
- Unbedingt vermeiden sollten Sie alles Einmachen und Konservieren an Jungfrautagen – ganz gleich, ob im ab- oder zunehmenden Mond: Es fängt sonst schneller an zu schimmeln. Auch Krebstage sind nicht sonderlich gut fürs Eingemachte.

Der Mond bei der Schönheitspflege

Wer hat die schönsten Schäfchen?
Die hat der goldne Mond,
Der hinter unsern Bäumen
Am Himmel drüben wohnt.
(Heinrich Hoffmann von Fallersleben 1798 – 1874)

Eine alte Weisheit sagt: »Schönheit kommt von innen!« – und natürlich ist dies im Prinzip richtig: Wer sich gesund ernährt (ausführlicher wird das Thema Gesundheit und Schönheit im Heyne TB »Die Monddiät« [08/5036] von derselben Autorin behandelt), wird nur selten eine »schlechte« Haut, brüchige Fingernägel oder glanzloses Haar haben.

Wer sich dagegen von Fast food ernährt, kaum Salat und Obst ißt, wer nicht darauf achtet, ausgewogene Kost zu sich zu nehmen, wird schnell merken:

Die Haut ist blaß und fahl, zu trocken oder zu fett, das Haar stumpf und spröde, die Fingernägel brechen schnell oder spalten sich. Unsere Haut, unser Haar und unsere Fingernägel sind nämlich ein ganz deutlicher Gradmesser dafür, ob sich unser Körper und auch unsere Seele rundherum wohl fühlen.

Schon im alten Rom bekannt: Mondregeln fürs Haareschneiden

Schon vor 2000 Jahren hatten die Menschen Probleme mit ihrem Haar – dies ist also nicht nur ein Zeichen unserer Zeit. Die alten Römer wußten's nicht besser: Eine ausgewogene Ernährungslehre gab es bei ihnen nicht. Und auch die Umweltverschmutzung, die sicher an so manchem unserer Schönheitsprobleme schuld ist, war zu Zeiten der römischen Kaiser unbekannt. Dennoch war damals ganz klar: Nur wer Haarpflege im Einklang mit dem Mond betrieb, konnte auf Erfolg – sprich: schönes, volles Haar! – hoffen. Vom römischen Kaiser Tiberius, der von 32 v. Chr. bis 37 n. Chr. lebte, ist überliefert, daß er seinen Barbier stets nur bei zunehmendem Mond kommen ließ. Denn dann sollte nach den alten Überlieferungen das Haar nach einem Schnitt schneller und kräftiger wachsen.

Ganz allgemein gelten nämlich auch für die Schönheitspflege die Mondregeln:

- Der zunehmende Mond hilft bei allem, was wachsen und gedeihen soll.
- Der abnehmende Mond hilft bei allem, was vermindert werden soll.

Hautpflege im Sinne des Mondes

Natürlich spielt bei unserer Schönheit – vor allem aber bei der Wirkung von Cremes und Salben, Gesichtsmasken und Lotionen – der Mond eine wichtige Rolle. Selbstverständlich muß man seine Haut täglich pflegen – das heißt waschen und reinigen –, und das ganz unabhängig vom Stand des Mondes, von seinen Phasen und seinem Weg durch die Tierkreiszeichen. Aber für Spezialbehandlungen aller Art sollten Sie den Mond beachten – wenn es sich irgendwie einrichten läßt.

- Zunehmender Mond eignet sich bestens für alle Peelings, Tiefenreinigung der Haut, für die Entfernung von kleinen Mitessern, Pickeln und anderen Hautunreinheiten. In dieser Mondphase ist die Haut nämlich feucht, prall und besonders gut durchblutet – am besten ist dies natürlich bei Vollmond. Sicherlich gibt's auch zu diesen Mondphasen-Zeiten Pickel und Mitesser. Aber: Sie lassen sich leichter ausdrücken. Und das Schöne: Hinterher sieht man so gut wie nichts – kaum Rötungen, kaum entzündete Stellen vom »Pickelausdrücken«. Das Gegenteil ist der Fall, wenn Sie kosmetische Behandlungen bei abnehmendem Mond durchführen: Ihre Haut ist dann eher trocken – und es wird sicher zu Rötungen kommen ... Auch Neumond ist schlecht für einen Besuch bei der Kosmetikerin: Pickel und Mitesser lassen sich dann am schwersten aus Ihrer Haut lösen.
- Der abnehmende Mond (und auch der Neumond) sind hingegen die beste Zeit, um die Haut zu entgiften und zu entschlacken. Alle Behandlungen, die ein wenig schmerzhaft sein könnten – also auch kleinere operative Eingriffe –, sollten Sie jetzt erledigen. In dieser Mondphase nämlich ist die Haut weniger gut durchblutet und daher nicht so empfindlich gegen Schmerzen. Wer also hartnäckige Pickel oder gar Grieskörner entfernen will, sollte dies jetzt tun: Die Schmerzen sind geringer.
- Keine Rücksicht auf den Mond müssen Sie für alle alltäglichen Pflegebemühungen nehmen: also für Reinigung und Klärung der Haut, für das Auftragen von Tag- oder Nachtcreme, für Masken, Gesichtspackungen und Make-up. Wer unter Problemhaut leidet – und dies nicht auf falsche Ernährung oder Hormonstörungen z. B. während der Pubertät zurückführen kann –, sollte auch die speziellen Pfle-

gebehandlungen für Hautprobleme tagtäglich durchführen. Sie sind ja in diesem Fall keine außergewöhnliche Hautbehandlung, bei der man besondere Rücksicht auf die Phasen des Mondes nehmen müßte.

Haarpflege nach dem Mond

Jeder, der sich das Haar im Einklang mit dem Mond pflegt, weiß: Viele Spezialshampoos sind überflüssig, viele Haarkuren kann man sich ersparen, wenn man die Mondphasen beachtet. Das wußten – siehe oben – schon die Kaiser im alten Rom. Aus alten Überlieferungen stammen auch die folgenden Mondregeln fürs Haar:

- Dunkle Haare werden heller, wenn man sie bei Vollmond schneidet.
- Haare wachsen schneller, werden sie bei zunehmendem Mond geschnitten.
- Wer sein Haar dagegen bei abnehmendem Mond schneiden läßt, kann sicher sein: Er wird bald unter Haarausfall leiden.
- Wenn Ihre Frisur lange halten soll, denken Sie daran, Ihr Haar immer nur bei abnehmendem Mond schneiden zu lassen. Legen Sie also Ihren Friseurtermin entsprechend!

Auch die Tierkreiszeichen bzw. der entsprechende Stand des Mondes haben Einfluß auf die Qualität Ihrer Frisur und Ihres Haares. Probieren Sie's aus:

- An Tagen, in denen der Mond im Stier steht, werden die Haare nach dem Schnitt leicht struppig.
- Wer sein Haar niemals am Steinbocktag schneiden läßt, kann sicher sein: Es wird erst spät – wenn überhaupt! – graue Haare bekommen.

- Schneller wächst Ihr Haar, wenn Sie es an Tagen schneiden lassen, an denen der Mond im Zwilling, im Wassermann oder in der Waage steht.
- Wer einen tollen Lockenkopf sein eigen nennt, sollte darauf achten, das Haar nur im Widder und bei zunehmenden Mond schneiden zu lassen.
- Wer dagegen eine Kurzhaarfrisur hat und seinen Friseur nicht dauernd zum Nachschneiden aufsuchen will, sollte auf Tage achten, in denen der Mond im Zeichen Zwillinge, Schütze oder Fische oder aber im Stier oder Steinbock steht.
- Wasserzeichen – also Krebs, Skorpion und Fische – sind optimal dafür, daß Ihr Haar nach dem Schneiden schneller wächst.
- Damit das Haar nach dem Schnitt dicker wird, sollten Sie außerdem auf den Vollmond achten.
- Dauerwellen, Entkrausen oder Entfärben sollte man am besten dann, wenn der Mond im Wassermann steht. In langem Haar halten Dauerwellen besonders gut, wenn man darauf achtet, sie dann legen zu lassen, wenn der Mond im Zeichen Jungfrau steht. Schlecht hält eine Dauerwelle dagegen an Löwetagen.
- Männer, die sich ihre Haare im Tierkreiszeichen Löwe schneiden lassen, haben besseren und stärkeren Haarwuchs.

Natürlich sollten Sie immer darauf achten, besonders milde Haarwaschmittel zu verwenden. Heutzutage wäscht man sein Haar viel öfter als zu früheren Zeiten. Das hängt zum Teil mit der Umweltverschmutzung zusammen, zum Teil auch damit, daß man heute weiß, daß schnell fettendes Haar nichts mit der Häufigkeit der Wäsche zu tun hat – im Gegenteil.

Übrigens: Wer Körperhaare entfernen will – ganz gleich, ob an den Beinen, unter der Achsel oder im Gesicht – sollte sich an den zunehmenden Mond halten: Da geht das Ganze nahezu schmerzfrei und auch am erfolgreichsten vor sich. Wer ein bißchen Schmerz ertragen kann, sollte lieber den abnehmenden Mond wählen: Die Haare wachsen dann langsamer nach, und Sie müssen diese Behandlung weniger oft durchführen.

Maniküre mit dem Mond

Wer sich auch mit dieser so alltäglichen Schönheitspflege nach dem Mond richtet, wird überrascht sein, welche Unterschiede er feststellt: Wer die Nagelpflege bei Neumond oder aber bei abnehmenden Mond durchführt, dessen geschnittene oder gefeilte Nägel wachsen nicht so schnell nach. Schwielen an Fingern und Händen entfernen Sie am besten bei zunehmendem Mond. (In dem Heyne-Buch »Die Monddiät« [08/5036] finden Sie mehr viel Tips und Ratschläge zu diesem Thema.)

Das richtige Parfum

Sicher haben Sie schon davon gehört: Es gibt Düfte, die dem einen Sternzeichen besser gefallen und »stehen«, dem anderen weniger. Auch dies hat selbstverständlich mit dem Mond zu tun.

Der Mond steht ja für Gefühle, für unsere »dunkle«, unbewußte Seite. Sie sollten sich daher auf ihn verlassen, wenn Sie sich ein bestimmtes Parfum aussuchen, wenn Sie das Öl für Ihre Duftlampe kaufen.

In der Tabelle auf den Seiten 42 – 107 sehen Sie, in welchem Tierkreiszeichen der Mond zu Ihrer Geburt stand. Daraus können Sie Rückschlüsse auf die Duftkomponenten ziehen, die Ihnen dann besonders angenehm sind.

- Feuer- und Luftzeichen (also Widder, Löwe und Schütze sowie Zwillinge, Waage und Wassermann) gelten ganz allgemein als eher lebendig, aktiv, extrovertiert, direkt und ausdrucksstark.
- Erd- und Wasserzeichen (Stier, Jungfrau und Steinbock sowie Krebs, Skorpion und Fische) kennzeichnet man eher als zurückhaltend, passiv, abwartend und empfänglich.

Ein Duft für jedes Zeichen

Die Düfte für die vier Elemente haben sich aus langjähriger Überlieferung ergeben. Sie teilen sich folgendermaßen auf:

- Dem Element Luft (sie unterstützen jeweils die Charaktereigenschaften Ihres Tierkreiszeichens) sind zugeordnet: Bergamotte, Citronelle, Eukalyptus, Fichtenöle, Ingwer, Kampfer, Kiefernöle, Lavendel, Lemongrass, Limette, Melisse, Minze, Myrte, Nelke, Orange, Pampelmuse, Pinie, Weihrauch, Ysop und Zitrone.
- Dem Element Feuer ordnet man folgende Essenzen zu: Cassia, Kampfer, Kardamom, Melisse, Myrrhe, Nelke, Weihrauch und Zimt.
- Beim Element Erde sind folgende Düfte bestärkend: Amyris, Angelikawurzel, Cistrose, Galbanum, Gujaholz, Immortelle, Iris, Moschuskörner, Muskatnuß, Myrrhe, Narde, Patchouli, Perubalsam, Sandelholz, Vetiver, Zeder, Zypresse.
- Dem Element Wasser ordnet man zu: Anis, Cistrose, Clementine, Geranie, Honig, Hyazinthe, Jasmin, Kamille, Mimose, Narzisse, Neroli, Palmarosa, Rose, Rosenholz, Vanille, Veilchenblätter, Ylang-Ylang.

Jeder dieser verstärkenden Düfte kann abgeschwächt werden – durch das »Gegenelement«:

- Luft wird von Erde abgeschwächt;
- Wasser von Feuer;
- Feuer von Wasser;
- Erde von Luft.

Diese kleine Dufttabelle gilt vor allem dann, wenn Sie ätherische Öle in der Duftlampe verdunsten lassen. Bei der Auswahl Ihres Parfums können Sie etwas großzügiger sein: Zum einen kommen ständig neue (und auch synthetische) Düfte auf den Markt. Sie müssen selbst ausprobieren, was Ihnen da gefällt und was nicht. Und zum anderen sind Parfüms aus so vielen Essenzen zusammengestellt, daß schon mal die eine oder andere aus einem anderen Tierkreiszeichen dabei sein kann. Es kommt auf die Mischung an – und darauf, was Ihrer Nase behagt. Sie werden merken: Mit dem »falschen« Parfum fühlen Sie sich einfach nicht so richtig wohl ...

Der Mond und die Gesundheit

Auf den Wolken ruht der Mond,
Eine Riesenpomeranze.
(Heinrich Heine)

Mit diesen romantischen Worten hat einer der größten deutschen Dichter den Mond beschrieben. Und natürlich hatte er recht: Zu bestimmten Zeiten hängt der Mond wirklich wie eine riesengroße, überreife Frucht am dunklen Firmament. Geheimnisvoll leuchtend, von hellem Silber bis ins dunkle Orange schimmernd – eine strahlende Scheibe, die nicht nur Dichter und Romantiker begeistert. Schon seit vielen Jahrtausenden weiß man: Der Mond ist auch bestimmend für unsere Gesundheit, für unser Wohlbefinden.

Daß der Zyklus der Frau »nach dem Mond geht«, ist klar. Aber auch alle anderen Körperfunktionen, alle Geschehnisse in unserem Körper sind den Einflüssen des Erdtrabanten ausgesetzt.

Moderne Untersuchungen beweisen es

Zahlreiche Studien aus den USA, die in Kliniken die Mondeinflüsse auf Operationen, Krankheit und Gesundung untersuchten, belegen, daß dieses Wissen um die Zusammenhänge zwischen Mond und Gesundheit nicht aus der Luft gegriffen ist, sondern durchaus seine Richtigkeit hat.

Gesundbeter und Beschwörer

Viele Sinnsprüche und Bauernregeln befassen sich mit der Gesundheit und dem Mond. Das sogenannte Gesundbeten wird übrigens immer mit einem prüfenden Blick zum Mond durchgeführt. Denn nicht alle Termine eignen sich dafür. Gesundbeter sind vor allem Menschen, die im aufsteigenden Mond oder gar im Vollmond geboren sind. Sie haben besondere Fähigkeiten zum Beschwören der Kräfte des Mondes.

Ganz allgemein gilt für Krankheit und Gesundheit diese Mondregel:

- Was dem Körper zugute kommen soll, wirkt stärker bei zunehmendem Mond.
- Der abnehmende Mond ist besser für Operationen, für Ausschwemmungen, auch für Diäten und Entgiftungen.

Nach der Überlieferung sollte man folgende Mondregeln beachten:

- Man lasse jemanden nur dann zur Ader, wenn der Mond abnimmt.
- Ein Zahn soll nur bei abnehmendem Mond gezogen werden.
- Kinder mit Keuchhusten sollten aus Bechern vom Holz der Elfenbeinpalme trinken. Der Baum, von dem das Holz stammt, muß zu einer bestimmten Zeit geschlagen und das Holz in der richtigen Mondphase geschnitzt worden sein.

- Babys, die während des zunehmenden Mondes geboren werden, wachsen schneller.
- Ein Kind, das bei Vollmond geboren wird, wird groß und stark.
- Kommt ein Kind zur Welt, wenn der Mond einen Tag alt ist, so sind ihm langes Leben und Wohlstand gewiß.
- Ein Kind, das während des abnehmenden Mondes von der Mutterbrust entwöhnt wird, verliert seine Gesundheit.
- Ein bei Mondfinsternis geborenes Kind wird die Zeit als Erwachsener niemals erleben. Denn es heißt: »Kein Mond, kein Mann!«

Ganz schön gruselig, nicht wahr?! Natürlich sind diese alten Bauernregeln nicht unbedingt Wort für Wort wahr. Aber einen wahren Kern haben sie gewiß ...

Wie man Warzen bespricht

Vor allem beim Besprechen von Warzen spielte und spielt der Mond eine entscheidende Rolle. Keiner weiß so recht, warum das so ist. Dennoch gibt es heute (wieder?) viele Menschen, die darauf schwören, daß alle Warzen verschwinden, wenn man eines der folgenden Rituale ausführt:

- Blicke in den Vollmond und wirf dann die Warzen mit den Händen dreimal zurück.
- Reibe von Vollmondtag bis Neumond die Warzen täglich mit frischem Schöllkrautsaft ein.
- Bestreiche die Warzen bei Neumond mit Erde und sage dabei: »Glück und Segen, neuer Mond!« Dann wirf die Erde zum Mond hin.
- Stecke bei abnehmendem Mond schwarze, schleimige Gartenschnecken im Garten auf einen Stecken. Wenn die

Schnecken abgestorben sind, sind auch die Warzen verschwunden.

- Gehe bei zunehmendem Mond ins Freie, sieh den Mond an und sprich: »Was ich abstreif, das verliert sich; was ich anseh, das vermier sich!« Streiche dabei über die Warzen in Richtung Mond.
- Warte, bis der Mond drei mal sieben Tage alt ist. Dann lege dich auf einen Weg, mit dem Gesicht nach oben, und schaue den Mond an. Reibe die Warzen mit irgend etwas ein, das gerade in der Nähe ist.
- Reibe deine Hände im Licht des Vollmonds.
- Wasche deine Hände unter Mondstrahlen in einem silbernen Gefäß.

Schon etwas moderner ist dies:

- Bestreiche die Warzen bei abnehmendem Mond mehrmals täglich mit der Innenseite einer Bananenschale.

Wenn Sie fest daran glauben, werden die Warzen mit einer dieser Behandlungen verschwinden. Selbst wenn nicht der Mond, sondern Ihr Unterbewußtsein, die Selbstheilungskräfte Ihres Körpers daran »schuld« sind: Es zählt in diesem Falle wohl nur der Erfolg!

Astro-Medizin

Hippokrates, der große Heiler der Antike, hat uns eine wichtige Regel hinterlassen, die leider in Vergessenheit geriet und erst in den vergangenen Jahren wieder zu Ehren kam. Der »Vater der Heilkunde« lebte von 460 v. Chr. bis 377 v. Chr. und glaubte fest daran, daß Sterne und Mond Einfluß auf die Gesundheit des Menschen hätten. Für fast 2000 Jahren galten seine medizinischen Vorschriften etwas – vor allem in der Volksheilkunde, wo sie eigentlich niemals so recht ausstarben.

Schon damals empfahl Hippokrates für Operationen aller Art: »Berühre nicht mit Eisen den Teil eines Körpers, der von dem Zeichen regiert wird, durch das der Mond in der Zeit läuft.« Diese Regel macht eines klar: Schon im Altertum rechnete man bestimmte Körperteile bestimmten Tierkreiszeichen zu. Diese Einteilung sah so aus:

- Kopf und Gesicht: Widder
- Hals und Nacken: Stier
- Schultern und Arme: Zwillinge
- Brust und Magen: Krebs
- Rücken und Herz: Löwe
- Eingeweide, Gedärme, Solarplexus: Jungfrau
- Nieren, Eierstöcke, Lenden: Waage
- Geschlechtsorgane: Skorpion
- Hüften: Schütze
- Knie: Steinbock
- Fußknöchel: Wassermann
- Füße: Fische

Wenn Sie jedoch an die Kraft des Mondes und der Sterne glauben, sollten Sie bei Operationsterminen an dieser Regel festhalten. Tun Sie – oder Ihr Arzt – das nämlich nicht, so kann es zu Komplikationen kommen: Ihre Operationswunde wird langsamer heilen, Infektionen können auftreten. Wenn Sie also ein Organ oder Körperteil operieren lassen müssen und den Termin dafür selbst aussuchen können (etwa bei einer Meniskusoperation, bei einer Entfernung der Mandeln oder einer Kieferoperation), so beachten Sie bitte den Lauf des Mondes.

Steht nun der Mond in einem dieser Zeichen (das können Sie leicht in der Tabelle auf den Seiten 42 – 107 nachschlagen), so sollte man diesen Körperteil nicht operieren. Natürlich: Notfälle sind von dieser strikten Regel ausgenommen!

Die Regeln der Mondmedizin

An folgende Grundsätze sollten Sie sich halten, wenn Sie es irgendwie mit Ihrem Arzt terminlich vereinbaren können:

- Am besten für eine Operation ist der Zeitpunkt, an dem der Mond in einem Zeichen steht, das möglichst weit entfernt vom zu operierenden Körperteil liegt.
- Der Mond sollte bei einer Operation niemals im Aszendenten des Patienten stehen.
- Der Mond sollte auch niemals im Sonnenzeichen des Patienten stehen.
- Man sollte sich nie operieren lassen, wenn sich der Mond dem Mars nähert: Es kommt dann leichter zu Entzündungen und Komplikationen nach der Operation.

Die weiter oben angesprochenen amerikanischen Studien haben übrigens gezeigt: Operationen, die man genau am Wechsel der einzelnen Mondphasen durchführt, sind oft von Mißerfolg begleitet. Zu diesem Zeitpunkt bluten Wunden nämlich stärker. Daher war früher – so steht es auch noch im Talmud – der Aderlaß an bestimmten Tagen verboten. Diese verbotenen Tage lagen stets an Vollmond- und Neumondterminen.

Zahnarztbesuch »nach dem Mond«

Harmlose Zahnbehandlungen – wie Plombieren, Zahnsteinentfernung und ähnliches – können Sie natürlich jederzeit durchführen lassen. Wegen solcher Kleinigkeiten müssen Sie nicht auf die Mondphasen achten. Anders sieht es jedoch aus, wenn Ihr Zahnarzt kompliziertere Behandlungen vorhat.

Gerade beim Ziehen von Zähnen – ganz besonders Weisheitszähnen – oder bei einer Parodontosebehandlung, die mit starken Blutungen verbunden sein können, spielt die Stellung des Mondes eine wichtige Rolle.

Sie sollten daher darauf achten, daß

- Weisheitszähne nicht bei zunehmendem Mond gezogen werden;
- schmerzhafte Behandlungen nicht bei abnehmendem Mond durchgeführt werden.

Der Stier ist das Herrscherzeichen von Hals und Nacken. Man sollte daher immer eine Kieferoperation, auch größere Behandlungen im Mundraum, meiden, wenn der Mond in diesem Zeichen steht.

Auch bei den Zahnärzten sprechen die Untersuchungen aus den USA für sich: Nottermine wegen Zahnschmerzen häufen sich bei abnehmendem Mond; bei Vollmond werden viele Termine kurzfristig abgesagt. Und bei langwierigen Behandlungen – etwa des Zahnfleisches –, die sich über mehrere Wochen erstreckten, zeigte sich stets: Wenn der Mond in Stier oder Waage stand, heilten Wunden deutlich schlechter. Weniger Komplikationen traten auf, wenn sich der Mond in den Zwillingen oder in der Jungfrau befand.

Wie erkläre ich's dem Arzt?

In unserer fortschrittsgläubigen Zeit werden Sie Hohn und Gelächter ernten, wenn Sie »zugeben«, Ihr Leben nach dem Mond auszurichten. Kaum ein Arzt wird »mitspielen« und seine Termine und Ihre Behandlungen nach Ihren Mondvorgaben legen. Vielleicht haben Sie ja Glück und treffen auf einen aufgeschlossenen Mediziner, der zumindest einem Experiment in Sachen Mond nicht abgeneigt ist. Der Erfolg wird Ihnen dann Recht geben ...

Wenn Sie aber dieses Glück nicht haben, so sollten Sie nicht verzweifeln: Der Mond braucht nur etwa zweieinhalb Tage, um von Tierkreiszeichen zu Tierkreiszeichen zu wandern. Wenn Sie schon bei der Termingestaltung im Kopf (oder aufgeschrieben) haben, wann Sie auf gar keinen Fall eine Operation oder eine Zahnbehandlung durchführen lassen möchten, so erfinden Sie eben eine Ausrede: Beruf und Familie sind stressig genug, um eine Operation oder Zahnbehandlung zu verschieben.

Der Mond in der Freizeit und im Privatleben

Guter Mond, du gehst so stille
In den Abendwolken hin.
(Volksweise)

So ruhig, so beschaulich – anscheinend bringt den Mond nichts aus der Ruhe. Wir sollten uns an ihm ein Beispiel nehmen: indem wir an vieles, was uns ärgert, was uns streßt, was uns mit Hektik erfüllt, etwas gelassener herangehen. Das gilt für unser Alltagsleben natürlich genauso wie für den Beruf. Nicht umsonst orientiert man sich heute noch in vielen Gegenden der Erde nach dem Mond. Ob in Asien, im arabischen Raum oder bei Naturvölkern: Die Menschen dort gehen mit dem alltäglichen Leben meist anders um als wir in unserer von Technik und Wissenschaft überfrachteten westlichen Welt.

Gelassenheit in allen Lebenslagen

Gehen Sie nach dem Mond! Das bedeutet natürlich nicht, daß Sie sich nun nur mehr treiben lassen und alles Unangenehme auf die Gestirne schieben. Das würde Ihnen auch ein guter Astrologe niemals empfehlen. »Die Sterne zwingen nicht, sie machen nur geneigt!« heißt ein alter Grundsatz bei all jenen, die sich mit der Astrologie befassen. Will heißen: Ihre Anlagen – ob Begabungen, ob Charakter, ob Lebensweg – sind in gewisser Weise zwar vorherbestimmt. Doch es liegt allein an Ihnen, was Sie daraus machen. Der Weg, der zu Ihrem ganz persönlichen Ziel führt, kann gewunden oder gerade sein. Er kann Abkürzungen, aber auch Umleitungen enthalten. Wichtig ist nur: Sie dürfen das Ziel nicht aus den Augen verlieren.

Suchen Sie nach Ihrem Ziel

Sicher können Sie nach Karriere streben. Oder Sie sehen Ihr Lebensglück in Familie und Kindern. Vielleicht denken Sie auch ganz kurzfristig: Erstreben Sie einen tollen Urlaub? Ein neues Auto?

Bei kleinsten Kleinigkeiten stellen Sie fest: Mal klappt's, mal klappt es nicht so gut, mal geht eine Sache sogar völlig schief. Denken Sie einmal darüber nach: Könnte es nicht sein, daß Sie etwas zu einem Zeitpunkt begonnen haben, der überhaupt nicht im Einklang mit Ihrem ganz persönlichen Mondrhythmus stand? Sie haben die Chance, das selbst herauszufinden. Führen Sie einmal für einige Zeit Tagebuch. Sie müssen ja nicht jede Begebenheit dort eintragen – die größeren Ereignisse und Entscheidungen eines Jahres genügen völlig. Und dann schauen Sie einmal in die Tabelle auf den Seiten 42 – 107. Wie stand der Mond zu diesem Zeitpunkt? In welcher Phase? In welchem Sternzeichen? Sie werden staunen, was Sie dabei herausfinden ...

Ihr Lebensziel: Harmonie mit sich selbst

Auch wenn Sie auf der Karriereleiter zur Zeit nach oben klettern, wenn Sie mit Ihrer Familie glücklich sind – hin und wieder sollten Sie innehalten und Ihr Leben einmal einer genaueren Betrachtung unterziehen. Ist alles wirklich so, wie Sie es wollen? Sind Sie der Meinung, daß in Ihrem Leben irgend etwas fehlt, daß Sie mit sich selbst nicht so recht im reinen sind?

In diesem Falle sollten Sie etwas gegen Ihre innere Unzufriedenheit unternehmen. Sie werden nicht umhin können, sich etwas Muße für sich selbst zu nehmen: Nur dann werden Sie Ihre innere Stimme hören. Und Sie werden erkennen, was Sie eigentlich wirklich wollen. Selbst wenn das einige Zeit dauern kann.

Wieder auf die innere Stimme hören

Bei den meisten von uns ist diese Fähigkeit, auf die innere Stimme zu hören, das zu erkennen, was wirklich gut für uns selbst ist, nicht mehr vorhanden. Aber die Fähigkeit ist nicht verlorengegangen: Sie ist nur verschüttet unter allem möglichen Zivilisationsschrott, den wir gar nicht brauchen, um ein erfülltes Leben zu führen. Immer mehr Menschen kommen darauf, daß ihnen Geld und materieller Besitz gar nicht so viel bedeuten, daß sie es satt haben, immer weiter und immer öfter in Urlaub zu fahren als der Nachbar, immer ein größeres Auto fahren zu »müssen« als der Kollege. Zu dem Entschluß, das eigenen Leben künftig selbst in die Hand zu nehmen, es selbst zu gestalten und nicht mehr abhängig zu sein von Äußerlichkeiten, kommt man oft durch ein einschneidendes Ereignis im ganz privaten Bereich. Das ist heute ganz gewiß sehr oft die Trennung von einem einstmals geliebten Partner, das kann der Tod eines nahestehenden Menschen sein, aber auch ein persönlicher Schicksalsschlag, der einem plötzlich klarmacht: So wie bisher möchte man nicht weiterleben und weitermachen – im Beruf nicht, in der Familie nicht, für einen selbst nicht.

Einen Wendepunkt nutzen

Dieser Wendepunkt kommt sicherlich in jedem Menschenleben nicht nur einmal vor: Immer wieder werfen uns bestimmte Ereignisse aus der Bahn, die wir doch für so sicher und vertraut hielten. Im Kindesalter fängt das schon an: Da haben wir in der Schule Probleme – und können damit nicht umgehen. Vielleicht sind wir auch in einem Elternhaus aufgewachsen, wo Respekt oder Angst vor den Eltern uns abhielten, Hilfe und Rat zu suchen. Als Teenager läuft's möglicherweise in der Liebe nicht so, wie wir uns das erträumt haben. Die erste Arbeitsstelle endet mit einer Kündigung, wir kommen nicht weiter, bleiben stehen – gehen vielleicht sogar zurück in unserer persönlichen Entwicklung.

In Ehe und Partnerschaft ist's dasselbe: Enttäuschungen und Rückschläge begleiten uns das ganze Leben hindurch, sie erst machen uns zu dem Menschen, der wir sind. Sie bilden unseren Charakter – und sie dienen letztendlich dazu, uns zu dem Ziel zu führen, das uns allen vorbestimmt ist. Wenn Sie ein gläubiger Mensch sind, schöpfen Sie Kraft aus der Lehre Ihrer Kirche, Ihrer Glaubensgemeinschaft. Stets aber wird im Vordergrund Ihrer Zufriedenheit und Ihres persönlichen Erfolges stehen, ob Sie mit sich selbst im reinen sind. Dann nämlich »packen« Sie Schicksalsschläge ganz anders weg als jemand, der mit sich selbst uneins ist.

Das lehrt uns der Mond

An einem Gasthaus in Hildesheim steht der Spruch: »Was schadet es dem Monde, wenn ihn der Hund anbellt?« Nehmen Sie sich das zu Herzen: Kümmern Sie sich nicht um die Bosheiten, um das Übelwollen Ihrer Umgebung. Lassen Sie unangenehme Alltäglichkeiten nicht so sehr an sich herankommen, daß sie Ihr Leben beeinträchtigen, ja empfindlich stören. Versuchen Sie, sich auf alte Weisheiten zurückzubesinnen, die seit unendlich vielen Generationen Gültigkeit haben – und die Ihnen die innere Harmonie bringen, die Sie für ein glückliches und erfülltes Leben benötigen.

Die alten Weisheiten zeigen auch, daß die Natur und vor allem der Mond eine entscheidende Rolle im menschlichen Leben spielen. Im Einklang mit beidem – Natur und Mond – zu leben, wird uns gewiß vieles erleichtern, wird vielleicht sogar manches Problem von selbst lösen. Probieren Sie es einmal aus.

Der Mond beeinflußt unsere Befindlichkeit und unsere Emotionen. Wer das weiß – und dieses Wissen auch richtig anwendet und einsetzt –, wird das Leben mit all seinen Tücken sicher leichter meistern als jemand, der gegen die Natur und den Mond lebt. Es ist nie zu spät, das alte Wissen wieder zu entdecken. Viele Menschen haben das in den letzten Jahren und Jahrzehnten getan, täglich werden es mehr.

Tagesqualitäten erleichtern das Leben

Die Stundenregenten, die Planeten also, die die einzelnen Stunden des Tages beherrschen (siehe auch Tabelle auf Seite 143), wirken sich natürlich auch auf unsere Stimmungen und Launen aus. Je nachdem, wie der Mond steht, lassen sich daraus die sogenannten Tagesqualitäten ableiten. Diese sehen so aus:

- Wärmetage herrschen, wenn der Mond in den Zeichen Widder, Löwe oder Schütze steht. An diesen Tagen scheint alles zu gelingen: Ausflüge sind von schönem Wetter begleitet; uns ist selbst dann warm, wenn Wolken am Himmel ziehen.

- Licht- oder Lufttage gehen stets mit dem Mond in Zwillinge, Waage oder Wassermann einher. Auf den Menschen wirkt das angenehm – nur Autofahrer haben manchmal mit dem Licht Probleme: Es »sticht«, selbst dann, wenn der Himmel bewölkt ist.
- Kälte- oder Erdtage nennt man die Tage, an denen der Mond im Stier, im Steinbock oder in der Jungfrau steht. Sie werden das Gefühl kennen: Selbst wenn die Sonne schön warm scheint – bei der kleinsten Wolke bekommt man plötzlich eine Gänsehaut. Das ist sicheres Anzeichen dafür, daß es sich um einen Kälte- oder Erdtag handelt.
- Wassertage – jetzt steht der Mond im Krebs, in den Fischen oder im Skorpion – neigen zu Niederschlägen, oft auch im seelischen Bereich.

Wenn Sie sich einmal an diese Vorgaben halten, werden Sie sehen: Der Erfolg im Privatleben bleibt Ihnen gewiß nicht versagt.

Der Mond und das Wetter

Füllest wieder Busch und Tal
Still mit Nebelglanz
Lösest endlich auch einmal
Meine Seele ganz.
(Johann Wolfgang von Goethe)

Im bäuerlichen Leben, auf dem Lande, ist's noch heute so: Kaum ein Landwirt vertraut völlig der Wettervorhersage in Rundfunk oder Fernsehen – im Gegenteil. Ein Blick zum Himmel genügt den meisten. Je nachdem, wie der Mond steht, in welche Phase er getreten ist, wie er am Himmel erscheint, so wird das Wetter. Das wußten unser Urahnen genauso wie die heutigen »modernen« Bauern. Und nicht nur die Bauern wußten um diese Regeln: Auch Seefahrer und Jäger bestimmten das Wetter aus ihrer reichhaltigen Erfahrung – nach dem Mond.

Uralt und trotzdem jung: die Wetterkunde

Wetterbeobachtung, wie wir sie heute kennen, gibt es erst seit gut 100 Jahren. Der 100jährige Kalender, der ja auch eigentlich »nur« eine Ansammlung und Deutung von Wetterbeobachtungen ist, wurde immerhin schon vor gut 300 Jahren aufgezeichnet. Doch die Beobachtung des Wetters reicht natürlich viel weiter zurück in der Zeit. Einer der ältesten überlieferten Wettersprüche ist mehr als 7000 Jahre alt. Er wurde in Keilschrift auf einer Tontafel gefunden und stammt aus der Bibliothek des assyrischen Königs Asssurbanipal, der etwa 700 Jahre vor unserer Zeitrechnung lebte. Der Spruch sagt etwa folgendes aus: »Gibt es am Tag des Neumondes ein Unwetter, so ist erfolgreiche Ernte zu erwarten.«

Die Menschen früherer Zeiten verehrten Sonne, Mond und die Gestirne als Götter. Wenn diese Götter den Menschen zürnten, konnten sie – auf einen Schlag – die Arbeit des ganzes Jahres zunichte machen. Sorgten die Götter jedoch zur rechten Zeit für Regen, keimte die Aussaat und gedieh mit Hilfe der Sonne gut. Nach altem Naturglauben geschah nichts zufällig: Ob Hagel und Schnee, ob Donner und Blitz, ob Unwetter und Sturm, ob Wärme und Sonne zur rechten Zeit – alles war der unumstößliche Wille der Götter. Am Stand von Sonne, Mond und Sternen suchte man also Rückschlüsse auf die Laune der Götter zu ziehen: Sonnenschein deutete auf Frohsinn im Götterhimmel; bei Regen und Wolken war klar, daß die Götter schlechte Laune hatten.

Was Meteorologen von Mondwetter halten

Es gibt unzählige Bauernregeln, die sich mit dem Mond und dem von ihm abhängigen Wetter beschäftigen. Vor wenigen Jahren noch lächelte man über diese Sprüche, doch heute weiß man: Sie enthalten überliefertes Wissen vieler Generationen. Dieses Wissen entstand durch genaueste Beobachtung von Wind und Wetter. Der Abt Mauritius Knauer (1613–1664) hat für seinen »Immerwährenden Wirtschaftskalender« über Jahrzehnte hinweg auch die Einflüsse des Mondes auf das Wetter beobachtet. Seine Erkenntnisse haben zum großen Teil die Überlieferungen bestätigt. Und die Meteorologen in den Wetterämtern müssen sich zwar nach den genauen Meßdaten richten, die ihnen per Satellit zugespielt und die vom Computer ausgewertet werden. Aber selbst diese Wetterexperten und Fachleute wissen: Die bäuerlichen Mondregeln gab's und gibt's nicht ohne Grund.

Der Meteorologe Horst Mahlberg hat sich mit vielen Bauernregeln befaßt. Er stellte fest: Wie so viele andere, hat z. B. auch die alte Wetterprophezeiung »Wenn der Mond hat einen Ring, folgt der Regen allerding« durchaus ihre Berechtigung. Der »Halo« – so nennt man den Ring um den Mond – tritt nämlich meist auf, wenn Westwindwetter herrscht. Die Tiefs ziehen dabei von Westen nach Osten – und sie bringen in vielen Fällen Regen, heftige Schauer, ja sogar Orkanböen.

Wie die Bauern den Mond beobachten

Dem Mond wird von alters her die Kraft zugeschrieben, Aussaat, Wachstum und Ernte mitzubestimmen. Die vier Phasen des Mondes wurden im Zusammenhang mit dem Jahresablauf gesehen, auch mit dem unendlich wiederkehrenden Ablauf des Lebens: von Geburt über Wachstum und Siechtum dann wieder zum Tod. Dieser ewige Kreislauf wird jeden Monat aufs neue vom Mond symbolisiert – kein Wunder, daß sich dies in unzähligen Bauernregeln niederschlug, die sich mit dem Mond, mit seinen einzelnen Phasen, mit seinen optischen Erscheinungen und deren Auswirkungen auf das alltägliche Wetter befassen. Die wichtigsten Regeln sollten Sie kennen:

- Wenn der Mond untergeht, zieht Sturm auf.
- Steigt ein großer, roter Mond zwischen Wolken auf, kann man einen halben Tag später mit Regen rechnen.

- Zeigt sich während des Sonnenuntergangs ein großer Mond, und sieht er nicht trübe, sondern leuchtend aus, so wird das Wetter für Tage hinaus schön und klar.
- Hat der Mond einen Hof, gibt es Wind mit Regen oder Schnee.
- Je größer der Hof des Mondes, desto früher wird es regnen oder schneien. Überstrahlt jedoch der Mond seinen Hof, kommt kein schlechtes Wetter.
- Steht der Mond in einem Ring, so kündet das von einem Sturm.
- Die offene Seite des Mondhofes zeigt die Richtung an, aus der Wind oder Regen kommen werden.
- Die Zahl der Sterne innerhalb des Ringes nennt die Zahl der Tage bis zum Unwetter.
- Nebel und kleiner Mond bringen schon bald östliche Winde.
- Der Mond schluckt den Wind.
- In mondhellen Nächten gibt's die strengsten Fröste.
- Schwarze Flecken auf dem Mond kündigen Regen an.
- Rote Flecken bedeuten Wind.
- Ein fahler Mond ist das Anzeichen für Regen.

Vollmond und Neumond verändern das Wetter

Schon den Assyrern etwa 5000 Jahre v. Chr. waren die Einflüsse der verschiedenen Mondphasen auf das Wetter bekannt. Im dritten vorchristlichen Jahrhundert hat dann der griechische Arzt Aratos genau beschrieben, wie sich das Wetter anhand des Mondes voraussagen läßt. Neueste Untersuchungen bestätigen so manche der Überlieferungen:

- Drei bis fünf Tage nach Neu- oder Vollmond regnet es;
- zwei Tage nach Vollmond entstehen häufig Gewitter;

- um Neu- oder Vollmond bilden sich oft Hurrikane, Orkane oder andere heftige Stürme.

Und dies sind die bäuerlichen Wetterregeln, die sich auf die einzelnen Mondphasen zurückführen lassen:

- Vollmond verschluckt die Wolken – das heißt es wird wieder schönes und klares Wetter.
- Regen kündigt sich an, wenn die Mondscheibe bei zu- oder abnehmendem Mond durch Dunst verschleiert wird.
- Dunst unterm Halbmond ist ein Zeichen für Wind.
- Unmittelbar nach Neu- und Vollmond gibt es die heftigsten Niederschläge.
- Vollmond oder Mondwechsel an einem Samstag sind sicheres Anzeichen für Regen.
- Findet der Mondwechsel jedoch an einem Sonntag statt, gibt es eine Überschwemmung – und zwar noch in der Zeit, bis der Monat zu Ende geht.
- Der kommende Monat wird schönes Wetter bringen, wenn der Neumond um Mitternacht oder wenigstens in den halben Stunde zuvor oder danach entsteht.
- Ist das Wetter am sechsten Tag des Mondes das gleiche wie am vierten Tag, so wird es während des ganzen Monats halten.
- Geht der Mondwechsel mit Ostwind gleich, bleibt das Wetter den ganzen Monat schlecht.
- War ein Mondzyklus verregnet, so gibt es danach ein paar schöne Tage – gefolgt von einer weiteren Schlechtwetterperiode.
- Steht der Neumond weit im Norden, rechnet man besser mit zwei Wochen Kälte.
- Steht der Neumond weit im Süden, kann man dagegen auf warmes und trockenes Wetter zählen.
- Scheint der Mond in seiner Mittelzeit fahl, wird das Wetter um Vollmond stürmisch.

- Ist der Himmel bei Neumond und auch noch vier Tage danach jeweils bei Mondaufgang gleichbleibend klar, so bleibt das Wetter für längere Zeit schön.
- Ist der Himmel jedoch zu dieser Zeit stets bedeckt, gibt es Regen.
- Ist der untere Teil der Mondsichel zu Beginn und während der ersten Tage undeutlich, dunkel oder in irgendeiner Weise verblaßt, kommt noch vor Vollmond schlechtes und stürmisches Wetter.
- Ist der obere Teil der Mondsichel blaß, kommen die Stürme erst bei abnehmendem Mond.
- Liegt der Mond in seinem dritten Viertel auf dem Rücken, ist dies ein Zeichen für Regen.
- Steht der Halbmond aufrecht und bläst der Wind aus Norden, so folgen bald Westwinde. Bis zum Ende des Monats bleibt's dann stürmisch.
- Beginnt ein Schneesturm bei Neumond, wird er mit dem ersten Mondaufgang enden.
- Zwei Vollmonde im Monat zeigen immer eine Überschwemmung an.
- Am fünften Tag des Mondes rechnen die Matrosen mit Stürmen.
- Es stürmt dagegen niemals, wenn der Mond fast voll ist.
- Bedrohliche dunkle Wolken ohne Regen zur Zeit des alten Mondes weisen auf lang anhaltende Trockenheit hin.
- Ein bewölkter Morgen bei abnehmendem Mond verheißt einen schönen Nachmittag.
- Findet der Mondwechsel am Morgen statt, ist Regen zu erwarten.

Die heilige Sieben in der Wetterkunde

Der Abt Mauritius Knauer, der den 100jährigen Kalender »erfand«, wußte genau: Nicht alle 100 Jahre wiederholt sich das Wetter. Auch wenn viele Menschen das heute noch glauben – es ist falsch. Deshalb hieß der »Hundertjährige« bei Knauer auch anders: nämlich »immerwährender Wirtschaftskalender«.

Die akribisch genauen Beobachtungen des Abtes zeigen: Alle sieben Jahre ist ein großer Planetenzyklus abgeschlossen, alle sieben Jahre ändert sich das Wetter und ein neuer Zyklus beginnt. Wir erinnern uns: Die Zahl Sieben ist nicht nur eine heilige Zahl in vielen Religionen der Welt, sondern sie gilt als Zahl des Mondes (siehe auch erstes Kapitel).

Sieben Planeten – darunter auch den Mond – kennt man in der alten Sternenkunde. Diese Planeten haben Einfluß auch aufs Wetter. Jedes Jahr, jeder Tag – ja, jede Stunde des Tages ist einem der sieben Planeten unterworfen. Und je nachdem, wo der Mond gerade steht, hat dies natürlich auch Einfluß auf unser Wetter.

Die Stundenregenten und das Mondwetter

So wie jedes Jahr seinen Regenten unter den Planeten hat, so haben auch die einzelnen Stunden des Tages ihre Regenten (auf Seite 143 finden Sie diese aufgelistet). Sie sollten darauf achten, zu welcher Stunde der Neumond auftritt. Ganz leicht können Sie dann Rückschlüsse aufs Wetter im kommenden Monat ziehen:

- Kommt der Neumond in den Stunden des Saturn, wird der Monat kalt und feucht.

- Neumond in den Stunden des Jupiter macht den Monat zur Hälfte trocken, zur anderen Hälfte windig.
- Neumond in den Stunden des Mars sorgt dafür, daß der Monat ziemlich »durchwachsen« ist: halb trocken, halb feucht.
- Neumond, der in den Stunden der Sonne aufgeht, macht im Sommer heißes und trockenes Wetter, im Winter kalt und trocken.
- Neumond in den Stunden der Venus gibt im letzten Viertel des Monats Regenwetter, im Winter auch Schnee.
- Neumond in den Stunden des Mondes macht den Monat stets windig und regnerisch.
- Neumond in den Stunden des Merkur paßt sich an den jeweiligen Jahresherrscher an.

Welcher Planet herrscht in welchem Jahr?

Sieben Planeten regieren nach der Lehre der Astrologie die Welt, und diese sieben Planeten regieren natürlich auch die Abläufe im bäuerlichen Jahr:

Jeweils am 21. März, dem Frühlingsbeginn, übernimmt einer der Planeten die Herrschaft und drückt diesem Jahr seinen Stempel auf. Somit gibt es folgenden steten Wechsel:

	Saturn	**Jupiter**	**Mars**	**Sonne**	**Venus**	**Merkur**	**Mond**
Jahr	1993	1994	1995	1996	1997	1998	1999
	2000	2001	2002	2003	2004	2005	2006
	2007	2008	2009	2010	2011	2012	2013

Die Einflüsse der Planeten

Der Abt Mauritius Knauer hat in seinem 100jährigen Kalender genau aufgelistet, wie sich die Planeten eines jeden Jahres aufs Wetter auswirken.

- Das Sonnen-Jahr (1996) ist durch und durch mehr trocken als feucht. Es ist nur mittelmäßig warm.
- Das Venus-Jahr (1997) ist immer eher feucht als trocken. Es ist zugleich schwül und ziemlich warm – zu jeder Jahreszeit.
- Das Merkur-Jahr (1998) ist im ganzen mehr trocken als feucht, auch mehr kalt als warm. Merkur-Jahre sind selten fruchtbar.
- Das Mond-Jahr (1999) ist insgesamt mehr feucht als trocken. Es ist auch mehr kalt als warm, obwohl der Sommer sehr warm sein kann. Meist aber bleibt es kühl.
- Das Saturn-Jahr (2000) ist kalt und feucht. In manchen Monaten mag es zwar ziemlich trocken sein, dennoch ist die wichtigste Zeit des Bauernjahres, nämlich August und die Herbstmonate, völlig verregnet.
- Das Jupiter-Jahr (2001) ist ziemlich warm und mehr feucht als trocken. Weil der Saturn, sein Vorgänger, mit seinem langwierigen Winter und seiner grimmigen Kälte im Frühling noch lange nachwirkt, gibt es ein spätes Jahr.
- Das Mars-Jahr (2002) ist normalerweise eher trocken als feucht. Obwohl es zu gewissen Zeiten schon regnet, gibt es doch viel mehr trockene als nasse Tage.

Sonnen- und Mondfinsternis ändern die Wetterregeln

Sonnenfinsternisse übrigens behindern die Wirkung der sieben Planeten. Deshalb sollten Sie – wenn Sie sich als Wetterprophet versuchen – den Zeitpunkt der Sonnenfinsternisse kennen. Je länger eine Sonnenfinsternis dauert, desto länger verursacht sie auch das direkt nachfolgende Regenwetter und die daraus folgende Trockenzeit. Umgekehrt gilt: Je kürzer eine Sonnenfinsternis ist, desto kürzer sind auch die Wetterfolgen. Gleichgültig, ob ein Planet trocken oder feucht ist: Die Sonnenfinsternis verursacht zunächst eine Zeit der Feuchtigkeit, danach aber trockenes und warmes Wetter. Im 100jährigen Kalender steht auch: »Fällt eine Sonnenfinsternis in die Blütezeit, so bringt sie Unfruchtbarkeit mit sich. Fällt sie jedoch in den März, April oder in die erste Maiwoche, dann wächst viel Wein (aber nur von minderer Qualität).

Sonnenfinsternisse bis zum Jahr 2000

1996	17. April	partiell, bei uns nicht sichtbar
	12. Oktober	partiell, in Mitteleuropa sichtbar
1997	9. März	total, bei uns nicht sichtbar
	2. September	partiell, bei uns nicht sichtbar
1998	26. Februar	total, bei uns nicht sichtbar
	22. August	ringförmig, bei uns nicht sichtbar
1999	16. Februar	ringförmig, bei uns nicht sichtbar
	11. August	total, in Mitteleuropa sichtbar
2000	5. Februar	partiell, in Mitteleuropa sichtbar

1. Juli	partiell, in Mitteleuropa sichtbar
31. Juli	partiell, bei uns nicht sichtbar
25. Dezember	partiell, bei uns nicht sichtbar

Regiert im Jahr der Sonnenfinsternis ein feuchter Planet (Mond, Venus, Saturn), so wird es eine Zeitlang ständig regnen. Danach herrscht große Dürre. Ist der Planet dagegen trocken (Mars, Sonne, Merkur, Jupiter), fällt die Regenperiode kürzer aus. Die nachfolgende Dürrezeit bleibt indes dieselbe.

Mondfinsternisse

Die Mondfinsternisse beeinflussen ebenfalls die natürliche Wirkung der Planeten. Doch sind Mondfinsternisse viel schwächer als eine Sonnenfinsternis. Eine Mondfinsternis kann höchstens dreieinhalb Stunden dauern – deshalb kann ihre Wirkung auch nicht länger als dreieinhalb Monate anhalten. Eine Auflistung der Mondfinsternisse finden Sie auf Seite 134.

Für die Zeit der Mondfinsternis gibt es noch einen ganz speziellen Ratschlag aus dem Bauernkalender: Eine Mondfinsternis wird meist von Winden, nur selten von Regen begleitet. Allerdings: Das Wetter nach einer Mondfinsternis ist oft stürmisch und richtet sich dann kaum nach den Überlieferungen des Bauernkalenders.

Kometen und ihr Einfluß aufs Wetter

Auch Kometen können das Wetter beeinflussen: In den ersten Tagen ihrer Erscheinung bringen sie häufig Regen mit sich, später dann Trockenheit. Kometen erscheinen – so der

Verfasser des 100jährigen Kalenders – meist in einem Jupiter- oder in einem Mars-Jahr. Im darauffolgenden Jahr soll es guten Wein geben. Ganz im allgemeinen kündigen Kometen jedoch eher Schlechtes an. Man sah sie früher als »Fackel Gottes« an, die ausgesandt wurde, um den Menschen Sünden und Verfehlungen bewußt zu machen:

- Regiert der Mars (1995), und es taucht ein Komet auf, dann gibt es Streit, Blutvergießen und Kriege.
- Kometen im Sonnen-Jahr (1996) bringen Krankheiten.
- Ein Komet unter der Venus (1997) bedeutet Dürre.
- Im Merkur-Jahr (1998) zeigt ein Komet großes Sterben an.
- Kommt ein Komet im Mond-Jahr (1999), dann »stirbt das Volk«.
- Erscheint ein Komet gleichzeitig mit dem Saturn (2000), so wird es großes Sterben geben.
- Ist der Komet dagegen mit Jupiter (2001) verbunden, dann droht den Königen, den Fürsten und Herzögen – also allen Regierenden – Schlimmes.
- Erscheinen die Kometen im Erdzeichen (Stier, Jungfrau, Steinbock), bringen sie Dürre und Unfruchtbarkeit.
- Kometen in den Wasserzeichen (Krebs, Skorpion, Fische) führen zu Seuchen – wegen der starken Regenfälle, die Katastrophen verursachen.
- Kommen Kometen in den Luftzeichen (Zwillinge, Waage, Wassermann), so folgen ihnen Stürme und Aufruhr nach, manchmal auch Kriege.
- Kometen im Feuerzeichen (Widder, Löwe, Schütze) bedeuten immer Krieg.

Der Mond bei der Arbeit im Garten und auf dem Balkon

Der Mond ist aufgegangen,
die goldnen Sternlein prangen
am Himmel hell und klar.

Diese Worte von Matthias Claudius kennt wohl jedes Kind. Und sie zeigen auf spielerischer Weise an, wie innig die Verbindung von uns Menschen zu unserem nächtlichen Himmelsbegleiter ist. Weitaus wichtiger jedoch als Gestirne und Planeten beeinflußt der Mond das Werden und Wachsen auf der Erde. Das war den alten Völkern in vorchristlicher Zeit bewußt, das galt im Christentum und das gilt heute – trotz allen wissenschaftlichen und technischen Fortschritts – immer noch.

In Amerika weiß man das schon lange: Seit Anfang dieses Jahrhunderts gibt es dort ein jährlich erscheinendes Gartenbuch, in dem ganz klar auf den Mond und seine Einflüsse im Gartenbau hingewiesen wird.

In Italien erscheint jedes Jahr ein kleiner blauer Mondkalender, der die Mondphasen fürs kommende Jahr enthält. Im sogenannten Baccelli sind auch alle Sonnen- und Mondfinsternisse aufgeführt.

Und die meisten Bauern und Gärtner finden es selbstverständlich, dort erst einmal nachzuschlagen, bevor sie ans Pflanzen und Säen gehen.

Die Jahresherrscher sind wichtig für alle Gärtner

Jeweils am 21. März, dem Frühlingsbeginn, übernimmt einer der Planeten für ein Jahr die Herrschaft – und prägt dieses Jahr damit. Auch der Mond – der ja einer dieser sieben »Planeten« ist – spielt dabei eine wichtige Rolle. Um so mehr, als er seit alters her »zuständig« ist für Aussaat, Wachstum und Ernte. Hier noch einmal ganz kurz die Eigenschaften der Planeten:

Sonne (1996, 2003, 2010):	mittelwarm und trocken
Venus (1997, 2004, 2011):	warm und feucht
Merkur (1998, 2005, 2012):	kalt und trocken
Mond (1999, 2006, 2013):	kalt und feucht
Saturn (2000, 2007, 2014):	kalt und feucht
Jupiter (2001, 2008, 2015):	warm und trocken
Mars (2002, 2009, 2016):	heiß und trocken

Wer einen Garten besitzt, wer auf dem Balkon Blumen oder Nutzpflanzen zieht, ja selbst wer auf der Fensterbank in der Küche ein paar Kräutlein aussät, sollte sich an den Mondphasen und auch am Jahresherrscher orientieren.

Der Mond kontrolliert die Gezeiten der großen Weltmeere; deshalb wird ihm auch die Kraft zugeschrieben, Aussaat, Wachstum und Ernte mitzubestimmen. Mit der Zunahme des Mondes erhöht sich auch die Feuchtigkeit auf der Erde. In dieser Zeit sollen die Pflanzen am saftigsten und die Tiere am aktivsten sein.

Zwei Arten von Mondkalendern für den Garten

- Relativ einfach ist es, sich beim Gärtnern nur an die vier Mondphasen zu halten: vom Beginn des Zyklus – Neumond – über den zunehmenden Halbmond, den Vollmond und den abnehmenden Halbmond wieder hin zu Neumond. Diese Methode hat sich genauso bewährt wie die etwas komplizierteren beiden anderen.
- Genauer – aber auch mit wesentlich mehr Planung und Aufwand verbunden – sind alle Mondkalender, die außer den Mondphasen auch noch angeben, in welchen Tierkreiszeichen sich der Mond gerade befindet.

Für die einfache Form reicht ein Blick in den Himmel; beim zweiten Kalender müssen Sie genauer vorgehen, müssen sich außerdem auch unter Umständen mit langwierigen Tabellen beschäftigen.

Vergessen Sie bitte nicht, daß Ihnen alle Mondphasen und Tierkreiszeichen nicht zu nutze sind, wenn Sie keinen guten Boden im Garten haben oder wenn Sie bei der Balkonbepflanzung nicht auf gute Erde achten. Und natürlich spielen das Wetter und die Temperatur eine wichtige Rolle: Es nützt nichts, mit der Aussaat beginnen zu wollen, wenn's zwar im Mondkalender steht, der Boden in diesem Jahr aber im März noch tief gefroren ist.

Ein wenig gesunder Menschenverstand tut also auch not – neben einem Gefühl für Pflanzen. Sie können nicht erwarten, daß plötzlich alles im Ihrem Garten blüht und gedeiht, nur weil Sie's heuer mal mit dem Mond versuchen. Der Mond und sein Einfluß auf unser Leben sollten Ihnen so nach und nach in Fleisch und Blut übergehen. Wenn Sie allerdings im Einklang mit ihm und mit der Natur leben, werden Sie phantastische Erfolge erzielen.

Gärtnern nach den Mondphasen

Sie wissen ja jetzt schon: Wir unterscheiden vier Quartale, in denen der Mond seinen Zyklus durchläuft. Das sind:

- erstes Quartal von Neumond bis zum zunehmenden Halbmond;
- zweites Quartal von Halbmond bis Vollmond;
- drittes Quartal vom Vollmond zum abnehmenden Halbmond;
- viertes Quartal vom Halbmond zum Neumond.

Ganz allgemein gilt: Alles, was zum Wachsen beitragen soll, vor allem bei Pflanzen, die ihre Früchte über der Erde tragen, sollten Sie in der Zeit des zunehmenden Mondes (also im ersten und zweiten Quartal) verrichten. Gemüse und Früchte, die Sie schnell verzehren und nicht einlagern, sollte man ebenfalls in dieser Zeit ernten. Pflanzen, die ihre Früchte unter der Erde tragen, »bearbeitet« man dagegen besser in der Zeit des abnehmenden Mondes (also im dritten und vierten Quartal). Wenn Sie Gemüse oder Früchte einlagern, einfrieren oder einkochen wollen, sollten Sie in der Zeit des abnehmenden Mondes ernten.

Im ersten Viertel des Mondes

- Säen Sie in dieser Zeit Kräutersamen aus.
- Setzen Sie alle blühenden einjährigen Pflanzen und Rosen.
- Pflanzen Sie Artischocken, Blumenkohl, Brokkoli, Brunnenkresse, Endiviensalat, Gurken, Kohl, Kohlrabi, Kopfsalat, Petersilie, Lauch, Sellerie, Spinat, Rosenkohl und andere Blattgemüsearten, die über dem Boden Frucht tragen.

Im ersten oder zweiten Viertel des Mondes

- Säen Sie Körner aus, auch große Flächen wie z. B. Rasen.
- Mähen Sie den Rasen.
- Veredeln Sie Pflanzen und Bäume.
- Beschneiden Sie Pflanzen.
- Topfen Sie junge Triebe um.
- Pflanzen Sie um.
- Pflücken Sie Obst und ernten Sie Gemüse, das Sie im täglichen Gebrauch sofort verzehren wollen.
- Wässern Sie Ihre Pflanzen.
- Legen Sie einen Komposthaufen an.

Im zweiten Viertel des Mondes

- Säen Sie Auberginen, Bohnen, Erbsen, Gartenkürbis, Knoblauch, Paprika, Porree, Schalotten, Tomaten, Wassermelonen, Zwiebeln.
- Setzen Sie blühende einjährige Pflanzen und auch Rosen.
- Pflanzen Sie Himbeeren, Brombeeren, Stachelbeeren.
- Düngen Sie nun – am besten kurz vor Vollmond.
- Ernten Sie jetzt auch Trauben, wenn Sie Wein keltern wollen; am besten auch kurz vor Vollmond.
- Ist das Wetter sehr trocken, sollten Sie kurz vor Vollmond aussäen.

Im dritten Viertel des Mondes

- Säen und pflanzen Sie Gemüsesorten, die unter der Erde Frucht tragen: Kartoffeln, Möhren, Pastinaken, Radieschen, Rüben, Steckrüben, Zwiebelsetzlinge, auch rote Bete.
- Pflanzen und säen Sie Erbsen, Erdbeeren, Rhabarber, Saatknollen, Salbei, Sonnenblumen und Zichorie.
- Setzen Sie blühende zwei- und mehrjährige Knollenpflanzen.

- Pflanzen Sie Bäume wie Apfel, Birne, Eiche, Pfirsich, Pflaume und andere Laubbäume.
- Streuen Sie Torf aus.

Im dritten oder vierten Viertel des Mondes

- Beschneiden Sie Tomaten.
- Düngen Sie, wenn Sie dazu Kalium verwenden.
- Beginnen Sie mit Kompostdüngung. Verteilen Sie Kompost und andere organische Dünger, und graben Sie sie unter.
- Jäten Sie Unkraut.
- Dünnen Sie Pflanzen aus und beschneiden Sie sie.
- Mähen Sie Rasenflächen.
- Ernten Sie Obst und Gemüse, das Sie einlagern oder einkochen wollen: also Äpfel, Kartoffel, Kohl.
- Sammeln Sie Blüten und Saaten, die Sie einlagern wollen.
- Graben Sie jetzt Kräuterwurzeln aus.
- Sammeln Sie Blätter und Rinden für Gesundheitstees.
- Trocknen Sie Bohnen, Kräuter, Blumen und Früchte.

Im vierten Viertel des Mondes

- Besprühen Sie Obstbäume geben Ungeziefer und Pilzbefall.
- Fällen Sie Holz möglichst erst kurz vor Neumond.

Gärtnern nach Mond und Tierkreiszeichen

Kompliziert – aber sicher von Erfolg gekrönt: So könnte man diese Methode beschreiben. Sie müssen dabei genau planen. Denn beim Gärtnern mit Mond und Tierkreiszeichen kommt es genau darauf an, an welchem Tag Sie welche Arbeiten verrichten (auf den Seiten 42 – 107 finden Sie die ausführliche Mond-Tierkreiszeichen-Tabelle bis zum Jahr 2000).

Beim Gärtnern nach dem Tierkreis geht man davon aus, daß jeder Tag des Monats von einem der zwölf Sternzeichen beeinflußt wird. Der Mond durchläuft diese Sternzeichen ebenfalls – etwa zweieinhalb Tage benötigt er für jedes Zeichen des Zodiakus.

Die Eigenschaften der Tierkreiszeichen

In der Astrologie schreibt man den einzelnen Sternzeichen bestimmte Eigenschaften zu. Man unterscheidet also:

- Tag- und Nachtzeichen. Tagzeichen sind dabei aktiv und trocken, Nachtzeichen passiv, feucht und fruchtbar. Tagzeichen sind Widder, Zwillinge, Löwe, Waage, Schütze und Wassermann. Nachtzeichen sind Stier, Krebs, Jungfrau, Skorpion, Steinbock und Fische.
- Hauptzeichen und untergeordnete Zeichen, auch als kardinal, fix und labil bekannt. Kardinal- oder Hauptzeichen stehen am Beginn neuer Jahreszeiten. Sie gelten als aktiv und lebendig – das sind Widder, Krebs, Waage und Steinbock. Fixe Zeichen festigen die Wirkung des vorhergehenden Tierkreiszeichens. Sie gelten als starr und beharrlich. Fixe Zeichen sind Stier, Löwe, Skorpion und Wassermann. Labile Zeichen folgen immer auf die fixen und gelten als unbeständig, oft negativ und unzuverlässig. Die labilen Zeichen sind Zwillinge, Jungfrau, Schütze und Fische.
- die Elemente der Zeichen. Danach gibt es Feuer-, Wasser-, Luft- und Erdzeichen.

Frucht-, Blüten-, Blatt- und Wurzeltage

Für den astrologiebewußten Gärtner gibt es eine Verbindung zwischen den vier Elementen und den Teilen, aus denen eine Pflanze besteht.

Und so ordnet man zu:

- Feuerzeichen (Widder, Löwe und Schütze) sind heiß; sie begünstigen Samen- und Fruchtbildung. Man nennt die Tage unter den Feuerzeichen auch Fruchttage.
- Luftzeichen (Zwillinge, Waage und Wassermann) gelten als trocken; sie fördern die Blüte. Man nennt Tage unter den Luftzeichen deshalb Blütentage.
- Wasserzeichen (Krebs, Skorpion und Fische) sind feucht und sehr wachstumsfördernd; sie sind deshalb gut für Stiele und Blätter – und so nennt man Tage unter Wasserzeichen Blattage.
- Erdzeichen (Stier, Jungfrau und Steinbock) gelten als bodenständig, fest und erdnah; sie sind gut für die Wurzelbildung. Tage unter den Erdzeichen nennt man also auch Wurzeltage.

Erklärung der verwendeten astrologischen Zeichen und Symbole

♈ = Widder = 

♉ = Stier = 

♊ = Zwillinge = 

♋ = Krebs = 

♌ = Löwe = 

♍ = Jungfrau = 

♎ = Waage = 

♏ = Skorpion = 

♐ = Schütze = 

♑ = Steinbock = 

♒ = Wassermann = 

♓ = Fische = 

1996 Frucht-, Blüten- und Wurzeltage

Januar				Februar				März			
1 Mo	♉	Wurzel		1 Do	♋	Blatt		1 Fr	♋	Blatt	
2 Di	♉	Wurzel		2 Fr	♋	Blatt		2 Sa	♌	Frucht	
3 Mi	♊	Blüte		3 Sa	♋	Blatt		3 So	♌	Frucht	
4 Do	♊	Blüte		4 So	♌	Frucht	○	4 Mo	♌	Frucht	
5 Fr	♋	Blatt	○	5 Mo	♌	Frucht		5 Di	♍	Wurzel	○
6 Sa	♋	Blatt		6 Di	♍	Wurzel		6 Mi	♍	Wurzel	
7 So	♋	Blatt		7 Mi	♍	Wurzel		7 Do	♎	Blüte	
8 Mo	♌	Frucht		8 Do	♍	Wurzel		8 Fr	♎	Blüte	
9 Di	♌	Frucht		9 Fr	♎	Blüte		9 Sa	♏	Blatt	
10 Mi	♍	Wurzel		10 Sa	♎	Blüte		10 So	♏	Blatt	
11 Do	♍	Wurzel		11 So	♏	Blatt		11 Mo	♏	Blatt	
12 Fr	♍	Wurzel		12 Mo	♏	Blatt	☾	12 Di	♐	Frucht	☾
13 Sa	♎	Blüte	☾	13 Di	♐	Frucht		13 Mi	♐	Frucht	
14 So	♎	Blüte		14 Mi	♐	Frucht		14 Do	♑	Wurzel	
15 Mo	♏	Blatt		15 Do	♑	Wurzel		15 Fr	♑	Wurzel	
16 Di	♏	Blatt		16 Fr	♑	Wurzel		16 Sa	♒	Blüte	
17 Mi	♐	Frucht		17 Sa	♑	Wurzel		17 So	♒	Blüte	
18 Do	♐	Frucht		18 So	♒	Blüte	●	18 Mo	♓	Blatt	
19 Fr	♑	Wurzel		19 Mo	♒	Blüte		19 Di	♓	Blatt	●
20 Sa	♑	Wurzel	●	20 Di	♓	Blatt		20 Mi	♈	Frucht	
21 So	♒	Blüte		21 Mi	♓	Blatt		21 Do	♈	Frucht	
22 Mo	♒	Blüte		22 Do	♈	Frucht		22 Fr	♉	Wurzel	
23 Di	♓	Blatt		23 Fr	♈	Frucht		23 Sa	♉	Wurzel	
24 Mi	♓	Blatt		24 Sa	♉	Wurzel		24 So	♉	Wurzel	
25 Do	♈	Frucht		25 So	♉	Wurzel		25 Mo	♊	Blüte	
26 Fr	♈	Frucht		26 Mo	♊	Blüte	☽	26 Di	♊	Blüte	
27 Sa	♉	Wurzel	☽	27 Di	♊	Blüte		27 Mi	♋	Blatt	☽
28 So	♉	Wurzel		28 Mi	♊	Blüte		28 Do	♋	Blatt	
29 Mo	♉	Wurzel		29 Do	♋	Blatt		29 Fr	♋	Blatt	
30 Di	♊	Blüte						30 Sa	♌	Frucht	
31 Mi	♊	Blüte						31 So	♌	Frucht	

April		Mai		Juni	
1 Mo ♍ Wurzel		1 Mi ♎ Blüte		1 Sa ♏ Blatt	○
2 Di ♍ Wurzel		2 Do ♎ Blüte		2 So ♐ Frucht	
3 Mi ♎ Blüte		3 Fr ♏ Blatt	○	3 Mo ♐ Frucht	
4 Do ♎ Blüte	○	4 Sa ♏ Blatt		4 Di ♑ Wurzel	
5 Fr ♎ Blüte		5 So ♐ Frucht		5 Mi ♑ Wurzel	
6 Sa ♏ Blatt		6 Mo ♐ Frucht		6 Do ♒ Blüte	
7 So ♏ Blatt		7 Di ♑ Wurzel		7 Fr ♒ Blüte	
8 Mo ♐ Frucht		8 Mi ♑ Wurzel		8 Sa ♓ Blatt	☾
9 Di ♐ Frucht		9 Do ♒ Blüte		9 So ♓ Blatt	
10 Mi ♑ Wurzel	☾	10 Fr ♒ Blüte	☾	10 Mo ♈ Frucht	
11 Do ♑ Wurzel		11 Sa ♓ Blatt		11 Di ♈ Frucht	
12 Fr ♒ Blüte		12 So ♓ Blatt		12 Mi ♉ Wurzel	
13 Sa ♒ Blüte		13 Mo ♓ Blatt		13 Do ♉ Wurzel	
14 So ♓ Blatt		14 Di ♈ Frucht		14 Fr ♉ Wurzel	
15 Mo ♓ Blatt		15 Mi ♈ Frucht		15 Sa ♊ Blüte	
16 Di ♈ Frucht		16 Do ♉ Wurzel		16 So ♊ Blüte	●
17 Mi ♈ Frucht	●	17 Fr ♉ Wurzel	●	17 Mo ♋ Blatt	
18 Do ♈ Frucht		18 Sa ♊ Blüte		18 Di ♋ Blatt	
19 Fr ♉ Wurzel		19 So ♊ Blüte		19 Mi ♌ Frucht	
20 Sa ♉ Wurzel		20 Mo ♊ Blüte		20 Do ♌ Frucht	
21 So ♊ Blüte		21 Di ♋ Blatt		21 Fr ♌ Frucht	
22 Mo ♊ Blüte		22 Mi ♋ Blatt		22 Sa ♍ Wurzel	
23 Di ♋ Blatt		23 Do ♌ Frucht		23 So ♍ Wurzel	
24 Mi ♋ Blatt		24 Fr ♌ Frucht		24 Mo ♎ Blüte	☽
25 Do ♋ Blatt	☽	25 Sa ♌ Frucht	☽	25 Di ♎ Blüte	
26 Fr ♌ Frucht		26 So ♍ Wurzel		26 Mi ♎ Blatt	
27 Sa ♌ Frucht		27 Mo ♍ Wurzel		27 Do ♏ Blüte	
28 So ♍ Wurzel		28 Di ♎ Blüte		28 Fr ♏ Blüte	
29 Mo ♍ Wurzel		29 Mi ♎ Blüte		29 Sa ♐ Frucht	
30 Di ♍ Wurzel		30 Do ♏ Blatt		30 So ♐ Frucht	
		31 Fr ♏ Blatt			

Juli	August	September
1 Mo ♑ Wurzel ○	1 Do ♓ Blatt	1 So ♈ Frucht
2 Di ♑ Wurzel	2 Fr ♓ Blatt	2 Mo ♉ Wurzel
3 Mi ♒ Blüte	3 Sa ♈ Frucht	3 Di ♉ Wurzel
4 Do ♒ Blüte	4 So ♈ Frucht	4 Mi ♊ Blüte ☾
5 Fr ♓ Blatt	5 Mo ♈ Frucht	5 Do ♊ Blüte
6 Sa ♓ Blatt	6 Di ♉ Wurzel ☾	6 Fr ♊ Blüte
7 So ♈ Frucht ☾	7 Mi ♉ Wurzel	7 Sa ♋ Blatt
8 Mo ♈ Frucht	8 Do ♊ Blüte	8 So ♋ Blatt
9 Di ♉ Wurzel	9 Fr ♊ Blüte	9 Mo ♌ Frucht
10 Mi ♉ Wurzel	10 Sa ♋ Blatt	10 Di ♌ Frucht
11 Do ♉ Wurzel	11 So ♋ Blatt	11 Mi ♌ Frucht
12 Fr ♊ Blüte	12 Mo ♋ Blatt	12 Do ♍ Wurzel ●
13 Sa ♊ Blüte	13 Di ♌ Frucht	13 Fr ♍ Wurzel
14 So ♋ Blatt	14 Mi ♌ Frucht ●	14 Sa ♎ Blüte
15 Mo ♋ Blatt ●	15 Do ♌ Frucht	15 So ♎ Blüte
16 Di ♋ Blatt	16 Fr ♍ Wurzel	16 Mo ♎ Blüte
17 Mi ♌ Frucht	17 Sa ♍ Wurzel	17 Di ♏ Blatt
18 Do ♌ Frucht	18 So ♎ Blüte	18 Mi ♏ Blatt
19 Fr ♍ Wurzel	19 Mo ♎ Blüte	19 Do ♐ Frucht
20 Sa ♍ Wurzel	20 Di ♏ Blatt	20 Fr ♐ Frucht ☽
21 So ♍ Wurzel	21 Mi ♏ Blatt	21 Sa ♑ Wurzel
22 Mo ♎ Blüte	22 Do ♏ Blatt ☽	22 So ♑ Wurzel
23 Di ♎ Blüte ☽	23 Fr ♐ Frucht	23 Mo ♒ Blüte
24 Mi ♏ Blatt	24 Sa ♐ Frucht	24 Di ♒ Blüte
25 Do ♏ Blatt	25 So ♑ Wurzel	25 Mi ♓ Blatt
26 Fr ♐ Frucht	26 Mo ♑ Wurzel	26 Do ♓ Blatt
27 Sa ♐ Frucht	27 Di ♒ Blüte	27 Fr ♈ Frucht ○
28 So ♑ Wurzel	28 Mi ♒ Blüte ○	28 Sa ♈ Frucht
29 Mo ♑ Wurzel	29 Do ♓ Blatt	29 So ♉ Wurzel
30 Di ♒ Blüte ○	30 Fr ♓ Blatt	30 Mo ♉ Wurzel
31 Mi ♒ Blüte	31 Sa ♈ Frucht	

Oktober	November	Dezember
1 Di ♉ Wurzel	1 Fr ♋ Blatt	1 So ♌ Frucht
2 Mi ♊ Blüte	2 Sa ♋ Blatt	2 Mo ♌ Frucht
3 Do ♊ Blüte	3 So ♌ Frucht ☾	3 Di ♍ Wurzel ☾
4 Fr ♋ Blatt ☾	4 Mo ♌ Frucht	4 Mi ♍ Wurzel
5 Sa ♋ Blatt	5 Di ♍ Wurzel	5 Do ♎ Blüte
6 So ♋ Blatt	6 Mi ♍ Wurzel	6 Fr ♎ Blüte
7 Mo ♌ Frucht	7 Do ♍ Wurzel	7 Sa ♎ Blüte
8 Di ♌ Frucht	8 Fr ♎ Blüte	8 So ♏ Blatt
9 Mi ♍ Wurzel	9 Sa ♎ Blüte	9 Mo ♏ Blatt
10 Do ♍ Wurzel	10 So ♏ Blatt	10 Di ♐ Frucht ●
11 Fr ♍ Wurzel	11 Mo ♏ Blatt ●	11 Mi ♐ Frucht
12 Sa ♎ Blüte ●	12 Di ♐ Frucht	12 Do ♑ Wurzel
13 So ♎ Blüte	13 Mi ♐ Frucht	13 Fr ♑ Wurzel
14 Mo ♏ Blatt	14 Do ♐ Frucht	14 Sa ♒ Blüte
15 Di ♏ Blatt	15 Fr ♑ Wurzel	15 So ♒ Blüte
16 Mi ♐ Frucht	16 Sa ♑ Wurzel	16 Mo ♓ Blatt
17 Do ♐ Frucht	17 So ♒ Blüte	17 Di ♓ Blatt ☽
18 Fr ♑ Wurzel	18 Mo ♒ Blüte ☽	18 Mi ♈ Frucht
19 Sa ♑ Wurzel ☽	19 Di ♓ Blatt	19 Do ♈ Frucht
20 So ♒ Blüte	20 Mi ♓ Blatt	20 Fr ♉ Wurzel
21 Mo ♒ Blüte	21 Do ♈ Frucht	21 Sa ♉ Wurzel
22 Di ♒ Blüte	22 Fr ♈ Frucht	22 So ♉ Wurzel
23 Mi ♓ Blatt	23 Sa ♉ Wurzel	23 Mo ♊ Blüte
24 Do ♓ Blatt	24 So ♉ Wurzel	24 Di ♊ Blüte ○
25 Fr ♈ Frucht	25 Mo ♊ Blüte ○	25 Mi ♋ Blatt
26 Sa ♈ Frucht ○	26 Di ♊ Blüte	26 Do ♋ Blatt
27 So ♉ Wurzel	27 Mi ♊ Blüte	27 Fr ♋ Blatt
28 Mo ♉ Wurzel	28 Do ♋ Blatt	28 Sa ♌ Frucht
29 Di ♊ Blüte	29 Fr ♋ Blatt	29 So ♌ Frucht
30 Mi ♊ Blüte	30 Sa ♌ Frucht	30 Mo ♍ Wurzel
31 Do ♋ Blatt		31 Di ♍ Wurzel

1997 Frucht-, Blüten- und Wurzeltage

Januar				Februar				März			
1 Mi	♍	Wurzel		1 Sa	♏	Blatt		1 Sa	♏	Blatt	
2 Do	♎	Blüte	☾	2 So	♏	Blatt		2 So	♐	Frucht	☾
3 Fr	♎	Blüte		3 Mo	♐	Frucht		3 Mo	♐	Frucht	
4 Sa	♏	Blatt		4 Di	♐	Frucht		4 Di	♑	Wurzel	
5 So	♏	Blatt		5 Mi	♑	Wurzel		5 Mi	♑	Wurzel	
6 Mo	♐	Frucht		6 Do	♑	Wurzel		6 Do	♒	Blüte	
7 Di	♐	Frucht		7 Fr	♒	Blüte	●	7 Fr	♒	Blüte	
8 Mi	♑	Wurzel		8 Sa	♒	Blüte		8 Sa	♓	Blatt	
9 Do	♑	Wurzel	●	9 So	♓	Blatt		9 So	♓	Blatt	●
10 Fr	♒	Blüte		10 Mo	♓	Blatt		10 Mo	♈	Frucht	
11 Sa	♒	Blüte		11 Di	♈	Frucht		11 Di	♈	Frucht	
12 So	♓	Blatt		12 Mi	♈	Frucht		12 Mi	♉	Wurzel	
13 Mo	♓	Blatt		13 Do	♉	Wurzel		13 Do	♉	Wurzel	
14 Di	♈	Frucht		14 Fr	♉	Wurzel	☽	14 Fr	♉	Wurzel	
15 Mi	♈	Frucht	☽	15 Sa	♊	Blüte		15 Sa	♊	Blüte	
16 Do	♈	Frucht		16 So	♊	Blüte		16 So	♊	Blüte	☽
17 Fr	♉	Wurzel		17 Mo	♊	Blüte		17 Mo	♋	Blatt	
18 Sa	♉	Wurzel		18 Di	♋	Blatt		18 Di	♋	Blatt	
19 So	♊	Blüte		19 Mi	♋	Blatt		19 Mi	♌	Frucht	
20 Mo	♊	Blüte		20 Do	♌	Frucht		20 Do	♌	Frucht	
21 Di	♋	Blatt		21 Fr	♌	Frucht		21 Fr	♌	Frucht	
22 Mi	♋	Blatt		22 Sa	♌	Frucht	○	22 Sa	♍	Wurzel	
23 Do	♋	Blatt	○	23 So	♍	Wurzel		23 So	♍	Wurzel	
24 Fr	♌	Frucht		24 Mo	♍	Wurzel		24 Mo	♎	Blüte	○
25 Sa	♌	Frucht		25 Di	♎	Blüte		25 Di	♎	Blüte	
26 So		Wurzel		26 Mi	♎	Blüte		26 Mi	♎	Blüte	
27 Mo	♍♍	Wurzel		27 Do	♎	Blüte		27 Do	♏	Blatt	
28 Di	♍	Wurzel		28 Fr	♏	Blatt		28 Fr	♏	Blatt	
29 Mi	♎	Blüte						29 Sa	♐	Frucht	
30 Do	♎	Blüte						30 So	♐	Frucht	
31 Fr	♏	Blatt	☾					31 Mo	♐	Frucht	☾

April				Mai				Juni			
1 Di	♑	Wurzel		1 Do	♒	Blüte		1 So	♈	Frucht	
2 Mi	♑	Wurzel		2 Fr	♓	Blatt		2 Mo	♈	Frucht	
3 Do	♒	Blüte		3 Sa	♓	Blatt		3 Di	♉	Wurzel	
4 Fr	♒	Blüte		4 So	♈	Frucht		4 Mi	♉	Wurzel	
5 Sa	♓	Blatt		5 Mo	♈	Frucht		5 Do	♊	Blüte	●
6 So	♓	Blatt		6 Di	♉	Wurzel	●	6 Fr	♊	Blüte	
7 Mo	♈	Frucht	●	7 Mi	♉	Wurzel		7 Sa	♋	Blatt	
8 Di	♈	Frucht		8 Do	♊	Blüte		8 So	♋	Blatt	
9 Mi	♉	Wurzel		9 Fr	♊	Blüte		9 Mo	♌	Frucht	
10 Do	♉	Wurzel		10 Sa	♊	Blüte		10 Di	♌	Frucht	
11 Fr	♊	Blüte		11 So	♋	Blatt		11 Mi	♌	Frucht	
12 Sa	♊	Blüte		12 Mo	♋	Blatt		12 Do	♍	Wurzel	
13 So	♋	Blatt		13 Di	♌	Frucht		13 Fr	♍	Wurzel	☽
14 Mo	♋	Blatt	☽	14 Mi	♌	Frucht	☽	14 Sa	♎	Blüte	
15 Di	♋	Blatt		15 Do	♍	Wurzel		15 So	♎	Blüte	
16 Mi	♌	Frucht		16 Fr	♍	Wurzel		16 Mo	♎	Blüte	
17 Do	♌	Frucht		17 Sa	♍	Wurzel		17 Di	♏	Blatt	
18 Fr	♍	Wurzel		18 So	♎	Blüte		18 Mi	♏	Blatt	
19 Sa	♍	Wurzel		19 Mo	♎	Blüte		19 Do	♐	Frucht	
20 So	♍	Wurzel		20 Di	♏	Blatt		20 Fr	♐	Frucht	○
21 Mo	♎	Blüte		21 Mi	♏	Blatt		21 Sa	♑	Wurzel	
22 Di	♎	Blüte	○	22 Do	♏	Blatt	○	22 So	♑	Wurzel	
23 Mi	♏	Blatt		23 Fr	♐	Frucht		23 Mo	♒	Blüte	
24 Do	♏	Blatt		24 Sa	♐	Frucht		24 Di	♒	Blüte	
25 Fr	♐	Frucht		25 So	♑	Wurzel		25 Mi	♒	Blüte	
26 Sa	♐	Frucht		26 Mo	♑	Wurzel		26 Do	♓	Blatt	
27 So	♐	Frucht		27 Di	♒	Blüte		27 Fr	♓	Blatt	☾
28 Mo	♑	Wurzel		28 Mi	♒	Blüte		28 Sa	♈	Frucht	
29 Di	♑	Wurzel		29 Do	♓	Blatt	☾	29 So	♈	Frucht	
30 Mi	♒	Blüte	☾	30 Fr	♓	Blatt		30 Mo	♉	Wurzel	
				31 Sa	♈	Frucht					

Juli	August	September
1 Di ♉ Wurzel	1 Fr ♋ Blatt	1 Mo ♌ Frucht ●
2 Mi ♊ Blüte	2 Sa ♋ Blatt	2 Di ♍ Wurzel
3 Do ♊ Blüte	3 So ♌ Frucht ●	3 Mi ♍ Wurzel
4 Fr ♋ Blatt ●	4 Mo ♌ Frucht	4 Do ♎ Blüte
5 Sa ♋ Blatt	5 Di ♍ Wurzel	5 Fr ♎ Blüte
6 So ♋ Blatt	6 Mi ♍ Wurzel	6 Sa ♎ Blüte
7 Mo ♌ Frucht	7 Do ♍ Wurzel	7 So ♏ Blatt
8 Di ♌ Frucht	8 Fr ♎ Blüte	8 Mo ♏ Blatt
9 Mi ♍ Wurzel	9 Sa ♎ Blüte	9 Di ♐ Frucht
10 Do ♍ Wurzel	10 So ♏ Blatt	10 Mi ♐ Frucht ☽
11 Fr ♍ Wurzel	11 Mo ♏ Blatt ☽	11 Do ♐ Frucht
12 Sa ♎ Blüte ☽	12 Di ♏ Blatt	12 Fr ♑ Wurzel
13 So ♎ Blüte	13 Mi ♐ Frucht	13 Sa ♑ Wurzel
14 Mo ♏ Blatt	14 Do ♐ Frucht	14 So ♒ Blüte
15 Di ♏ Blatt	15 Fr ♑ Wurzel	15 Mo ♒ Blüte
16 Mi ♏ Blatt	16 Sa ♑ Wurzel	16 Di ♓ Blatt ○
17 Do ♐ Frucht	17 So ♒ Blüte	17 Mi ♓ Blatt
18 Fr ♐ Frucht	18 Mo ♒ Blüte ○	18 Do ♈ Frucht
19 Sa ♑ Wurzel	19 Di ♓ Blatt	19 Fr ♈ Frucht
20 So ♑ Wurzel ○	20 Mi ♓ Blatt	20 Sa ♉ Wurzel
21 Mo ♒ Blüte	21 Do ♈ Frucht	21 So ♉ Wurzel
22 Di ♒ Blüte	22 Fr ♈ Frucht	22 Mo ♊ Blüte
23 Mi ♓ Blatt	23 Sa ♉ Wurzel	23 Di ♊ Blüte ☾
24 Do ♓ Blatt	24 So ♉ Wurzel	24 Mi ♋ Blatt
25 Fr ♈ Frucht	25 Mo ♊ Blüte ☾	25 Do ♋ Blatt
26 Sa ♈ Frucht ☾	26 Di ♊ Blüte	26 Fr ♌ Frucht
27 So ♉ Wurzel	27 Mi ♊ Blüte	27 Sa ♌ Frucht
28 Mo ♉ Wurzel	28 Do ♋ Blatt	28 So ♌ Frucht
29 Di ♊ Blüte	29 Fr ♋ Blatt	29 Mo ♍ Wurzel
30 Mi ♊ Blüte	30 Sa ♌ Frucht	30 Di ♍ Wurzel
31 Do ♊ Blüte	31 So ♌ Frucht	

Oktober	November	Dezember
1 Mi ♎ Blüte ●	1 Sa ♏ Blatt	1 Mo ♐ Frucht
2 Do ♎ Blüte	2 So ♏ Blatt	2 Di ♑ Wurzel
3 Fr ♎ Blüte	3 Mo ♐ Frucht	3 Mi ♑ Wurzel
4 Sa ♏ Blatt	4 Di ♐ Frucht	4 Do ♒ Blüte
5 So ♏ Blatt	5 Mi ♑ Wurzel	5 Fr ♒ Blüte
6 Mo ♐ Frucht	6 Do ♑ Wurzel	6 Sa ♒ Blüte
7 Di ♐ Frucht	7 Fr ♒ Blüte ☽	7 So ♓ Blatt ☽
8 Mi ♐ Frucht	8 Sa ♒ Blüte	8 Mo ♓ Blatt
9 Do ♑ Wurzel ☽	9 So ♓ Blatt	9 Di ♈ Frucht
10 Fr ♑ Wurzel	10 Mo ♓ Blatt	10 Mi ♈ Frucht
11 Sa ♒ Blüte	11 Di ♓ Blatt	11 Do ♉ Wurzel
12 So ♒ Blüte	12 Mi ♈ Frucht	12 Fr ♉ Wurzel
13 Mo ♓ Blatt	13 Do ♈ Frucht	13 Sa ♊ Blüte
14 Di ♓ Blatt	14 Fr ♉ Wurzel ○	14 So ♊ Blüte ○
15 Mi ♈ Frucht	15 Sa ♉ Wurzel	15 Mo ♋ Blatt
16 Do ♈ Frucht ○	16 So ♊ Blüte	16 Di ♋ Blatt
17 Fr ♉ Wurzel	17 Mo ♊ Blüte	17 Mi ♌ Frucht
18 Sa ♉ Wurzel	18 Di ♋ Blatt	18 Do ♌ Frucht
19 So ♊ Blüte	19 Mi ♋ Blatt	19 Fr ♌ Frucht
20 Mo ♊ Blüte	20 Do ♌ Frucht	20 Sa ♍ Wurzel
21 Di ♋ Blatt	21 Fr ♌ Frucht ☾	21 So ♍ Wurzel ☾
22 Mi ♋ Blatt	22 Sa ♌ Frucht	22 Mo ♎ Blüte
23 Do ♋ Blatt ☾	23 So ♍ Wurzel	23 Di ♎ Blüte
24 Fr ♌ Frucht	24 Mo ♍ Wurzel	24 Mi ♎ Blüte
25 Sa ♌ Frucht	25 Di ♎ Blüte	25 Do ♏ Blatt
26 So ♍ Wurzel	26 Mi ♎ Blüte	26 Fr ♏ Blatt
27 Mo ♍ Wurzel	27 Do ♎ Blüte	27 Sa ♐ Frucht
28 Di ♍ Wurzel	28 Fr ♏ Blatt	28 So ♐ Frucht
29 Mi ♎ Blüte	29 Sa ♏ Blatt	29 Mo ♐ Frucht ●
30 Do ♎ Blüte	30 So ♐ Frucht ●	30 Di ♑ Wurzel
31 Fr ♏ Blatt ●		31 Mi ♑ Wurzel

1998 Frucht-, Blüten- und Wurzeltage

Januar					Februar					März				
1	Do	♒	Blüte		1	So	♈	Frucht		1	So	♈	Frucht	
2	Fr	♒	Blüte		2	Mo	♈	Frucht		2	Mo	♈	Frucht	
3	Sa	♓	Blatt		3	Di	♉	Wurzel	☽	3	Di	♉	Wurzel	
4	So	♓	Blatt		4	Mi	♉	Wurzel		4	Mi	♉	Wurzel	
5	Mo	♈	Frucht	☽	5	Do	♉	Wurzel		5	Do	♊	Blüte	☽
6	Di	♈	Frucht		6	Fr	♊	Blüte		6	Fr	♊	Blüte	
7	Mi	♉	Wurzel		7	Sa	♊	Blüte		7	Sa	♋	Blatt	
8	Do	♉	Wurzel		8	So	♋	Blatt		8	So	♋	Blatt	
9	Fr	♊	Blüte		9	Mo	♋	Blatt		9	Mo	♌	Frucht	
10	Sa	♊	Blüte		10	Di	♌	Frucht		10	Di	♌	Frucht	
11	So	♊	Blüte		11	Mi	♌	Frucht	○	11	Mi	♌	Frucht	
12	Mo	♋	Blatt	○	12	Do	♌	Frucht		12	Do	♍	Wurzel	
13	Di	♋	Blatt		13	Fr	♍	Wurzel		13	Fr	♍	Wurzel	○
14	Mi	♌	Frucht		14	Sa	♍	Wurzel		14	Sa	♎	Blüte	
15	Do	♌	Frucht		15	So	♎	Blüte		15	So	♎	Blüte	
16	Fr	♍	Wurzel		16	Mo	♎	Blüte		16	Mo	♎	Blüte	
17	Sa	♍	Wurzel		17	Di	♎	Blüte		17	Di	♏	Blatt	
18	So	♍	Wurzel		18	Mi	♏	Blatt		18	Mi	♏	Blatt	
19	Mo	♎	Blüte		19	Do	♏	Blatt	☾	19	Do	♐	Frucht	
20	Di	♎	Blüte	☾	20	Fr	♐	Frucht		20	Fr	♐	Frucht	
21	Mi	♏	Blatt		21	Sa	♐	Frucht		21	Sa	♐	Frucht	☾
22	Do	♏	Blatt		22	So	♑	Wurzel		22	So	♑	Wurzel	
23	Fr	♏	Blatt		23	Mo	♑	Wurzel		23	Mo	♑	Wurzel	
24	Sa	♐	Frucht		24	Di	♑	Wurzel		24	Di	♒	Blüte	
25	So	♐	Frucht		25	Mi	♒	Blüte		25	Mi	♒	Blüte	
26	Mo	♑	Wurzel		26	Do	♒	Blüte	●	26	Do	♓	Blatt	
27	Di	♑	Wurzel		27	Fr	♓	Blatt		27	Fr	♓	Blatt	
28	Mi	♒	Blüte	●	28	Sa	♓	Blatt		28	Sa	♈	Frucht	●
29	Do	♒	Blüte							29	So	♈	Frucht	
30	Fr	♓	Blatt							30	Mo	♉	Wurzel	
31	Sa	♓	Blatt							31	Di	♉	Wurzel	

April	Mai	Juni
1 Mi ♊ Blüte	1 Fr ♋ Blatt	1 Mo ♌ Frucht
2 Do ♊ Blüte	2 Sa ♋ Blatt	2 Di ♍ Wurzel ☽
3 Fr ♋ Blatt ☽	3 So ♌ Frucht	3 Mi ♍ Wurzel
4 Sa ♋ Blatt	4 Mo ♌ Frucht ☽	4 Do ♎ Blüte
5 So ♋ Blatt	5 Di ♍ Wurzel	5 Fr ♎ Blüte
6 Mo ♌ Frucht	6 Mi ♍ Wurzel	6 Sa ♎ Blüte
7 Di ♌ Frucht	7 Do ♍ Wurzel	7 So ♏ Blatt
8 Mi ♍ Wurzel	8 Fr ♎ Blüte	8 Mo ♏ Blatt
9 Do ♍ Wurzel	9 Sa ♎ Blüte	9 Di ♐ Frucht
10 Fr ♍ Wurzel	10 So ♏ Blatt	10 Mi ♐ Frucht ○
11 Sa ♎ Blüte ○	11 Mo ♏ Blatt ○	11 Do ♐ Frucht
12 So ♎ Blüte	12 Di ♏ Blatt	12 Fr ♑ Wurzel
13 Mo ♏ Blatt	13 Mi ♐ Frucht	13 Sa ♑ Wurzel
14 Di ♏ Blatt	14 Do ♐ Frucht	14 So ♒ Blüte
15 Mi ♏ Blatt	15 Fr ♑ Wurzel	15 Mo ♒ Blüte
16 Do ♐ Frucht	16 Sa ♑ Wurzel	16 Di ♓ Blatt
17 Fr ♐ Frucht	17 So ♑ Wurzel	17 Mi ♓ Blatt ☾
18 Sa ♑ Wurzel	18 Mo ♒ Blüte	18 Do ♈ Frucht
19 So ♑ Wurzel ☾	19 Di ♒ Blüte ☾	19 Fr ♈ Frucht
20 Mo ♒ Blüte	20 Mi ♓ Blatt	20 Sa ♉ Wurzel
21 Di ♒ Blüte	21 Do ♓ Blatt	21 So ♉ Wurzel
22 Mi ♒ Blüte	22 Fr ♈ Frucht	22 Mo ♊ Blüte
23 Do ♓ Blatt	23 Sa ♈ Frucht	23 Di ♊ Blüte
24 Fr ♓ Blatt	24 So ♉ Wurzel	24 Mi ♋ Blatt ●
25 Sa ♈ Frucht	25 Mo ♉ Wurzel ●	25 Do ♋ Blatt
26 So ♈ Frucht ●	26 Di ♊ Blüte	26 Fr ♋ Blatt
27 Mo ♉ Wurzel	27 Mi ♊ Blüte	27 Sa ♌ Frucht
28 Di ♉ Wurzel	28 Do ♋ Blatt	28 So ♌ Frucht
29 Mi ♊ Blüte	29 Fr ♋ Blatt	29 Mo ♍ Wurzel
30 Do ♊ Blüte	30 Sa ♌ Frucht	30 Di ♍ Wurzel
	31 So ♌ Frucht	

Juli				August				September			
1 Mi	♎	Blüte	☽	1 Sa	♏	Blatt		1 Di	♐	Frucht	
2 Do	♎	Blüte		2 So	♏	Blatt		2 Mi	♑	Wurzel	
3 Fr	♎	Blüte		3 Mo	♐	Frucht		3 Do	♑	Wurzel	
4 Sa	♏	Blatt		4 Di	♐	Frucht		4 Fr	♒	Blüte	
5 So	♏	Blatt		5 Mi	♑	Wurzel		5 Sa	♒	Blüte	
6 Mo	♐	Frucht		6 Do	♑	Wurzel		6 So	♓	Blatt	○
7 Di	♐	Frucht		7 Fr	♒	Blüte		7 Mo	♓	Blatt	
8 Mi	♐	Frucht		8 Sa	♒	Blüte	○	8 Di	♈	Frucht	
9 Do	♑	Wurzel	○	9 So	♒	Blüte		9 Mi	♈	Frucht	
10 Fr	♑	Wurzel		10 Mo	♓	Blatt		10 Do	♉	Wurzel	
11 Sa	♒	Blüte		11 Di	♓	Blatt		11 Fr	♉	Wurzel	
12 So	♒	Blüte		12 Mi	♈	Frucht		12 Sa	♊	Blüte	
13 Mo	♓	Blatt		13 Do	♈	Frucht		13 So	♊	Blüte	☾
14 Di	♓	Blatt		14 Fr	♉	Wurzel	☾	14 Mo	♋	Blatt	
15 Mi	♈	Frucht		15 Sa	♉	Wurzel		15 Di	♋	Blatt	
16 Do	♈	Frucht	☾	16 So	♊	Blüte		16 Mi	♋	Blatt	
17 Fr	♈	Frucht		17 Mo	♊	Blüte		17 Do	♌	Frucht	
18 Sa	♉	Wurzel		18 Di	♋	Blatt		18 Fr	♌	Frucht	
19 So	♉	Wurzel		19 Mi	♋	Blatt		19 Sa	♍	Wurzel	
20 Mo	♊	Blüte		20 Do	♌	Frucht		20 So	♍	Wurzel	●
21 Di	♊	Blüte		21 Fr	♌	Frucht		21 Mo	♎	Blüte	
22 Mi	♋	Blatt		22 Sa	♌	Frucht	●	22 Di	♎	Blüte	
23 Do	♋	Blatt	●	23 So	♍	Wurzel		23 Mi	♎	Blüte	
24 Fr	♌	Frucht		24 Mo	♍	Wurzel		24 Do	♏	Blatt	
25 Sa	♌	Frucht		25 Di	♎	Blüte		25 Fr	♏	Blatt	
26 So	♍	Wurzel		26 Mi	♎	Blüte		26 Sa	♐	Frucht	
27 Mo	♍	Wurzel		27 Do	♎	Blüte		27 So	♐	Frucht	
28 Di	♍	Wurzel		28 Fr	♏	Blatt		28 Mo	♐	Frucht	☽
29 Mi	♎	Blüte		29 Sa	♏	Blatt		29 Di	♑	Wurzel	
30 Do	♎	Blüte		30 So	♐	Frucht	☽	30 Mi	♑	Wurzel	
31 Fr	♏	Blatt	☽	31 Mo	♐	Frucht					

Oktober	November	Dezember
1 Do ♒ Blüte	1 So ♓ Blatt ○	1 Di ♉ Wurzel
2 Fr ♒ Blüte	2 Mo ♈ Frucht	2 Mi ♉ Wurzel
3 Sa ♓ Blatt	3 Di ♈ Frucht	3 Do ♊ Blüte ○
4 So ♓ Blatt	4 Mi ♉ Wurzel	4 Fr ♊ Blüte
5 Mo ♈ Frucht ○	5 Do ♉ Wurzel	5 Sa ♋ Blatt
6 Di ♈ Frucht	6 Fr ♊ Blüte	6 So ♋ Blatt
7 Mi ♉ Wurzel	7 Sa ♊ Blüte	7 Mo ♌ Frucht
8 Do ♉ Wurzel	8 So ♋ Blatt	8 Di ♌ Frucht
9 Fr ♊ Blüte	9 Mo ♋ Blatt	9 Mi ♌ Frucht
10 Sa ♊ Blüte	10 Di ♌ Frucht	10 Do ♍ Wurzel ☾
11 So ♊ Blüte	11 Mi ♌ Frucht ☾	11 Fr ♍ Wurzel
12 Mo ♋ Blatt ☾	12 Do ♍ Wurzel	12 Sa ♎ Blüte
13 Di ♋ Blatt	13 Fr ♍ Wurzel	13 So ♎ Blüte
14 Mi ♌ Frucht	14 Sa ♍ Wurzel	14 Mo ♎ Blüte
15 Do ♌ Frucht	15 So ♎ Blüte	15 Di ♏ Blatt
16 Fr ♍ Wurzel	16 Mo ♎ Blüte	16 Mi ♏ Blatt
17 Sa ♍ Wurzel	17 Di ♏ Blatt	17 Do ♐ Frucht
18 So ♍ Wurzel	18 Mi ♏ Blatt	18 Fr ♐ Frucht ●
19 Mo ♎ Blüte	19 Do ♏ Blatt ●	19 Sa ♐ Frucht
20 Di ♎ Blüte ●	20 Fr ♐ Frucht	20 So ♑ Wurzel
21 Mi ♏ Blatt	21 Sa ♐ Frucht	21 Mo ♑ Wurzel
22 Do ♏ Blatt	22 So ♑ Wurzel	22 Di ♒ Blüte
23 Fr ♏ Blatt	23 Mo ♑ Wurzel	23 Mi ♒ Blüte
24 Sa ♐ Frucht	24 Di ♑ Wurzel	24 Do ♓ Blatt
25 So ♐ Frucht	25 Mi ♒ Blüte	25 Fr ♓ Blatt
26 Mo ♑ Wurzel	26 Do ♒ Blüte	26 Sa ♓ Blatt ☽
27 Di ♑ Wurzel	27 Fr ♓ Blatt ☽	27 So ♈ Frucht
28 Mi ♑ Wurzel ☽	28 Sa ♓ Blatt	28 Mo ♈ Frucht
29 Do ♒ Blüte	29 So ♈ Frucht	29 Di ♉ Wurzel
30 Fr ♒ Blüte	30 Mo ♈ Frucht	30 Mi ♉ Wurzel
31 Sa ♓ Blatt		31 Do ♊ Blüte

1999 Frucht-, Blüten- und Wurzeltage

Januar	Februar	März
1 Fr ♊ Blüte	1 Mo ♌ Frucht	1 Mo ♌ Frucht
2 Sa ♋ Blatt ○	2 Di ♌ Frucht	2 Di ♍ Wurzel ○
3 So ♋ Blatt	3 Mi ♍ Wurzel	3 Mi ♍ Wurzel
4 Mo ♌ Frucht	4 Do ♍ Wurzel	4 Do ♎ Blüte
5 Di ♌ Frucht	5 Fr ♎ Blüte	5 Fr ♎ Blüte
6 Mi ♍ Wurzel	6 Sa ♎ Blüte	6 Sa ♎ Blüte
7 Do ♍ Wurzel	7 So ♏ Blatt	7 So ♏ Blatt
8 Fr ♍ Wurzel	8 Mo ♏ Blatt ☾	8 Mo ♏ Blatt
9 Sa ♎ Blüte ☾	9 Di ♏ Blatt	9 Di ♐ Frucht
10 So ♎ Blüte	10 Mi ♐ Frucht	10 Mi ♐ Frucht ☾
11 Mo ♏ Blatt	11 Do ♐ Frucht	11 Do ♐ Frucht
12 Di ♏ Blatt	12 Fr ♑ Wurzel	12 Fr ♑ Wurzel
13 Mi ♏ Blatt	13 Sa ♑ Wurzel	13 Sa ♑ Wurzel
14 Do ♐ Frucht	14 So ♑ Wurzel	14 So ♒ Blüte
15 Fr ♐ Frucht	15 Mo ♒ Blüte	15 Mo ♒ Blüte
16 Sa ♑ Wurzel	16 Di ♒ Blüte ●	16 Di ♓ Blatt
17 So ♑ Wurzel ●	17 Mi ♓ Blatt	17 Mi ♓ Blatt ●
18 Mo ♒ Blüte	18 Do ♓ Blatt	18 Do ♓ Blatt
19 Di ♒ Blüte	19 Fr ♈ Frucht	19 Fr ♈ Frucht
20 Mi ♒ Blüte	20 Sa ♈ Frucht	20 Sa ♈ Frucht
21 Do ♓ Blatt	21 So ♉ Wurzel	21 So ♉ Wurzel
22 Fr ♓ Blatt	22 Mo ♉ Wurzel	22 Mo ♉ Wurzel
23 Sa ♈ Frucht	23 Di ♊ Blüte ☽	23 Di ♊ Blüte
24 So ♈ Frucht ☽	24 Mi ♊ Blüte	24 Mi ♊ Blüte ☽
25 Mo ♉ Wurzel	25 Do ♋ Blatt	25 Do ♋ Blatt
26 Di ♉ Wurzel	26 Fr ♋ Blatt	26 Fr ♋ Blatt
27 Mi ♊ Blüte	27 Sa ♋ Blatt	27 Sa ♌ Frucht
28 Do ♊ Blüte	28 So ♌ Frucht	28 So ♌ Frucht
29 Fr ♋ Blatt		29 Mo ♍ Wurzel
30 Sa ♋ Blatt		30 Di ♍ Wurzel
31 So ♌ Frucht ○		31 Mi ♍ Wurzel ○

April					Mai					Juni				
1	Do	♎	Blüte		1	Sa	♏	Blatt		1	Di	♐	Frucht	
2	Fr	♎	Blüte		2	So	♏	Blatt		2	Mi	♑	Wurzel	
3	Sa	♏	Blatt		3	Mo	♐	Frucht		3	Do	♑	Wurzel	
4	So	♏	Blatt		4	Di	♐	Frucht		4	Fr	♒	Blüte	
5	Mo	♏	Blatt		5	Mi	♑	Wurzel		5	Sa	♒	Blüte	
6	Di	♐	Frucht		6	Do	♑	Wurzel		6	So	♓	Blatt	
7	Mi	♐	Frucht		7	Fr	♑	Wurzel		7	Mo	♓	Blatt	☾
8	Do	♑	Wurzel		8	Sa	♒	Blüte	☾	8	Di	♓	Blatt	
9	Fr	♑	Wurzel	☾	9	So	♒	Blüte		9	Mi	♈	Frucht	
10	Sa	♑	Wurzel		10	Mo	♓	Blatt		10	Do	♈	Frucht	
11	So	♒	Blüte		11	Di	♓	Blatt		11	Fr	♉	Wurzel	
12	Mo	♒	Blüte		12	Mi	♈	Frucht		12	Sa	♉	Wurzel	
13	Di	♓	Blatt		13	Do	♈	Frucht		13	So	♊	Blüte	●
14	Mi	♓	Blatt		14	Fr	♉	Wurzel		14	Mo	♊	Blüte	
15	Do	♈	Frucht		15	Sa	♉	Wurzel	●	15	Di	♋	Blatt	
16	Fr	♈	Frucht	●	16	So	♊	Blüte		16	Mi	♋	Blatt	
17	Sa	♉	Wurzel		17	Mo	♊	Blüte		17	Do	♌	Frucht	
18	So	♉	Wurzel		18	Di	♋	Blatt		18	Fr	♌	Frucht	
19	Mo	♊	Blüte		19	Mi	♋	Blatt		19	Sa	♍	Wurzel	
20	Di	♊	Blüte		20	Do	♌	Frucht		20	So	♍	Wurzel	☽
21	Mi	♋	Blatt		21	Fr	♌	Frucht		21	Mo	♎	Blüte	
22	Do	♋	Blatt	☽	22	Sa	♌	Frucht	☽	22	Di	♎	Blüte	
23	Fr	♌	Frucht		23	So	♍	Wurzel		23	Mi	♎	Blüte	
24	Sa	♌	Frucht		24	Mo	♍	Wurzel		24	Do	♏	Blatt	
25	So	♍	Wurzel		25	Di	♎	Blüte		25	Fr	♏	Blatt	
26	Mo	♍	Wurzel		26	Mi	♎	Blüte		26	Sa	♐	Frucht	
27	Di	♍	Wurzel		27	Do	♎	Blüte		27	So	♐	Frucht	
28	Mi	♎	Blüte		28	Fr	♏	Blatt		28	Mo	♐	Frucht	○
29	Do	♎	Blüte		29	Sa	♏	Blatt		29	Di	♑	Wurzel	
30	Fr	♏	Blatt	○	30	So	♐	Frucht	○	30	Mi	♑	Wurzel	
					31	Mo	♐	Frucht						

Juli				August				September			
1 Do	♒	Blüte		1 So	♓	Blatt		1 Mi	♉	Wurzel	
2 Fr	♒	Blüte		2 Mo	♈	Frucht		2 Do	♉	Wurzel	☾
3 Sa	♒	Blüte		3 Di	♈	Frucht		3 Fr	♊	Blüte	
4 So	♓	Blatt		4 Mi	♉	Wurzel	☾	4 Sa	♊	Blüte	
5 Mo	♓	Blatt		5 Do	♉	Wurzel		5 So	♋	Blatt	
6 Di	♈	Frucht	☾	6 Fr	♊	Blüte		6 Mo	♋	Blatt	
7 Mi	♈	Frucht		7 Sa	♊	Blüte		7 Di	♌	Frucht	
8 Do	♉	Wurzel		8 So	♊	Blüte		8 Mi	♌	Frucht	
9 Fr	♉	Wurzel		9 Mo	♋	Blatt		9 Do	♍	Wurzel	●
10 Sa	♊	Blüte		10 Di	♋	Blatt		10 Fr	♍	Wurzel	
11 So	♊	Blüte		11 Mi	♌	Frucht	●	11 Sa	♎	Blüte	
12 Mo	♋	Blatt		12 Do	♌	Frucht		12 So	♎	Blüte	
13 Di	♋	Blatt	●	13 Fr	♍	Wurzel		13 Mo	♎	Blüte	
14 Mi	♌	Frucht		14 Sa	♍	Wurzel		14 Di	♏	Blatt	
15 Do	♌	Frucht		15 So	♎	Blüte		15 Mi	♏	Blatt	
16 Fr	♍	Wurzel		16 Mo	♎	Blüte		16 Do	♐	Frucht	
17 Sa	♍	Wurzel		17 Di	♏	Blatt		17 Fr	♐	Frucht	☽
18 So	♍	Wurzel		18 Mi	♏	Blatt		18 Sa	♐	Frucht	
19 Mo	♎	Blüte		19 Do	♏	Blatt	☽	19 So	♑	Wurzel	
20 Di	♎	Blüte	☽	20 Fr	♐	Frucht		20 Mo	♑	Wurzel	
21 Mi	♏	Blatt		21 Sa	♐	Frucht		21 Di	♒	Blüte	
22 Do	♏	Blatt		22 So	♑	Wurzel		22 Mi	♒	Blüte	
23 Fr	♏	Blatt		23 Mo	♑	Wurzel		23 Do	♒	Blüte	
24 Sa	♐	Frucht		24 Di	♑	Wurzel		24 Fr	♓	Blatt	
25 So	♐	Frucht		25 Mi	♒	Blüte		25 Sa	♓	Blatt	○
26 Mo	♑	Wurzel		26 Do	♒	Blüte	○	26 So	♈	Frucht	
27 Di	♑	Wurzel		27 Fr	♓	Blatt		27 Mo	♈	Frucht	
28 Mi	♑	Wurzel	○	28 Sa	♓	Blatt		28 Di	♉	Wurzel	
29 Do	♒	Blüte		29 So	♈	Frucht		29 Mi	♉	Wurzel	
30 Fr	♒	Blüte		30 Mo	♈	Frucht		30 Do	♊	Blüte	
31 Sa	♓	Blatt		31 Di	♈	Frucht					

Oktober					November					Dezember				
1	Fr	♊	Blüte		1	Mo	♌	Frucht		1	Mi	♍	Wurzel	
2	Sa	♋	Blatt	☾	2	Di	♌	Frucht		2	Do	♎	Blüte	
3	So	♋	Blatt		3	Mi	♍	Wurzel		3	Fr	♎	Blüte	
4	Mo	♌	Frucht		4	Do	♍	Wurzel		4	Sa	♎	Blüte	
5	Di	♌	Frucht		5	Fr	♎	Blüte		5	So	♏	Blatt	
6	Mi	♍	Wurzel		6	Sa	♎	Blüte		6	Mo	♏	Blatt	
7	Do	♍	Wurzel		7	So	♏	Blatt		7	Di	♐	Frucht	●
8	Fr	♍	Wurzel		8	Mo	♏	Blatt	●	8	Mi	♐	Frucht	
9	Sa	♎	Blüte	●	9	Di	♏	Blatt		9	Do	♐	Frucht	
10	So	♎	Blüte		10	Mi	♐	Frucht		10	Fr	♑	Wurzel	
11	Mo	♏	Blatt		11	Do	♐	Frucht		11	Sa	♑	Wurzel	
12	Di	♏	Blatt		12	Fr	♑	Wurzel		12	So	♒	Blüte	
13	Mi	♏	Blatt		13	Sa	♑	Wurzel		13	Mo	♒	Blüte	
14	Do	♐	Frucht		14	So	♑	Wurzel		14	Di	♒	Blüte	
15	Fr	♐	Frucht		15	Mo	♒	Blüte		15	Mi	♓	Blatt	
16	Sa	♑	Wurzel		16	Di	♒	Blüte	☽	16	Do	♓	Blatt	☽
17	So	♑	Wurzel	☽	17	Mi	♓	Blatt		17	Fr	♈	Frucht	
18	Mo	♑	Wurzel		18	Do	♓	Blatt		18	Sa	♈	Frucht	
19	Di	♒	Blüte		19	Fr	♓	Blatt		19	So	♉	Wurzel	
20	Mi	♒	Blüte		20	Sa	♈	Frucht		20	Mo	♉	Wurzel	
21	Do	♓	Blatt		21	So	♈	Frucht		21	Di	♊	Blüte	
22	Fr	♓	Blatt		22	Mo	♉	Wurzel		22	Mi	♊	Blüte	○
23	Sa	♈	Frucht		23	Di	♉	Wurzel	○	23	Do	♋	Blatt	
24	So	♈	Frucht	○	24	Mi	♊	Blüte		24	Fr	♋	Blatt	
25	Mo	♉	Wurzel		25	Do	♊	Blüte		25	Sa	♌	Frucht	
26	Di	♉	Wurzel		26	Fr	♋	Blatt		26	So	♌	Frucht	
27	Mi	♊	Blüte		27	Sa	♋	Blatt		27	Mo	♍	Wurzel	
28	Do	♊	Blüte		28	So	♌	Frucht		28	Di	♍	Wurzel	
29	Fr	♋	Blatt		29	Mo	♌	Frucht	☾	29	Mi	♍	Wurzel	☾
30	Sa	♋	Blatt		30	Di	♍	Wurzel		30	Do	♎	Blüte	
31	So	♌	Frucht	☾						31	Fr	♎	Blüte	

2000 Frucht-, Blüten- und Wurzeltage

Januar	Februar	März
1 Sa ♏ Blatt	1 Di ♐ Frucht	1 Mi ♑ Wurzel
2 So ♏ Blatt	2 Mi ♑ Wurzel	2 Do ♑ Wurzel
3 Mo ♐ Frucht	3 Do ♑ Wurzel	3 Fr ♒ Blüte
4 Di ♐ Frucht	4 Fr ♑ Wurzel	4 Sa ♒ Blüte
5 Mi ♐ Frucht	5 Sa ♒ Blüte ●	5 So ♓ Blatt
6 Do ♑ Wurzel ●	6 So ♒ Blüte	6 Mo ♓ Blatt ●
7 Fr ♑ Wurzel	7 Mo ♓ Blatt	7 Di ♓ Blatt
8 Sa ♒ Blüte	8 Di ♓ Blatt	8 Mi ♈ Frucht
9 So ♒ Blüte	9 Mi ♓ Blatt	9 Do ♈ Frucht
10 Mo ♒ Blüte	10 Do ♈ Frucht	10 Fr ♉ Wurzel
11 Di ♓ Blatt	11 Fr ♈ Frucht	11 Sa ♉ Wurzel
12 Mi ♓ Blatt	12 Sa ♉ Wurzel ☽	12 So ♊ Blüte
13 Do ♈ Frucht	13 So ♉ Wurzel	13 Mo ♊ Blüte ☽
14 Fr ♈ Frucht ☽	14 Mo ♊ Blüte	14 Di ♋ Blatt
15 Sa ♈ Frucht	15 Di ♊ Blüte	15 Mi ♋ Blatt
16 So ♉ Wurzel	16 Mi ♋ Blatt	16 Do ♌ Frucht
17 Mo ♉ Wurzel	17 Do ♋ Blatt	17 Fr ♌ Frucht
18 Di ♊ Blüte	18 Fr ♌ Frucht	18 Sa ♌ Frucht
19 Mi ♊ Blüte	19 Sa ♌ Frucht ○	19 So ♍ Wurzel
20 Do ♋ Blatt	20 So ♍ Wurzel	20 Mo ♍ Wurzel ○
21 Fr ♋ Blatt ○	21 Mo ♍ Wurzel	21 Di ♎ Blüte
22 Sa ♌ Frucht	22 Di ♎ Blüte	22 Mi ♎ Blüte
23 So ♌ Frucht	23 Mi ♎ Blüte	23 Do ♏ Blatt
24 Mo ♍ Wurzel	24 Do ♎ Blüte	24 Fr ♏ Blatt
25 Di ♍ Wurzel	25 Fr ♏ Blatt	25 Sa ♐ Frucht
26 Mi ♎ Blüte	26 Sa ♏ Blatt ☾	26 So ♐ Frucht
27 Do ♎ Blüte	27 So ♐ Frucht	27 Mo ♐ Frucht ☾
28 Fr ♏ Blatt ☾	28 Mo ♐ Frucht	28 Di ♑ Wurzel
29 Sa ♏ Blatt	29 Di ♐ Frucht	29 Mi ♑ Wurzel
30 So ♏ Blatt		30 Do ♒ Blüte
31 Mo ♐ Frucht		31 Fr ♒ Blüte

April				Mai				Juni			
1 Sa	♒	Blüte		1 Mo	♓	Blatt		1 Do	♉	Wurzel	
2 So	♓	Blatt		2 Di	♈	Frucht		2 Fr	♊	Blüte	●
3 Mo	♓	Blatt		3 Mi	♈	Frucht		3 Sa	♊	Blüte	
4 Di	♈	Frucht	●	4 Do	♉	Wurzel	●	4 So	♋	Blatt	
5 Mi	♈	Frucht		5 Fr	♉	Wurzel		5 Mo	♋	Blatt	
6 Do	♉	Wurzel		6 Sa	♊	Blüte		6 Di	♌	Frucht	
7 Fr	♉	Wurzel		7 So	♊	Blüte		7 Mi	♌	Frucht	
8 Sa	♊	Blüte		8 Mo	♋	Blatt		8 Do	♍	Wurzel	
9 So	♊	Blüte		9 Di	♋	Blatt		9 Fr	♍	Wurzel	☽
10 Mo	♊	Blüte		10 Mi	♌	Frucht		10 Sa	♎	Blüte	
11 Di	♋	Blatt		11 Do	♌	Frucht	☽	11 So	♎	Blüte	
12 Mi	♋	Blatt	☽	12 Fr	♍	Wurzel		12 Mo	♎	Blüte	
13 Do	♌	Frucht		13 Sa	♍	Wurzel		13 Di	♏	Blatt	
14 Fr	♌	Frucht		14 So	♎	Blüte		14 Mi	♏	Blatt	
15 Sa	♍	Wurzel		15 Mo	♎	Blüte		15 Do	♐	Frucht	
16 So	♍	Wurzel		16 Di	♎	Blüte		16 Fr	♐	Frucht	○
17 Mo	♎	Blüte		17 Mi	♏	Blatt		17 Sa	♐	Frucht	
18 Di	♎	Blüte	○	18 Do	♏	Blatt	○	18 So	♑	Wurzel	
19 Mi	♏	Blatt		19 Fr	♐	Frucht		19 Mo	♑	Wurzel	
20 Do	♏	Blatt		20 Sa	♐	Frucht		20 Di	♒	Blüte	
21 Fr	♏	Blatt		21 So	♐	Frucht		21 Mi	♒	Blüte	
22 Sa	♐	Frucht		22 Mo	♑	Wurzel		22 Do	♒	Blüte	
23 So	♐	Frucht		23 Di	♑	Wurzel		23 Fr	♓	Blatt	
24 Mo	♑	Wurzel		24 Mi	♒	Blüte		24 Sa	♓	Blatt	
25 Di	♑	Wurzel		25 Do	♒	Blüte		25 So	♈	Frucht	☾
26 Mi	♑	Wurzel	☾	26 Fr	♒	Blüte		26 Mo	♈	Frucht	
27 Do	♒	Blüte		27 Sa	♓	Blatt	☾	27 Di	♈	Frucht	
28 Fr	♒	Blüte		28 So	♓	Blatt		28 Mi	♉	Wurzel	
29 Sa	♓	Blatt		29 Mo	♈	Frucht		29 Do	♉	Wurzel	
30 So	♓	Blatt		30 Di	♈	Frucht		30 Fr	♊	Blüte	
				31 Mi	♉	Wurzel					

Juli					August					September				
1	Sa	♊	Blüte	●	1	Di	♌	Frucht		1	Fr	♎	Blüte	
2	So	♋	Blatt		2	Mi	♍	Wurzel		2	Sa	♎	Blüte	
3	Mo	♋	Blatt		3	Do	♍	Wurzel		3	So	♏	Blatt	
4	Di	♌	Frucht		4	Fr	♎	Blüte		4	Mo	♏	Blatt	
5	Mi	♌	Frucht		5	Sa	♎	Blüte		5	Di	♐	Frucht	
6	Do	♍	Wurzel		6	So	♏	Blatt		6	Mi	♐	Frucht	☽
7	Fr	♍	Wurzel		7	Mo	♏	Blatt		7	Do	♐	Frucht	
8	Sa	♎	Blüte		8	Di	♏	Blatt	☽	8	Fr	♑	Wurzel	
9	So	♎	Blüte	☽	9	Mi	♐	Frucht		9	Sa	♑	Wurzel	
10	Mo	♏	Blatt		10	Do	♐	Frucht		10	So	♒	Blüte	
11	Di	♏	Blatt		11	Fr	♑	Wurzel		11	Mo	♒	Blüte	
12	Mi	♏	Blatt		12	Sa	♑	Wurzel		12	Di	♒	Blüte	
13	Do	♐	Frucht		13	So	♑	Wurzel		13	Mi	♓	Blatt	○
14	Fr	♐	Frucht		14	Mo	♒	Blüte		14	Do	♓	Blatt	
15	Sa	♑	Wurzel		15	Di	♒	Blüte	○	15	Fr	♈	Frucht	
16	So	♑	Wurzel	○	16	Mi	♓	Blatt		16	Sa	♈	Frucht	
17	Mo	♑	Wurzel		17	Do	♓	Blatt		17	So	♉	Wurzel	
18	Di	♒	Blüte		18	Fr	♓	Blatt		18	Mo	♉	Wurzel	
19	Mi	♒	Blüte		19	Sa	♈	Frucht		19	Di	♉	Wurzel	
20	Do	♓	Blatt		20	So	♈	Frucht		20	Mi	♊	Blüte	
21	Fr	♓	Blatt		21	Mo	♉	Wurzel		21	Do	♊	Blüte	☾
22	Sa	♓	Blatt		22	Di	♉	Wurzel		22	Fr	♋	Blatt	
23	So	♈	Frucht		23	Mi	♊	Blüte	☾	23	Sa	♋	Blatt	
24	Mo	♈	Frucht		24	Do	♊	Blüte		24	So	♌	Frucht	
25	Di	♉	Wurzel	☾	25	Fr	♋	Blatt		25	Mo	♌	Frucht	
26	Mi	♉	Wurzel		26	Sa	♋	Blatt		26	Di	♍	Wurzel	
27	Do	♊	Blüte		27	So	♌	Frucht		27	Mi	♍	Wurzel	●
28	Fr	♊	Blüte		28	Mo	♌	Frucht		28	Do	♎	Blüte	
29	Sa	♋	Blatt		29	Di	♍	Wurzel	●	29	Fr	♎	Blüte	
30	So	♋	Blatt		30	Mi	♍	Wurzel		30	Sa	♏	Blatt	
31	Mo	♌	Frucht	●	31	Do	♍	Wurzel						

Oktober			November			Dezember		
1 So	Blatt		1 Mi	Wurzel		1 Fr	Blüte	
2 Mo	Frucht		2 Do	Wurzel		2 Sa	Blüte	
3 Di	Frucht		3 Fr	Wurzel		3 So	Blüte	☽
4 Mi	Frucht		4 Sa	Blüte	☽	4 Mo	Blatt	
5 Do	Wurzel	☽	5 So	Blüte		5 Di	Blatt	
6 Fr	Wurzel		6 Mo	Blatt		6 Mi	Frucht	
7 Sa	Blüte		7 Di	Blatt		7 Do	Frucht	
8 So	Blüte		8 Mi	Blatt		8 Fr	Wurzel	
9 Mo	Blüte		9 Do	Frucht		9 Sa	Wurzel	
10 Di	Blatt		10 Fr	Frucht		10 So	Wurzel	
11 Mi	Blatt		11 Sa	Wurzel	○	11 Mo	Blüte	○
12 Do	Frucht		12 So	Wurzel		12 Di	Blüte	
13 Fr	Frucht	○	13 Mo	Blüte		13 Mi	Blatt	
14 Sa	Frucht		14 Di	Blüte		14 Do	Blatt	
15 So	Wurzel		15 Mi	Blatt		15 Fr	Frucht	
16 Mo	Wurzel		16 Do	Blatt		16 Sa	Frucht	
17 Di	Blüte		17 Fr	Frucht		17 So	Wurzel	
18 Mi	Blüte		18 Sa	Frucht		18 Mo	Wurzel	☾
19 Do	Blatt		19 So	Wurzel	☾	19 Di	Blüte	
20 Fr	Blatt	☾	20 Mo	Wurzel		20 Mi	Blüte	
21 Sa	Frucht		21 Di	Wurzel		21 Do	Blatt	
22 So	Frucht		22 Mi	Blüte		22 Fr	Blatt	
23 Mo	Wurzel		23 Do	Blüte		23 Sa	Frucht	
24 Di	Wurzel		24 Fr	Blatt		24 So	Frucht	
25 Mi	Blüte		25 Sa	Blatt	●	25 Mo	Frucht	●
26 Do	Blüte		26 So	Frucht		26 Di	Wurzel	
27 Fr	Blüte	●	27 Mo	Frucht		27 Mi	Wurzel	
28 Sa	Blatt		28 Di	Frucht		28 Do	Blüte	
29 So	Blatt		29 Mi	Wurzel		29 Fr	Blüte	
30 Mo	Frucht		30 Do	Wurzel		30 Sa	Blüte	
31 Di	Frucht					31 So	Blatt	

An welchen Tagen welche Arbeit im Garten?

In der eingefügten Tabelle können Sie für die Jahre 1996 bis 2000 nachlesen, wann der Mond in Frucht-, Blüten-, Blatt- oder Wurzeltagen steht. Aus den Beobachtungen über viele Generationen hinweg, aus den Überlieferungen unserer Vorfahren und aus astrologischen Erkenntnissen hat sich folgendes ergeben:

- Der Mond im Widder (Fruchttag) beeinflußt Reife und Samenbildung, ist also eine gute Zeit zum Ernten. Auch Grabarbeiten, Hacken und Unkrautjäten sollte man an Widdertagen. Wer aussäen will, sollte dies allerdings nicht an einem Tag tun, in dem der Mond im Widder steht.
- Der Mond im Stier (Wurzeltag) ist ideal fürs Pflanzen und Säen – vor allem solcher Pflanzen, bei denen die Kraft des Mondes sich in Wurzeln und Knollen konzentrieren soll. Der Stiermond eignet sich hervorragend zum Verpflanzen: Alles wächst mühelos an.
- Der Mond im Zwilling (Blütentage) ist nur dann ideal, wenn Sie Rank- oder Kletterpflanzen aussäen. Alles andere wird nämlich dünn und kraftlos. Gut ist der Zwillingsmond für Bodenpflege und Ernte. Wer seinen Rasen an Zwillingstagen mäht, wird staunen, wie langsam er nachwächst.
- Der Mond im Krebs (Blattag) ist etwas ganz Besonderes: Denn der Krebs ist dem Mond zugeordnet. Fruchtbarkeit ist hier sozusagen »vorprogrammiert«. Alle Aussaat, alle Pflanzungen gedeihen bestens, alles wächst besonders schnell. Krebstage sind auch gut zum Gießen – das mag für Balkon und Zimmergarten nützlich sein: Die Pflanzen nehmen das Wasser jetzt am besten auf. Dasselbe gilt für Dünger.
- Der Mond im Löwen (Fruchttag) gilt als unfruchtbarstes der zwölf Tierkreiszeichen. An diesen Tagen sollten Sie kei-

nesfalls säen und anpflanzen. Sonst laufen Sie Gefahr, daß Setzlinge verdorren, Samen nicht »angehen«. Gut sind Löwemondtage zum Rasenmähen, Unkrautjäten und Entfernen all jener Pflanzen, die Sie nicht mehr im Garten oder auf dem Balkon haben wollen. Die Wirkung verstärkt sich natürlich noch, wenn Sie solche Arbeiten an einem Tag im August ausführen, dem Monat des Löwen.

- Der Mond in der Jungfrau (Wurzeltag) gilt als unfruchtbar, denn die Jungfrau wird vom Planeten Merkur regiert. Das bedeutet: An solchen Tagen sollten Sie kein Gemüse pflanzen. Eine Ausnahme sind einjährige Sommerblumen und Kletterpflanzen: Sie wachsen besonders schnell und blühen ausgiebig. Und noch etwas ist an Jungfrautagen günstig: wenn Sie Ungeziefer entfernen möchten.
- Der Mond in der Waage (Blütentag) wird als stets fruchtbar und geeignet zum Säen und Pflanzen bezeichnet. Blüten und Blumen sprechen besonders gut auf den Waagemond an. Wer jetzt Rosen pflanzt, wird sich über eine wahre Blütenpracht freuen können. Auch Gemüse gedeiht jetzt gut.
- Der Mond im Skorpion (Blattag) ist – nach dem Krebsmond – das fruchtbarste Zeichen. Der Grund: Skorpion wird von Pluto regiert. Wer jetzt Blumen aussät, Gemüse und Obst anpflanzt, wird reiche Ernte halten können. Mehrjährige Pflanzen, die man an Skorpiontagen anpflanzt, sind besonders widerstandsfähig, auch an frostkalten Tagen im Winter.
- Der Mond im Schützen (Fruchttag) wird von Jupiter regiert und gilt deshalb als gute Zeit für die Gartenpflege, auch für die Ernte. Zum Säen und Pflanzen jedoch sollten Sie einen anderen Tag auswählen. Der Schützemond regt jedoch die Fruchtbildung an: Wer Obstbäume anpflanzen will, sollte sich an einen solchen Tag halten.
- Der Mond im Steinbock (Wurzeltag) gilt als »halbfruchtbar«, denn das Herrscherzeichen des Steinbocks ist der

»Hinderer« Saturn. Gut sind Steinbocktage trotzdem für alle Pflanzen, die unter der Erde Früchte tragen. Der Steinbock beeinflußt außer den Wurzeln auch Stamm und Rinde: Sie können also gut Sträucher, Büsche und Bäume anpflanzen. Nur: Von blühenden Blumen sollten Sie die Finger lassen!

- Der Mond im Wassermann (Blütentag) ist bestens geeignet für Gartenarbeit, fürs Jäten, Graben und die Schädlingsbekämpfung. Säen und Anpflanzen sollten Sie an Wassermanntagen keinesfalls!
- Der Mond in den Fischen (Blattag) gilt nochmals als feucht und fruchtbar, fast ebenso sehr wie Krebs und Skorpion. Jetzt können Sie alles säen und anpflanzen, ohne fürchten zu müssen, daß es nicht gedeiht. Vor allem Wurzelgemüse und Blumen, die aus Zwiebeln und Knollen wachsen, sind für Fischetage ideal.

Sie sehen: Man muß eine ganze Menge abwägen, bedenken und beachten, um wirklich perfekt nach dem Mond zu gärtnern. Vielleicht haben Sie jetzt keinen Spaß mehr daran, sich bei der Garten- und Balkonarbeit nach dem Mond zu richten. Aber Sie können es sich – für den Anfang zumindest – etwas leichter machen.

Der einfachste Mondkalender

Wenn Ihnen das alles zuviel wird – auf vier Mondphasen zu achten oder auch noch die Tierkreiszeichen einzubeziehen –, dann sollten Sie es sich für den Anfang ganz leicht machen: Gärtnern Sie nach zwei Mondphasen: nach dem zunehmenden und abnehmenden Mond. Diese schlichte Methode läßt sich am einfachsten einhalten. Und dabei müssen Sie nur beachten:

- Bei zunehmendem Mond »atmet« die Erde aus. Das bedeutet: Alle Arbeiten sollten in dieser Zeit geschehen, die über der Erde Ertrag bringen. Denn die Säfte in der Pflanze steigen nach oben.
- Bei abnehmendem Mond atmet die Erde ein. Das heißt: Säen und pflanzen Sie jetzt alles, was über der Erde Frucht trägt. Denn die Säfte in der Pflanze gehen nach unten in die Wurzel. Deshalb ist die Phase des abnehmenden Mondes auch ideal zum Schneiden, Vermehren, Düngen, Gießen, Ernten. Und zur Bekämpfung von Schädlingen und Unkraut.

Die Holzregeln

Früher was Holz für die Bauern lebenswichtig. Ohne Holz konnte man nicht überleben: Das Haus war ebenso aus Holz gebaut wie Scheune und Stall; man stellte Werkzeuge aus Holz her, man feuerte den Ofen mit Holz, man konnte das Holz verkaufen und vom Erlös größere Anschaffungen tätigen. Kein Wunder, daß im bäuerlichen Leben das Holz früher eine lebenswichtige Rolle spielte.

Es gab und gibt für die Bearbeitung des Holzes bestimmte Regeln. Nicht nur, wann es geschlagen wurde, war wichtig, sondern auch, welchem Zweck das Holz nachher dienen sollte. Der Mond spielt dabei natürlich eine wichtige Rolle.

»Holz arbeitet«

Das weiß jeder, der mit Holz umgeht – sei es beruflich, sei es beim Hobby. Selbst wenn Sie nur Nutznießer von Holz sind – etwa bei Holzböden, Möbeln –, merken Sie, daß das Holz sich hin und wieder verändert. Wenn Sie in einem Haus wohnen, in dem beim Bau viel Holz verwendet wurde, werden Sie das

Holz hören: Es knackt und knarzt, je nachdem, ob es draußen warm oder kalt ist. Abhänging von der Holzart, der Jahreszeit und dem Zeitpunkt der Fällung, »lebt« das Holz nämlich weiter:

- Es trocknet schnell oder langsam;
- es bleibt weich oder wird hart;
- es bleibt schwer oder wird leicht;
- es bekommt Risse oder bleibt unverändert;
- es verbiegt sich oder bleibt eben;
- es fault oder verrottet nicht;
- es wurmt oder bleibt frei von Schädlingen.

Holz kann übrigens geradelaufend, rechts- und linksdrehend wachsen. Man kann das an der Rinde erkennen. Der Unterschied ist leicht herauszufinden: Rechtsdrehende Bäume schrauben sich wie ein Korkenzieher nach oben. Natürlich muß man beim der Verarbeitung des Holzes diese Drehung beachten:

- Dachschindeln sollte gerade oder leicht nach links verlaufen. Denn bei nassem Wetter streckt sich das Holz, bei Sonne krümmt es sich nur leicht und läßt die Luft unter die Schindel gelangen: Das Dach trocknet schneller.
- Bei hölzernen Dachrinnen ist es umgekehrt: Das Holz soll gerade oder leicht rechts drehen. Nach dem Fällen bleibt rechtsdrehendes Holz nämlich stehen – die Drehung setzt sich nicht fort. Nähme man für eine Dachrinne linksdrehendes Holz, so würde sie sich nach und nach verbiegen.

Das Holz und der Mond

Manche Holzschlag-Regeln sind an bestimmte Tage und Tageszeiten gebunden. Diese hier haben sich bis in unsere Zeit erhalten:

- Schwendtage, das heißt Rodungstage sind der 3. April, der 22. Juni und der 30. Juli. Noch besser ist das Ergebnis des Holzschlags, wenn diese Tage auf einen abnehmenden Mond fallen. Dann wachsen abgeholzte Bäume und Sträucher nicht mehr nach.
- Alternativ zu diesen drei Schwendtagen kann man Holz auch an den letzten drei Tagen im Februar fällen, wenn sie auf einen abnehmenden Mond fallen. Jetzt geschlagenes Holz wächst nicht mehr nach, sogar die Wurzel verfault.
- Soll Holz weder faul noch wurmig werden, dafür aber mit zunehmendem Alter an Härte gewinnen, muß man es am 31. Januar, am 1. und am 2. Februar schlagen.
- Holz schwindet nicht, wenn man es am 25. März, am 29. Juni und am 21. Dezember schlägt. Heute noch wird auf dem Lande die Zeit beachtet: Am 21. Dezember muß man zwischen 11 und 12 Uhr mittags ins Holz.
- Wer Holz zum Bauen braucht, schlägt dies am besten in den letzten Dezembertagen: Dann fault es nicht und wird auch nicht wurmig.
- Gutes Bauholz bekommt man aber auch, wenn man die Bäume im November bei abnehmendem Mond schlägt.
- Wer Holzwurm vermeiden will, soll die Bäume dann schlagen, wenn der Mond seit drei Tagen abnimmt und die Sonne im Zeichen des Steinbocks steht.
- Brennholz lagert man am besten im Schuppen, wenn der Mond abnimmt. Sonst zieht es Feuchtigkeit an und wird schimmelig.
- Sträucher, die man drei Tage nach dem 21. Juni ausreißt, wachsen nicht mehr nach. Das gilt auch für Heidekraut und Unkraut.
- Festes Holz für Werkzeug oder Möbel erhält man, wenn man den Baum in den ersten acht Tagen nach dem Dezemberneumond in Waage, Löwe oder Jungfrau schlägt.
- »Krechtholz« – das ist »gerechtes, rechtes Holz« – wurde z. B. für Besenstiele oder Axtgriffe gebraucht. Es muß hart,

griffig und leicht sein. »Machlholz« nennt man in Bayern Holz, aus dem etwas »gemacht« wird – Möbel, Schränke oder Truhen. Die gewünschten Eigenschaften hat das Holz, wenn der Neumond auf Skorpion fällt – also meist im Novemberneumond. Es muß sofort entrindet werden; denn für den Borkenkäfer ist bei Skorpion geschlagenes Holz das Signal zum Angriff.

- Steinhart wird Holz dann, wenn es an Neujahr und vom 31. Januar bis 2. Februar geschlagen wurde.
- Holz für Pfahlbauten im Wasser, für Schiffs- und Bootsstege schlägt man an warmen Sommertagen bei zunehmendem Mond. Man soll es gleich zum Bauen verwenden, denn es steht im Vollsaft.
- Zu bestimmten Zeiten wird Holz unbrennbar: Am 1. März, nach dem Sonnenuntergang geschlagenes Holz widersteht dem Feuer. Fast gleich gut wie dieses Datum ist der letzte Tag vor dem Dezemberneumond und die letzten 48 Stunden vor dem Märzneumond.
- Brennholz dagegen sollte man am besten im Oktober im ersten Viertel des zunehmenden Mondes schlagen; auch die Zeit nach der Wintersonnenwende bei abnehmendem Mond ist gut für Brennholz geeignet.
- Holz, das nicht reißen soll (also etwa für Möbel und Schnitzereien) wird am besten in den Tagen vor dem Novemberneumond geschlagen. Alternativen sind der 25. März, der 29. Juni und der 31. Dezember – dieses Holz reißt ebenfalls nicht auf, wenn der Wipfel des gefällten Baumes gegen das Tal fällt. Bei ebenem Gelände sollte man den Wipfel noch etwas am Baum lassen, um den letzten Saft herauszuziehen.
- Holz, das schnell verbaut werden soll – weil es etwa gebrannt hat und alles in kurzer Zeit wieder aufgebaut werden muß –, darf später auf keinen Fall reißen. Deshalb schlägt man es am 24. Juni zwischen 11 und 12 Uhr mittags (Sommerzeit: zwischen 12 und 13 Uhr). Früher war dies ei-

ne ganz besondere Zeit: Die Holzfäller gingen in Scharen in den Wald und sägten in dieser einen Stunde, was nur ging. Dieses Holz verbaute man dann in Dachstühlen.

Der Mondtrick für Christbäume

Tannen behalten ihre Nadeln besonders lange, wenn man den Baum drei Tage vor dem elften Vollmond des Jahres (meist im November) schlägt. Früher erhielten diese Bäume vom Förster einen »Mondstempel« und waren etwas teuerer als andere Christbäume. Auch Fichten nadeln dann nicht, sollten aber bis Weihnachten kühl gelagert werden.

Literatur

Kurt Allgeier: Der 100jährige Kalender
AstroAnalysis (Goldmann)
Franziska von Au: Bauernregeln und Naturweisheiten (Südwest)
Erich Bauer: Astro Gesundheit (Heyne)
Hans Biedermann: Lexikon der magischen Künste (Heyne)
Roswitha Broszath: Die Lebenskraft des Mondes (Südwest)
Das kleine Buch vom Mond (Heyne)
Endres/Schimmel: Das Mysterium der Zahl
Linda Goodman: Star Signs (Knaur TB)
Herbert Gottschalk: Lexikon der Mythologie (Heyne)
Claudia Graf: Gärtnern mit dem Mond (Mosaik)
Rosemary Ellen Guiley: Der Mond Almanach (Goldmann TB)
Gerd und Marlene Haerkötter: Hexenfurz und Teufelsdreck (Eichborn)
Erich Keller: Astrodüfte (Goldmann TB)
Berd A. Mertz: Das Handbuch der Astromedizin (Heyne)
Mit dem Mond leben 1996 (Ludwig)
Paungger/Poppe: Vom richtigen Zeitpunkt (Irisana)
René Simmen: Geheimnisse der Hexenküche (Werziger)
Starhawk: Der Hexenkult als Ur-Religion der Großen Göttin (Bauer)
Barbara G. Walker: Das geheime Wissen der Frauen (Zweitausendeins)
Christian Wehr: Lexikon des Aberglaubens (Heyne)
Ute York: Mondstrahlen (Knaur Taschenbuch)

Register